Rhododendren

Erhard Moser

Rhododendren

WILDARTEN & HYBRIDEN

Weltbild

Zeichnungen, Bildunterschriften und das Kapitel
»Mit Rhododendren gestalten« stammen von Dr. Manfred Geyer

Genehmigte Lizenzausgabe für Verlagsgruppe Weltbild GmbH,
Steinerne Furt, 86167 Augsburg
Copyright © by Eugen Ulmer Verlag GmbH & Co., Stuttgart
Zeichnungen: Dr. Manfred Geyer
Umschlaggestaltung: Studio Schübel, München
Umschlagmotiv: Nature + Science AG, Vaduz
Gesamtherstellung: aprinta Druck GmbH & Co. KG,
Senefelderstraße 3–11, 86650 Wemding

Printed in Germany

ISBN 3-8289-1676-7

2006   2005   2004   2003

Die letzte Jahreszahl gibt die aktuelle Lizenzausgabe an.

Einkaufen im Internet: *www.weltbild.de*

Inhalt

Vorwort

Über Rhododendron schreiben – wo anfangen, wo aufhören? Die Zahl der Wildarten liegt bei 1000, keiner kann es zum gegenwärtigen Zeitpunkt genau sagen, ständig werden noch neue entdeckt und beschrieben. Im Laufe von fast 200 Jahren schufen Züchtergenerationen etwa 12 000 Gartenhybriden. Viele alte Sorten erwiesen sich als zeitlos und gehören heute noch zum festen Bestand der mitteleuropäischen Gartenkultur. Die Züchter der Gegenwart sind besonders um gedrungen wachsende, reichblühende Hybriden bemüht, denn die Gartenfläche ist oft sehr begrenzt. Das entscheidende Kriterium bei der Auswahl für dieses Buch bildete die Winterhärte. In Mitteleuropa ist die Anzahl der Arten schon recht begrenzt, die problemlos wachsen und die Winter schadlos überstehen. Doch sind es weit mehr als allgemein angenommen wird. Es gilt besonders harte Herkünfte zu finden und so die Gartenwürdigkeit mancher Art zu steigern. Bewußte Zurückhaltung wird bei der Bewertung der Arten und Sorten geübt. Es ist dem persönlichen Geschmack überlassen, die Wertung selbst vorzunehmen. Ist beispielsweise ein Blütenstutz von reiner klarer Farbe schöner als eine Blüte mit Fleckenzeichnung?

Die Frage kann auch nicht lauten Art oder Sorte, beide haben im Garten ihre Berechtigung. Bei dem gegenwärtigen Trend hin zur Wildnisgartenkunst will das Buch auch einige noch wenig verbreitete Arten vorstellen und so eine »Rhododendronmonotonie« vermeiden helfen.

Erfolgreiche Rhododendronkultur im Garten erfordert die Kenntnis ihrer besonderen Standortbedingungen und ein gewisses Maß an Einfühlungsvermögen. Dieses Buch soll auf diese Ansprüche hinweisen und Kulturfehler vermeiden helfen.

Auch Probleme des Naturschutzes wurden behandelt. Jeder, der sich mit Rhododendren beschäftigt, sollte auch einen Beitrag für die Umwelt und so zur Bewahrung der Schöpfung leisten.

Mein Dank gilt an dieser Stelle allen, die mein Vorhaben in irgendeiner Weise unterstützten. Eine große Anzahl Freunde und Fachkollegen halfen mir mit vielen Hinweisen, Literaturspenden und Fotos. Mein besonderer Dank gilt Herrn G. Stück, Kronshagen, für seine großzügige Unterstützung. Dem wohl erfolgreichsten Rhododendronzüchter der Gegenwart, Herrn Hans Hachmann, Barmstedt, verdanke ich viele Hinweise und eine Anzahl Fotos.

Für die gute Ausstattung des Buches sorgte der Verlag mit seinen Mitarbeitern. Viele kritische Hinweise, die detailgetreuen Zeichnungen und das recht einfühlsam geschriebene Kapitel über die Gartengestaltung verdanke ich dem Lektor, Herrn Dr. Geyer. Der überwiegende Teil der Zeichnungen wurde in mühevoller Kleinarbeit nach Naturvorlagen angefertigt. Dem Fotografen Herrn Vetter verdanke ich die Mehrzahl der gelungenen Farbaufnahmen. Auch allen anderen Bildautoren danke ich sehr herzlich.

Sehr hilfreich war auch meine langjährige Mitgliedschaft im Oregon-Chapter der American Rhododendron Society, der ich viele Informationen verdanke.

Erhard Moser

Zur Botanik der Rhododendren

Rhododendren sind Holzgewächse aus der Familie der Heidekrautgewächse (Ericaceae) von sehr verschiedenartiger Gestalt und mit sehr verschiedenartigen Standortansprüchen. Die meisten Arten sind Pflanzen der Gebirge. Sie besiedeln Bergwälder und die höheren Vegetationsstufen bis zur Schneegrenze. In den Bergwäldern Indiens und Nepals wird *R. arboreum* 15 bis 20 m hoch. Er entwickelt dort regelrechte Wälder, die zur Blütezeit einen prächtigen Anblick bieten. Die meist rote Blütenfülle macht den Namen »Rosenbaum« verständlich. In höheren Lagen wachsen Rhododendronarten als mehr oder weniger große Sträucher. In manchen Gebirgen bilden sie einen Zwergstrauchgürtel oberhalb der Krummholzzone. Arten mit ausgesprochenem Zwergwuchs sind noch bis an die obere Vegetationsgrenze zu finden. Beispielsweise kommt *R. nivale* ssp. *nivale* im Himalaja bis in Höhen von 5800 m vor und ist hier 8 bis 9 Monate im Jahr von Schnee bedeckt. *R. saxifragoides*, eine Art aus den höchsten Bergen Neuguineas, hat einen dichten Polsterwuchs, ähnlich einem Steinbrech.

Rhododendron arboreum:
baumförmig, waldbildend

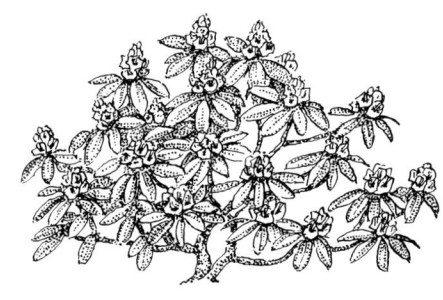

Rhododendron ponticum:
mittelhoher bis hoher Strauch

Rhododendron forrestii:
niederliegender, kriechender Zwergstrauch

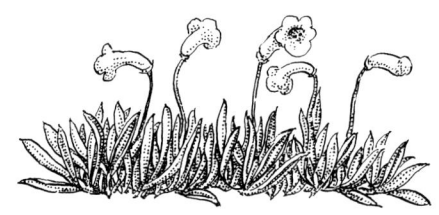

Rhododendron saxifragoides:
rasenbildender Zwergstrauch

8

Rhododendren wachsen aber nicht nur auf dem Boden. Besonders im indo-malaiischen Bereich gibt es viele Arten, die als Epiphyten in feuchten warmen Tropenwäldern auf Bäumen wachsen.

Fast alle Rhododendronarten sind auffallende Blütensträucher. Die Variationsbreite von Blütenfarbe, Blütenform und

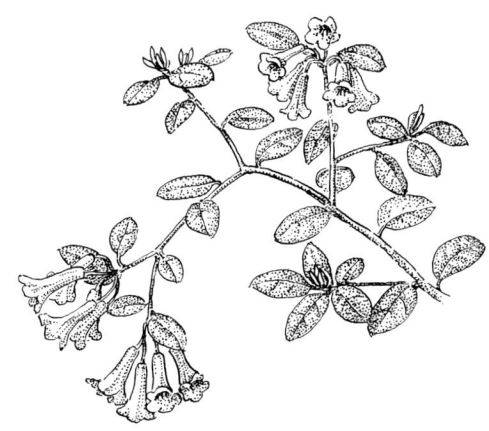

Rhododendron lochae:
hängender tropischer Epiphyt

Blütengröße ist sehr groß. Von Weiß über Gelb und Rot bis zu Blautönen sind alle Farben zu finden. Besonders rote Farben sind für viele Arten charakteristisch.

Die Blüten können einzeln stehen (z. B. *R. forrestii*) oder in mehr- bis vielblütigen (z. B. *R. magnificum* bis zu 30, *R. occidentale* bis zu 54 Blüten), meist aufrechten Dolden oder Doldentrauben zusammenstehen. Diese Blütenstände werden als Stutz bezeichnet. Farbe, Form und Größe des Blütenstutzes sind häufig ein besonderes Zuchtziel bei den Sorten.

Die Blüten stehen meist am Ende der Triebe (endständig) seltener in den Blattachseln (axillar).

Die 5 bis 20 Kronblätter sind zu einer Krone verwachsen. Sie kann radförmig, trichterförmig, glockig oder röhrig sein. Zwischen diesen Blütenformen gibt es viele Übergänge. Der Längsschnitt zeigt immer einen dorsiventralen Blütenbau, auch wenn er optisch in den meisten Fällen radiär wirkt.

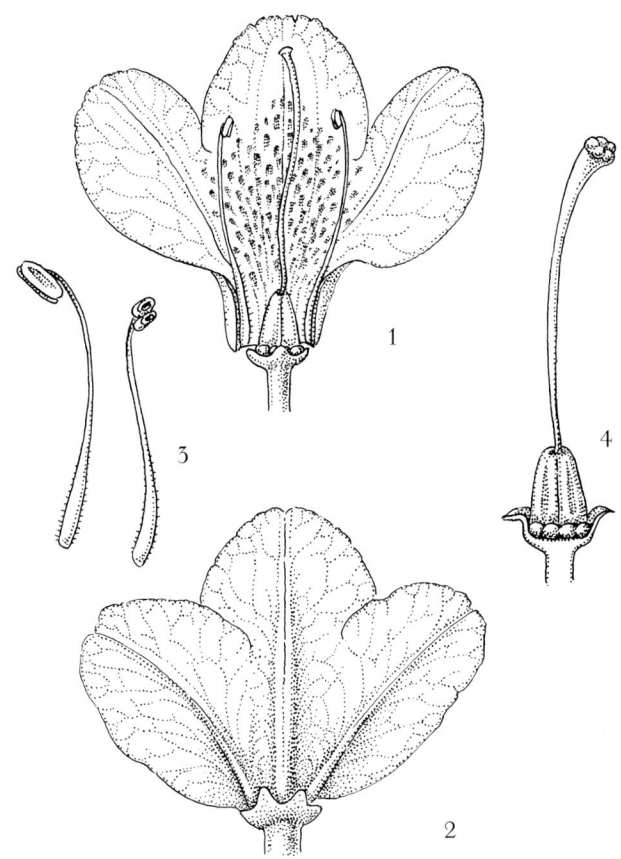

Rhododendronblüte (*R. ponticum*):
1 Schnitt, innen; 2 Schnitt, außen; 3 Staubblätter;
4 Kelch, Fruchtknoten mit Nektarien, Stempel

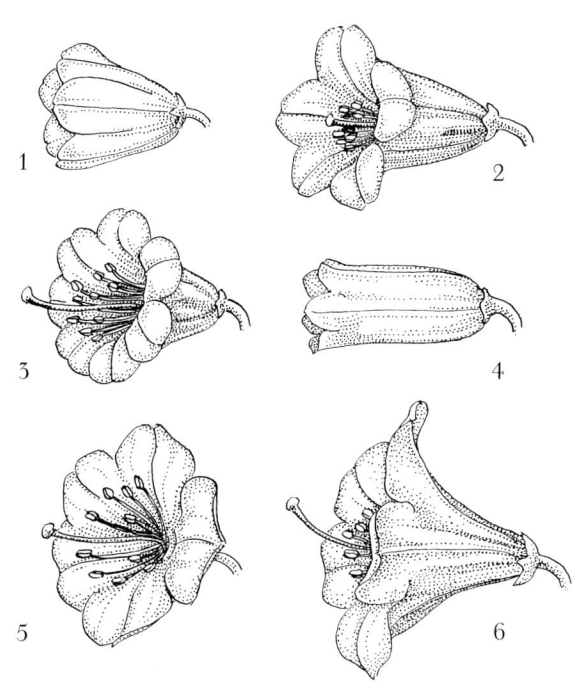

Blütenformen:
1 röhrig-glockig; 2 glockig; 3 weitglockig;
4 röhrig; 5 tellerförmig; 6 trichterförmig

5 bis 20 Staubblätter sind die Regel. Der Pollen ist meist klebrig und tritt beim Berühren der reifen Staubgefäße oft schnurförmig hervor. Der oberständige Fruchtknoten besteht aus 5 bis 20 verwachsenen Fruchtblättern.

Die Klappen der zylindrischen bis länglich-ovalen Fruchtkapsel reißen bei Reife von der Spitze her auf. Die Fächer enthalten relativ kleine ungeflügelte, geflügelte, bei der Sektion *Vireya* auch geschwänzte Samen. Besonders die geflügelten und die geschwänzten Samen werden leicht vom Wind verbreitet. Interessant ist die Abhängigkeit der Samenreife von Höhenlage und Vegetationsdauer. Je höher der Standort liegt, um so später liegt die Blütezeit und um so weniger Zeit haben die Samen, um zu reifen (z. B. am Naturstandort in Nepal, nach Cox 1978).

Art	Höhe über N. N.	Blütezeit	Samenreife	Entwicklungszeit in Monaten
R. nivale	4900 bis 5300 m	Juli	September	2
R. anthopogon	4000 bis 4300 m	Juni	Oktober	4
R. campanulatum	3400 bis 3700 m	Mai	November	6
R. grande	2400 bis 2700 m	April	Dezember	8

Die Zahl der Kelchblätter entspricht meist der Zahl der Kronzipfel. Bei manchen Arten sind sie sehr stark reduziert, bei anderen Arten dagegen sehr auffallend (z. B. Subsektion *Neriiflora*).

Auch an den Kelchblättern fanden die Züchter Interesse. So entstanden die sogenannten »Hose-in-Hose«-Blütenformen, die doppelkronigen Blüten.

Die Befruchtung kann sowohl durch Selbst- als auch durch Fremdbestäubung erfolgen. Der Pollen reift, bevor die Narbe aufnahmebereit ist (vormännig). Als Pollenträger kommen meist Hummeln, seltener Bienen, in Frage. Auf Neuguinea sind Schmetterlinge an der Bestäubung beteiligt.

In Südasien wurden Fledermäuse an weißen Rhododendronarten beobachtet, so daß sie gleichfalls für eine Bestäubung in Frage kommen können (STEVENS 1985).

Rhododendren enthalten in Blüten und Blättern das auch für den Menschen giftige Acetylandromedol (= Andromedotoxin) mit einigen Derivaten. Rhododendron-Honig ist deshalb giftig! Über Vergiftungen durch solchen Honig berichtet schon XENOPHON. Im Jahre 401 v. Chr. erkrankten die Soldaten Spartas beim Rückzug aus Persien im südlichen Kaukasusvorland nach dem Essen von Honigwaben, einige starben sogar (Anabasis IV, 8, 20−21). Wahrscheinlich stammte er von *R. luteum*. KERKVLIET (1981) berichtet über Vergiftungserscheinungen in Nepal. Nach seinen Angaben stammte der Honig zu 14% von Rhododendren (besonders *R. arboreum* und *R. campanulatum*). Die Symptome, Kopf- und Nackenschmerzen, Gefühllosigkeit und Senkung des Blutdruckkes, gingen nach einigen Stunden wieder zurück.

Nach BÜSING und DÜRRE (1988) ist in unseren Breiten nicht mit solchen Vergiftungen zu rechnen. Nur sehr wenige Arten werden von Bienen besucht. Mit Erbrechen und Magenkrämpfen können Kinder reagieren, die Blüten aussaugten.

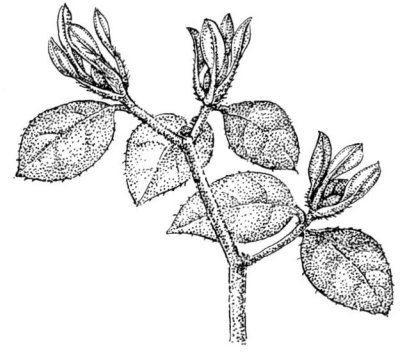

Dimorphe Blätter bei *R. kaempferi*

Das Laub der Rhodendren ist immergrün, wintergrün und sommergrün. Wintergrün werden die Arten und Sorten, die mit einem Teil ihres Laubes überwintern, bezeichnet. Im Frühjahr bringen sie zunächst große Sommerblätter hervor, von denen die meisten im Herbst abfallen. Später im Jahr erscheinen dann wesentlich kleinere Blätter. Mit diesen überwintert die Pflanze. Man spricht deshalb von jahreszeitlich bedingtem Blattdimorphismus.

Die Blätter sind in Größe und Form sehr unterschiedlich und meist arttypisch. Sie können eine Länge von wenigen Millimetern (z. B. Sektion *Lapponica*) bis zu 70 cm (*R. sinogrande*) erreichen. Die Form kann lineal (*R. yakushimanum* ssp. *makinoi*) bis nahezu kreisrund (*R. orbiculare*) sein. Blattgröße und Blattform variieren aber auch oft sehr stark bei einer Art. Große Aufmerksamkeit muß bei der Artbestimmung der Blattunterseite geschenkt werden. Sie kann kahl, mit Drüsen besetzt, behaart oder mit Schuppen bedeckt sein, bei manchen Arten nur an jungen Blättern (analog dazu auch die Jungtriebe). Besonders zierend ist die Blattunterseite einiger Arten, die dicht wollig oder filzig und von attraktiver Färbung wie rotbraun oder silbrigweiß sein kann. Dieser Belag wird Indument genannt. Die Blattränder sind meist ganzrandig, selten gekerbt, die hartlaubigen oft mehr oder weniger eingerollt, selten bewimpert (*R. hirsutum*). Blattränder und Blattoberseiten sind häufig bei sommergrünen Arten behaart. Viele Rhododendren sind wegen ihrer dekorativen immergrünen Belaubung das ganze Jahr über charaktervolle Ziersträucher. Bemerkenswert ist auch die oftmals prächtige Herbstfärbung der sommergrünen laubabwerfenden Arten. Da sie im Winter unbelaubt sind, vertragen sie in der Regel tiefere Temperaturen als viele immergrüne und wintergrüne Rhododendren.

Ähnlich wie andere Heidekrautgewächse stehen Rhodendren meist in Symbiose mit Mykorrhizapilzen. Die Wurzelpilze wachsen als dichtes Gewebe auf den langsam wachsenden kurzen Wurzeln. Pilzhyphen übernehmen die Funktion der Wurzelhaare, nehmen also Wasser und Nährstoffionen auf. Sie dringen in die Interzellularräume der Wurzelrinde ein. Der

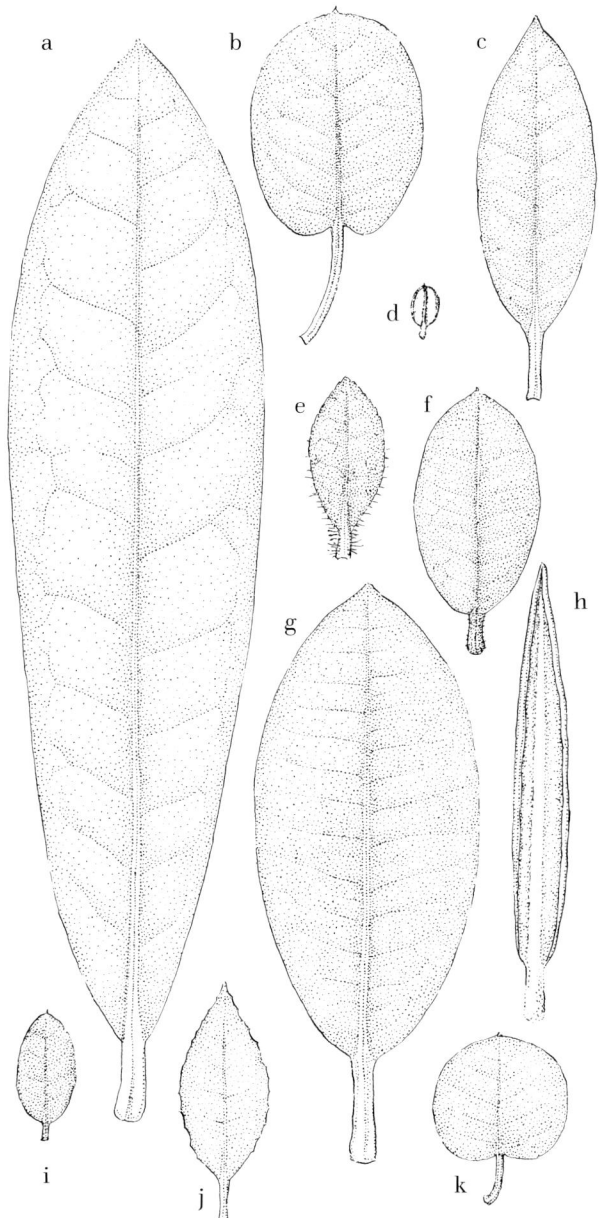

Blattformen:
a *Rhododendron calophytum*; b *R. orbiculare*; c *R. minus* var. *minus*; d *R. intricatum*; e *R. fletcheranum*; f *R. glaucopeplum*; g *R. macrophyllum*; h *R. yakushimanum* ssp. *makinoi*; i *R. dauricum*; j *R. rubiginosum*; k *R. williamsianum*

11

Pilz wird im Austausch von dem Gehölz mit Assimilaten versorgt, die es mit dem absteigenden Saftstrom in den Wurzeln ablagert.

Lange bevor Rhododendren wegen ihres Zierwertes Einzug in unsere Gärten hielten, hatten sie Bedeutung als Heilpflanzen. *R. ferrugineum* erwähnte GESNER schon 1561 als Gartenpflanze. Noch um das Jahr 1900 wurde das Laub als Tee gegen Gicht und Rheuma sowie bei Steinbeschwerden angewendet (Folia et Stipites Rhododendri ferruginei). Es hat eine schweiß- und harntreibende Wirkung. Wegen der giftigen Dipertenderivate wird es nicht mehr im DAB geführt.

Wenn die immergrünen Rhododendren noch stumm bleiben, strahlt *Rhododendron canadense* schon den Schatten mit seinem Purpurrosa aus

Systematische Gliederung
der Gattung Rhododendron

Es werden etwa 1000 Rhododendronarten unterschieden. Ihre systematische Ordnung bereitet erhebliche Schwierigkeiten. BALFOUR, TAGG und STEVENSON teilten die Gattung in Serien und Subserien nach meist praktischen Gesichtspunkten auf. Diese systematische Gliederung entstand zwischen 1820 und 1930. Im Jahre 1982 erschien darauf aufbauend der 1. Band von »The Rhododendron Species« von DAVIDIAN (2. Band 1989).

SLEUMER beschrieb 1949 die Gattung nach Untergattungen, Sektionen und Subsektionen.

Dieses System wurde ständig überarbeitet, zuletzt von PHILIPSON & PHILIPSON 1975 und 1986, CULLEN 1980 und CHAMBERLAIN 1980. Im allgemeinen wird die Revision durch diese Botaniker von weiten Fachkreisen anerkannt.

Während alle bisherigen Untersuchungen auf morphologischen und anatomischen Unterschieden basierten, wie z. B. Haarmerkmale, Stellung der Blatt- und Blütenknospen, Samen-Flügelung, Zahl der Staubblätter usw., gelang es SPETMANN, die Blüteninhaltstoffe zu untersuchen und auszuwerten. Im Jahre 1986 stellte er seine neue Klassifikation der Gattung Rhododendron vor.

Viele Arten, die früher einen selbständigen Rang hatten, wurden jetzt in einer Art zusammengefaßt. Einige frühere Arten haben heute den Status von Unterarten oder Varietäten bekommen.

Das Auge ist der Farbenfülle der großblütigen Hybriden kaum gewachsen.

Rhododendron und Azalee –
Taxonomie und Systematik

Bis heute haben sich bei Gärtnern, Baumschulern und Pflanzenfreunden Rhododendren und Azaleen als Begriffe für unterschiedliche Pflanzengattungen erhalten. Das ist nicht nur im deutschen Sprachraum so. In den USA, man könnte fast meinen zum Trotz gegen die Botaniker, gibt es sogar eine Azaleengesellschaft. Im landläufigen Sinn versteht man unter Rhododendron einen immergrünen großblättrigen Strauch, während der Begriff Azalee auf einen sommergrünen oder bei den sogenannten »Japanischen Azaleen« auf einen kleinen halbimmergrünen Zwergstrauch angewandt wird. Die Unterscheidung geht auf Linné zurück. In seinem »Species Plantarum« gebrauchte er sowohl den Gattungsnamen *Azalea* als auch *Rhododendron*.

Azalea ist aus dem griechischen αζαλεος, trocken, dürr abgeleitet und auf die Xeromorphie der Belaubung vieler damals bekannter *Ericaceae* bezogen. Linné beschreibt unter der Gattung *Azalea* die laubabwerfenden *Azalea pontica* (= *R. lu-*

teum), *A. viscosa* (= *R. viscosum*) und *A. calendulacea* (= *R. calendulaceum*), Rhododendron setzt sich aus ροδου (Rose) und δευδρου (Baum) zusammen. Linné zählt dazu die immergrünen Arten *Rhododendron dauricum*, *R. ferrugineum*, *R. hirsutum* und *R. maximum* sowie *R. chamaecistus*, der später als eigenständige Gattung abgetrennt wurde. 1762 führte Linné in der zweiten Auflage noch die Gattung *Rhodora* an, mit dem heutigen *Rhododendron canadense*. Schon 1795 überführte der englische Botaniker Salisbury *Azalea* in die Gattung *Rhododendron* und änderte außerdem die Artnamen. Im Jahre 1791 hatte schon Gmelin die Gattung *Rhodora* in die Gattung *Rhododendron* eingegliedert. Von der Gestaltqualität her wird diese Vereinigung der beiden Linnéschen Gattungen dem Nichtsystematiker immer unbegreiflich bleiben, beide Begriffe bezeichnen auffallend gegensätzliche Pflanzencharaktere unserer Gärten. Die wissenschaftliche Nomenklatur spricht nur noch von Rhododendren.

Im Mai, wenn die Farbenwogen der Rosenbäume aufschäumen …

Die Alpenrosen –
im Sinne des Wortes

Im weiteren Sinne werden Rhododendren in ihrer Gesamtheit auch als Alpenrosen bezeichnet. Im engeren Sinne werden jedoch darunter nur die beiden Arten der Alpen, *R. ferugineum* L. und *R. hirsutum* L., sowie der Naturbastard zwischen beiden R. intermedium TAUSCH und R. myrtifolium der Südkarpaten darunter verstanden. Sie sind ein Symbol für die Vegetation der europäischen Hochgebirge. Auch in der Volkskunst und der Volksmusik spielen sie eine Rolle. Die »Rosenbäume« der Alpen tragen übrigens auch im Französischen die Bezeichnung »Rosage des Alpes« oder »Rozas d'Alp«.

1555 tauchten die Bezeichnungen Alpenrose und Bergrose erstmals bei C. GESNER auf. Im Volksmund gibt es noch eine Vielzahl weiterer Bezeichnungen, wie Stockrösli, Sennenrose, Donnerrose. Letzter Name stammt aus dem alten Volksglauben, ähnlich wie bei anderen rot blühenden Pflanzen ziehe die feuerrote Farbe den Blitz an. Die Volksnamen Bergnägeli, Alpnägeli, Druesnägeli und Chlebnägeli gehen auf einen Vergleich mit der Nelke (Nägeli) zurück. Es läßt sich schwer erklären, wie die Verbindung zu den Nelken zustande kam. Auch als Zetten und Schinderlatschen werden sie bezeichnet, was auf den Krummholzcharakter, ähnlich der Latschenkiefer, hinweist.

ARETIUS berichtet aus der Schweiz, daß dort früher die Namen »Bärebluest« und Hühnerbluest« üblich waren. Die Krummholzzone mit ihren Alpenrosenbeständen ist noch heute häufig ein Aufenthaltsort für Bären, Birk- und Schneehühner. Für die Hühnervögel bilden die Knospen auch einen Bestandteil der kargen Winterkost. In Südtirol gibt es die Namen »Oswaldrose« und »Waldrose«. Der erste Name geht auf Oswald von Wolkenstein (1367 bis 1445), Tiroler Dichter, zurück.

Als weitere Bezeichnungen im Volksmund sind »Almbux« im Vergleich mit den ebenfalls immergrünen Buxbäumen, »Rafausle« und »Juppa« bekannt.

In der Ostschweiz heißt es in einem Lied der Glarner Sennen:

»D'Rafausle, d'Rafausle, die wachset uf der Alp. Und wann de Schnee zergangen isch, so fahret d' Buere z' Alp.«

Einerseits sind die Alpenrosen sehr mit dem Brauchtum der Alpenländer verwachsen und stellen besonders zur Blütezeit eine Augenweide dar. Andererseits werden sie besonders in den Zentral- und Südalpen bei der Almwirtschaft als ein lästiges Unkraut angesehen, als eine Konkurrenz für die Futterpflanzen der Almwiesen. Sie werden vom Vieh gemieden und vom Menschen zum Teil immer noch mit Feuer und Hacke bekämpft.

Alpenrosen, in größeren Mengen von Ziegen und Schafen aufgenommen, sollen Vergiftungserscheinungen hervorrufen. In anderen Gebieten, z. B. den Nordalpen, wurden die Bestände durch den starken Touristenverkehr gefährdet. So mußten Naturschutzbestimmungen erlassen werden, um auch künftigen Generationen diese Alpenpflanzen zu erhalten.

Die Rhododendren an ihren Naturstandorten

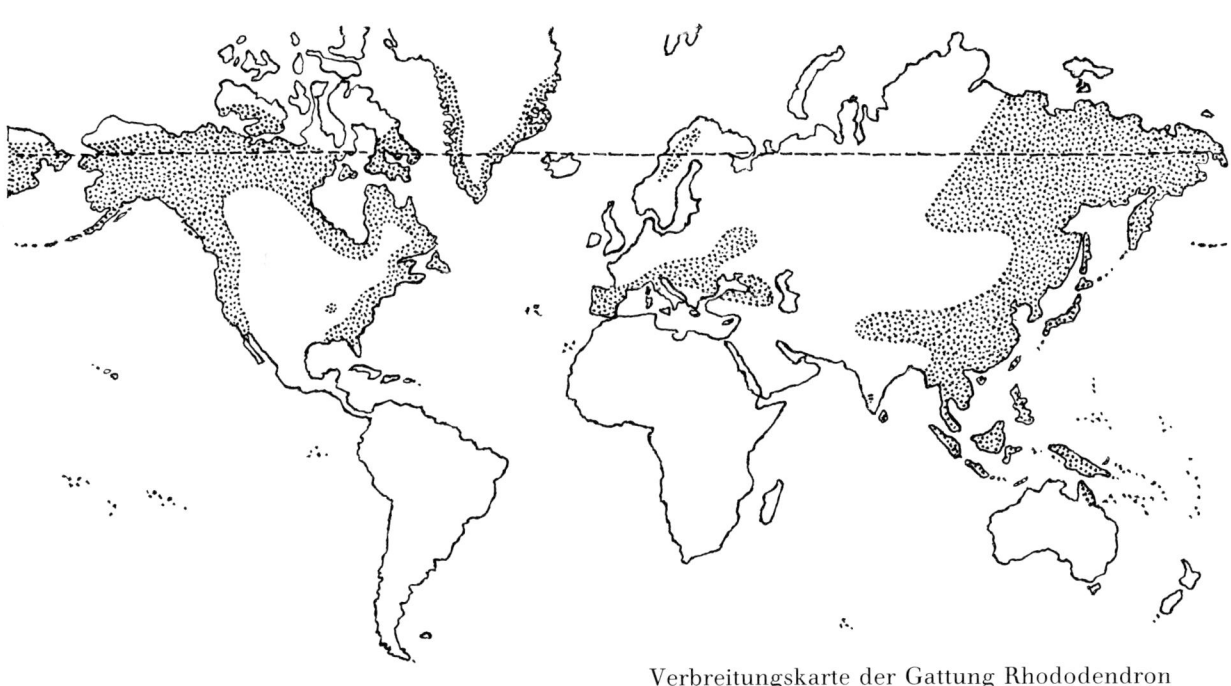

Verbreitungskarte der Gattung Rhododendron
(durchbrochene Linie Polarkreis)

Die Gattung Rhododendron hat eine sehr weite natürliche Verbreitung auf der nördlichen Hemisphäre. Nur im Raum Indonesien und Neuguinea wird der Äquator überschritten. Das südlichste Vorkommen befindet sich in Nordost-Australien (*R. lochae*). In Mittel- und Südamerika sowie in Afrika fehlt die Gattung gänzlich.

Es gibt große Gebiete, in denen die Gattung nur durch eine Art oder wenige Arten vertreten wird. Schon nördlich des 40. Breitengrades nimmt die Artenzahl sowohl auf dem amerikanischen als auch auf dem eurasischen Kontinent deutlich ab. In Sibirien ist auf großen Flächen nur eine Art (*R. aureum*) zu finden.

Für andere Gebiete ist eine ausgesprochene Artenvielfalt charakteristisch. Dazu gehören die Insel Neuguinea mit ca.

170 Arten sowie das eigentliche Zentrum der Mannigfaltigkeit, Westchina, mit Hunderten von Arten.

Europa, Kaukasus und Kleinasien

In Europa sind nur acht Arten und ein Naturbastard zu Hause. Die beiden Arten der Alpen, *R. ferrugineum* und *R. hirsutum* sowie deren Bastard R. x intermedium, wurden schon vorgestellt.

R. myrtifolium kommt in den Süd- sowie in den Ostkarpaten, dem Balkangebirge und in Jugoslawien (Kelek, Velebit) vor. Es ist *R. ferrugineum* ähnlich und wurde deshalb früher als seine Unterart beschrieben, ist aber in allen Teilen kleiner. Zwei andere Rhododendronarten

Verbreitung der Rhododendren in Europa

kommen gegenwärtig nur noch inselartig in Europa und Kleinasien vor. Fossilfunde weisen auf ein ehemals großes und wahrscheinlich zusammenhängendes Areal hin. *R. ponticum* ist aus den Trias-Tonen bekannt. Heute finden wir die Art in den südwestiberischen Gebirgen von Portugal und Spanien (Gibraltar, Sierra de Monchique, Sierra de Algarne, Sierra Morena). Diese geographische Form wurde früher taxonomisch als *R. baeticum* Boiss & Reut abgetrennt. Die Art kommt dann erst wieder in der Umgebung des Schwarzen Meeres vor. Die Hauptverbreitung liegt im Kaukasus und in der Kolchis. Dort steigt die Art von den Küstenwäldern bis 2 200 m auf und bildet örtlich dichte Gebüsche.

Weitere Vorkommen befinden sich in der Türkei (Gebirge der Südküste des Schwarzen Meeres) sowie ein isoliertes Vorkommen im Strandshagebirge (Bulgarien) bis nach Argas, nördlich von Istanbul. Diese Form wurde früher als var. *skorpilii* Donin abgetrennt. Im Libanongebirge und im Antilibanon treffen wir nochmals diese Art an. Sie wurde ehemals als var. *brachycarpum* Boiss unterschieden.

Im Kaukasus liegt der Verbreitungsschwerpunkt einer weiteren Art, die ebenfalls bis nach Europa ausstrahlt und in den Gärten eine große Verbreitung gefunden hat, die »Pontische Azalee«, *R. luteum*. Die heutigen Vorkommen in Europa müssen wie bei der vorher genannten Art als Relikte eines einst zusammenhängenden Areals betrachtet werden. Isolierte inselartige Vorkommen gibt es am Südrand der Alpen in Jugoslawien, in Polen, sowie in der Ukraine und in Belorußland. Im Hauptverbreitungsgebiet Anatolien und im Kaukasus kommt die Art von der Küste bis in über 2200 m Höhe vor.

Die einzige alpine Art des Kaukasus ist *R. caucasicum.* Es tritt bestandsbildend im Großen und Kleinen Kaukasus sowie im Armenischen Hochland und Lazistan in der Türkei auf.

Eine sehr begrenzte Verbreitung haben die beiden oft mit *R. ponticum* auftretenden *R. ungernii* und *R. smirnowii.* Sie beschränkt sich auf Lazistan (Türkei) und Adsharien (UdSSR) an der Ostküste des

Rhododendron caucasicum am Naturstandort auf einer alpinen Matte im Zentralkaukasus

Schwarzen Meeres. Meist wachsen sie in Buchenwäldern und feuchten Schluchten.

Die einzige zirkumpolar verbreitete Art ist *R. lapponicum*. Unter den unwirtlichen Bedingungen Lapplands gedeiht er in baumloser Tundra. Sein Vorkommen in den Silberwurz-Heiden weist ihn als eine Pflanze aus, die auch über Kalkböden zu finden ist.

R. lapponicum-Herkünfte aus Nordeuropa sind sehr schwierig in mitteleuropäischer Gartenkultur. Sie sind der kurzen Vegetationszeit im hohen Norden bestens angepaßt; unser Sommer ist ihnen zu lang.

Nordamerika

Bedeutend artenreicher ist Nordamerika. Die natürlichen Arealgrenzen werden vom Niederschlagsangebot bestimmt. Der kontinentale zentrale Bereich mit seinen Prärien wird gänzlich gemieden. Im wesentlichen beschränkt sich das Vorkommen auf die niederschlagsreichen Küstengebirge im Osten und Westen des Kontinents. Nördlich sind Rhododendren bis in die Polarregion zu finden. In Mittel- und Südamerika wird die »Alpenrose« von der »Andenrose« (*Bejaria*) abgelöst.

Ein deutlicher Verbreitungsschwerpunkt liegt im Gebiet des südöstlichen Küstengebirges, besonders der Appalachen (ca. 14 Arten). Hier fallen um 2000 mm Niederschläge, etwa das Doppelte bis Dreifache weiter Teile Mitteleuropas. Wegen der Küstennähe ist die Luftfeuchtigkeit hoch (60 bis 80%). Nebel sind häufig. Das Klima ist wärmer und die Vegetationszeit länger als in unseren Breiten. Bis über 2000 m finden wir eine artenreiche geschlossene Walddecke. Eichen (*Quercus alba, Q. borealis, Q. pinus*), Roßkastanien (*Aesculus*) und Kastanien (*Castanea*), Tulpenbaum (*Liriodendron tulpifera*), Magnolien, Ahorn-Arten, Linden, Hickorynuß (*Carya*) u. a. Diese Gebirgsstufe ist der

Rhododendron atlanticum

Verbreitungsschwerpunkt der sommergrünen Arten (z. B. *R. atlanticum, R. arborescens, R. calendulaceum, R. viscosum, R. periclymenoides*). Im Mai finden wir hier einen blühenden, duftenden Rhododendrongarten vor. Der Herbst taucht infolge der kräftigen Laubfärbung die ganze Landschaft in prächtige Gelb-, Orange- und Rottöne des »Indianer-Sommers«.

Die darüberliegende boreale Nadelwaldstufe wird durch Hemlocktanne (*Tsuga*), Rotfichte (*Picea rubens*) und Tannen (z. B. *Abies fraseri*) gebildet. In den Tälern und häufig im tiefen Schatten findet sich hier *R. maximum*, der bis 5 m Wuchshöhe erreicht. *R. catawbiense* überzieht mit seinen purpurroten Blüten stellenweise ganze Hänge mit undurchdringlichem Dickicht, besonders in den Aleghanies.

Im milderen Klima weiter südlich bis Florida und Texas gedeihen noch weitere sommergrüne Arten (*R. alabamense, R. canescens, R. oblongifolium, R. austrinum, R. speciosum, R. serrulatum*) sowie das immergrüne *R. minus* var. *chapmannii* in lichten sandigen Kiefernwäldern.

Am Naturstandort kommen nicht selten
Wildhybriden zwischen *R. bakeri*
und *R. calendulaceum* vor.

Rhododendron periclymenoides als Unterholz im lichten Laubwald am Heimatstandort in Tennessee (USA).

Nördlich der Appalachen verringert sich die Artenzahl beträchtlich. An der Ostküste ist *R. canadense* die am weitesten nach Norden vordringende sommergrüne Art. Sie kommt bis Neufundland und Quebec vor. *R. lapponicum* bildet jenseits des Polarkreises den Abschluß.

Die Westküste Nordamerikas ist artenärmer. In den Gebirgswäldern, wo die klimatischen Verhältnisse denen an der Ostküste ähnlich sind, in der Sierra Nevada und im Kaskadengebirge, ist das prächtig weiß bis rosa blühende sommergrüne *R. occidentale* beheimatet. Es ist sehr variabel in Belaubung, Blütenform und Blütengröße. Längs der Küste, von Kalifornien bis Kanada, ist als immergrüne Art, das farbig sehr unterschiedlich (weiß, rosa, rot, purpurlila) blühende *R. macrophyllum* zu finden. Erwähnenswert: zwischen *R. occidentale* und *R. macrophyllum* wurde eine Naturhybride, 'Oregon Queen', gefunden. Diese Kreuzungen zwischen laubabwerfenden und immergrünen Arten werden als »Azaleodendron« bezeichnet und sind sonst nur aus Züchtungen bekannt.

In der subalpinen bis alpinen Stufe der Küstengebirge und der Rocky Mountains wächst das selten kultivierte *R. albiflorum*. Vom Habitus ein Außenseiter der Gattung. Weiter nördlich, bis Alaska, finden wir noch *R. lapponicum* und *R. camtschaticum*. *R.-lapponicum*-Herkünfte aus diesen Gebieten haben sich als bedeutend gartenwürdiger erwiesen, als solche aus Nordeuropa.

Obwohl sich der Einfluß des Pazifiks noch weit nach Norden erstreckt, sind die Sommer sehr kurz aber niederschlagsreich, die Winter oft extrem kalt. *R. camtschaticum* wächst hier zwischen Zwergweiden und Zwergbirken, Krähenbeere und Bärentraube in humosen Felsspalten in oft exponierter Lage sowie in der Tundra. Im Winter sind diese Stellen teilweise schneefrei und die Temperatur sinkt nicht selten unter −50°C ab.

Asien

Die größte Mannigfaltigkeit erreicht die Gattung Rhododendron in Asien. Das große Territorium ist pflanzengeographisch und klimatisch in sehr unterschiedliche Gebiete gegliedert.

Nordostasien

Es umfaßt etwa die boreale und arktische Tundrazone östlich des Urals bis zur Pazifikküste einschließlich der Mongolei, Nordchina und Korea. Wenn auch hier nur relativ wenige Rhododendronarten zu Hause sind, so nehmen sie doch oft große Flächen ein und prägen teilweise das Landschaftsbild. Mit Ausnahme der küstennahen Gebiete herrscht kontinentales Klima. Rhododendren haben sich besonders an den Küsten und in den Gebirgen angesiedelt. Die Vegetationszeit ist meist kürzer als bei uns, und die Winter sind ausgesprochen kalt. Hat der Frühling Einzug gehalten, dann sind Spätfröste selten. Das hilft uns auch verstehen, warum bei so harten Arten aus diesem Gebiet, wie *R. dauricum*, bei uns häufig die Blüten erfrieren. In seiner Heimat gibt es keine milden Dezember- und Januartage, die vorzeitig die Knospen schwellen lassen. In der Heimat dieser Rhododendren herrscht strenge Winterruhe.

Rhododendron dauricum ssp. *ledebourii*

Eine weitere sehr schöne Art aus diesem Raum ist das goldgelbe *R. aureum*. Infolge ihres großes Verbreitungsareals ist die Art sehr variabel. Sie kommt sowohl in der Tundra als auch in borealen Nadelwäldern vor, ebenso in der alpinen und subalpinen Stufe der Gebirge. Über weite Gebiete Sibiriens, bis zur Küste des nördlichen Eismeeres und östlich bis zur Halbinsel Sachalin, ist *R. lapponicum*, die zirkumpolare Art, verbreitet. Früher wurde dieses Vorkommen als eigene Art, *R. parvifolium* oder *R. parviflorum*, abgetrennt.

Aus dem Sajangebirge wurde erst 1961 *R. burjaticum* beschrieben. Von manchen Autoren wird sie als eine Naturhybride (*R. fragrans x R. lapponicum*) angesehen. Die Art kommt nur in einem relativ kleinen Gebiet vor und blüht violettrosa bis purpurfarben.

R. fragrans, nicht zu verwechseln mit dem *Azaleodendron* 'Fragrans', hat zwar eine große Verbreitung von den mongoli-

R. ferrugineum mit *Veratrum album* und *Sorbus aucuparia* am Naturstandort in den Alpen

schen Gebirgen im Süden bis zu den Küsten des Nördlichen Eismeeres und des Ochotskischen Meeres. Es ist auch in den unterschiedlichsten Höhenstufen und Assoziationen zu finden, in der Heimat selten, bei uns jedoch so gut wie unbekannt.

Dagegen ist schon seit langem in Europa wegen der großen Blüten und des prächtigen roten Herbstlaubes *R. schlippenbachii* geschätzt. Seine Heimat liegt im Ussurigebiet sowie in Korea, wo zur Blütezeit ganze Hänge in Rosa getaucht werden. Selbst in Laubwäldern ist diese auch im Blatt sehr dekorative Art zu Hause.

In Korea ist noch *R. poukhanense* anzutreffen. Auch das unscheinbar weiß blühende *R. tschonoskii* ist hier erwähnenswert. Als eine der härtesten Rhododendronarten kommt sowohl auf der Koreanischen Halbinsel als auch im Sichote-Alin-Gebirge der UdSSR *R. brachycarpum* vor. Wir wollen unsere Betrachtung über dieses Gebiet mit der auch bei uns sehr bekannten Art *R. camtschaticum* beenden.

Sein Vorkommen beschränkt sich in Nordostasien nicht auf Kamtschatka, sondern reicht von den Kurilen und Sachalin bis weit in das arktische Sibirien. Meist finden wir die Art auf Felsen oder in der Tundravegetation im Bereich des Pazifik bzw. der Behringstraße. Weiter südlich schließt sich das im Habitus recht ähnliche, jedoch in Blättern und Blüten kleinere *R. redowskianum* an.

Westchina, Osthimalaja

Klimatisch finden wir in dieser Region alle Übergänge von den Tropen in den Tieflagen bis zum ewigen Eis der Hochgebirge.

Als besonders artenreich gilt das Gebiet am Oberlauf der großen Flüsse Changjiang, Mekong und Salween sowie das Quellgebiet des in Vietnam mündenden Roten Flusses. Das Territorium umfaßt die chinesischen Provinzen Südwest-Sichuan,

West-Yunnan und Tibet sowie Oberburma (Provinz Kachin). Hier sind auf einer Fläche, etwa dreimal so groß wie Deutschland, hunderte Rhododendronarten angesiedelt. Das Gebiet ist sehr reich gegliedert durch tiefe Flußtäler und hohe, voneinander deutlich getrennte Gebirgszüge. Diese bestehen häufig aus Kalkgesteinen, meist aus hartem grauen Dolomit. Besonders hier sind, teils im Gestein wachsend, zumeist aber in den starken Humusschichten wurzelnd, die meisten Rhododendronarten zu finden. Auf Sediment-(Sandstein) oder Urgestein gibt es nur wenige Arten. Durch den Südwestmonsun erhält dieses Gebiet mit großer Regelmäßigkeit sehr ergiebige Niederschläge (etwa 5000 bis 6000 mm/a). Die kalten, scharfen und trockenen Nordwinde aus dem tibetischen Hochland werden durch vorgelagerte Gebirgszüge abgehalten. Die Ergiebigkeit der Niederschläge ist besonders ausgeprägt an den Flanken der Gebirge.

In den tiefen tropischen Tallagen kommen keine Rhododendren vor. Die ersten Vertreter sind ab 1200 m anzutreffen. Hier kommt, besonders in Oberburma, z. B. auf Felsen oder epiphytisch, *R. horlinckianum* mit seinen weißen Glockenblüten vor. *R. dendricola* wächst ebenfalls in Baumkronen. Die Feuchtigkeit ist hier so groß, daß es ständig von den Bäumen tropft und überall Moospolster, die Voraussetzung für Epiphyten, wachsen. Besonders ab 1800 m, in der warmtemperierten Stufe bis 2500 m, nimmt die Zahl der Arten ständig zu. Hier wachsen Rhododendren als Unterholz in Eichen- und Kiefernwäldern (z. B. *R. floribundum*). Dominant werden sie erst in der kühl-gemäßigten Stufe des Hochgebirges (2500 bis 3800 m). Offene Stellen in Wäldern sind hier von hohen Rhododendronsträuchern (2 bis 7 m) bewachsen. In Eichen- und Kiefernwäldern bilden sie ein dichtes Unterholz. Andere baumförmige Arten bilden hier kleine Bestände, wie das bis 25 m hohe *R. sinogrande*. Eine andere baumförmige Art ist *R. giganteum.* FORREST schreibt dazu: »Das zweite ist das größte von allen Rhododendren. Es wurde von mir im September 1919 entdeckt. Ich nannte es *R. giganteum.* Unter Sammel-Nr. 18548 habe ich das größte Exemplar beschrieben. Seine Höhe beträgt 24 m, der Umfang des Stammes 1,5 m. Über dem Boden gemessen war es 2,32 m. Der Durchmesser der Baumkrone betrug 12 m. Die Blüten sind in Stutzen von 12 bis 20 Stück angeordnet. Jedes Blütenblatt war 5 bis 6,2 cm lang, tief rosakarmesin gefärbt, der Blütengrund schwarzkarmesin.«

Weitere strauchige Arten dieser Stufe sind unter vielen anderen *R. anthosphaerum* und *R. argyrophyllum.* In mesophilen Mischwäldern wachsen teilweise auch epiphytische Arten.

Reine Bestände von Rhododendren gibt es ab der borealen Nadelwaldstufe (3700 bis 4450 m). Fichten und Tannen sind hier dicht mit Flechten bedeckt. Von Baumwuchs freie Stellen und Felsen sind oft dicht mit Rhododendron bewachsen. Auch als Unterholz der mit der Höhe immer lichter werdenden Baumbestände treten sie auf. Beispiele dafür sind *R. adenogy-*

num, R. beesianum, R. oreotrephes, R. sulfureum, R. traillianum, R. trichocladum. Über 4000 m, in der subalpinen Zone, beginnt der Krummholzgürtel. Hier, oberhalb der Baumgrenze, wird diese undurchdringliche Strauchschicht fast ausschließlich von Rhododendron gebildet. Darüber folgt die alpine Zone. Hier wachsen die Rhododendren nur noch teppichartig oder als Polsterwuchs. Sie wachsen auf Felsen, im Geröll der Moränen und den alpinen Matten, die von einer großen Zahl alpiner Staudenarten übersät sind. Beispiele dafür sind *R. fastigiatum, R. flavidum, R. polycladum, R. intricatum, R. impeditum.* Von Oktober bis Mai liegt alles unter einer schützenden Schneedecke.

Vegetationsprofil östlicher Himalaja:
1 Tropischer montaner immergrüner Nebelwald, obere Stufe mit *Rhododendron arboreum, R. dalhousiae, R. barbatum, R. falconeri, R. campbelliae, R. grande* u. a.
Frostgrenze um 2000 m.
2 Tropischer immergrüner Nadelwald mit *Abies densa, Juniperus,* Rhododendren, *Betula, Pyrus* u. a.
3 Subalpiner Wald bis feuchte alpine Matten, mit zunehmender Höhe Rhododendron buschförmig, Schneegrenze zwischen 4700 m (Nordseite) und 6000 m (Südseite)

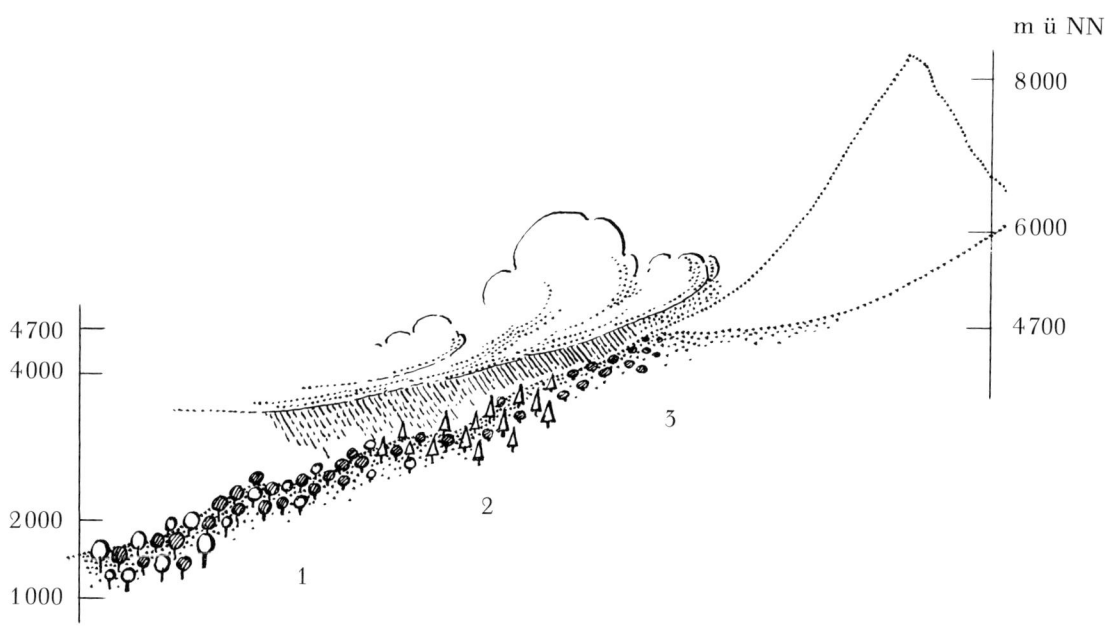

In Richtung Westen, dem eigentlichen Himalaja entgegen, verringert sich die Artenzahl beträchtlich. Dennoch wird auch Nepal oder Sikkim als ein Land der Rhododendren bezeichnet. Die Abfolge der Höhenstufen im Himalaja ist sehr ähnlich denen der Hochgebirge Westchinas.

Über 1800 m in den gemäßigten Regenwäldern wachsen epiphytische Arten, wie die großblütige weiße *R. dalhousiae* und *R. vaccinoides*. Die Wälder von *R. arboreum* wurden schon an anderer Stelle beschrieben. Andere baumförmige Arten des Himalaja ab 2500 m sind *R. grande* und *R. falconeri*, die ebenfalls waldbildend oder Bestandteil der Nadelwälder sind. Von strauchartigem Wuchs sind die auch bei uns bekannten *R. cinnabarinum*, *R. lanatum*, *R. virgatum*, *R. campanulatum*, *R. campylocarpum*, *R. hodgsonii*. Über 3000 m, in der subalpinen oder alpinen Stufe, sind *R. anthopogon*, *R. fulgens*, *R. lepidotum*, *R. setosum* und *R. wightii* zu finden.

Weiter nach Westen nimmt die Anzahl an Rhododendren ständig ab, entsprechend den geringer werdenden Jahresniederschlägen. In Afghanistan sind schließlich als letzter Vorposten der Gattung noch zwei Arten zu finden.

Ähnlich nimmt die Artenzahl von Westchina aus in Richtung Osten ab. Nur einige Gebirge mit Höhen um 2000 m tragen noch Rhododendronbestände.

Nach Süden hin wachsen, dem Zug der Gebirge folgend, Rhododendren auf der ganzen Halbinsel Hinterindiens bis zum Südzipfel Malaysias. Die südlich und südöstlich gelegene Inselwelt hat wieder eine große Vielfalt zu bieten.

Das sich im Süden anschließende japanische Inselreich birgt eine Fülle an Rhododendronvorkommen. Auf den nördlichen Inseln und in hohen Gebirgslagen sind recht winterharte Arten verbreitet, z. B. *R. aureum*, *R. brachycarpum*, *R. japonicum*, *R. glabrius*. Weiter südlich, oft an den Hängen der Vulkanberge wachsend,

Rhododendron stenophyllum stammt von Borneo, wächst am Mt. Kinabalu und blüht rotorange.

Rhododendron commonae, eine Rhododendronart Neuguineas.

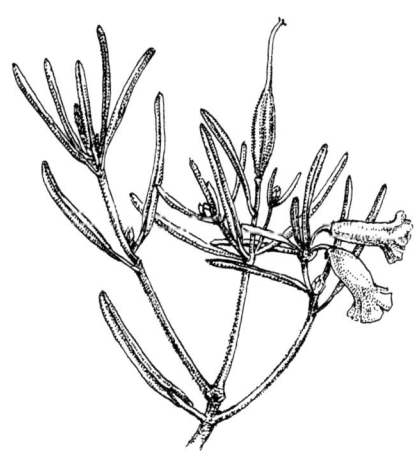

Rhododendron hooglandii, in Neuguinea beheimatet, blüht rosa und fällt durch seine nadelförmige Belaubung auf.

Rhododendron zoelleri, mit prachtvollen orangeroten Blüten, ist auf grasigen Matten in 1500 m bis 2000 m Meereshöhe auf den Molukken und Neuguinea zu Hause.

Rhododendron saxifragoides wächst auf Neuguinea in 4000 m über dem Meere auf alpinen Matten wie ein Polstersteinbrech.

kommen wintergrüne, 'Japanische Azaleen', vor, z. B. *R. kaempferi, R. kiusianum, R. obtusum.* Eine Anzahl Kleinarten, die auf sehr begrenzten Raum wachsen, werden heute wieder unter einer Art zusammengefaßt, z. B. unter *R. reticulatum.* Ein Rhododendronparadies ist die südlichste Insel Yakushima, deren hervorragendste Art nach ihr benannt wurde.

Indonesien und Melanesien

Besonders die großen Inseln Philippinen, Kalimantan, Sumatra und Java sind teilweise reich an Rhododendren. Einen Höhepunkt in der Artenvielfalt bildet Neuguinea. Dort werden immer noch neue Arten entdeckt. Während MATTFELD (1942) 100 bis 130 erwähnte, kann man heute davon ausgehen, daß es bis 200 sein werden. Von wenigen Ausnahmen abgesehen, gehören sie zur Sektion *Vireya.* Sie sind zwar sämtlich in Mitteleuropa nicht winterhart, dennoch soll kurz ihr Lebensraum beschrieben werden.

Alle Arten der tieferen Lagen wachsen fast ausschließlich epiphytisch, *R. brookeanum* wächst sogar in den Mangroven-Dickichten. Mit zunehmender Seehöhe sind

mehr Arten zu finden. Häufig geben nur die herabgefallenen Blüten Kunde, welch farbenprächtige Bewohner auf den Urwaldriesen wohnen.

In geeigneten, z. B. mit Moos bewachsenen Astgabeln, säen sich die vom Wind verwehten, leicht geschwänzten Epiphytensamen aus. Die tropischen Niederschläge und Nebel sorgen für gleichmäßige Feuchtigkeit. Höher im Gebirge, in den Nebelwäldern, wachsen einige Arten wieder terrestrisch. In der alpinen Zone, in 3700 bis 4000 m, schließlich bilden sie Zwergstrauchheiden mit *Vaccinium* und anderen Ericaceen oder sie wachsen auf alpinen Wiesen. Arten dieser Höhenlage sind auf Neuguinea *R. saxifragoides* und *R. womersleyi.* Berühmt ist das Vorkommen des heideartigen *R. ericoides* in den Gipfelplatten des Mont Kinabalu in 3900 m auf der Insel Kalimantan.

Die hier vorkommenden Arten sind vielgestaltig. *R. leucogigas* besitzt mit 18 bis 20 cm Länge die größten Blüten der Gattung. Die meisten epiphytischen Arten blühen unregelmäßig, so daß man während des ganzen Jahres Blüten finden kann. Terrestrisch wachsende Arten haben dagegen ausgeprägtere Blütezeiten.

Entdeckungsgeschichte und Einfuhr
der Rhododendren nach Europa

Die meisten Rhododendren, besonders aus dem asiatischen Raum, waren bereits vor vielen Jahren beschrieben worden, bevor sie in unsere Gärten kamen. Wegen der weiten Entfernungen und der schwierigen Transportbedingungen erreichten zuerst nur Herbarexemplare Europa. Lebende Exemplare und besonders Samen wurden zunächst in Botanischen Gärten kultiviert. Bis zu einer Gartenverbreitung im heutigen Sinne dauerte es danach oft noch viele Jahre.

Besonders aus China erreichte Europa seit Beginn des 19. Jahrhunderts eine große Zahl von Pflanzeneinfuhren. Da das Innere des Landes für Europäer noch verschlossen war, wurden besonders Arten der Küstenprovinzen eingeführt. So gelangten zunächst von den Chinesen kultivierte Arten und Sorten, z. B. *R. simsii* mit verschiedenen Sorten (1680, 1768, 1810), *R. mucronatum* (1824) und *R. molle* (1813) nach Europa. Mit der Öffnung Chinas Mitte des 19. Jahrhunderts begann die systematische Erforschung und Einfuhr. Besonders die englische Eastindian-Company brachte große Pflanzenkollektionen nach Europa. Es war damals ein Erfolg, wenn 50% der Pflanzen die lange Seereise überstanden. Hervorragend bewährte sich die Methode von J. REEVES (1774 bis 1856), der die Pflanzen vor der Reise eintopfen ließ. Von diesen Pflanzen überstanden 90% den Seeweg gut. Selbst die Einfuhr von Samen war nicht unproblematisch. Als Schutz vor der Nässe auf den Schiffen wurden die Kisten mit Bienenwachs imprägniert.

REEVES war es auch, der dem sehr erfolgreichen Pflanzensammler ROBERT FORTUNE (1812 bis 1880) zu seiner Reise nach China und Japan verhalf. Er unternahm im Auftrage der Royal Horticular Society zwischen 1843 und 1861 vier Reisen und brachte auch neue Rhododendronarten mit nach Europa. Mit nur wenigen Helfern unternahm er meist von Shanghai aus weite Reisen ins Inland. Im Oktober 1855 sammelte er Samen einer neuen Rhododendronart, die später als *R. fortunei* beschrieben wurde.

Besonders mit der Erforschung Zentral- und Westchinas wurden neue Rhododendren entdeckt. Zuerst betrieben einige französische Jesuitenmissionare umfassende botanische Studien (DAVID, DELAVAY, FARGES, SOULIE). Ihre Namen tragen Rhododendronarten, die sie fanden. Sie sammelten jedoch größtenteils nur Herbarmaterial. A. R. FRANCHET (1834 bis 1900) bearbeitete diese Sendungen am Jardin des Plantes in Paris, benannte und beschrieb eine Vielzahl von Rhododendren. Gegen Ende des Jahrhunderts sammelten dann die ersten im Auftrage großer Gärtnereien. Die Fa. VEITCH and Sons, die durch ihre vielen Neueinführungen auf dem europäischen Markt berühmt wurde, beschäftigte auch Sammler in China. Einer, der sich dabei große Verdienste erwarb, war E. H. WILSON (1876 bis 1930). Von 1899 bis 1905 sammelte er in Westchina. Von 1906 bis 1919 setzte er seine Tätigkeit für das Arnold-Arboretum in Jamaica Plain bei Boston/USA fort. In dessen Auftrag bereiste er China, Japan und Korea. Sein 1927 erschienenes Werk »Plant hunting« wird heute noch verlegt. Zu seinen Einfuhren gehörten unter anderen *R. discolor* (1900) und *R. bullatum* (1904).

Ähnlich bekannt wurde G. Forrest (1873 bis 1932), ein englischer Botaniker und Pflanzensammler, der viele neue chinesische Pflanzen einführte. Von ihm stammen auch sehr detaillierte Schilderungen über die Vegetation Westchinas, die 1935 in »Man Hunts et Plant Hunts« erschienen. Seine erste Forschungsreise, 1904 bis 1907, diente zunächst dazu, sich mit Land und Leuten vertraut zu machen. In den folgenden Jahren unternahm er wiederholt Reisen in die Provinz Yunnan, das Artenzentrum der Rhododendren. Dort beschäftigte er zahlreiche einheimische Sammler, die systematisch die Hochgebirge um Tali (heute Dali) und Lichiang (heute Dukon) absuchten. Er sandte eine große Zahl von Pflanzen nach Edinburgh. Die Bestimmung und die Beschreibung neuer Arten übernahm Bayley Balfour (1853 bis 1922). Er entwickelte das System der Einteilung nach Serien und Subserien. 1932 verstarb Forrest auf seiner letzten Sammelreise. *R. forrestii* wurde nach ihm benannt.

Bis Mitte unseres Jahrhunderts bereiste F. K. Ward (1885 bis 1958) dieses Gebiet. Seine Erlebnisberichte »A Plant Hunter in Tibet« (1934) und »Plant Hunter's Paradiese« (1937) werden heute noch publiziert. Er sammelte außer in Westchina in Assam und Burma. Unter seinen vielen Einführungen seien hier *R. calostrotum*, *R. hippophaeoides* und *R. wardii* genannt.

Der Österreicher J. Rock (1883 bis 1962) war als Professor für Botanik und Sinologie an der Universität von Hawaii tätig. In kurzen Intervallen unternahm er zwischen 1922 und 1949 mehrere Reisen nach China und sammelte für Gärtnereien in Großbritannien und den USA, auch für das Arnold-Arboretum. Über England gelangte auch Material seiner Sammelreisen in den Botanischen Garten Berlin-Dahlem. Da Rock im äußersten Westen Chinas bis nach Tibet sammelte, kamen recht winterharte Klone nach Europa, die selbst im kontinental geprägten Berlin seit Jahr-

zehnten gedeihen. Insgesamt brachte er von seinen Sammelreisen ca. 600 Rhododendren, davon einige neue Arten, mit.

Seit den dreißiger Jahren dieses Jahrhunderts haben sich viele chinesische Botaniker der Erforschung der Rhododendren angenommen. Durch Prof. Hu gelangte kurz vor dem 2. Weltkrieg auch Saatgut zu Hobbie nach Deutschland.

Obwohl H. Veitch schon vor Wilsons erster Expedition (1899) meinte, daß wohl alle Pflanzen mit gärtnerischem Kulturwert aus China bereits eingeführt worden seien und kaum noch etwas Neues zu finden wäre, kam allein zwischen 1902 und 1912 eine Flut von fast 1 000 neuen Pflanzenarten nach Europa. Noch heute sind in diesem »Rhododendronparadies« Neuentdeckungen zu erwarten. Die Ergebnisse jüngster Expeditionen bewiesen es.

So berichtet Berg über *R. balangense*, das 1986 auf einer Expedition in Tibet (Xizang) gefunden wurde. Die Bhutan-Expedition der Amerikanischen Rhododendron-Gesellschaft brachte nach Cox 1988 gleich zwei neue Arten mit: *R. bhutanense* aus der Sektion *Taliensia* mit rotbraun filziger Blattunterseite und eine noch unbekannte Art.

Nur wenige Pflanzensammler kamen von Osten her über Westchina in den Himalaja. Die meisten reisten über Indien in diesen Raum. So gelangten zunächst Arten nach Europa, die im Norden Indiens, am Südhang des Himalaja wuchsen. Die große Sensation war *R. arboreum*, das prächtig rote Baumrhododendron, das 1815 in England eingeführt wurde und 1825 das erstemal in Kultur blühte. Bald kamen weitere Arten nach Großbritannien, z. B. *R. campanulatum* (1825).

J. F. Royle (1798 bis 1858), ein englischer Arzt und Botaniker, gab von 1833 bis 1840, nachdem er dieses Gebirge bereist hatte, die erste Himalajaflora heraus, die auch Rhododendren enthält.

W. Griffith (1810 bis 1844), ebenfalls Arzt, Botaniker und Pflanzensammler,

Konservator am Botanischen Garten Singapore, unternahm ausgedehnte Studienreisen in den Osthimalaja. *R. griffithianum* wurde nach ihm benannt.

N. WALLICH (1787 bis 1856), ein dänisch-englischer Arzt, Pflanzensammler und Botaniker, unternahm Reisen nach Nepal. Als Leiter des Botanischen Gartens Kalkutta war er maßgeblich an der Einfuhr von Pflanzen nach Europa beteiligt. Er gab sogar einen Katalog der Pflanzen des Museums der Eastindian-Company heraus. Sein Nachfolger am Botanischen Garten war H. FALCONER (1808 bis 1865). Nach ihm wurde *R. falconeri* benannt.

Im Jahre 1848 bereiste J. D. HOOKER (1817 bis 1911) die Länder des östlichen Himalaja. 1855 erschien sein noch heute oft zitiertes Prachtwerk »The Rhododendron of Sikkim-Himalaja«. Darin sind unter anderen 43 damals neue Arten beschrieben und abgebildet. Seit 1865 war HOOKER Direktor des Botanischen Gartens Kew. Eine Rhododendronart trägt seinen Namen.

In den dreißiger Jahren dieses Jahrhunderts kommt den Einführungen von G. SHERRIFF (1898 bis 1967) eine große Bedeutung zu. Er unternahm mit F. LUDLOW mehrere Sammelreisen in den Himalaja. 1936 2000 Arten eingeführt, darunter eine ganze Anzahl Rhododendren u. a. *R. ludlowii* und *R. sherriffii*. 1938 folgte das oft für die Züchtung verwendete orangeblühende *R. viscidifolium*.

Auch in den letzten Jahrzehnten wurden wiederholt Reisen in dieses Gebiet unternommen. F. W. DÜRRE (1980) berichtet ausführlich darüber und sieht die Gründe in der Suche nach in Mitteleuropa winterharten Herkünften. Die meisten Arten kamen über England nach Europa. Die englischen Sammler brauchten wegen des maritimen Klimas Großbritanniens auf die Winterhärte nur wenig zu achten. Für Züchtungserfolge auf dem Kontinent ist dieser Faktor jedoch ausschlaggebend. Während die Engländer häufig an der unteren Verbreitungsgrenze der Arten Samen ernteten, versuchen Sammler heute möglichst hoch im Gebirge härtere Typen zu finden.

E. KAEMPFER (1651 bis 1716) erforschte 1690 und 1691 Japan. Erst nach seinem Tod gab J. BANKS sein »Icones selectae plantarum, quas in Japonia collegit« (1791) heraus. K. P. THUNBERG (1743 bis 1828) nutzte ebenfalls seine Stellung als Arzt für botanische Studien. Obwohl er einen Teil der Pflanzen nur als Heu für die Tiere erhielt, gab er 1784 eine »Flora japonica« heraus. Eine herausragende Persönlichkeit als deutsch-holländischer Botaniker und Japanforscher war P. F. VON SIEBOLD (1796 bis 1866). Er wirkte von 1823 bis 1830 und von 1859 bis 1860 als Arzt in Japan. Er führte viele japanische Pflanzen nach Europa ein und verbreitete sie aus seiner eigenen Gärtnerei in Leiden (Holland). Im Jahre 1860 kam K. J. MAXIMOWICZ (1827 bis 1891) nach Nordjapan. Er war Konservator und Oberbotaniker am Botanischen Garten St. Petersburg. 1864 kehrte er mit reicher Ausbeute an Herbarmaterial, Samen und lebenden Pflanzen nach Rußland zurück. Auch der schon erwähnte R. FORTUNE bereiste das Inselreich und führte neue Gartenpflanzen ein. Für die Fa. J. VEITCH and Sons in Chelsea sammelte CH. MARIES (1851 bis 1902) von 1877 bis 1879 in Japan Gartenpflanzen. Nach ihm wurde *R. mariesii* benannt.

Einer der letzten großen Japanreisenden zu Beginn des Jahrhunderts war E. H. WILSON (1876 bis 1939). Im Auftrage des Arnold-Arboretums durchquerte er 1914/15 und 1917 bis 1919 von Süd nach Nord, der Kirschblüte folgend, Japan. Er war von den Kurume-Hybriden begeistert und nahm 50 Sorten mit nach den USA ('Wilson's Fivty'). Von dort sollen auch Pflanzen zu SEIDEL nach Grüngräbchen gekommen sein.

Besonders reich waren die Einfuhren aus Japan in der ersten Hälfte des 19. Jahrhunderts, z. B. *R.* 'Obtusum' (1803),

Rhododendron 'Arbutifolium'

R. 'Mucronatum' (1819), *R. reticulatum* (1823) und *R. kaempferi* (1843). Selbst 1937 wurde noch eine so prächtige Art wie *R. yakushimanum* gefunden.

Nordostasien und das Kaukasusgebiet wurden vorwiegend durch russische Forscher und Botaniker erschlossen. Viele Pflanzen, auch Rhododendren, gelangten über den botanischen Garten St. Petersburg in andere Teile Europas.

Der deutsch-russische Botaniker P. S. Pallas (1741 bis 1811) durchforschte in den Jahren 1768 bis 1774 Sibirien und von 1795 bis 1810 die Krim. Er beschrieb unter anderen *R. aureum, R. camtschaticum* und *R. caucasicum.* Ein sehr vielseitiger Forscher war N. Przewalski (1839 bis 1888). Als Geograph sammelte er auch 15000 Pflanzen in 1700 Arten. Dazu gehörten viele Neueinführungen aus Mittelasien und der Mongolei. Ihm zu Ehren wurde *R. przewalskii* benannt.

E. A. von Regel (1815 bis 1892), ein deutscher Botaniker und Gärtner, war von 1855 bis zu seinem Tode Direktor des Botanischen Gartens St. Petersburg. Er war der Begründer der »Gartenflora«, einer renommierten Zeitschrift, in der er viele Neueinführungen beschrieb.

A. von Ungern-Sternberg (1806 bis 1868), ein Romanschriftsteller, entdeckte 1890 im Kaukasus das für kontinentale Klimabereiche wichtige *R. smirnowii.*

E. R. von Trautvetter (1809 bis 1889), ein russischer Botaniker, fand im Kaukasus *R. ungernii.*

In der ersten Hälfte des 18. Jahrhunderts gelangten die ersten nordamerikanischen Arten nach Europa. Im Jahre 1734 wurden bereits *R. canescens, R. periclymenoides* und *R. viscosum* in England eingeführt. 1736 folgte *R. maximum.* Besondere Verdienste hatte bei der Einführung nordamerikanischer Arten J. Fraser (1750 bis 1811), der 1786 *R. minus* einführte. Die wohl wichtigste Entdeckung gelang ihm 1799 in den Bald-Mountains am Catawba-Fluß mit *R. catawbiense.* Es blühte 1813 erstmalig in der englischen Baumschule Lee & Kennedy. Obwohl die Blütenfarbe anfänglich enttäuschte, schrieb 100 Jahre später W. J. Bean in seinem noch heute aktuellen Werk »Trees ans shrubs hardy in the British Isles«: »Die Pflanze ist vielleicht eine der am besten nutzbaren immergrünen Sträucher, die bisher eingeführt wurden und ein erstklassiges Elternteil für zukünftige Züchtung.« 1809 erreichte dann *R. calendulaceum* und 1818 *R. arborescens* Europa. Es ist kaum zu verstehen, warum diese schönen sommergrünen relativ an-

Rhododendron viscosum

32

Rhododendron catawbiense in den Bergen Nord-Ca-
rolinas (USA)

spruchslosen und winterharten Arten bis heute so wenig Verbreitung in den Gärten fanden.

Besonders befaßte sich mit der Erforschung der amerikanischen Gehölzflora der französische Botaniker F. A. MICHAUX (1770 bis 1855). Er beschrieb auch einige neue Rhododendronarten.

Bis zur Mitte des vorigen Jahrhunderts waren die meisten nordamerikanischen Arten beschrieben und wurden in Europa kultiviert. Zu Beginn des 20. Jahrhunderts gab es noch einige Neuentdeckungen: 1917 *R. oblongifolium*, 1918 *R. prunifolium* und 1937 *R. bakeri*. Es handelt sich um Arten, die vorher übersehen worden waren, da sie nur auf sehr eng begrenzten Arealen wachsen oder bisher anderen Arten zugeordnet wurden.

Selbst 1951 wurde noch eine neue Art entdeckt: *R. coryi*. Sie ist ein texanischer Endemit.

Rhododendren und Naturschutz

Immergrüne Gehölze werden mit den Schadstoffen in der Atmosphäre augenscheinlich bedeutend schwerer fertig als sommergrüne, da sie in ihrem Laub die Schadstoffe über Jahre anreichern. Aus den Alpen erreichen uns Meldungen, daß die dort in der Krummholzzone wildwachsenden *Rhododendron hirsutum* und *R. ferrugineum* zum Teil schon Schäden aufweisen, die den Waldschäden in den tiefer liegenden Bergwäldern ähnlich sind.

In Nepal ist der Waldbestand in den letzten Jahren um ein Drittel verringert worden. Jährlich geht der Flächenanteil um weitere 2% zurück, wenn diesem Trend nicht Einhalt geboten wird. Das Land verbraucht pro Kopf der Bevölkerung etwa 1,2 m³ Brenn- und Bauholz im Jahr. Holz ist oft der einzige Brennstoff für Einheimische und die ständig wachsende Zahl an Touristen. *Rhododendron arboreum* bildet hier in den Vorgebirgen südlich des Himalaja zusammenhängende Wälder. Es kommt in mächtigen Exemplaren von weiß über rosa bis rot blühend vor. Die Pflanzen können ein Alter von 400 Jahren erreichen und die Stämme einen Durchmesser bis zu einem Meter. Im Durchschnitt sind diese Bestände etwa 250 Jahre alt. Aber es dauert nur wenige Minuten, bis diese Riesen unter der Motorsäge fallen. Dieser Wald verjüngt sich kaum. Nur selten finden sich Sämlinge am Waldboden. Die dem Kahlschlag folgende Beweidung läßt eine Waldvegetation nicht wieder aufkommen. Was kann getan werden, um diese Wälder zu retten?

Alte Rhododendron-Stöcke haben ein sehr gutes Ausschlagvermögen. Eine Tatsache, die wir uns auch im Garten zunutze machen. Um es zu fördern, müßten Stümpfe von etwa 1,5 m Höhe und unverletzter Rinde stehenbleiben. Mit Unterstützung aus dem Ausland laufen auch Vorhaben, mit den hier natürlich vorkommenden Arten die Wälder wieder aufzuforsten, so z. B. das »Annapurna Conservations AREA Projekt«. In einer Baumschule werden dazu 32 gefährdete Pflanzenarten herangezogen, darunter auch Rhododendren. Wollen wir hoffen, daß alle Bemühungen erfolgreich sind, die Rhododendron-Wälder Nepals zu retten.

In den USA, wo einige sommergrüne Rhododendron-Arten oft auf eng begrenztem Territorium wachsen, gelang es, diese Flächen zu Naturschutzgebieten zu erklären. So kann man hoffen, daß diese Arten auch späteren Generationen und als Genreservoir für die Züchtung erhalten bleiben. Als Beispiel soll hier das isolierte Vorkommen einer besonders reichblühenden Form von *Rhododendron occidentale* in Kalifornien in Stagecoach Hill an der Pazifikküste dienen. Pro Blütenstutz bringt die Art in der Regel ca. 15 bis 20 Einzelblüten. Die Pflanzen an diesem Standort hatten nicht selten bis zu 36, ja sogar bis zu 54 Blüten von weiß über cremefarben, tiefrosa bis rot. Durch Spenden gelang es, das Terrain zu kaufen und so vor dem Straßenbau zu bewahren (MOSSMAN 1977).

In den 20er Jahren wurden in den deutschen Alpen erste Schutzvorschriften erlassen und der Handel mit Alpenpflanzen verboten. Zuwiderhandelnde konnten mit strenger Bestrafung rechnen. Das Problem war jedoch, die Personen, die gegen diese Anordnung verstießen, auch haftbar machen zu können, das heißt, sie auf frischer

Tat zu überführen. Um eine bessere Kontrolle zu erreichen, war beispielsweise auf den Höfats in den Allgäuer Alpen während der Edelweißblüte ein Posten der Bergwacht stationiert. Auch wurde versucht, durch Rucksackkontrollen diesen Schutzbestimmungen Geltung zu verschaffen.

Schlimmer noch als die Blumenpflücker sind die Schatzgräber, die an keiner seltenen Pflanze vorbeigehen können ohne von dem Gelüst befallen zu werden, diese auszugraben und sie in Gartenbesitz zu nehmen. Das Ansiedeln alpiner Originalpflanzen im Garten ist sehr schwierig. Im Falle von Rhododendren ist ein solcher Versuch nahezu aussichtslos. Meist kümmern solche wildgesammelten Stöcke und gehen schließlich nach ein bis zwei Jahren ein, weil Klima und Boden des Tieflandes diesen Pflanzen nicht bekommen. Auf diese Weise sind viele Pflanzen sinnlos vom Naturstandort entwendet und vernichtet worden. Am Naturstandort starben sie damit vielleicht sogar als Art aus.

Wer das Glück hat, die Heimatgebiete von Rhododendren zu bereisen, sollte die Gelegenheit nutzen, die Pflanzen und ihre Wachstumsbedingungen zu studieren. Die Zeit der »Plant Hunters« des 19. Jahrhunderts ist vorbei! Eine »Pflanzenjagd« sollte nur mit dem Fotoapparat erfolgen. Aufnahmen am Naturstandort haben stets einen besonderen Reiz.

Sofern es die Landesgesetze zulassen und auch die Häufigkeit der Pflanzen es erlaubt, kann etwas Samen geerntet werden. Er wird meist in verschwenderischer Menge angesetzt. Die Samenaussaat ist auf jeden Fall die sicherste Methode, eine Rhododendronart im Garten anzusiedeln. Vom Keimling aus kann sich die Pflanze an die gegenüber dem Naturstandort im Garten veränderten Bedingungen gewöhnen. Schließlich hielten auf diese Weise auch die meisten Arten Einzug in unsere Gärten. Den Sammlern wäre es zu damaliger Zeit gar nicht möglich gewesen, beispielsweise aus China, Pflanzen einzuführen. Samen war auch hier die geeignete und die Natur schonendste Form der Entnahme.

Es ist nur eine Form musealen Schutzes, wenn selten gewordene Arten in Kultur genommen werden müssen, um so vor dem Aussterben bewahrt zu werden. Bei akut gefährdeten Pflanzenarten, z. B. Welwitschia und Kakteen, muß dies schon praktiziert werden. Auf diese Weise bewahrte Pflanzen konnten zwar vermehrt und sogar wieder an die Naturstandorte zurückgeführt werden. Muß aber erst zerstört werden, was später mit unsäglicher Mühe *vielleicht* wieder repariert werden kann?

Eine erfolgversprechende Maßnahme zur Arterhaltung ist die Einrichtung einer möglichst umfassenden Kollektion der Vireya-Rhododendren im Lyon-Arboretum von Honolulu auf Hawaii. Das Klima für diese Sektion ist hier sehr günstig, und es ist möglich, Arten, die bei der Vernichtung der tropischen Regenwälder in Südostasien verlorengehen könnten, zu bewahren.

Der Natur- und Umweltschutz sollte im eigenen Garten beginnen. Was ist das für ein Widerspruch, wenn die Gartenfreunde im Herbst das anfallende Laub verbrennen oder in den Müllcontainer werfen und sich dann mit viel Aufwand und Kosten zur Bodenverbesserung Torf oder Industriehumus beschaffen?

Es empfiehlt sich sowieso, das Laub möglichst liegenzulassen. Besonders den Rhododendren, aber auch vielen anderen Pflanzen, bekommt diese natürliche Mulchschicht ausgezeichnet. Auch der Tierwelt unseres Gartens kommt dieses scheinbare Versäumnis zugute. Insekten finden Unterschlupf, Regenwürmer und andere Nützlinge finden Nahrung. Die Kleinlebewesen sorgen für eine Verrottung des Laubes und erschließen damit eine langsam fließende Humusquelle. Kompostiertes Fallaub stellt nach etwa einem

Jahr in angerottetem Zustand ein gutes Bodenverbesserungsmittel für Rhododendronpflanzungen dar. Auf diese Weise kann der in älteren Gartenbüchern noch als unersetzlich bezeichnete Torfeinsatz vermindert oder ganz eingespart werden. Damit leisten wir einen echten Beitrag zum Naturschutz. Ein Großteil der Torflager sind schon abgebaut und viele Moore sind heute geschützt. Torf steht nur noch begrenzt zur Verfügung. Der Abbau der Lagerstätten wirkt sich auch nachteilig auf den Wasserhaushalt der Natur aus. Torf sollte nur dort zum Einsatz kommen, wo er nicht oder kaum ersetzt werden kann, z. B. zur Jungpflanzenanzucht.

Noch ein Wort zum Pflanzenschutz im Garten. Zu häufig und teilweise als Routine wird zur Spritze gegriffen, um tatsächliche oder scheinbare Schädlinge und Krankheiten zu bekämpfen. Chemische Gifte sollten möglichst nicht zur Anwendung kommen. Alle Empfehlungen und Vorsichtsmaßnahmen vom Hersteller müssen konsequent eingehalten werden. Den aus Naturstoffen hergestellten Mitteln sollte stets der Vorzug gegeben werden. Es ist leider eine Tatsache, den Giften fallen auch die Nützlinge mit zum Opfer. Der Einsatz des Insektizides galt vielleicht den Blattläusen, aber auch unsere Helfer, Marienkäfer und Florfliegen wurden getötet. Sehr erfreulich ist die immer weitere Verbreitung findende Verwendung von Antagonisten, wie Schlupfwespen kontra Mottenschildläuse oder Nematoden kontra Rüsselkäfer. In diesen Fällen werden die natürlichen Feinde zur Bekämpfung eingesetzt. Es erfolgt also keine Veränderung des Naturkreislaufes, sondern eine Regulierung, die weitestgehend ohne schädliche Folgewirkungen bleibt.

Die allgemeinen Standortbedingungen

Das Klima in unserem Garten weicht vom Klima an den Naturstandorten in den meisten Fällen erheblich ab. Wir müssen im Garten solche Plätze auswählen, deren Standortklima dem Klima nahekommt, das Rhododendren für eine optimale Entwicklung benötigen. In fast jedem Garten sind solche Stellen zu finden. Halbschattige, kühle Gartenpartien auf nicht zu trockenen Böden – für sonnenhungrige Pflanzen ungeeignet – sind nahezu ideal. Das Standortklima können wir nur durch persönliche Erfahrung kennenlernen. Die Mittelwertsangaben der nächsten meteorologischen Station sind deshalb nur in sehr begrenztem Umfang aussagefähig. Hanglagen auf wasserzügigen, humosen Böden, ausgenommen trockene Südlagen lassen sich gut mit Rhododendren gestalten. Sonnige Steingärten mit ausreichender Bewässerung können niedrigen Arten und Sorten entsprechender Naturstandorte naturnahe Bedingungen bieten.

Rhododendren wachsen in sehr niederschlagsreichen und luftfeuchten Gebieten. Teilweise liegt die jährliche Niederschlagsmenge, z. B. im asiatischen Verbreitungsschwerpunkt bei 5000 mm. Das ist das Mehrfache der in Mitteleuropa erreichten Werte. In den meisten Heimatgebieten sind die Niederschläge relativ gleichmäßig über das Jahr verteilt. Im mitteleuropäischen kontinental beeinflußten Raum fällt die Hauptmenge des Niederschlages in den Wintermonaten. In den Sommer- und Herbstmonaten gibt es oft wochenlange Trockenperioden. Etwas günstiger sind die luftfeuchten Gebiete in Küstennähe, deren Klima vom Atlantik beeinflußt wird und die niederschlagsreichen Mittelge-

birgslagen. Auch die Nähe von Gewässern wirkt sich günstig aus. Hier ist nicht nur die Luftfeuchte höher, hier sind auch die Temperaturen ausgeglichener und kühler als über sonnenheißen Böden.

Vorteilhaft ist ein hoher Grundwasserstand bis 60 cm. Gegen stauende Nässe sind jedoch die Wurzeln sehr empfindlich.

Ideal für die Entwicklung der Rhododendren sind feuchte Sommer und milde Winter. Während sich das Wasserdefizit, je nach den örtlichen Gegebenheiten, ausgleichen läßt, kann man gegen strenge Winter nichts ausrichten. Entweder wir treffen eine sorgfältige Auswahl und pflanzen nur sehr frostharte Arten und Sorten oder wir müssen für entsprechenden Winterschutz sorgen.

Bei immergrünen Rhododendren ist zu bedenken, daß sie auch im Winter ausreichende Bodenfeuchtigkeit benötigen. Sie müssen auch im Winter ständig mit den Wurzeln Wasser aus dem Boden aufnehmen und innerhalb ihres Gefäßsystems zu den Blättern transportieren. Problematisch wird es, wenn es infolge starken Frostes zu einer Stockung kommt. Bei zusätzlicher starker Sonneneinstrahlung und trockenen Winden können die Pflanzen dann vertrocknen. Standorte, die vor Wintersonne geschützt sind, sind deshalb besonders zu empfehlen. Schon der Schatten eines Gebäudes kann ein guter Schutz sein.

Es gibt allerdings auch einige harte Rhododendren, die mit strengen Wintern und Wintersonne gut fertigwerden. Dazu gehören Arten und Sorten, die durch besondere Schutzvorrichtungen, z. B. durch

Zusammenrollen der Blätter, selbst extreme Situationen unbeschadet überstehen.

Tiefer Schatten, gänzlich ohne Sonnenschein während der Vegetationszeit, wird nur von wenigen vertragen. Meist ist der Blütenansatz an solchen Standorten sehr gering. Ideal ist es, wenn den Pflanzen ein lichter Schatten geboten werden kann, der im Laufe des Tages mit der Sonne wandert. Am besten ist das durch eine Pflanzung im Schatten lichter Bäume zu erreichen. Es gilt jedoch dabei zu beachten, daß nicht alle Bäume dafür gut geeignet sind. Rhododendren sind Flachwurzler und so kann es unter flachwurzelnden und im Stammbereich alter, starker Bäume zu einer Wurzel- und damit Wasser- und Nährstoffkonkurrenz kommen oder die Rhododendronwurzeln finden keinen Bodenraum mehr, den sie durchwurzeln können. In Trockenperioden hängen dann die Blätter und es kommt zu Schädigungen. Mit der Zeit gehen die Pflanzen ein. Tiefwurzelnde Schattenbäume, mit denen Rhododendren gut zurechtkommen, sind Eichen und vor allem Kiefern. Auch Obstbaumhochstämme eignen sich gut als Schattenspender, wenn ihre Krone mit der Säge licht gehalten wird. Bei flachwurzelnden Bäumen empfiehlt sich auf jeden Fall, die Rhododendren außerhalb der Kronentraufe zu setzen und nicht in die Nähe des Stammes. Das gleiche trifft auf Bäume mit einer sehr dichten Krone zu, beispielsweise Fichten und Roßkastanien.

Der Lichtbedarf ist sehr unterschiedlich. Arten aus hohen Gebirgslagen wachsen in der Natur ohne Schatten in der sehr intensiven UV-reichen Bergsonne. Es sind meist kleinlaubige, häufig mit vielen kleinen Drüsen und Schuppen besetzte und daher oft graugrün erscheinende Zwergrhododendren. Besonders die Arten der Sektion *Lapponica* gehören dazu. Auch Arten mit behaarten und filzigen Blättern kommen mit starker Sonnenstrahlung gut zurecht und gedeihen hier besser als in schattigen Lagen. Als Faustregel läßt sich sagen: Je kleiner das Laub, um so sonniger die Pflanzen. Das bedeutet aber nicht, daß diese Arten Bodentrockenheit vertragen. Alle alpinen Standorte sind infolge der hohen Niederschläge und der geringen Lufttemperatur bodenfeucht.

In der Natur stehen großlaubige Arten häufig in den Bergwäldern oder an Waldrändern im Halbschatten. Sie wollen auch bei uns im Halbschatten stehen.

Schwer verkraften Rhododendren sehr sonnige, heiße und trockene Standorte. Südseiten von Gebäuden, deren Mauern die Sonne reflektieren und die Wärme speichern, sind gänzlich ungeeignet. Es kommt hier zu Verbrennungen an den Blättern und die Pflanzen kümmern. Häufig sieht das Laub gelblich aus. Auch stellt sich an solchen Extremstandorten häufiger die Rhododendronwanze ein, ein Schädling, der an der Blattunterseite saugt und das Laub unansehnlich macht. Bei sommergrünen Rhododendren treten verstärkt Weichhautmilben auf, wenn die Sorte nicht dagegen resistent ist. Nach Norden, Osten oder Westen geneigte Hänge sind für Rhododendren am besten geeignet. Abflußlose Talkessel, in denen es zu einem Kaltluftstau kommen kann, sollten vermieden werden, ebenso eingeengte, eingemauerte Grundstücke mit starker Sonneneinstrahlung, auf denen es im Sommer zu einem Hitzestau kommen kann.

Der Boden

Für das Wachstum der Pflanzen und die Tätigkeit der Bodenorganismen ist der Sauerstoffhaushalt des Bodens sehr wichtig. Bodenlebewesen verbrauchen beim Zersetzen organischer Masse viel Sauerstoff und setzen dabei Kohlendioxid frei. Es muß ein ständiger Gasaustausch zwischen Boden und Atmosphäre stattfinden, damit der Boden lebendig bleiben kann. Ein grobporiges stabiles Bodengefüge mit etwa 50 Volumenprozent Bodenporen ist deshalb sehr wichtig. Sind weniger Bodenporen vorhanden, kommt es zu Sauerstoffmangel, Bodenversauerung und Bodenverdichtung. Wird nichts zur Änderung des Zustandes durch Bodenlockerung und Humusgaben getan, führt das zu Wachstumsstörungen und zum Absterben der Pflanzen. Besonders Rhododendren sind gegenüber dem Bodengefüge sehr empfindlich. Nasse Böden müssen entwässert werden, und die Krümelstruktur ist vor allem durch Humuszufuhr zu verbessern. Ebenso wichtig ist ein ausgeglichener Wasserhaushalt des Bodens. Die Niederschläge in Mitteleuropa reichen für eine optimale Entwicklung der Rhododendren in der Regel nicht aus. Deshalb gilt es, die Speicherleistung des Bodens voll zu nutzen. Der Oberflächenabfluß und die Oberflächenverdunstung müssen vermindert werden. Durch zusätzliche Humuszufuhr kann die Wasserkapazität beträchtlich erhöht werden. Wird nur ein Prozent Humus der Ackerkrume zugeführt, steigt sie um etwa 3 l/m² an. Die Bodenbedeckung, das Mulchen, ist eine wichtige Maßnahme, um die Wasserverluste durch Verdunstung herabzusetzen. Bei einem Grundwasserstand von etwa 60 cm bis 1 m steigt durch die Bodenkapillaren ständig Wasser in die oberen Bodenschichten. Das ist für die Rhododendronkultur sehr günstig. Ein höherer Grundwasserstand führt bei fehlender Wasserzügigkeit (z. B. in Bodensenken) zu Staunässe.

Von großer Bedeutung sind die Eigenschaften der verschiedenen Bodenarten. Sandböden sind leichte Böden. Sie trocknen leicht aus und erwärmen sich schnell. Ihnen mangelt es an wasser- und nährstoffspeichernden Tonmineralien. Die Nährstoffe werden schnell ausgewaschen. Eine Vorratsdüngung ist nur durch Humusgaben möglich. Auch die Wasserhaltung wird durch Humuszufuhr verbessert. Trotzdem sind bei grundwasserfernen Standorten hohe zusätzliche Wassergaben erforderlich. Stark humose Sande können dann gute Standorte für Rhododendren sein.

Sandige Lehme und Lehme sind mittelschwere Böden. Sie sind günstig für die Rhododendronkultur, wenn sie nicht wie Lößlehme stark kalkhaltig sind. Neigen sie zur Verdichtung und Verschlämmung, ist es wichtig, genügend Humus zuzuführen und damit eine gute Krümelstruktur zu entwickeln. Die Wasser und Nährstoffspeicherung ist gut.

Tonböden werden als schwere Böden bezeichnet. Sie sind zwar nährstoffreich, haben aber ein geringes Porenvolumen. Durch kontinuierliche Zufuhr von möglichst strukturstabilen Humusstoffen (z. B. Rinde) und Drainage bei grundwassernahen Standorten können auch solche Standorte für die Rhododendronkultur genutzt werden. Ein günstiges Verhältnis ist etwa 1 Teil schwerer Boden zu 3 bis 4 Teilen Humus. Das Einarbeiten von Gips soll sich ebenfalls günstig auf die Verbesserung der Krümelstruktur auswirken, ohne den pH-Wert zu verändern. Mit Niederschlagswasser in tiefere Bodenschichten gelangt, bewirkt er dort eine Lockerung fester Schichten (Köster 1983).

Ideale Rhododendronböden sind grusige Verwitterungsböden über saurem oder neutralem Grundgestein, wie Graniten, Porphyriten usw., wenn sie gut mit Humus versorgt werden und wasserzügig sind, das Wasser muß gut versickern oder abfließen können.

Kalk und Bodenreaktion

Steht kein pflanzenverfügbares Kalzium zur Verfügung, kann es zu Mangelerscheinungen kommen. Kalzium (Ca) kommt im Boden in verschiedenen Verbindungen vor. Gefährlich für kalkempfindliche Pflanzen, wie Rhododendren, kann nur ein Übermaß in leichtlöslicher Form sein, wenn das Bodenwasser mit Ca-Ionen angereichert ist. Die sickerfeuchten Kalkstandorte der Hochgebirge haben in ihrem fließenden Bodenwasser einen vergleichsweise geringen Gehalt an Ca-Ionen. In ziemlich fester Bindung liegt das Kalzium in Dolomit vor.

G. FORREST, z. B., berichtet über gutgewachsene Rhododendronbestände auf Kalk in den Hochgebirgen Westchinas (Lichiang-Tali-Gebiet). Die Artenvielfalt ist hier viel größer als auf Urgesteinsböden, und teilweise stehen die Pflanzen direkt im Fels oder Schotter. Doch er beschreibt den Kalkstein als »grauweiß, sehr hart und ähnlich wie in den Dolomiten«.

Die geringe Löslichkeit von Kalzium im Dolomit kann leicht nachgewiesen werden. Während Kalziumkarbonat bereits mit verdünnter kalter Salzsäure stark aufbraust, ist Dolomit erst in heißer konzentrierter Salzsäure löslich.

Gemäß neueren Forschungsergebnissen kommt dem Magnesiumgehalt des Dolomitgesteins eine große Bedeutung zu (WEGLOWSKI 85). In Versuchen wurde durch eine Düngung mit Magnesiumkarbonat der pH-Wert auf 8,4 erhöht, ohne die Rhododendren zu schädigen. Magnesium hat sich als Antagonist des Kalziums erwiesen. Ist genügend Magnesium in pflanzenverfügbarer Form im Boden vorhanden, wird die Aufnahme von Kalzium gehemmt.

Auch der Mächtigkeit der Humusauflage kommt Bedeutung zu. In den Alpen wächst *Rhododendron ferrugineum* auf starker, saurer Rohhumusschicht auch über Kalk. Somit sagt ein Vorkommen in Kalkgebirgen allein noch nichts über die Empfindlichkeit der Art gegenüber Kalk aus. Nur eine genaue Bodenanalyse vermittelt die tatsächlichen Werte.

Bei Rhododendren dagegen sollte der Boden mäßig bis stark sauer sein. Je niedriger der pH-Wert ist, desto mehr Wasserstoffionen sind vorhanden. Durch die Mikroorganismen werden im Boden ständig Säuren erzeugt. Die Pflanzenwurzeln geben im Austausch gegen Kalzium-, Kalium- und Magnesium-Ionen ebenfalls Wasserstoffionen ab. Auch durch Niederschläge und Düngung gelangen Säuren in den Boden. Sind genügend Kalzium- und andere basisch wirkende Ionen im Boden vorhanden, dann werden die Säuren neutralisiert. Vermindert sich infolge Auswaschung und Nährstoffentnahme durch die Pflanzenwurzeln der Bestand an Kalzium- und anderen basisch wirkenden Ionen ständig, dann versauert der Boden im Laufe der Zeit. Bei ton- und humusreichen Böden sind diese Austauschvorgänge wesentlich ausgeglichener als in humusarmen Sandböden.

Als optimal hat sich für Rhododendren ein pH-Wert von 4,5 bis 5,5 erwiesen.

pH-Wert	Bezeichnung der Böden	Eignung für Rhododendren
4–5	sehr stark sauer bis stark sauer	Kultur noch möglich
5–6	mäßig sauer	Idealwert
6–7	schwach sauer bis neutral	Kultur möglich
7–8	schwach alkalisch	Kultur eventuell noch möglich

Manche Autoren empfehlen einen *p*H-Wert von 5,5 als ideal (DELP 1987). Bei zu niedrigem *p*H-Wert kann z. B. ein großer Teil der pflanzenverfügbaren Phosphorsäure festgelegt sein. Ein zu hoher *p*H-Wert kann zu Chlorosen führen, weil die Verfügbarkeit von Eisen und anderen Spurenelementen beeinträchtig wird. Es ist deshalb sehr zu empfehlen, den *p*H-Wert des Bodens in Abständen zu untersuchen. Mit etwas Geschick kann man selbst den *p*H-Wert ermitteln. Dazu werden an mehreren Stellen, wo Rhododendren gepflanzt werden sollen, Bodenproben entnommen und vermischt. Etwa ein Eßlöffel voll Erde wird anschließend mit der vierfachen Menge destilliertem Wasser übergossen

und durch mehrfaches Umrühren aufgeschlämmt. Mittels Indikatorpapier kann nun der *p*H-Wert festgestellt werden.

Entspricht der *p*H-Wert nicht den für Rhododendren günstigen Werten zwischen 4,5 bis 5,5, so müssen wir etwas zur Verbesserung der Wachstumsbedingungen unternehmen, sonst können die Pflanzen schon nach kurzer Zeit zu kümmern beginnen oder eingehen. Erste Anzeichen sind eine hellgrüne Blattfärbung, wobei besonders zwischen den Blattnerven helle bis gelblichweiße Felder entstehen. Besonders leicht ist das am Neuaustrieb sichtbar.

Rhododendron calophytum, Laubaustrieb

Bodenverbesserungen

Am einfachsten ist es, den *p*H-Wert eines zu sauren Bodens anzuheben. Das kann durch den Zusatz von Kalk, Holzasche oder kalkhaltigen Düngemitteln erfolgen. Die Menge richtet sich nach dem vorliegenden *p*H-Wert, dem Ca-Gehalt des Düngemittels und seiner Löslichkeit. Wurde der *p*H-Wert im Bodenlabor ermittelt, ist auch von dort eine Empfehlung über die erforderliche Kalkmenge pro Flächeneinheit zu erhalten.

Weitaus schwieriger ist es, einen zu hohen *p*H-Wert abzusenken. Bei neutralem Boden genügt es in den meisten Fällen, den Boden mit sauren Humusstoffen, wie Torf-Rinden-Kompost, Nadelerde und Eichenlauberde, zu verbessern. Da Rhododendren ausgesprochene Flachwurzler sind, sollte der Boden spatentief gelockert, das Substrat aufgebracht und flach eingearbeitet werden. Je mehr Humusstoffe wir heranschaffen können, desto besser und anhaltender ist die Wirkung.

Liegt jedoch der *p*H-Wert über 7,5 bzw. besteht ständig die Gefahr, daß aus der Umgebung Kalk eingeschwemmt wird, dann empfiehlt es sich, die anstehende Erde nicht zu verwenden. Unter solchen Verhältnissen müßte die ganze Fläche noch mit einer starken Schicht geeignetem Humussubstrat überzogen und eine Vermischung mit dem Untergrund vermieden werden.

Muß befürchtet werden, daß sich in Regenperioden das kalkhaltige Wasser ansammelt bzw. von unten in das Substrat eindringt, so ist es unerläßlich, für eine gute Drainage zu sorgen. Manchmal reicht es aber schon aus, den Untergrund tief zu lockern.

Bewährt hat es sich auch, einen Graben unter der geplanten Pflanzenfläche auszuheben. Dieser wird mit grobem Kies, Schotter und dergleichen gefüllt, damit das kalkhaltige Bodenwasser abfließen kann. Auch Drainagerohre können Verwendung finden. Es empfiehlt sich, das Beet 20 bis 40 cm über das normale Bodenniveau zu erhöhen. Dadurch braucht nur wenig Erde entfernt zu werden. Wenn für die seitliche Begrenzung dieses Hochbeetes Natursteinmaterial oder Baumstämme verwendet werden, kann das gestalterisch gut wirken. Auf den Grund des Hochbeetes legt man eine Schicht Fichtenreisig. Dadurch wird eine gewisse Isolation zum Unterboden erreicht. Auch nichtverrottete Streu von Kiefern- und Fichtennadeln eignet sich dafür. Auf keinen Fall sollte auf ebenen Boden Folie gelegt werden. Zwar hindert sie Bodenwasser am Aufsteigen in die Kulturbodenschicht, aber es könnte zu Staunässe kommen. Ein seitliches Absperren mit Folie kann bei kalkhaltigem Boden empfohlen werden. Bei einer solchen Absperrung oder Isolation von anstehendem Boden muß immer bedacht werden, daß sich ein von der Umgebung unterschiedener Bodenwasserhaushalt entwickelt, den man nicht sich selbst überlassen darf. Hochbeete trocknen rasch aus.

Früher wurde für Rhododendren (besonders *R. simsii*), Eriken und Kamelien der Begriff »Moorbeetpflanzen« geprägt. Zu ihrer Anzucht und Kultur wurde Moorerde verwendet.

Nicht nur die Verknappung des Rohstoffes Torf, auch ökonomische Überlegungen führten zur Suche nach anderen Substraten. Schon im 19. Jahrhundert erlangte die Kultur der Indischen Azalee (*R. simsii*) in Belgien ein hohes Niveau. Die belgischen Gärtner verwandten damals Eichenlauberde, einen Rohstoff aus den heimischen Wäldern. Sie ist sehr nährstoffreich, relativ strukturstabil und hat einen günstigen *p*H-Wert. Andernorts, beispielsweise im Dresdner Raum, war die Kiefernnadelerde ein bevorzugtes Substrat. Statt »Moorbeetpflanzen« wäre deshalb wohl der Begriff »Dauerhumuspflanzen« zutreffender. Es eignen sich alle Humusstoffe, die eine saure Reaktion aufweisen, vor allem alle Nadelerden. Außer Torf sind alle Rindensubstrate ohne Kalkzusatz (Industriehumus) gut geeignet, auch Kiefernschälrinde, in nicht zu großen Mengen und mit anderen Stoffen gemischt bzw. kompostiert. Auf Jahre hinaus bleibt dadurch der Boden locker und gut durchlüftet. Auch Laubhumus, in noch nicht zu stark zersetztem Zustand, ist günstig.

Andere organische Abfälle, wie Hecken- und Rasenschnitt, zerkleinertes Reisig und trockene Pflanzenreste lassen sich nach etwa einem Jahr der Kompostierung verwenden, wenn dem Komposthaufen kein Kalk zugesetzt wird. Wichtig ist es, nicht bis zur völligen Verrottung des Materials zu warten. Soll der Kompost zur Bodenverbesserung bei Rhododendren genutzt werden, muß er noch eine grobe Struktur haben. Er sollte vor der Verwendung nicht gesiebt werden.

Sägespäne oder Maschinenhobelspäne stellen nach eigenen Beobachtungen ein vorzügliches Bodenverbesserungsmittel dar. Die Ablehnung durch manche Seiten hat mehrere Gründe. Zum einen enthalten Holzspäne nur sehr wenige pflanzenverfügbare Nährstoffe. Hinzu kommt, daß sie während des Zersetzungsprozesses selbst Stickstoff verbrauchen. Wenn man das berücksichtigt und einen stickstoffhaltigen Dünger, wie Schwefelsaures Ammoniak, beimischt, so spricht nichts gegen ihre Verwendung. Die Späne sind von Natur aus sehr trocken. Deshalb ist, besonders in der ersten Zeit nach der Pflanzung, auf genügende Bodenfeuchte zu achten. Da die Späne nur langsam verrotten, bleibt auch der Boden gut drainiert und durchlüftet. Gelegentlich wird in der Literatur vermerkt, daß der gefürchtete Dickmaulrüssler sich in Hobelspänen besonders gut vermehren könne.

Im Garten sollten die Späne vorher mit anderen Materialien, wie Laub und dergleichen, kompostiert oder nicht mehr als ein Drittel Anteile unter die Rhododendronerde gemischt werden.

Es ist immer gut, mehrere Humusstoffe miteinander zu mischen bzw. einzuarbeiten. Die meisten enthalten nur eine sehr geringe Nährstoffmenge. Da die frisch gesetzten Rhododendren erst in das umgebende Substrat hineinwachsen müssen, können sie zunächst sowieso nichts mit dem Dünger anfangen. Vorteilhaft ist eine Zugabe von langsam fließenden Naturdüngern, wie Hornspänen und Knochenmehl. Sofern diese nicht vorhanden sind, kann man auch entsprechende organische Handelsdünger verwenden, die oft als »Rhododendrondünger« angeboten werden.

Mit Rhododendren gestalten

Entschiedene Pflanzengestalten verlangen nach entschiedenen Pflanzengestalten in der Nachbarschaft. Rhododendren sollte man nicht in bunte Mischpflanzungen mit »unterbuttern«. Abgesehen von den unverträglichen Bodenansprüchen wirken sie dort wie der Wellensittich im Apfelbaum. Leider sind die Rhododendronarten noch nicht ausreichend auf ihre gestalterische Verwertbarkeit hin experimentell erprobt worden. Wo ist der überzeugend gestaltete Rhododendrongarten?

Bestenfalls sind es gut gestaltete Sammlungen, das heißt, geordneter Formen- und Farbenreichtum. Das Platzproblem der Sammlungen ist ansprechend gelöst. Der Rhododendronpark, der Parkrhododendron, ist das durchschnittliche Denkmodell von Rhododendronverwendung und von Rhododendron schlechthin. Rhododendren sind eine noch nicht entdeckte Gestaltungswelt für sich, und es wird höchste Zeit, daß sie nicht länger allein den Sammlern und Züchtern überlassen bleibt, sondern eine Gemeinde von Gestaltern damit Neues in unsere Gärten und Grünanlagen bringt.

Plan und lebendige Gestaltung

Der ordentliche Bürger macht sich erst einen Plan für die Bepflanzung seines Gartens – aber man kann leider keine Pflanzen nach Plan kaufen. Das einzige, was ich planen kann, ist der Standort für einen Pflanzennamen. In der Gärtnerei kaufe ich aber dann Pflanzenindividuen, deren Größe, Wuchsstruktur, Vitalität ich erst jetzt, bei der Auswahl zum Kauf, erfahre.

Es ist also unmöglich, sich ein fertiges Gartenbild in Form eines detaillierten Planes zu imaginieren und dann Stück für Stück wie ein Mosaik zusammenzusetzen. Das gilt vor allem für Gehölze. Ich brauche für meine Gartenplanung eine Konzeption der Räumlichkeit, der Tiefe, Weite, Höhe, der Flächennutzung, der Erschließung durch den Fuß und durch den Blick, der Standorte von Sitzplatz, Wasserbecken, Anschluß ans Haus usw., und ich muß mich entscheiden, welche Arten von Pflanzengemeinschaften ich begründen oder aus dem Vorgefundenen weiterentwickeln will. Ich habe noch keinen Bepflanzungsplan gesehen, auf dem die Flächen für die einzelnen Pflanzen festgelegt wurden, der seinen Erfinder glücklich gemacht hätte. Ein Garten ist ein Werdendes. Die Gestaltentwicklung eines Gehölzes ist nur ungefähr aus Büchern zu erahnen oder beim Nachbarn zu erspähen. Nimm den gekauften Rhododendron und stelle ihn an jenen Ort, der laut Planzeichnung für ihn vorgesehen war: in den meisten Fällen wird er genau im vorgesehenen Planquadrat dem sensiblen Gärtner Unbehagen bereiten. Und dann beginnt die Wanderung. Rhododendren werden als Ballenpflanzen oder in Töpfen gehandelt, es macht also nicht viel aus, mit ihnen wie mit einer Schachfigur über das Gartenfeld zu ziehen. Nimm Dir Zeit! Sieh Dir diese reale Pflanze an ihrem möglichen Standort in allen ihren möglichen Raumbeziehungen und von allen Seiten möglicher Ansicht intensiv an. Entwickle sie in der Phantasie zu endlicher Größe und Ausdehnung, denke Dir die gewünschten Nachbarn hinzu, laß am inneren Auge die Jahreszeiten über diesen Standort hinziehen. Erst wenn sich kein Widerstand mehr in Dir gegen diesen Platz regt, steht die Pflanze richtig, dann pflanze! Es ist trotzdem fast sicher, daß in einigen Jahren dieser Standort nicht mehr optimal ist und korrigiert werden muß. Gartengestaltung ist ein Vorgang kontinuierlicher Annäherung an ein Gestaltungsziel, das nie erreicht wird. Es gibt Pflanzen, mit denen zieht man ein halbes Leben lang durch den Garten und findet keinen überzeugenden Platz für ihre Schönheit oder für ihr Wohlergehen. Man wollte sie unbedingt haben, aber es hilft nichts, man muß sich von ihnen wieder trennen!

Wer immer bereit bleibt, die Gestaltung seines Gartens zu korrigieren, der wird nach frühestens 10 Jahren bemerken, wie sich zunehmend stabile Nachbarschaften herausbilden, an denen nichts mehr zu verändern ist und in denen er sich nicht einmal mehr ums Unkraut kümmern muß. Rhododendren sind langlebige Gehölze. Es lohnt sich, im Garten mit ihnen eine Klimax-Gesellschaft anzustreben, die aus sich selbst heraus jedes Jahr neue überraschende Schönheiten entwickelt.

Die Kunst einer erträglichen Gartenneugründung besteht in der annehmbaren Gestaltung von Freiflächen, die im Laufe der Jahre von den Gehölzen und größeren

Wenn die Blütezeit dieser wintergrünen Hybriden vorbei ist, verlischt dieser Gartenwinkel wieder in schattigem Grün.

47

Es ist unser Gestaltungswille, wenn wir Gewässer von Rhododendren begleiten lassen, es sind ja auch durch unseren Gestaltungswillen geformte Sorten. Aber sie dürfen nicht im Nassen stehen!

standortfesten Stauden überwachsen werden. Das meiste Geld werden Sie deshalb zunächst für bodendeckende Pflanzen aufwenden müssen, die Ihnen dann Stück für Stück in der entwickelten Morphologie Ihres Gartens erdrückt werden. Deshalb vermeiden Sie, seltene, schwachwüchsige Pflanzen in solche zunächst geräumige Flächen einzuordnen. Über kurz oder lang gehen sie Ihnen dort verloren. Das trifft auch auf die Kombination von Rhododendren unterschiedlicher Vitalität zu. Es ist ein völlig natürliches Bild, wenn schwachwüchsige überwuchert werden. Das ästhetische Auge schlägt nicht Alarm, nur die Wachsamkeit des Sammlers kann dann noch retten. Ein Prinzip hat sich bewährt: seltene Pflanzen in Felsnischen oder an die Außenkante von Pflanzungen, wo mindestens von einer Seite her (Weg, Rasen) Licht und Luft bleibt. Schwachwüchsige Pflanzen nie als Einzelpflanze inmitten starkwachsender Arten, möglichst größere Flächen damit besiedeln. Die Vitalität der einzelnen Arten und ihren Umgang mit anderen Arten kann man leider nicht aus Büchern ersehen, das wird erst am konkreten Standort und nur gültig für diesen deutlich.

Wuchstypen

Es gibt in unseren Gärten keine Gehölzgattung, die mit so vielen Arten und so vielen unterschiedlichen Gestalttypen vertreten sein könnte. Die einschränkende Möglichkeitsform ist angebracht, weil das Angebot nur zu einem sehr geringen Teil genutzt wird. Für die Gestaltung sind folgende generalisierte Wuchstypen wichtig.

Immergrüne, meist über hüfthoch werdende großblättrige Rhododendren

Diese am häufigsten angepflanzten Arten und vor allem Hybriden sind durch einen markanten, mehr oder weniger geschlossenen und gestaltdominanten Wuchs gekennzeichnet. Sie sind durch das dunkelgrüne Laub während des ganzen Jahres Schwerpunkte pflanzlicher Masse. Ihre Gestalt ist hart und genau. Sie ordnen sich nicht unter und können nur im Kontrast zu anderen, gleichgroßen Gehölzen, als Vorpflanzung oder als Solitäre verwendet werden. Im Laufe der Jahre können es voluminöse, haushohe Pflanzengestalten werden. Ihr Leben rechnet nicht nach Jahren, sondern nach Jahrzehnten. Alle diese Sträucher haben ein »Gesicht«, das vom Wipfel bis zum Boden reicht, d. h., sie vertragen keine Vorpflanzung, allenfalls eine niedrige Unterpflanzung. Uneingeschränkt sind sie nur mit sich selbst verträglich, in Gruppen, Herden, Bändern gepflanzt. Als Zwischenpflanzung können mit gutem Gewissen eigentlich nur starkwüchsige sommergrüne Rhododendronarten empfohlen werden.

Laubabwerfende, sommergrüne Rhododendren

Es sind die dynamischen Gestalten unter den Rhododendren. Ihr Wuchs ist immer straff aufrecht, breit ausladend oder ausläufertreibend oder kelchartig in der Verästelung verbreitert bis schirmförmig, kniehoch bis übermannshoch. Ihre Gestalt ist weich und anpassungsfähig. Laubgestalt und Laubfärbung entwickeln sich im Laufe des Jahres, wobei eigentümliche Gestaltmerkmale neben der Blüte besonders im Austrieb und in der oft intensiven Herbstfärbung wertvoll sind. Nicht zu unterschätzen ist in seiner Wirkung das Wintergerüst, das einmal durch Samenstände, große Knospen mit oftmals hell gerandeten farbintensiven Knospenschuppen und oft auch lebhaft gefärbte Zweigrinde auffällt.

Sie sind ziemlich unbegrenzt miteinander mischbar, auch mit fast allen immergrünen Nadelgehölzen. Sie sind wesentlich weniger selbstbewußt als die immergrünen Rhododendren und vertragen auch die Gesellschaft von anderen sommergrünen Sträuchern, können als Solitäre in Staudenpflanzungen und bei gebotener Beachtung der Größenverhältnisse im Heidegarten ihren Platz finden.

Immergrüne kleinblättrige Arten

Die in der Regel nur bis hüfthohen Arten und Sorten wachsen schmal-aufrecht, oder ausladend-dichtkronig, oder breit-bodendeckend. Ihre Gestaltdominanz ist deutlich den immergrünen großblättrigen Rhododendren unterlegen. In dieser Gruppe ist bei der Einbeziehung in die Gestaltung besonders auf die in Form und Farbe sehr unterschiedliche Belaubung zu achten. Sie sind prinzipiell gestalterisch ungeeignet als Nachbarn höherer immergrüner Hybriden, aber ziemlich unbegrenzt mit sommergrünen Arten entsprechender Größe zu vergesellschaften. Die Übergänge zu den immergrünen großblättrigen Arten sind natürlich fließend und es ist aus der konkreten Gestaltungsaufgabe zu entscheiden, ob in dieser räumlichen Situation und Pflanzenkombination z. B. *R. forrestii* als immergrün-großblättrig oder als immergrün-kleinblättrig wirkt. Ihre Verwendung sollte immer unter Beachtung der pflanzensoziologischen

Hohe Staudengräser und Horstfarne können gute Nachbarn von kleinblättrigen immergrünen Rhododendren sein.

Verhältnisse am Heimatstandort erfolgen. In falsche Gesellschaft geraten, sind es gerade diese Rhododendren, die als fehl am Platz auffallen und in der Regel dann auch bald eingehen.

Wintergrüne Arten und Sorten

»Wintergrün« ist nur eine Aushilfsbezeichnung. Die hier zusammengefaßten Arten und Sorten verlieren im Herbst einen großen Teil ihres Laubes, an den Triebspitzen bleiben meist einige kleinere »Winterblätter« erhalten. Strengen Wintern fallen auch diese Blätter zum Opfer. Diese Belaubung ist Kennzeichen dafür, daß diese Pflanzen in unserem Klima nur noch bedingt heimisch werden können.

Laubtypen

So unterschiedlich im Detail Rhododendronblätter auch sind, für die Gestaltung können sie in einige wenige Typengruppen zusammengefaßt werden.

Das typische Rhododendronblatt ist länglich oval, immergrün, lederig und mehr oder weniger glänzend.
Abweichungen von dieser Grundform bedeutet Recht auf Sonderstandort. So würde der schmal- und graulaubige *R. yakushimanum* ssp. *makinoi* nur schlecht in die Gesellschaft einer Ponticum-Hybride passen. Runde Blattformen sind selten. Für die Gestaltung sind sie zwar differenzierendes Mittel aber nicht selbständiger Gegenstand. Das Laub gehört zum immerwährenden Farb- und Forminventar des Gartens, in allen Jahreszeiten.

Das Laub der sommergrünen Arten hat etwas vom Charakter des Weidenblattes.
Die jungen, sich entfaltenden Blätter können von zarter Schönheit in Gestalt und Farbe sein. Über Sommer sind sie ziemlich unauffällig, verwandeln sich aber

im Herbst bei verschiedenen Arten in eine aufregende Farbenglut, wie sie nur bei wenigen Laubgehölzen zu erleben ist. Diese Herbstfärbung ist neben der Blütenfülle ein gleichberechtigter Grund, sie auszupflanzen.

Die kleinblättrigen immergrünen Arten unterscheiden sich im Laub nicht nur durch unterschiedlich geformte Blätter, verschieden dichte Blattstellung, Wölbung der Blattspreiten und die Blattgröße. Für die Gestaltung ist vor allem der generelle Farbwert des Laubes von Bedeutung.

Er wird von den unterschiedlichsten Schuppenbelägen und Haarformen der Blattunterseite, aber auch der Blattoberseite bestimmt. Je grauer der Laubtyp, um so eher eignet sich die Pflanze für den Heidegarten. Obwohl die z. B. intensiv zimtfarbenen Blattunterseiten einiger Arten bei genauer Betrachtung auffallen, für die gestalterische Verwendung bleiben sie ohne speziellen Belang.

Zu solchem Feuerwerk kann Rhododendrenlaub im Herbst aufglühen! *(Rhododendron schlippenbachii).* In der Regel geht es aber gedämpfter zu. Die Herbstfarben verlöschen in milden Gelb- und Bronzetönen.

Wintergrüne Rhododendren stellen mit ihrem Laub einen Risikofaktor in der Gartengestaltung dar.

Das meist ziemlich stumpfe Grün der relativ kleinen Blätter paßt kaum zu anderen Pflanzen. Es wirkt etwas anämisch – und in ihrem Schutzbedürfnis gegenüber strengem Klima sind sie es ja auch. Zartgrünes Laub gehört vor dunklen Hintergrund. In der Winterlandschaft des Gartens wirken die spärlich kleinbeblätterten wintergrünen Arten so kränklich, daß man schon deshalb zum Reisig greift, um aus ästhetischen Gründen mit kräftig dunkelgrünen Nadeln das dürftige Grün auch optisch zu bedecken.

Farbtypen, Blütentypen

Rhododendren in Farbtypen zu ordnen ist schwierig. Die Züchtung hat fast alles in die Rhododendronblüte hineingebracht, was an Farben und Farbnuancen nur denkbar ist und zusätzlich die Farbkompositionen, die an sich undenkbar sind. Dazu kommt, daß besonders großblütige Rhododendren niemals nur Träger einfacher Farben sind, sondern immer mehr oder weniger intensiv gezeichnet und mit der Grundfarbe in unterschiedlichen Intensi-

Die Dominanz der Bronzeskulptur darf nicht durch harte Farbigkeit gefährdet werden. Die milden Farben heben den schweren, dunklen Körper hervor und empor.

tätsstufen die Form und die Struktur der Blüte in der Aderung nachvollziehen. Rhododendrenblüten sind kostbare dynamische Blütengestalten von eigentümlich lebendigem Eigenwert. Es ist irritierend, wenn man eine vergehende Blüte anfaßt, die Krone sich vom Fruchtkelch löst und man die leere farbige Schmuckhülle in der Hand hält. Die Blüten verwelken nicht.

Das Schmuckwerk wird in voller Frische abgestoßen. Schönheit, die wie von Würgern an den Stempeln aufgespießt, erst jetzt traurig stirbt. In eine Schale mit Wasser gesetzt, leben sie noch ein Weilchen.

Die ganze Leidenschaft der Rhododendronzüchter wird davon genährt, immer neue Farb- und Zeichnungsvarianten für

diese Blütendramatik zu finden. So betrachtet sind die Rhododendren Individualisten, die sich überhaupt nicht typisieren lassen und von denen jeder einzelne den schönsten Platz für sich im Garten beansprucht, an dem man alles von ihm fernhält, was die kostbaren Tage der Blütezeit in irgendeiner Weise stören könnte. Wer so mit Rhododendren leben kann, wird keine Schwierigkeiten mit ihrer farblichen Einordnung haben. Die unbedachte Mischung verschiedener Arten und Sorten kann in der Blütezeit zu farbigen Exzessen

So entsteht ein Festpunkt im Raum. Alle Blickrichtungen sind an ihm orientiert. Und denoch ist in ihm die Dynamik des Unentschlossenen: die Zwei sind noch nicht Eins.

Wer mutlos geworden ist, der trete hier ein: Das Leben ist groß, stark und schön!

führen. Allerdings sind unsere Augen durch den Farbkrawall auf den Kampfplätzen der Marktwirtschaft meist schon so weit verdorben, daß bei der bunten Mischung von Rhododendren nichts mehr weh tut.

Die Rhododendrenblüte kann ein Fest von mehreren Monaten sein. Im März blühen schon die zarten *R. dauricum* und *R. mucronulatum*, aber auch großlaubige Arten wie *R. adenogynum*, *R. sutchuenense*, *R. hirtipes* und *R. alutaceum*. Im Juli beschließen die immergrünen *R. maximum* und *R. auriculatum* und eine Anzahl leider noch nahezu unbekannter sommergrüner Arten wie *R. occidentale*, *R. arborescens*, *R. serrulatum*, *R. viscosum* und *R. bakeri* den Blütenreigen. Im August kann noch *R. prunifolium* blühen.

Die immergrünen großblättrigen Rhododendren sind von wenigen Außenseitern abgesehen nie wirklich gelb und niemals blau, höchstens blaupurpurfarben. Sie können vom mildesten Weiß bis brennend rot oder glühend purpurfarben sein. Sie können diese Farben in unterschiedlichen Anteilen in den Blüten vereinen und als leuchtendes Mal kann sich auch die Farbe Gelb hinzugesellen. Immer aber wird eine Farbe vorherrschend sein, die Farbe, die in die Ferne wirkt. Oft ist es eine kummulative Farbe und oft ist die Farbe in der Mittagssonne von der in der Abenddämmerung sehr verschieden. Sensible Gestaltung vermag sich solcher Unterschiede zu bedienen.

Laubabwerfende, sommergrüne Rhododendren bringen das Gelb und das Orange ein. Das ist ihr besonderer Farbwert. Daneben ist aber der schlanke Blütenbau, der röhrig zusammengezogen sein kann, mit bogig weit hinausgeschleuderten Narben und Staubgefäßen und spitzschmal gewundenen Kronzipfeln den ästhetischen Wert eines Jugendstilornaments erreichend, von großer gestalterischer Bedeutung. Ein weiteres wichtiges Blütenmerkmal ist der oftmals betäubende Duft vieler Arten.

Bei den kleinblättrigen immergrünen Arten entspricht das Farbspektrum dem der Großblättrigen. Wenn aber eine Rhododendronblütenfarbe jemals mit gutem Gewissen blau genannt werden kann, dann ist sie in dieser Gruppe zu finden. Je kleiner die Blüte, um so geringer die Zeichnung der Einzelblüten aber um so größer in vielen Fällen die Massenwirkung der Blütenfarbe. Ein typisches Kennzeichen der Rhododendronblüten ist, daß sie in Büscheln auftreten, bei den kleinblättrigen gibt es Arten mit Einzelblüten oder wenigblütigen Blütenständen. Es gibt in dieser Gruppe keine schreienden Farben, man sollte sie ihnen auch nicht als Konkurrenz in der Nachbarschaft zumuten.

Wintergrüne Rhododendren sind Lieblingskinder der auf Farbwirkung versessenen Züchter. Ihnen fehlt Gelb und Blau, auch wenn verschiedene Züchtungen als Gelb oder Blau uns zugemutet werden. Die Blüten können fast zeichnungslos und in ihrer Farbintensität fast gleichförmig sein, so daß sie als Farbgestalten wirken können, die ihre botanische Identität völlig verloren haben. Diese Fähigkeit, Ideenträger zu sein, hat sie schon in grauer Vergangenheit für die japanischem Gärtner interessant gemacht. Sie sind in japanischen Gärten nicht Rhododendren, sie sind Form und Farbe. Mit einem unbedachten Mischen wintergrüner Rhododendren läßt sich ein gleiches Farbenchaos anrichten wie mit Sommerastern. Sie sind sich oft zu ähnlich, um verträglich miteinander auskommen zu können.

Rhododendren unter Bäumen

Die Behauptung, Rhododendren wachsen nur im lichten Schatten von Gehölzen, ist sicher falsch. Es gibt aber eine große

Lärchen geben für Strauchrhododendren einen lichten Schatten, als Unterwuchs hat sich Efeu bewährt.

Gruppe von Arten der Wälder, die ihrer Herkunft gemäß am besten im lichten Schatten unter Bäumen wachsen. Sie sind seltsamerweise im Gestalttyp nicht eindeutig von den normalerweise unter freiem Himmel wachsenden Arten zu unterscheiden. So kommen großblättrige immergrüne Arten sowohl im Unterholz von Wäldern (z. B. *R. ponticum*) als auch in offenen hochalpinen Lagen vor (*R. caucasicum*). Auch die sommergrünen Arten zeigen keine charakteristische Bindung an Licht- oder Schattenstandorte. *R. luteum* wächst zusammen mit *R. ponticum* in den Eichen-Eschen-Wäldern der kaukasischen Schwarzmeerküste im milden Klima der Ostmediterraneis. Der extrem winterharte *R. canadense* ist ein arktischer Strauch. Die Anpassung an Schatten ist freilich groß. So wächst *R. ferrugineum*, typisch für feuchte Felsmatten, auch noch als Unterholz auf lichten Stellen in Fichtendickkichten, setzt dort aber kaum noch Blüten an.

Das Wuchsverhalten der meisten Rhododendren in unseren Gärten zeigt eigent-

lich ziemlich sicher an, daß es weniger um den Schutz vor dem Licht von oben geht, als mehr um den Schutz vor zu großer Erhitzung der bodennahen Luftschicht und des Bodens selbst. Unter einem Baumschirm werden Temperaturgegensätze gemildert und eine gleichmäßigere Luftfeuchte gehalten. Wer Rhododendren unter Bäume pflanzt, muß wissen, daß er unter Umständen stark miteinander konkurrierende Wurzelsysteme zusammen bringt. Rhododendren wachsen oberflächennah. Deshalb sind ebenfalls oberflächennah wurzelnde Gehölze wie z. B. *Picea abies* nicht als Partner geeignet. Einen schnellen Trockentod können Rhododendren unter Birken sterben. Ideale Partner scheinen nach dem Naturbeispiel der Kolchiswälder Eichen und Eschen zu sein. Das Beispiel der Rhododendrongärtnerei Seidel in Grüngräbchen beweist es, der lichte Kiefernwald aus *Pinus silvestris* auf grundwassernahen Standorten ist der ideale Standort für Unterholzrhododendren.

Es ist ein großer Unterschied, ob ich Rhododendren in einen Gehölzbestand pflanze oder an den Fuß eines solitären Baumes. Lichte Altbuchenbestände auf artgerechtem Standort können hervorragend für Rhododendren geeignet sein. Das Bestandsklima und jahrzehntealte Humusdecken schaffen optimale Wuchsbedingungen. Rhododendren im Wurzelbereich einer solitären Rot-Buche haben kaum Chancen. Die schlanken Stämme eines Buchenbestandes sind wie die Triebe des Bleichspargels in die Höhe getrieben, die einzeln stehende Buche macht sich breit und stark, auch in den Wurzeln. Kein Nachbar zwingt sie, in die Tiefe zu gehen. Unter Einzelbäumen stark wachsender Arten wie Rot-Buche, Roßkastanie, Berg- und Spitz-Ahorn, Linde, Eiche, Schwarz-Kiefer sollten keine Rhododendren stehen.

Ehe man Rhododendren unter Bäume pflanzt, sollte jedesmal untersucht werden, ob die Wuchsintensität, also die Vitalität

Rhododendren als Schmucksaum des Weges vor
höheren Gehölzen

des Rhododendron, mit der des Baumes
schritthalten kann. Der Standort unter einem Baum, der das Mehrfache der
Wuchsleistung des Rhododendron bringt,
ist falsch gewählt. Die günstigen Bedingungen bestehen für Rhododendren in Altholzbeständen, deren Zuwachsmaximum
schon überschritten ist. Die Seidelschen
Rhododendronkulturen stehen in Kiefernaltholz. Der Rhododendron unter einer
hundertjährigen Blutbuche wurde über die

Jahre hinweg nach und nach erwürgt,
nachdem die Buche durch radikales Ausasten einen neuen Triebimpuls bekommen
hatte. Starke Bäume erfüllen gemeinhin
auch nicht die Anforderung, lichten Schatten zu spenden. Ausnahmen davon sind
z. B. Wald-Kiefer und Lärche. Es ist kaum
sinnvoll, mit der Neupflanzung von Rhododendren junge Schattenbäume mit anzupflanzen. Sind sie starkwüchsig, werden
sie bald zu Konkurrenten der Rhododen-

dren. Ehe sie jedoch das Maß für die Erfüllung von Schattenfunktionen erreicht haben, ist der Rhododendron entweder am Fehlen dieses Schattens zugrundegegangen oder er hat ohne Schatten überlebt, kommt aber mit dem wachsenden Wurzeldruck des Baumes in Konflikt.

Im Regelfall wird es sich bei der Gestaltung unserer Gärten um Benachbarung von Bäumen und Rhododendren handeln, um die Mitwirkung der Rhododendren bei der Gestaltung eines Parkes oder um die Mitwirkung anderer Gehölze bei der Gestaltung eines Gartens oder Gartenteiles mit verschiedenen Rhododendronarten.

Rhododendren als Gehölze unter Gehölzen

Rhododendren vertragen schlecht eine Mischung mit anderen, laubabwerfenden Gehölzen. Sie ordnen sich nicht unter, allenfalls ein. Selbst unsere einheimischen Rhododendren sind etwas Exotisches, Reliktartiges, deshalb passen auch besonders exotische Gehölze dazu. Rosen, Flieder, Pfeifenstrauch und Goldregen degradieren Rhododendren zum fremden Eindringling in den Garten. Sie sind als blühende Nachbarn zu schön. Gestalterische Überraschungen bei ungewöhnlichen Wuchs- und Gestaltkombinationen sind nicht auszuschließen, sie entstehen aber nur, wenn Sensibilität für Gestaltwerte und Erfahrung mit Wuchsdynamik zusammentreffen. Gehölzpflanzungen sollten lange Zeit

Manche laubabwerfende sommergrüne Rhododendren »laufen« auch in großblättrige immergrüne hinein. Das kann zu interessanten Wuchsgemeinschaften führen.

»halten«. Bei ihrer Anlage muß schon das in zehn Jahren zu erwartende Bild geahnt werden. Da sich die ballenfesten Rhododendren verhältnismäßig leicht verpflanzen lassen, müssen eventuell auch Entwicklungsstufen mit zwischengeschaltetem Umpflanzen eingeplant werden.

Immergrüne großblättrige Rhododendren

In die Gesellschaft gängiger Decksträucher gezwängt wirken sie mindestens unglücklich. Am besten bleiben sie in der Strauchformation unter sich. Entsprechend ihrer Größe können immergrüne und laubabwerfende Arten gut miteinander kombiniert werden. Die laubabwerfenden, wie *R. luteum*, haben die Eigenschaft, mit Ausläufern Lücken zwischen den immergrünen zu füllen und auch in die immergrünen Büsche hineinzulaufen. Es ist selbstverständlich, daß man alpine Zwergarten nicht mit Laubwaldgestalten zusammenpflanzt, auch nicht als Vorpflanzung. Die Proportionen von Wuchs und Belaubung müssen in Ordnung sein. Werden andere strauchartige Gehölze mit eingebracht, dann möchten die auch als Masse mit den kompakten Rhododendrenbüschen korrespondieren können. Ihr Laub sollte auf jeden Fall im Kontrast stehen. Man vermeide Imitationen ähnlicher Belaubungsstruktur. *Prunus laurocerasus* ist einerseits zu ähnlich, andererseits zu wesensfremd. Anders steht es um die Rhododendron-»Assimilate« wie *Pieris* und *Kalmia*. Sie fügen sich widerspruchsfrei in den Gestaltkreis der Rhododendren ein. *Skimmia japonica* ist immergrünen Rhododendren zu wuchsähnlich, paßt aber zu laubabwerfenden und wintergrünen Arten. Die Dominanz der Rhododendren sollte nie in Frage gestellt werden, weder durch Gehölze mit größerem, in der Blattform ähnlichem Laub, noch durch größere Blüten zur Blütezeit. Die Rhododendronblüte wirkt im einzelnen, sie hat deutlich differenzierte individuelle Strukturen und

sollte deshalb nie als Träger für Flächenfarben mißbraucht werden. Entsprechend ihres eigentümlichen Wuchses oder Laubes passen gut zu den großblättrigen Rhododendren Aralie, *Magnolia stellata* (nicht *M. acuminata*! und die gegenüber den Rhododendronblüten grobschlächtig blühende *M. × soulangiana*), *Acer palmatum, A. japonicum, A. circinatum, A. ginnala, A. rufinerve, Malus floribunda*. Von den Nadelgehölzen kommen vor allem kleinnadelige, lichte und bizarr wachsende Arten und Formen in Frage wie *Larix*-Arten, *Tsuga canadensis, Picea omorika, Pinus mugo*, alle nadelblättrigen und breitwachsenden Wachholder-Arten und -Formen. Schlechte Nachbarn geben blaunadelige

Lichtschattiger Kiefernwald gibt den besten Hochsommerschutz; Heidearten sind für niedrige Rhododendronarten die besten Nachbarn

und goldgelbe Koniferen ab. *Abies*-Arten, *Taxus* und die meisten *Picea*-Arten widersprechen mit ihrer spreizenden Wuchstendenz der Rhododendrengestalt: beide Wuchsformen stoßen sich aneinander. Fließende, weichnadelige Formen (*Pinus strobus*) und Hängeformen (*Salix* 'Tristis') passen nicht zu so entschieden aufrechten und klar konturierten Rhododendrengestalten. Aber diese Behauptung ist schon eine Entscheidung des Geschmacks.

Laubabwerfende, sommergrüne Rhododendren

Sie können sich so ziemlich jeder einigermaßen lockeren Gehölzvegetation einfügen. Sie vertragen auch die Nachbarschaft von Säulenformen. Besonders wirkungsvoll sind als Hintergrund dicht- und dunkelnadlige Nadelgehölze wie *Pinus mugo, P. peuce, Pseudotsuga*. Dadurch werden die leuchtenden Blütenfarben optisch verstärkt und das Wintergerüst erhält einen kontrastierenden Fond.

Immergrüne kleinblättrige Rhododendren

Im Prinzip gilt das schon zu den großlaubigen Gesagte. Grobes Gehölz verbietet sich als Nachbarschaft von selbst. Das Problem besteht darin, die rechten Proportionen zu finden. Zu kleinerem Rhododendronlaub paßt auch kleineres Laub der Begleitgehölze wie *Acer tataricum, Photina spinosa, Cornus*-Arten, *Notofagus*, dazu eine Vielzahl klein bleibender Nadelgehölze, auch Säulen. Das vielgestaltige Laub dieser Formengruppe verträgt auch besser eine maßvolle Zusammenführung mit gelben und blauen Nadelfarben von Koniferen, besonders im frei gestalteten Heidegarten.

Wintergrüne Rhododendren

Zu den aristokratischen japanischen Gartenazaleen, die sich kein Mensch in wilder Natur vorstellen kann, gehörige ebenbürtige Ziergehölze aus den Gattungen *Prunus* und *Malus*. Aber damit verfallen wir der Nachahmung japanischer Gärten, die meist nur ein hoffnungsloser Versuch bleibt. *Acer palmatum, A. japonicum*, feingliedrige und schwachwüchsige Spiraeen und *Berberis* können die empfindlichen Strukturen stützen. Kontrapunktisch können dichtwachsende Koniferen wirken. Es ist eine gärtnerische Auslesegesellschaft, die sich zusammenfinden muß.

Rhododendren als Sträucher unter Stauden

Die heimischen Alpenrosen wachsen in Gesellschaft von Gräsern, Bergkiefern, aber auch hohen Stauden, wie z. B. *Cirsium spinosissimum*.

Es gibt eine Gruppe von Pflanzen, die niemals Nachbarn von Rhododendren sein können: Einjahresblumen und sommerblühende Knollengewächse. Die Begründung dafür ist einfach. Nirgendwo auf der Welt, an keinem natürlichen Standort, treffen Rhododendren auf diese Pflanzen. Die Unzulässigkeit dieser Kombination wird jedem deutlich, wenn er sich vorstellt: Rhododendron neben Prachtsalbei, Rhododendron von Sonnenblumen beschattet, Rhododendron zwischen Dahlien. Sehr viel differenzierter ist das Verhältnis der Rhododendren zur Welt der Stauden. Unterholzrhododendren haben wenig mit ihnen gemein, aber die große Zahl alpiner und subalpiner Arten ist Bestandteil dieser Welt der Stauden und hier sogar oft der Führung durch Stauden untergeordnet. Pfingstrosen und Rittersporn wird jeder schon gefühlsmäßig als Nachbarn ausschließen, aber schon beim Eisenhut erinnert sich der Alpenwanderer an schöne Nachbarschaften von *R. ferrugineum* mit *Aconitum napellus*. Die Benachbarung von Stauden setzt die Verwandtschaft der ökologischen Ansprüche voraus. Obwohl das eine Binsenweisheit ist, wird sie oft nicht beachtet, und deshalb wird sie hier auch so oft wiederholt.

Immergrüne großblättrige Rhododendren

Die einzigen Blütenpflanzen unter den Stauden, die mit ihnen noch auskommen, sind Gräser. Deren lineare, grazile Struktur kann neben der kompakten und präzisen Rhododendrengestalt bestehen. Und vor allem haben Gräser noch eine weitere wichtige Fähigkeit: sie können zwischen Rhododendren Raum schaffen und Raum überbrücken. Wesentlich komplizierter ist die Einordnung von Farnen. So angenehm der Gestaltgegensatz ist, Farne drücken ihre Nachbarn beiseite, und wenn dann im Winter die Lücken sichtbar werden, in denen sie standen, sieht man auch, daß sie ihren Nachbarn viel Licht wegnahmen: die nachbarliche Seite verkahlte. Ein sehr eindrucksvoller Nachbar kann Bambus sein, eine Erinnerung an das Vorkommen von Rhododendren in asiatischen Bambuswäldern. Nur wenige Arten sind bei uns genügend winterhart, vor allem aus der Gattung *Sinarundinaria*.

Laubabwerfende, sommergrüne Rhododendren

Sie laufen durch Stauden, sie laufen Stauden davon. Es ist meist reine Geschmackssache, was man ihnen noch zumuten kann. Vor allem keine großblättrigen Formen. Ein *R. luteum* würde sich vermutlich noch zwischen Alantwurzeln durchsetzen, aber was für ein unglückliches Bild böten die schlanken Zweige und das schmale Laub zwischen den wischlappengroßen Blättern des Alant! Man möge auch beim Pflanzen bedenken, daß die blattlosen Büsche einen ungenügenden Eindruck von der sommerlichen Blattmasse geben, unter der dann die Stauden leben müssen.

Immergrüne kleinblättrige Rhododendren

Die alpinen Rasengesellschaften und Zwergstrauchheiden sind gute Vorbilder für die standortgerechte Gestaltung mit vielen dieser Arten. Das bedeutet, die Rhododendren überragen die Stauden. Es gibt aber auch zahlreiche Beispiele, wo Stauden mit ihren Blütenschäften die Rhododendren überragen. Das können aufrecht wachsende Farne sein, solange sie den Rhododendren die Luft zum Leben lassen, das kann aber auch die Nachbarschaft markanter Blütenstauden sein, für die es in der Natur überraschende Beispiele gibt.

So sind z. B. in den Alpen *Rhododendron hirsutum* und *R. ferrugineum* zu eindrucksvollen Gruppen vereint mit *Cirsium spinosissimum*, *Lilium martagon* und *Veratrum album* zu finden. Je kleiner und individueller, untypischer, die Arten werden, um so individueller müssen ihre Nachbarn ausgesucht werden und um so schwieriger wird es, sie in größere räumliche Zusammenhänge einzuordnen. Es hat schon seinen Grund, warum ein Steingarten so leicht zum pflanzlichen Jahrmarkt gerät. Je stärker der Individualcharakter, um so schwieriger die soziale Disziplinierung und um so seltener der überzeugende gestalterische Erfolg.

Wintergrüne Rhododendren

Gräser und Farne sind noch gute Nachbarn. Sie werden nie den Farbzauber der Blüte behindern, aber vor und nach der Blüte ist das Bild recht stumpf. Ausgesprochene Schmuckstauden sind aber ausgesprochen unverträglich. Es bleibt dann als Gestaltungsaufgabe die stille Schönheit von Blattornamentik, Halmwurf und die Palette der Laubfärbungen zu entwickeln.

Der dichte, fein verzweigte Wuchs der wintergrünen Rhododendren läßt sie kompakt genug wirken, um sie körperlich von niedrigen flächendeckenden Stauden abzuheben. Vorsicht vor graulaubigen Begleitarten und vor Blühkonkurrenten!

Einmal im Jahr wird das Bild atemberaubend: wenn die Rhododendren in Blütenfülle explodieren!

Alpine Rhododendren

Rhododendronarten klettern als Zwerg-sträucher bis an die Grenzen, die das ewige Eis setzt, in den Gebirgen hinauf. Hochalpine und arktische Rhododendren sind Sammelgegenstand des Liebhabers alpiner Pflanzen. Das Problem besteht bei ihnen nicht in ihrer gestalterischen Verwendung, sondern in ihrer erfolgreichen Akklimatisation am Gartenstandort. Im Tiefland ist es für sie im Sommer zu heiß, besonders der Boden, der im Hochgebirge durch die kalten Sickerwässer immer kühl gehalten wird, und im Winter zu kalt und

△ Niederliegende, kriechende, kleinblättrige immergrüne Rhododendren lassen sich dem Steingarten einordnen.

Niedrige Gehölze, wenn sie miteinander formverwandt sind, kann man in zahllosen Arten miteinander kombinieren. Überraschungen sind einzuplanen, wie das Aufleuchten von Blütensträußen zu bestimmten Jahreszeiten (hier 'Ramapo') ▽

zu trocken, weil ihnen die bis zu sieben Monate anhaltende Schneedecke fehlt. Wer im Tiefland hochalpine Rhododendren halten will, sollte nicht mit Steinen Gebirge aufbauen, an deren exponierten, hitzetrockenen Gipfelhängen die empfindlichen Arten besonders schnell zugrunde gehen, sondern nach feuchten Schluchten suchen oder Senken schaffen. Alpine Pflanzen wachsen nicht auf Bergen, sie wachsen an Hängen. In einem Garten des Tieflandes sind die alpinen Pflanzen nicht an den Hangoberkanten am besten untergebracht, sondern an der tiefsten Stelle, im feucht-kühlen Bereich möglichst einer Wasserfläche und gegen die heißen Strahlen der sommerlichen Mittagssonne geschützt. Das ist ein gestalterisch nicht leicht zu lösendes Problem. Außerdem steht diese Lage im Widerspruch zum Lichtanspruch alpiner Pflanzen. Was blühen will braucht Sonn, und so wachsen zwar viele der alpinen Arten noch im Halbschatten, aber sie blühen dann kaum noch oder nur spärlich.

In die Gemeinschaft der hochalpinen Pflanzen gehören unsere heimischen Alpenrosen nicht hinein. Es muß ausdrücklich davor gewarnt werden, sie in die Gesellschaft von Polster- und Felsspaltpflanzen zu setzen. *R. ferrugineum* und *R. hirsutum* sprengen mit ihrer Vitalität nach wenigen Jahren die Proportionen. Mit Schnitt sind sie nicht kurz zu halten, wenn man sie auch mal blühen sehen will. Sie müssen nach wenigen Jahren abgeholzt werden, wenn Sie nicht den Alpinenhang aufgraben wollen um den mächtigen Wurzelballen freizulegen und anschließend neu gestalten. Die kniehoch oder höher werdenden Rhododendren gehören der alpinen Mattenvegetation oder der Krummholzzone an und bieten uns gestalterisch ganz andere Möglichkeiten.

Für Trogbepflanzungen verschiedenster Art sind „Zwergrhododendren" interessant, wenn der Trog kühl und feucht gehalten werden kann.

Zwergstrauchheiden

Im europäischen Verständnis ist der Prototyp der Heide die atlantische Heide Nordwesteuropas, eine immergrüne Zwergstrauchgesellschaft luftfeuchter, kühler Sommer und milder, feuchter Winter. Sie ist aber auch die Ersatzgesellschaft, die sich auf von menschlicher Hand verwüstetem Waldland einstellt. Dafür steht der kulturelle Prototyp der Heide, die Lüneburger Heide. Die Böden dieser Heide sind durchlässig, humos und grundwassernah. Oberflächentrockene Bereiche wechseln mit oft auch sehr kleinflächigen Mooren. Jedem konventionellen Pflanzensoziologen werden Schauer des Abscheus über den Rücken laufen, wenn ich jetzt empfehle, in den Heidegarten Rhododendren einzuführen. Obwohl es pflanzengeographisch nicht zu begründen ist, besteht ökologisch ein völliger Gleichklang zwischen Heidekräutern und bestimmten Rhododendronarten. Überzeugend gerechtfertigt wird der Gestaltungsvorschlag durch die Natur. In den Alpen wächst die Besenheide, wenngleich nur selten, neben *Rhododendron hirsutum*, ja ich sah daneben noch einträchtig die Schneeheide, von der sonst immer behauptet wird, sie passe nicht in den Heidegarten, weil sie eine

Der Heidegarten bietet oft Möglichkeiten, niedrigbleibende und kleinblättrige immergrüne Rhododendren mit zu verwenden. Heidekräuter in der Nachbarschaft kurz halten!

Pflanze des Kalkes sei. Der »Kalkrhododendron« *R. hirsutum* ist ebenso wie die Schneeheide nicht auf Kalk angewiesen. Die Indifferenz bestimmter Pflanzen gegenüber der Bodenreaktion ist ein heikles Thema. Die Verwandtschaft der alpinen Zwergstrauchgesellschaften mit der nordwesteuropäischen Heide geht noch viel weiter. In der Heide des Tieflandes wie in den Alpen sind Trunkelbeere und Krähenbeere oft aspektbestimmend, *Juniperus communis* findet seine niederliegende Entsprechung in *J. sibirica* und *Pinus silvestris* in *P. mugo*.

Das Gestaltungsmotiv immergrüner Zwergstrauchheiden wird ökologisch bestimmt von frischen, humosen, nährstoffarmen und mehr oder weniger sauren Böden. Es ist die Welt der kleinlaubigen Gehölze, also auch der kleinlaubigen Rhododendren bis Hüfthöhe. Rhododendren mit frischgrünen Blättern sind hier nicht am Platze. Als Prototyp des auch mal Trockenheit vertragenden Rhododendrons mit grau beschupptem, vor zu starker Verdunstung geschütztem Laub, mag hier *Rhododendron hippophaeoides* stehen. Auch wer nur mit »reinen« Arten gestalten will und die zahlreichen Züchtungen im Reiche der Ericen und Callunen ablehnt, kann von der winterblühenden Schneeheide über die frühesten Rhododendronblüten im März bis zu den letzten oberen Blüten an den unerschöpflichen Blütentrauben der *Erica vagans* ein blühendes Jahr erleben. Vor strengen, schneelosen kontinentalen Wintern ist Winterschutz nötig oder der Verzicht auf empfindliche Arten. Je kontinentaler das Klima, um so schlimmer für unsere Gestaltungswünsche. Eine Warnung: Callunen können im Jahr einen Zuwachs von 20 bis 30 cm haben. So schnell wachsen Rhododendren dieser Größenklasse nicht. Die Schere muß nicht nur aus Gründen der Verjüngung der Ericen und Callunen ordnend eingreifen. Pflanzen Sie niemals Rhododendren, die kleiner bleiben als ihre Nachbargehölze, in den Hei-

degarten! Die Rhododendren müssen von vornherein überragen.

Der Park ... und der Vorgarten

Rhododendren machen eine Parkanlage ernst und gewichtig, kostbar. Es muß nicht erklärt werden, daß hier nur die immergrünen großlaubigen Formen gemeint sind. Die Erinnerungsbilder an solche Parkanlagen bleiben prägend. Rhododendren können das Fundament einer ganzen Gestaltungskonzeption abgeben, bei der alter, vitaler Baumbestand nur noch Rahmen für die Parkrhododendren ist. Wie der Wildpark für das darin gehaltene Wild gestaltet wird, so der Rhododendrenpark für die darin angepflanzten Rhododendren. Mancher Park wird erst im Laufe der Jahrzehnte zum Rhododendronpark, wenn die massige Gehölzarchitektur sich gegenüber allem anderem durchgesetzt hat. Rhododendren sind feudal gesinnt, sie repräsentieren Ruhe und Würde. Ihre Blühfeste passen nicht zu Plastikbechern, sie verlangen Kristall! Die englischen Landschaftsgärtner verwarfen die barocke Symmetrie, sie verzichten aber nicht auf die Gestalten vegetativer Masse. Die raumbildenden geschnittenen Bäume waren leicht zu ersetzen durch Rhododendren. Und wenn der barocke Park in Erwartung eines inszenierten Festes in Erstarrung auf die Belebung mit Menschen wartet, wächst der Landschaftspark mit seinen Rhododendren in Würde, die Alter gibt, ohne dafür menschliche Feste zu brauchen.

Nicht alle Rhododendren werden baumhoch, aber im Park sollten sie die Gelegenheit dazu haben.

Rhododendren im Parterre vor Schlössern und Rhododendren im Rasen des Vorgartens haben die gleiche Funktion: sie sollen begrüßen, empfangen. Sie gehören zum Ornat des Hausbesitzers. Es gibt noch ein anderes Element gleicher Bedeutung:

Nach der Farbexplosion in Purpurrosa tritt *Rhododendron reticulatum* wieder bescheiden in die Reihe anonymer Laubsträucher zurück

'Cunninghams White', eines der ältesten, aristokratischsten Rhododendrongeschlechter

Stille, ernste Kühle kann dem Parkraum durch eine
monochrome Rhododendronpflanzung verliehen
werden

den Springbrunnen. Traurig für die Rhododendren, die da inmitten kurzgeschnittenen Rasens gegen das Vertrocknen kämpfen und mit ihrem Schicksal beweisen, daß es gar nichts zu repräsentieren gibt, außer, dies ist ein privates Haus und ein privater Vorgarten. Nur im großen Rahmen können Parkrhododendren repräsentieren und im Mittelpunkt stehen. Kleine Räume können sie umfassen helfen; also fort mit dem immergrünen großlaubigen Rhododendron aus der Mitte des Vorgartens!

Bodendecken gestalten

Rhododendren brauchen einen kühlen Boden. Nackter, vielleicht sogar mit der Hacke unkrautfrei gehaltener Boden ist ihnen unzuträglich. Mulchdecken von Rindenabfällen oder Nadelstreu sind ein Hilfsmittel.

Eine dauerhafte, ökologisch stabile Existenz im Garten setzt die Gemeinschaft mit angepaßten bodendeckenden Pflanzen voraus. Alle diese Arten müssen folgende Eigenschaften besitzen:

– sie können unter, dürfen aber nicht über die Rhododendren wachsen;
– sie dürfen nur oberflächennah, über den Rhododendronwurzeln, wurzeln und dürfen keinen dichten Wurzelfilz entwickeln, der das Eindringen von Regenwasser in den Boden behindert;
– sie dürfen in Laubwerk und Blüten nicht mit den Rhododendren konkurrieren;
– sie müssen den Boden zu allen Jahreszeiten beschatten.

Rhododendren passen nicht zu *Dianthus*- und *Sedum*-Arten, Primeln aller Art, Polstersteinbrechen und Polsterphlox. Für die einzelnen Typengruppen sind unterschiedliche Vorschläge für Bodenbewuchs zu machen. Die hier angeführten Beispiele sind nur eine Einführung in noch unbegrenzte Möglichkeiten.

Immergrüne großblättrige Rhododendren

Die Pflanzen, die im Schatten dieses Laubwerkes existieren wollen, müssen gehörig anspruchslos gegenüber Sonnenschein sein. Hinzu kommt, daß das große Laub nicht gerade nach Polster- und Rosettenpflanzen verlangt. Waldsteinbreche, wie *Saxifraga cuneifolia*, die ausgezeichnet bei kleinblättrigen niedrigen Arten eingesetzt werden können, sind hier fehl am Platz. Die schlichteste Art der Bodenbegrünung ist der Efeu. Allerdings kann er mit der Zeit nicht mehr beherrschbar werden, selbst wenn man schwach wachsende Sorten verwendet. Auch die Durchwurzelung des Oberbodens ist relativ intensiv: Wesentlich besser als *Hedera helix* ist *H. colchica* zu verwenden. Die großen Blätter schützen eine relativ hohe bodennahe Luftschicht vor Überwärmung, die sehr langen Triebe wurzeln nur in großen Abständen und zu üppiges Wachstum ist sehr

leicht zu steuern, wenn die langen Jungtriebe regelmäßig gekürzt werden. Ein weiterer Vorteil: in der Regel bleibt *H. colchica* am Boden. Auf sehr humosen und sauren Standorten kann die Preiselbeere ein guter Partner sein. Häufiger werden *Gaultheria*-Arten angepflanzt. Der Wurzelfilz von Immergrün wird sehr dicht und kann den Boden gegen Niederschlagswasser isolieren. Die immergrüne *Rubus calycinoides* bildet dichte Teppiche. Die Waldsimse (*Luzula syvatica*) kann ein unverwüstlicher immergrüner Begleiter sein, wenn man sich um die Verjüngung kümmert und jährlich im Spätwinter zurückschneidet. Bei sonnigem Stand können selbstverständlich auch niedrige Gräser vorgepflanzt werden (*Festuca ovina, F. alpina, F. scoparia, Nardus stricta* u. a.).

Pachysandra terminalis, Cornus canadensis, Omphalodes und niederliegende *Cotoneaster* können ebenso gute Dienste leisten wie Goldnessel (Vorsicht vor dem bunten Laub!), *Cardamine trifoliata, Geranium macrorrhizum, Asarum* oder *Epimedium pinnatum. Asperula odorata* kann Licht in den Schatten bringen, aber einerseits ist er ein starker Wucherer, andererseits verschwindet er mit den ersten Frösten von der Bildfläche. Er hält sehr gut Humus zusammen. Laubhumus wird sehr flach durchwurzelt und dadurch locker gehalten.

Sommergrüne, laubabwerfende Rhododendren

Zu den bereits oben genannten Arten treten Pflanzen lichter Standorte wie Krähenbeere, *Erica*-Arten und *Calluna*-Sorten, *Arctostaphylos uva-ursi*. Es kann auch sehr reizvoll sein, herbstblühende *Aster dumosus* unterzupflanzen oder *Astilbe chinensis* (Vorsicht, der dicke Wurzelstock macht den Boden dicht, deshalb hin und wieder umpflanzen!). Es gibt einige einheimische Arten, die sich als Bodendecker anbieten, die aber den Ruf des Unkrautes ha-

Ein für viele ungewohntes Bild: Rhododendren als dichte Bodendecke. Es muß aber gesagt werden: dazu ist schon ein kühlfeuchtes Klima, wie hier in Schottland, die Voraussetzung

ben und diesen Ruf auch gegenüber Mitbewerbern rechtfertigen, z. B. *Veronica chamaedrys*. Wer sie dulden kann, hat unter dem Sonnengold der Rhododendronblüten noch zartblaue Sternchen. Einen zarten fliederfarbenen Schleier entfalten jährlich zwischen meinen Rhododendren die Blütenstände der Wiesenglockenblume, die irgendwann in meinen Garten eingewandert ist. Ihre Nichtblühenden Rosetten bilden einen festen Bodenschutz. Solche spontane Entwicklungen im Garten sollte man nicht von vornherein ablehnen, sondern als Angebot der Natur prüfen.

Immergrüne kleinblättrige Rhododendren

Bei dieser Typengruppe löst sich die Aufgabe »Bodendecken gestalten« in die Aufgabe »Pflanzengemeinschaften gestalten« auf, denn in dieser Größengruppe werden alle bodendeckenden Pflanzen zugleich Gestaltungspartner. Kombinationen von Blütenfarben gewinnen an Bedeutung, so das Gelb von Fingerkräutern (*Potentilla aurea*), oder das Blau von *Ajuga reptans*. Dichte Rosetten bildet *Saxifraga cuneifolia*, das sich flächendeckend ausbreitet. Das Gleiche trifft zu auf die alpine Kugelblume (*Globularia cordifolia*), Silberwurz, *Iberis repens*, *Lysimachia nummularia* und

L. nemorum, *Viola canina*, *Alchemilla*-Arten. Zu den etwas kostbareren Begleitern zählen *Chamaedaphne calyculata* und *Leucothoe fontanesiana*.

Wintergrüne Rhododendren

Die wintergrünen Japanazaleen sind im japanischen Garten Form- und Ideenträger.

Eine bodendeckende Begleitflora für diese Gestaltgruppe vorzuschlagen ist schwierig. Niedrige Gräser oder Haselwurz, Krähenbeere und *Arctostaphylos* sind noch gute Lösungen. Es möchte eine handfeste Vegetation sein mit kräftig gefärbtem Laub, um das Gartenbild über das Winterhalbjahr zu retten. Die Steinplatte und der Fels sind für diese Formen des Inventars intensiver Gartengestaltung angemessener als ein bunter Unterwuchs.

Aufstreben und Ausbreiten, das sind die beiden dynamischen Formprinzipien, mit denen wir gestalten

Rhododendren als Kübelpflanzen

Vor etwa 100 Jahren wurden viele Rhododendronsorten gezüchtet und kultiviert, die als Kalthauspflanzen zur Dekoration dienten. Das waren nicht nur Rhododendron-Simsii-Hybriden, sondern auch großblumige immergrüne Sorten, die jedoch zum größten Teil wieder verlorengingen (z. B. die Wilhelma-Rhododendren). In Ostasien ist die Gefäßkultur der Rhododendren über zwei Jahrtausende nachweisbar.

Kübel und andere Pflanzgefäße mit Rhododendren lassen sich auf dem Balkon, auf der Terrasse, auf Treppenaufgängen, vor Hauseingängen usw. gut aufstellen. Wenn kein Garten zur Verfügung steht oder der Boden stark kalkhaltig ist, kann diese Form der Rhododendronkultur eine Alternative sein. Prallsonnige Südseiten oder sehr windige Lagen sind ungeeignet. Vor allem muß bedacht werden, daß alle Gefäße im Freien schnell austrocknen.

Subtropische Rhododendren: a *R. ciliicalyx*; b *R. ovatum*; c *R. valentinianum*

72

Das ist ein Grund dafür, daß fast alle traditionellen Kübelpflanzen meist Sonnentrockenheit gut ertragende Pflanzen der Subtropen und besonders der mediterranen Klimazonen sind. Immergrüne Rhododendren sind zwar Hartlaubgehölze, aber von feuchten, schattigen Standorten.

Rhododendren bilden ein relativ flaches und dichtes System feiner Faserwurzeln aus. Deshalb lassen sich Pflanzen aus der Freilandkultur problemlos in Gefäße verpflanzen. Bei der Auswahl der Arten und Sorten sollten vorher Überlegungen angestellt werden, ob uns die Pflanzen durch ihre Blüten oder durch ihren Laubschmuck erfreuen sollen. Es gibt nur wenige Arten und Sorten, die in beiderlei Hinsicht voll befriedigen. Bei der Auswahl ist auch die Art und Weise der Überwinterung mit entscheidend. Wem kein Raum für eine kühle, helle Überwinterung zur Verfügung steht, der sollte die Pflanzen an einer vor Wintersonne und starken Winden geschützten Stelle im Freiland einsenken und die Oberfläche der Ballen mit einer Laubschicht schützen. Bei frostfreiem Wetter muß die Bodenfeuchte kontrolliert und bei Bedarf gewässert werden. Geeignete Sorten sind in den Gruppen der Brachycarpum-, Caucasicum-, Impeditum-, Insigne-, Repens-, Williamsianum-, Russatum- und besonders Yakushimanum-Hybriden zu finden. Es sollte jedoch bei Dauerkultur in Pflanzgefäßen kompakt wachsenden und willig blühenden Arten und Sorten der Vorrang gegeben werden. Wer einen Garten besitzt, der kann sie nach einigen Jahren der Gefäßkultur wieder dort auspflanzen. Das ist besonders dann angebracht, wenn die Pflanzen in Wuchs und Blühwilligkeit nachlassen und damit zeigen, daß der Kübel zu eng wird.

Steht ein Raum für eine geschützte Überwinterung zur Verfügung, dann können auch empfindlichere Rhododendren verwendet werden. Der Überwinterungsraum für viele empfindliche Arten muß nicht unbedingt frostfrei sein. Wichtig ist, daß keine großen Temperaturschwankungen zwischen Tag und Nacht auftreten und Zugluft vermieden wird.

Die erwähnten Rhododendren halten durchaus Fröste zwischen −10°C und −15°C aus, ohne Schaden zu nehmen, sollten aber im Winter nie wärmer als 10°C stehen.

Viele großblättrige Arten der Sektion *Grandia* (*R. grande*, *R. sinogrande*, *R. giganteum*, *R. macabeanum*) sind sehr dekorative Blattpflanzen. Der Austrieb ist ebenfalls recht imposant. Es können aber auch besonders prächtig blühende Arten bzw. Sorten, die im Freiland unsere Winter meist nicht schadlos überdauern, kultiviert werden. Als Beispiel seien *R. auritum*, *R. griersonianum*, *R. davidsonianum* und 'Elizabeth' genannt.

Als Gefäße sind alle Behälter aus Plastik, Holz, Ton und Keramik mit einem Abzugsloch für das Wasser im Boden geeignet. Stauende Nässe ist schädlich. Bei Metallbehältern ist Vorsicht geboten. Es können bei deren Oxydation durch die Humussäuren giftige Salze entstehen, die zu Schäden an den Pflanzen führen (z. B. Zink- und Aluminiumoxide). Die Gefäße sollten wegen der flachen Wurzeln möglichst breiter als tief sein. Ist es dennoch erforderlich, tiefe Gefäße zu verwenden, sollte das Gefäß etwa zur Hälfte mit porösem Schotter aufgefüllt werden. Um die Standfestigkeit bei leichten Plastikgefäßen zu verbessern, kann auf den Boden ein kalkfreier Stein gelegt werden. Der Gefäßdurchmesser muß einige Zentimeter größer sein als der Durchmesser des Wurzelballens der Pflanze.

Das Substrat muß eine hohe Luft- und Wasserkapazität haben. Günstig ist eine Mischung aus Torf-Rinden-Kompost mit einem Zusatz von lehmiger Komposterde. Statt Torf kann auch Eichenlaub- oder Kiefernadelerde verwendet werden. Der Zusatz schwerer Erde verhindert ein schnelles Austrocknen bzw. Auswaschen der Nährstoffe. Als organische Vorratsdünger sind getrockneter zerriebener Kuhdung und Hornspäne günstig. Während der Wachstumsperiode sollte nachgedüngt werden, nur bis Juni, um das Ausreifen und die Winterhärte zu fördern.

Besonders wichtig ist es, regelmäßig die Bodenfeuchte zu kontrollieren. Rhododendren vertragen das Austrocknen der Wurzelballen nicht. Die ganze Pflanze muß von oben bewässert und hin und wieder auch besprüht werden. Selbst nach Regenfällen kann es vorkommen, daß die Ballen nicht vollständig durchgefeuchtet wurden. Es sollte möglichst ein Gießrand vorhanden sein. In gewissen Abständen, besonders aber, wenn die Blätter welk herabhängen, muß das ganze Gefäß etwa eine halbe Stunde, bis keine Luftblasen mehr aufsteigen, in ein Wasserbad gestellt werden. Rhododendren dürfen auf dem Balkon nicht in der prallen Sonne stehen. Die Gefäße sollten immer beschattet sein.

Rhododendren – woher?

Rosa- und Purpurfarben sind die Grundakkorde aller Rhododendronpflanzungen

Das Blütenfest der Rhododendren beginnt oft schon im März mit *Rhododendron* 'Praecox', wenn die Spätfröste nicht zuschlagen

Schon vor dem Kauf sollten wir uns einen Pflanzplan aufstellen. Dann wissen wir, welche und wieviele Pflanzen wir benötigen. Unbedingt muß man sich dabei vorstellen, wie die Pflanzung in einigen Jahren aussehen wird. Es gilt, Wuchsintensität und Wuchshöhe einzukalkulieren. Das ist nicht immer leicht, wenn wir am Standort noch keine Erfahrungen mit Rhododendren haben. Die Blütezeit müssen wir in unsere Überlegungen auch mit einbeziehen. Die Vielfalt der Blattformen und des Wuchses sollte Abwechslung in die Anlage bringen. Das Standortklima und die Lage müssen bei der Auswahl ebenfalls berücksichtigt werden. Können wir deshalb vielleicht nur ganz winterharte Rhododendren pflanzen oder werden auch anspruchsvollere Arten und Sorten aushalten?

76

Immergrüne großblumige Rhododendron-Hybriden werden als wurzelechte Pflanzen oder als Veredlungen herangezogen. Was besser ist, ist nicht einfach zu beantworten. In der Regel werden in den Baumschulen leicht wurzelnde Sorten wurzelecht aus Stecklingen herangezogen. Die meisten Betriebe veredeln nur noch Sorten, die schwer oder nicht aus Stecklingen wachsen. Aber auch aus Stecklingen heranzuziehende Sorten werden noch veredelt. Der Grund dafür ist, daß es eine Unterlage gibt, die sehr genügsam ist, mit sehr unterschiedlichen Bodenverhältnissen zurechtkommt, Trockenheit relativ gut übersteht und völlig winterhart ist. Es ist die alte Sorte 'Cunningham's White'. Die guten Eigenschaften dieser Sorte kommen der Vitalität der auf ihr veredelten Sorte zugute.

Bei Veredlungen muß darauf geachtet werden, daß die Unterlage nicht selbst wieder zu treiben beginnt. Diese Gefahr ist aber meist nur bei jungen Sträuchern vorhanden, besonders, wenn die Edelsorte stark zurückfrieren sollte. Manchmal wird das erst sichtbar, wenn plötzlich ein Zweig weiß blüht, während sonst die Blüten immer von anderer Farbe waren. Dann also unverzüglich den Unterlagenaustrieb entfernen!

Umstritten ist, ob wurzelechte oder veredelte Pflanzen besser blühen. Fest steht, daß bei schwach und schlecht wachsenden Arten eine Veredlung von Vorteil ist. Sie wachsen und blühen dann besser. Bei sommergrünen Sorten sollten wurzelechte Pflanzen bevorzugt werden, wenn die Wahl besteht. Hier ist es oft schwierig, die austreibende Unterlage zu erkennen. Der Austrieb kann selbst nach vielen Jahren noch erfolgen. Wurde die Sorte 'Davierii' als Unterlage verwendet, dann kommt es häufig zu Wurzelausläufern.

Gehölze in Containern haben den Vorteil, daß sie sich zu jeder Zeit pflanzen lassen. Beispielsweise »schlappen« sommergrüne Rhododendren beim Verpflanzen häufig, denn selbst bei vorsichtigem Herausstechen der Ballen gehen Wurzeln verloren. Im Container kann das nicht passieren.

Containerpflanzen können zu Hause an geschützter Stelle bis zum Auspflanzen abgestellt werden. Ballenpflanzen dagegen müssen sofort eingeschlagen und feucht gehalten werden, wenn es nicht möglich ist, sie gleich an Ort und Stelle zu pflanzen. Auf keinen Fall sind sie längere Zeit Wind und Sonne auszusetzen. Die feinen Haarwurzeln werden sonst geschädigt. Solche Pflanzen wachsen dann nicht freudig weiter.

Vielleicht haben wir auch unsere Rhododendren nach Katalog bestellt und sie kamen per Post oder Bahn. Was tun, wenn eine solche Sendung, von einem plötzlichen Kälteeinbruch überrascht, bei Frostwetter ankommt? Dann sollte die Sendung in einen frostfreien aber nicht warmen Raum gebracht werden. Die Pflanzen müssen langsam auftauen, sonst kann es zu Schädigungen kommen. Später, wenn es das Wetter gestattet, werden die Rhododendren an Ort und Stelle gepflanzt oder, was unter Umständen noch günstiger ist, an geschützter Stelle eingeschlagen und Winterschutz gegeben. Wird noch spät im Jahr eine Pflanzensendung erwartet, so empfiehlt es sich, den Einschlag vorzubereiten und mit einer Laubschicht vor eindringendem Frost zu schützen.

Die reizvollste, aber auch langwierigste Möglichkeit, seine Sammlung zu erweitern, ist die durch Absenker, Stecklinge, Veredlungen oder Sämlinge. Diese Methoden sind unter Rhododendronfreunden üblich. Viele Raritäten sind nur bei Liebhabern zu finden, aber kaum im Angebot der Baumschulen. Der Pflanzentausch ist der einzige Weg, solche Kostbarkeiten im eigenen Garten heimisch zu machen.

Das Pflanzen

Pflanzvorbereitungen

Waldgrundstücke oder Gärten mit altem Baumbestand haben in der Regel eine natürliche Humusschicht aus nicht völlig verrottetem Laub oder Nadeln. Solche Standorte sind ihrer Natur nach für Rhododendren geeignet. Auch entwässerte Torfböden haben eine günstige Struktur. Wenn noch dazu die Bodenreaktion im optimalen Bereich liegt, so müssen nur die Pflanzstellen entsprechend gelockert und die Pflanzgruben ausgehoben werden. Liegen solche günstigen Bodenverhältnisse nicht vor, so sind nachhaltige, den Rhododendren maßgeschneiderte Bodenverbesserungen nötig.

Stößt man beim Ausheben der Pflanzgruben auf Baumwurzeln, so können einzelne davon getrost entfernt werden, ohne dabei dem Baum zu schaden. Handelt es sich jedoch um flachwurzelnde oder dem Boden viel Wasser entziehende Bäume (z. B. Fichten, Tannen, Birken), die man nicht entfernen will, dann empfiehlt es sich, außerhalb der Kronentraufe zu pflanzen. Die Wurzelkonkurrenz behindert sonst die optimale Entwicklung der Rhododendren.

Es gilt jedoch, nicht nur an entsprechenden Freiraum im Wurzelbereich zu denken. Über sich sollten die Pflanzen einen angemessenen Luftraum haben. Das könnte bedeuten, daß andere Gehölze entfernt oder gelichtet werden müssen. Häufig genügt es jedoch, einige der unteren Äste der Schattenbäume zu entfernen. Günstig ist es, das im vollbelaubten Zustand zu machen. Man sieht dann am besten, welche Äste abgesägt werden müssen. Ist der Freiraum über den Büschen nicht ausreichend, so wachsen unregelmäßige Buschformen heran. Die Pflanzen streben aus tiefem Schatten zum Licht hin. Deutlich sichtbar ist das in älteren Pflanzungen, in denen Rhododendren in starke Konkurrenz zu üppiger wachsenden Gehölzen geraten sind. Oft ist ihr Wuchs dann einseitig und »langbeinig«, und der Blütenansatz ist gering. Bei der Pflanzung sollte ein Freiraum von 2 Metern über den Pflanzen als Mindestmaß angesehen werden, besser ist ein noch größerer Abstand zu den zu beschattenden Arten.

Auf guten Wasserabzug ist zu achten. Stauende Nässe ist ebenso gefährlich wie zuviel Kalk im Boden. Die Rhododendren würden schon nach kurzer Zeit kümmern und schließlich absterben. Besonders bei Pflanzung in Bodensenken sollten wir beobachten, wie schnell das Wasser nach einem starken Regen versickert. Kommt es zum Wasserstau oder gar zur Bildung von Pfützen, die stundenlang nicht versickern, dann muß der Boden drainiert werden. Häufig wird durch vorangehende Bautätigkeit der Boden verdichtet. Oft genügt dann schon ein intensives Lockern bis in tiefere Bodenschichten. Hat der Boden jedoch in geringer Tiefe Sperrschichten aus Tonen, Lehmen oder Ortstein, die den Wasserabfluß verhindern, dann müssen Drainagerohre verlegt werden. Schädlich für Rhododendren ist schon ein schlecht durchlüfteter Boden. Eine gesunde Humusbildung ist nur bei ausreichender Durchlüftung möglich. Als vorteilhaft hat es sich erwiesen, bei dichten Böden auf die Sohle des Pflanzloches eine etwa 10 bis 15 cm dicke Schicht groben Kies aufzubringen, auf den dann die Rhododendren gepflanzt werden.

Der Jugendstil schuf Bewegung in der Architektur – die Züchtung schuf Bewegung bei den sommergrünen Rhododendren!

Zur Vorbereitung der Pflanzstelle gehört das sorgfältige Entfernen der Wurzelunkräuter, wie Quecke, Distel und Ackerwinde. Später ist deren Bekämpfung sehr schwierig. Die Rhododendren bilden einen dichten Wurzelballen, der ein mechanisches Entfernen sehr erschwert, Steine stören im Boden nicht. Auch am Naturstandort ist der Boden meist mit Steinen durchsetzt. Ausgenommen davon sind selbstverständlich Kalksteine oder Bauschutt.

Pflanzen

Wichtig ist es, die Ballen vor dem Einpflanzen daraufhin zu überprüfen, ob sie ausreichend feucht sind. Sind sie trocken, müssen sie für etwa eine halbe Stunde in ein Gefäß mit Wasser gestellt werden. Wenn der Ballen untergeht und keine

Luftblasen mehr aufsteigen, ist er mit Wasser gesättigt.

Die Pflanze darf nicht tiefer stehen als sie vorher in der Baumschule stand. Es muß daran gedacht werden, daß sich der Boden bei lockerem Material noch etwas setzt. Kleine Pflanzen werden mit der Hand angedrückt. Größere Sträucher müssen festgetreten werden, damit sie guten Bodenschluß bekommen.

Wenn nicht auf der ganzen Fläche entsprechendes Substrat aufgezogen oder eine ganze Fläche pflanzfertig vorbereitet wurde, muß das Substrat jeder Pflanzgrube zugegeben werden. Wir heben eine Grube aus, die reichlich doppelt so breit ist wie der Ballen der Pflanze und nur wenig tiefer als der Ballen. Die Pflanzgrube sollte stets breiter als tief sein. Ist der Boden nicht alkalisch oder stark tonig, so mischen wir die Hälfte des Aushubs mit etwa der gleichen Menge Humus. Der Rest der anstehenden Erde kann im Garten verteilt werden. Dem Substrat kann auch ein Teil Sägespäne und grober, halbverrotteter Kompost zugesetzt werden. Auch organische Dünger (zerriebener getrockneter Rinderdung, Hornspäne, Knochenmehl) können beigemischt werden. Als Richtwert: etwa eine Handvoll für eine Pflanze von einem halben Meter Höhe. Das ganze wird außerhalb der Grube durch zweimaliges Umschaufeln gut gemischt. Danach füllt man einen Teil der Substratmischung in das Pflanzloch und setzt den Ballen darauf. Das restliche Substrat wird nachgefüllt und angetreten. Ein ausreichender Gießrand ermöglicht besonders in der ersten Zeit ein gutes Wässern des Wurzelbereiches. Es ist besser, häufig von oben zu gießen, als längere Zeit den Schlauch an die Pflanzen zu legen. Durch das Besprengen der Sträucher von oben wird die Luftfeuchte verbessert, die für die Anwachsperiode, in der die Wurzeln noch nicht richtig Fuß gefaßt haben, sehr wichtig ist. Ganz besonders trifft das bei heißer und trockener Witterung zu. Dann ist auch

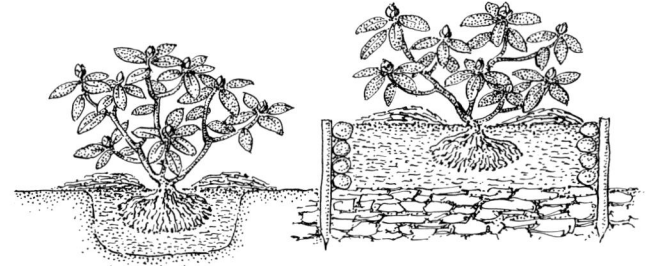

Rhododendren pflanzen:
1 in Pflanzgrube, Mulchdecke
2 in Pflanzsubstrat entsprechenden pH-Wertes, z. B. über basischem Gesteinsschotter, Mulchdecke

eine zeitweilige zusätzliche Beschattung mit durchlässigen Matten oder ein Windschutz sehr günstig.

Bei Containerpflanzen sind die Ballen sehr dicht und fest. Es empfiehlt sich, diese Ballen seitlich etwas aufzurauhen oder leicht aufzureißen. Danach wachsen die Wurzeln schneller in das umgebende Erdreich hinein.

Großlaubige immergrüne Rhododendren bieten starken Winden eine große Angriffsfläche. Besonders gefährdet sind relativ hohe Sträucher mit kleinen Wurzelballen. An exponierten Standorten werden sie leicht vom Wind entwurzelt. In solchen Lagen sollte man sie anbinden. Einfach von oben einen Pfahl durch den Wurzelballen zu treiben, ist nicht ratsam. Dabei werden zu viele Wurzeln verletzt. Besser ist es, in der Hauptwindrichtung den Pfahl schräg hinter den Ballen einzuschlagen und dann die Hauptäste daran anzubinden. Eine andere Möglichkeit, dem neugepflanzten Strauch zu festem Stand zu verhelfen, besteht in folgender Methode: Quer zur Hauptwindrichtung wird jeweils auf gegenüberliegenden Seiten neben dem Wurzelballen ein Pfahl in das Erdreich getrieben. Anschließend nagelt man darauf eine Latte und bindet die Äste daran. Wichtig ist es, daß sich diese nicht am Holz der Latte scheuern und dabei beschädigt werden. Wird die Schnur in Form einer 8 um Zweige und Latte gelegt, kann das vermieden werden.

Pflanzabstände

Dem Blick über einen Gartenzaun bietet sich relativ häufig folgendes Bild: Ein kleiner Rhododendronstrauch, meist weniger als einen halben Meter hoch, steht einsam inmitten einer Rasenfläche. Oft wundert sich der Gartenbesitzer, daß der kleine Busch nicht so recht wachsen will. Das hat häufig mehrere Ursachen. Allein ist er den Winden und der prallen Sonne in Sommer und Winter ausgesetzt. Rhododendren sind keine Solitärgehölze für Wiesenflächen. Sie brauchen die Anlehnung an andere Gehölze. Junge Rhododendren wollen in Gemeinschaft mit ihresgleichen stehen und wachen dann besser. Will man trotzdem Rhododendren in eine Wiesenfläche einfügen, so sollten unbedingt größere und mehrere Pflanzen gewählt werden, die innerhalb einer Wiese als Gebüsch wirken. Es müssen auch entsprechend harte Arten und Sorten für einen so exponierten Standort sein, sonst wird man auf die Dauer keine Freude daran haben. Wir müssen darauf achten, den Rasen von den Rhododendronwurzeln fern zu halten. Eine sauber abgestochene Rasenkante und eine gut gemulchte Wurzelscheibe sehen gepflegt aus und bekommen auch dem Rhododendron.

Werden kleinere Pflanzen im Verband gesetzt, dann sollten sie umgepflanzt werden, wenn sich die Sträucher berühren, sonst werden die Pflanzen von unten her kahl. Zweige und Blätter, die zu wenig Licht erhalten, sterben ab und die Sträucher werden »langbeinig«. Sie treiben sich, untereinander um das Licht konkurrierend, gegenseitig so lange hoch, bis dann eine schwächer wachsende Sorte unterliegt. Wir können beim Pflanzen so planen, daß in späteren Jahren nur jeder zweite Rhododendron versetzt werden

muß. Das spart uns viel Arbeit. Schließlich sind ja die Ballen in der Zwischenzeit viel größer und schwerer geworden. Außer dem besseren Wachstum haben solche Gruppenpflanzungen auch den Vorteil, daß sich viele Pflegearbeiten für die Gruppe wesentlich einfacher erledigen lassen, wie z. B. Mulchen, Gießen, Düngen usw., als für eine größere Anzahl von Einzelpflanzen. Manchmal ist jedoch das Ineinanderwachsen durchaus geplant. Es kann dem Rhododendronfreund empfohlen werden, einmal zwei sommergrüne Sorten, wie z. B. »Kosters Brillant Red« und »Kosters Brillant Yellow«, direkt zusammen in ein Pflanzloch zu setzen. Für die richtige Wirkung sind entscheidend: der passende Farbkontrast, die gleiche oder die wechselnde Blütezeit und der etwa gleichstarke Wuchs. Nach einigen Jahren sind sie ganz ineinandergewachsen und zur Blütezeit eine Augenweide. Dasselbe kann auch mit großblumigen immergrünen Hybriden getan werden, eventuell sogar mit Wildarten. Hier sollte jedoch ein größerer Abstand der Pflanzen zueinander gewählt werden, mindestens 1 m. Man muß die Sorten vorher schon kennen oder sich darüber informieren, welche sich als Partner eignen.

Der bekannte Rhododendronzüchter D. HOBBIE empfahl, von den Wildarten *R. wardii* (gelb), *R. wardii* var. *pur album* (weiß) und *R. souliei* (rosa) zusammenzusetzen – zur Blütezeit ein prächtiger Anblick.

Wie groß der Abstand gewählt werden soll, hängt auch vom Zweck der Pflanzung ab. Bei einer Hecke ist es beispielsweise erwünscht, daß die Sträucher bald ineinanderwachsen, um eine geschlossene Front zu bilden. Etwa 1 bis 1,5 m müssen bei großlaubigen, stärker wachsenden Arten und Sorten angenommen werden. Sollen die Sträucher nicht ineinanderwachsen, kann der Abstand bei dieser Wuchsgruppe 1,5 bis 2 m betragen, sofern etwa 1 m hohe Sträucher gesetzt werden. Bei

schwachwachsenden Arten und Hybriden (z. B. Repens-Hybriden, Williamsianum-Hybriden, Yakushimanum-Hybriden, halbimmergrüne Rhododendren, niedrige Wildarten) schwanken die Abstände zwischen 40 cm und 1 m. Ältere Exemplare dieser Arten und Sorten später noch einmal zu verpflanzen, ist bei weitem auch nicht so aufwendig. Bei sommergrünen Rhododendren kann je nach Wüchsigkeit als Pflanzabstand 1 bis 1,5 m angenommen werden.

Auch sommergrüne Rhododendren allein können eine vielstimmige Fuge spielen

Pflanzzeit

Als optimale Zeiten für das Pflanzen von Rhododendren können die Monate März/ April und September/Oktober angesehen werden. Bei laubabwerfenden Arten ist es günstig, die Monate Oktober/November zu wählen, also die Zeit nach dem Laub-

fall. Eine Ausnahme bilden die Containerpflanzen. Diese werden ganzjährig angeboten und auch gepflanzt.

Mit etwas Vorsicht lassen sich bei frostfreiem Boden fast das ganze Jahr über
Rhododendren pflanzen. Der kompakte
und dichtfilzige Wurzelballen zerfällt beim
Transport nicht. Nicht ratsam sind jedoch
Pflanzungen während Hitze- und Trockenperioden. Bei Pflanzung während der Zeit
des Neuaustriebs brechen die frischen
Triebe, die noch sehr weich und zart sind,
leicht ab oder erleiden durch den Pflanz-
schock mindestens eine Wachstumshem-
mung.

Umpflanzen

Rhododendren lassen sich auch im fortgeschrittenen Alter gut verpflanzen. Problematisch kann der Transport der Ballen

werden. Bei großen Pflanzen kann der
Wurzelballen ein sehr beachtliches Ge-
wicht erreichen. Besonders das Ausheben
der Pflanzen ist recht mühsam. Wer einen
Autodrehkran einsetzen kann, für den ist
das Problem des Verpflanzens, selbst jahr-
zehntealter immergrüner Hybriden, gelöst.
Ist der Transport nicht weit, kann man
sich mit einem Stück Plastikfolie oder einer alten Zeltplane helfen. Auf diese wird
der Ballen geschoben und nun läßt sich
der Strauch auf feuchter Erde oder auf Rasen einigermaßen gut ziehen.

Damit der Rhododendron ohne Stok-
kung gut weiterwächst, sollte der Ballen
so groß wie möglich belassen werden.
Durch seitliches Umstechen und Untergra-
ben wird der Ballen vorsichtig aus dem
Erdreich gelöst. Mußte der Wurzelballen
sehr verkleinert werden, um ihn transportieren zu können, ist eventuell ein Rückschnitt erforderlich.

Die Pflege

Bodenpflege und Bodenbedeckung

Hacken und den Boden lockern ist für die Bodenpflege in der Regel eine wichtige Arbeit. Es vermindert die Verdunstung von Wasser aus der Krume, fördert die Durchlüftung und dient der Unkrautbekämpfung. Unseren Rhododendren bekommt jedoch diese mechanische Bearbeitung der Erdoberfläche nicht. Als Flachwurzler erlitten sie dabei ständig Verletzungen. Es ist deshalb auch verständlich, daß Umgraben zwischen den Pflanzen vermieden werden muß.

Die gleiche Wirkung auf den Boden wie das Hacken hat das Mulchen, das heißt eine Bedeckung des Bodens mit organischen Materialien. Das Verfahren ist der Natur nachgeahmt. Unter alten Rhododendronbüschen ist der Boden mit einer dicken Schicht aus altem, abgefallenem Laub vieler Jahre und vom Wind angewehtem Herbstlaub bedeckt. Diese Naturmulchschicht sollte unbedingt unter den Sträuchern belassen werden. Auch am Naturstandort erfolgt auf diese Weise eine dauernde Zufuhr von Humusstoffen. Große Sträucher, die schon jahrelang stehen, sind nahezu »Selbstversorger«. Wir dürfen diesen Naturmulch nicht entfernen. Wir wollen doch keinen »sterilen« Garten haben.

Die Mulchschicht stellt eine langsam fließende Humus- und Nährstoffquelle dar. Humus unterliegt der Zersetzung. Dabei zerfällt die für Rhododendronwurzeln so wichtige grobe Struktur. Während am Naturstandort dieser Vorgang je nach Laubbeschaffenheit und Klima eine längere Zeit in Anspruch nimmt, geht er im Garten viel schneller vor sich, z. B. durch die Stickstoffzufuhr bei der Düngung.

Günstig als Mulchschicht sind organische Stoffe, die sich langsam zersetzen und deshalb relativ stabil in ihrer Struktur sind. Da wären zunächst der Industriehumus, bestehend aus Rinde und grobem Torf, Rinde, Reisig in kurzgeschnittenem oder kleingehäckseltem Zustand, sowie Laub und Koniferennadeln. Auch Maschinenhobelspäne, Sägespäne und eventuell Stroh können Verwendung finden. Dabei ist zu beachten, daß die Art des Mulchmaterials auch einen entscheidenden Einfluß auf die Bodenreaktion nimmt. Es ist also durch die Wahl des Mulchmaterials möglich, den pH-Wert bis zu einem gewissen Grad zu korrigieren. Große Pflanzen erhalten grobes, kleine Pflanzen feineres Material.

Zusammengefaßt ergeben sich durch das Mulchen folgende Vorteile: Wir erreichen die Erhaltung einer gleichmäßigen und ausgeglichenen Bodenfeuchte. Der Boden kann nicht verschlämmt werden oder verkrusten (»Schattengare«). Das Substrat für die Pflanzenwurzeln bleibt locker und luftig. Rhododendronwurzeln wachsen bekanntlich auch nach oben und durchziehen so allmählich die aufgezogenen Humusstoffe. Die Bodentemperatur ist ausgeglichen. Frost und Hitze gelangen verzögert in den Wurzelbereich. Der Boden bleibt länger frostfrei, die immergrünen Pflanzen können im Winter längere Zeit Wasser aufnehmen. Das Unkraut wird unterdrückt oder gänzlich ausgeschlossen. Es muß jedoch darauf geachtet werden, daß die Mulchstoffe frei von Unkrautsamen sind. Besonders wichtig ist es, auf Wurzelunkräuter zu achten. Sie müssen unbedingt vor der Samenreife entfernt werden. Samenkräuter lassen sich, wenn sie noch klein sind, wirkungsvoll durch Aufbringen einer Mulchschicht bekämpfen. Wurzelkräuter sollten möglichst tief mit einem Messer ausgestochen werden. Das muß laufend wiederholt werden. Auch Disteln und Quecken erschöpfen sich schnell, wenn sie keine Blätter entwickeln können.

Es soll nicht verschwiegen werden, daß das Mulchen Nachteile haben kann. Die Mulchschicht isoliert den Boden vor der Sonneneinstrahlung, er bleibt im Vorfrühling länger gefroren, das erhöht die Gefahr von Spätfrostschäden. Ohne Mulch

ist eine Wärmestrahlung der Erde nachts höher, was eventuell in einer Frostnacht im Frühling bedeutsam sein kann.

Im Hobbygarten sollte der Einsatz chemischer Mittel ausgeschlossen werden. Grundsätzlich sollten nur selektiv wirkende und für Rhododendren anerkannte Mittel ausgebracht werden. Nur dadurch können unerwünschte Nebenwirkungen vermieden werden.

Rhododendren müssen nicht in Karnevalfarben schreien. Das zeitliche Miteinander und Nacheinander pastellfarben blühender niedriger Arten und Sorten kann über ein Vierteljahr auch den kleinen Garten erhellen

Bewässerung

Ausreichend zur Verfügung stehendes Wasser ist eine Grundvoraussetzung für eine erfolgreiche Rhododendronkultur.

Besonders hoch ist der Wasserbedarf zur Zeit der Blütenentfaltung und des Austriebes. Im Sommer darf es nicht erst so weit kommen, daß die Blätter welk herabhängen. Ausgangs des Sommers sollte man mit zusätzlichen Wassergaben zurückhaltender sein, damit die Triebe richtig ausreifen können. Zu viel Feuchtigkeit kann um diese Zeit ein nochmaliges Austreiben bewirken. Nicht mehr voll ausgereift fallen sie häufig den ersten Frösten zum Opfer. Einige Wildarten, wie *R. camtschaticum*, und einige Arten der Sektion *Lapponica* bilden davon eine Ausnahme. Bei ihnen sollte wie am Wildstandort der Boden immer feucht sein.

Im Jahr nach der Pflanzung muß besonders auf gleichmäßige Bodenfeuchte geachtet werden. Die Pflanzen haben noch nicht ausreichend neue Wurzeln gebildet. Es kann durchaus passieren, daß die Wurzelballen trocken sind, während die umgebende Erde ausreichend feucht ist. Eine sorgfältige Kontrolle des Wurzelballens ist deshalb notwendig.

Im Spätherbst, vor den ersten starken Frösten müssen die immergrünen Rhododendren noch einmal ausreichend gewässert werden, damit für die Winterperiode den Wurzeln genügend Wasser zur Verfügung steht.

Kältetod ist in den meisten Fällen ein Trockentod. Obwohl die Winterhärte in erster Linie art- und sortentypisch ist, wirkt eine ausreichende Bewässerung vorbeugend gegen Winterschäden.

Wie oft gewässert werden muß, hängt vom Boden bzw. dem Pflanzensubstrat ab. Sandige oder mit Rinde angereicherte Böden trocknen viel schneller aus als lehmige oder tonige Erden. Durchlässige Böden müssen häufiger und in kürzeren Abständen gewässert werden.

Grundsätzlich sollte außerhalb der Blütezeit alle Bewässerung von oben erfolgen. Während der Blütezeit, um die Blüten nicht zu schädigen, von unten. Die Wurzelballen müssen vollständig durchfeuchtet werden. Es ist gut, die ganze Pflanze zu durchfeuchten. Dadurch entsteht eine entsprechende Luftfeuchtigkeit, die den Rhododendren sichtlich gut bekommt. Durch Besprühen wird das am besten erreicht. Neben einer erhöhten Luftfeuchte wird gleichzeitig die Lufttemperatur gesenkt. Das ist vor allem in Hitzeperioden während der Hauptwachstumszeit wichtig. Steigen nach kühler Witterung die Temperaturen auf über 30 °C an, sind die Blätter noch weich und den ganzen Tag voll der Sonne ausgesetzt, kann es zu häßlichen Verbrennungen kommen.

Über die Wasserqualität ist schon sehr viel geschrieben und diskutiert worden. Im allgemeinen wird dieser Faktor sicher etwas überbewertet. Der Gesamtsalzgehalt des Gießwassers ist entscheidend. Rhododendren sind salzempfindliche Pflanzen. Der Salzgehalt sollte 500 mg/l nicht übersteigen. Bei der Verwendung von Gießwasser aus umweltbelasteten Bächen und Flüssen kann dieser Wert, besonders in Trockenzeiten, überschritten werden.

Weiterhin entscheidet die Wasserhärte über die Eignung des Wassers. Die Härte des Wassers wird durch den Gehalt an gelösten Salzen des Calciums (Ca) und Magnesiums (Mg) bestimmt. Härtegrade werden in einzelnen Ländern unterschiedlich definiert. Obwohl international nach Millival (mval) gemessen werden sollte, ist es in Deutschland noch üblich, nach Grad deutscher Härte (°dH) zu messen. 10°dH entsprechen 0,36 mval.

Für die gärtnerische Praxis ergibt sich folgende Einteilung:

     0– 4° dH = sehr weich
     4– 8° dH = weich
     8–12° dH = mittelhart
    12–20° dH = hart
    über 20° dH = sehr hart

Die Karbonathärte 1° dH entspricht einem Gehalt von 10 mg Calciumoxid (CaO) in 1 l Wasser.

Im Laufe der Jahre könnte es bei der Verwendung von hartem bis sehr hartem Gießwasser (ab 15° dH) zur kontinuierlichen Anhebung des pH-Wertes im Boden kommen. Dem kann auf verschiedene Art entgegengewirkt werden. Schon bei der Pflanzung sollte versucht werden, einen recht niedrigen pH-Wert der Erde durch geeignete saure Substrate zu erreichen. Auch die Verwendung physiologisch sauer wirkender Düngemittel wirken dem Ansteigen des pH-Wertes entgegen.

Bei der Verwendung von Leitungswasser oder von Brunnenwasser in Kalkgebieten ist es ratsam, das Wasser auf seine Härte zu untersuchen. Im zoologischen Fachhandel sind entsprechende von Aquarianern genutzte Hilfsmittel erhältlich. Wer seinen Pflanzen Regenwasser anbieten kann, bleibt von diesen Problemen unberührt.

Die Düngung

Um ein optimales Wachstum zu gewährleisten, müssen alle Nährstoffe in einem ausgewogenen Verhältnis in pflanzenverfügbarer Form im Boden bereitstehen. Mitunter sind diese Stoffe nur in schwerlöslicher Form im Boden und können von den Pflanzen nicht genutzt werden. Eine wichtige Rolle beim Aufschluß der chemischen Verbindungen übernehmen die Mikroorganismen. Ihre Entwicklung zu fördern ist äußerst wichtig. Das geschieht vor allem durch Humusgaben und Mulchen, zugleich eine milde Form der Nährstoffzufuhr.

Ob in einem Gartenboden alle benötigten Nährstoffe vorhanden sind, hängt von vielen Faktoren ab. Es laufen im Boden stets eine Vielzahl chemischer Vorgänge ab. Je nach Substrat, dessen Pufferungsvermögen und Kapillarkraft, wird ein Teil der Nährstoffe ausgewaschen, das heißt mit den Niederschlägen bzw. dem Gießwasser in tiefere Bodenschichten befördert. Deshalb ist es unter Garten-Bedingungen notwendig, den Pflanzen zusätzlich Nährstoffe zuzuführen.

Die Hauptnährstoffe sind Stickstoff (N), Phosphor (als P_2O_5), Kalium (als K_2O) und Magnesium (Mg).

Stickstoff stellt den Hauptwachstumsfaktor dar. Er ist Bestandteil aller Eiweißverbindungen und des Chlorophylls und damit Voraussetzung für die Stoffwechselvorgänge in der Pflanze. Durch den Abbau der organischen Substanzen mit Hilfe von Mikroorganismen erfolgt eine gewisse Anreicherung des Bodens mit Stickstoff, die nicht immer für eine optimale Entwicklung ausreicht.

Bei Mangel zeigen die Pflanzen nur einen geringen Zuwachs und kleine Blätter. Besonders im August/September ist bei Rhododendren ein verstärkter Blattfall festzustellen. Der Blütenansatz ist mangelhaft und die Blüten sind klein.

Bei Überschuß wird das Pflanzengewebe schwammig. Dadurch verringert sich die Widerstandsfähigkeit gegenüber Krankheiten. Die Triebe und Blätter reifen nicht richtig aus, was eine geringere Kälteresistenz zur Folge hat. Deshalb nach Mitte Juni keine Stickstoffdünger mehr geben! Rhododendren benötigen hohe Stickstoffmengen.

Phosphor (P_2O_5) ist für alle Lebensvorgänge in der Pflanze wichtig, auch für die Zellteilung und somit das Wachstum. Es beeinflußt auch deren Widerstandsfähigkeit gegen pilzliche Erkrankungen. Mangel an Phosphor zeigt sich in schwachem und unregelmäßigem Wuchs sowie in mangelhaftem Knospenansatz. Auch eine geringe Wurzelbildung kann die Folge sein. Bei Überschuß können Chlorosen auftreten.

Kalium begünstigt die Wasseraufnahme und hemmt die Verdunstung. Dadurch werden die Pflanzen weniger anfällig gegenüber Dürre und Frost. Es dient auch der Festlegung des Holzkörpers und des Gewebes. Die Resistenz gegen Krankheiten wird erhöht. Mangel kann Wachstumsstörungen und braune Flecken auf den Blättern bewirken sowie Anfälligkeit gegen Pilzkrankheiten. Bei wintergrünen Rhododendren kann »Blauspitzigkeit« auftreten. Überdüngung kommt bei Rhododendren selten vor. Bei extremen Mengen können Blattverbrennungen und Wurzelschäden die Folge sein.

Magnesium: stellt einen wichtigen Bestandteil des Chlorophylls und beeinflußt außerdem den Wasserhaushalt. Mangel kann zu chlorotischen Flecken der Blätter führen und für eine mangelhafte Wurzelbildung verantwortlich sein. Hervorgerufen wurden die Schäden mitunter gemeinsam mit einer Überdüngung durch Kali.

Unentbehrlich für ein normales Wachstum sind die Spurenelemente Eisen (Fe), Mangan (Mn), Kupfer (Cu), Bor (B), Molybdän (Mo), Zink (Zn) und Schwefel (S).

Schon ein Weniges an Gelb hält rote Farben zusammen

Rhododendren zeigen bei Mangel von Eisen, Kupfer oder Molybdän leicht chlorotische Blattflecken. Eisenmangel kann auch seine Ursache in einem Manganüberschuß, hervorgerufen durch Bodenversauerung bei pH-Werten unter 4 oder durch große Mengen Rinde im Substrat haben. Ein pH-Wert über 6 kann die Ursache für die Festlegung von Eisen durch S-Ionen sein. Der wirkliche Bedarf an einzelnen Nährstoffen kann nur durch eine Bodenanalyse ermittelt werden. Das Bodenlabor gibt dann auch Empfehlungen bezüglich der erforderlichen Düngermengen.

Anorganische Düngemittel

Ihr Vorzug besteht darin, daß sie im allgemeinen schnell wirken, da die Salze im Wasser leicht löslich sind und von der Pflanze bald aufgenommen werden können. Doch bringt dieser Faktor auch eine große Gefahr mit sich. Die Salze können

Sie scheinen ins Unermeßliche hinauswachsen zu wollen – Lebenskraft, die sprachlos macht!

leicht ausgewaschen und so ins Grundwasser gelangen. Deshalb muß bei ihrem Einsatz stets beachtet werden, daß sie nur während der Vegetationszeit und in den Mengen angewendet werden, die von den Pflanzen dem Boden entzogen werden. Eine ausreichende Humuszufuhr und die Verwendung organischer Düngemittel kann ihren Einsatz überflüssig machen. Das trifft besonders auf ältere und größere Pflanzen am endgültigen Standort zu. Bei der Anzucht von Rhododendren wird es nicht immer möglich sein, auf einen Einsatz von Mineraldünger zu verzichten. In der Regel sollten physiologisch neutral oder sauer wirkende Dünger zur Anwendung kommen. Neutrale Düngemittel beeinflussen den pH-Wert nicht. Physiologisch saure Düngemittel enthalten einen Säurerest, der den pH-Wert senkt. Besteht eine Tendenz zur alkalischen Seite, sollten solche Dünger zur Anwendung kommen. Sie helfen mit, den pH-Wert auf einen für die Rhododendren optimalen Wert zu stabilisieren.

Organische Dünger

Sie wirken relativ langsam, da die Nährstoffe erst durch Mikroorganismen aufgeschlossen werden müssen. Demzufolge sind sie oft über Jahre wirksam und stellen eine langsam fließende milde Nährstoffquelle dar. Sie werden deshalb auch kaum ausgewaschen.

Für Rhododendren haben sich als geeignet Hornspäne, Knochenmehl und Rindermist erwiesen. Hornspäne enthalten 12 bis 14% Stickstoff und 5% Phosphorsäure. Bei Knochenmehl überwiegt der Gehalt an Phosphorsäure (17%) gegenüber 2% Stickstoff. Es gibt auch Handelsdünger, die außer der organischen Komponente noch Mineraldünger enthalten. Diese Dünger können im zeitigen Frühjahr unter die Sträucher ausgebracht werden. Am besten wirken sie unter einer Mulchschicht, wo die Bakterientätigkeit besonders groß ist.

Rinderdung kann als dünne Schicht im zeitigen Frühjahr zwischen den Sträuchern wie Mulch ausgebreitet werden. Besonders in länger stehenden Anlagen ist diese Art der Düngung empfehlenswert. Wen der Anblick stört, der kann eine schwache Schicht anderen Mulchmaterials, z. B. Rinde, darüberziehen.

Entfernen der abgeblühten Blütenstutze

Manche Rhododendronfreunde stören die verblühten Blütenstände aus ästhetischen Gründen; sie werden deshalb von ihnen ausgebrochen. Andere überlassen alle Vorgänge im Garten gern dem natürlichen Lauf. Am Naturstandort entfernt ja auch niemand etwas. Die alten Fruchtstände vertrocknen, werden morsch und nach zwei, drei Jahren verwittern sie an der Pflanze. Die Verhältnisse in unserem Garten weichen aber in mancher Hinsicht davon ab. Vor allem pflegen wir zu einem großen Teil Rhododendronhybriden, deren Pflegebedingungen von denen der Wildarten etwas abweichen.

Die Samenbildung, die nach erfolgter Befruchtung einsetzt, entzieht der Pflanze viele Nährstoffe. Besonders für frisch gepflanzte Sträucher, die sich noch nicht ge-

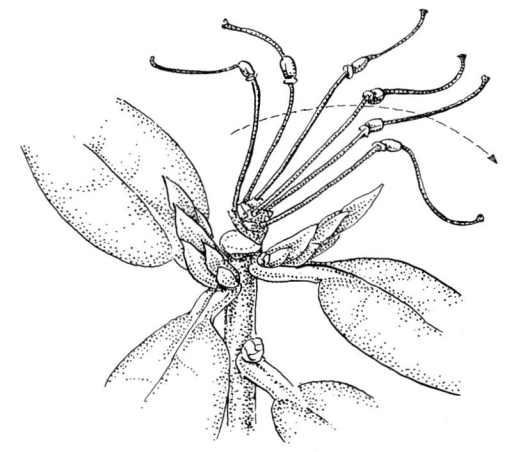

abgeblühte Fruchtstände ausbrechen

90

festigt haben, kann das von Bedeutung sein. Durch die Samenausbildung wird der Neuaustrieb deutlich verzögert. Erfolgt er dann endlich, werden häufig keine oder nur wenige Blütenknospen angesetzt. Wird der Blütenstutz rechtzeitig entfernt, gehen die Wuchskräfte in die Knospenbildung für das nächste Jahr. Der Blütenstutz sollte möglichst unmittelbar nach dem Abwelken entfernt werden, da bricht er am leichtesten. Man nimmt dabei den Blütenstand zwischen die Finger und drückt ihn mit dem Daumen seitlich ab. Das geht in der Regel leichter und schneller als mit einem Messer oder der Gartenschere.

Das Ausbrechen sollte sehr vorsichtig geschehen, denn rund um den Fuß des Stutzes sitzen die Augen der neuen Triebe, die leicht mit ausgebrochen werden können, besonders, wenn die Knospen noch klein sind und nicht ausgetrieben haben. Die Leitbündel entwickelter Jungtriebe sind meist schon fester mit dem vorjährigen Holz verbunden. In der Regel bilden sich nach dem Ausbrechen zwei bis vier neue Triebe aus, die mit Sicherheit Blütenknospen ansetzen. Wurden die alten Blütenstände belassen, ist es meist nur ein Trieb, häufig ohne Blütenansatz. Das trifft besonders auf spätblühende und großblumige Gartenhybriden zu. Man kann dagegen einwenden, daß doch viele alte Sträucher prächtig blühen, obwohl sich niemand die Mühe macht, alte Blütenstände zu entfernen. Große Pflanzen, die manneshoch und höher sind, haben meist so viele Triebe, daß es gar nicht auffällt, wenn eine Anzahl davon nicht blüht.

Für Hybriden, die sowieso kaum Samen ansetzen, z. B. die Gruppe der Repens-Hybriden, ist das ohne Belang. Eine Ausnahme bilden auch 'Cunningham's White' und andere Caucasicum-Hybriden. Wegen der frühen Blüte werden meist dennoch regelmäßig und ausreichend Blütenknospen angesetzt. Bei kleinblütigen Wildarten (z. B. Sektion *Lapponica*), bei den Wintergrünen, deren Hybriden ebenfalls nur sel-

ten Samen ausbilden, werden die Blütenstände nicht ausgebrochen. Bei kleinblütigen Arten ohne Blütenstutz ist das Entfernen auch sehr mühsam. Bevor wir bei Wildarten alte Blütenstände ausbrechen, sollten wir uns überlegen, ob wir Samen sammeln möchten.

Abhängig ist der Blütenansatz außerdem noch vom Entwicklungszustand der Pflanze, ihrer Vitalität, der Art und Sorte, dem Zeitpunkt des Blühens sowie dem Witterungsverlauf.

Rückschnitt

Während Obst- und manche Ziergehölze einen regelmäßigen Rückschnitt brauchen, ist das bei Rhododendren im allgemeinen nicht nötig. Im Gegenteil, sie büßen durch Rückschnitt sehr viel von ihrer Schönheit ein.

Es kann jedoch bei alten Sorten oder Arten mit schlechten Wuchseigenschaften notwendig werden, wenn sie überaltert sind und ihre Form verlieren. Mitunter sind die Pflanzen »langbeinig« und von unten her verkahlt oder die Sträucher beginnen, ineinander zu wachsen und eine schwächere Pflanze wird unterdrückt. Auch durch mechanische Beschädigungen, wie Schneebruch, kann ein Strauch sehr in Mitleidenschaft gezogen werden und braucht danach einen formenden Schnitt. Stehen Rhododendren schon jahrzehntelang an ihrem Platz, überwachsen sie oft Einfahrten oder Wege. Meist können sie in diesem Stadium nicht mehr verpflanzt werden, oder man möchte die Pflanze an ihrem Standort belassen. In diesen Fällen ist ein Rückschnitt gerechtfertigt.

In der Regel wird er auch gut vertragen. Bei leichtem Rückschnitt ins vorjährige Holz erfolgt ein williger Austrieb vieler schlafender Augen. Mitunter macht sich jedoch ein starker Rückschnitt ins alte Holz erforderlich. Meist treibt der Strauch

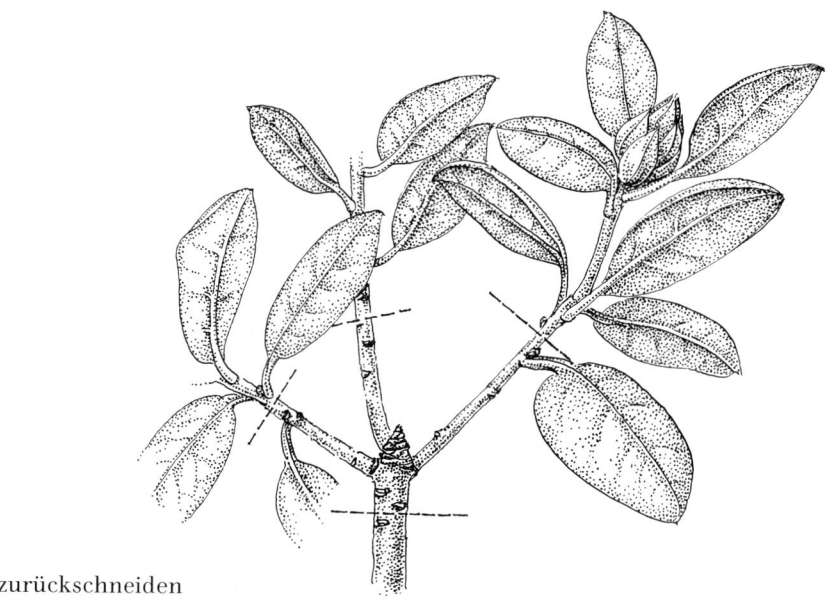

Rhododendren zurückschneiden

selbst dann wieder aus, wenn er auf einen halben Meter Höhe zurückgesetzt wird. Äste, die kahl bleiben, sollten entfernt werden, um das Ansiedeln schädigender Pilze zu verhindern. Bei geschwächten Pflanzen, die vielleicht schon vorher kümmerten, treten jedoch bei radikalem Rückschnitt mitunter Totalausfälle auf. Der günstigste Zeitpunkt für den Rückschnitt ist der April. Zwar kann er auch noch nach der Blüte erfolgen, je später er jedoch durchgeführt wird, desto später erfolgt auch der Austrieb. Unter ungünstigen Bedingungen kann der Neuaustrieb dann nicht mehr richtig ausreifen und ist frostgefährdet.

Winterschutz

Bei immergrünen Pflanzen ist in unseren Breiten der Kältetod meist ein Trockentod. Besonders an den Immergrünen, die bei jedem Wetter, besonders aber in bewegter Luft ständig Wasser verdunsten, kann man das Vertrocknen mitunter eindrucksvoll erleben. *Rhododendron catawbiense* und die davon abstammenden Sorten (Catawbiense-Hybriden) rollen ihre Blätter

bei Frost ein. Die Spaltöffnungen, die auf der Blattunterseite liegen, werden vor Sonne und Wind geschützt, die Verdunstung herabgesetzt. Leider besitzen nicht alle Rhododendren diese Eigenschaft. Die Arten der Sektion *Grandia* z. B., die sehr große Blätter haben, können es nicht. Sie sind in einem milderen Klima zu Hause, in dem strenge Fröste nicht auftreten.

Auch bei manchen Gartensorten ist diese Fähigkeit nur schwach ausgeprägt oder fehlt. Andere Arten sind durch eine dichte Beschuppung, Filz oder Behaarung, besonders der Blattunterseiten, vor einer übermäßigen Verdunstung geschützt.

Wir haben zahlreiche Möglichkeiten, die empfindlicheren Pflanzen zu schützen. Wer jedoch den Aufwand eines Winterschutzes scheut, dem sei geraten, nur sehr harte Arten und Sorten zu pflanzen.

Ein gut ausgereifter Jahrestrieb verträgt starken Frost besser als ein schlecht ausgereifter. Stickstoffgaben nach Ende Juni beeinträchtigen die Reife des Holzes. Das gleiche gilt für übermäßige Wassergaben im Spätsommer.

Wichtig ist ein Schutz gegen austrocknende Winde und vor Wintersonne. Ein starker Temperaturwechsel zwischen Tag und Nacht ist für empfindliche Arten und Sorten besonders gefährlich. Häufig kommt das bei strahlungsintensiven Hochdrucklagen im Februar vor. Die dunkelgrünen Blätter werden durch die intensive Sonneneinstrahlung tagsüber stark erwärmt. Bei gefrorenem Boden entspricht die nachgelieferte Wassermenge nicht der Verdunstung.

In den meist klaren Nächten sinken die Temperaturen stark ab, die durch die Erwärmung saftgefüllten Zellen gefrieren und es kommt zum Zerreißen der Zellwände. Vor allem das Zerreißen der Rinde kann zu Totalausfällen führen, wenn solche Hochdrucklagen kontinentaler Luftmassen mehrere Tage anhalten.

Eine Schattenhalle, gegebenenfalls noch mit Schilfmatten gegen starke Ostwinde geschützt, kann sehr vorteilhaft bei der Kultur empfindlicher Rhododendren sein. Ein solcher Bau läßt sich leider gestalterisch kaum gut in einem Garten unterbringen, am besten vielleicht noch in einer etwas abgelegenen Gartenecke. Mit einigem Geschick läßt sich aber die »Halle« demontierbar gestalten und kann im Frühjahr abgebaut werden. Die Schattenhalle kann aus Balken, Brettern und Latten leicht errichtet werden. Durch entsprechende Abstände der Bretter oder Latten läßt sich Licht und Schatten je nach Strahlungsintensität genau dosieren.

Günstig ist etwa 50% Lichteinfall. Regen und Schnee können so ungehindert die Pflanzen erreichen. Nicht nur empfindlichere Rhododendren finden hier ideale Wachstumsbedingungen, sondern auch frühblühende Arten sind besser vor Spätfrösten geschützt. Für spätblühende ist es ein Schutz vor Hitze und starker Sonneneinstrahlung. Sie blühen dadurch einige Tage länger und entfalten sich zu voller Schönheit. Das Temperaturgefälle zwischen Tag und Nacht ist unter einer solchen Schutzeinrichtung geringer, das ist besonders in den Monaten Februar und März sehr günstig.

Jungpflanzen oder schutzbedürftige Arten und Sorten von niedrigem Wuchs lassen sich gut in einem nicht zu flachen Frühbeet unterbringen. Zum Anwachsen kann den Pflanzen im Frühjahr eine feuchte, gespannte Luft geboten werden. Während des Sommers werden die Fenster entfernt und bei starker Sonne bis etwa Juli Schattenmatten aufgelegt. Besonders bewährt haben sich nach eigenen Erfahrungen mit Fliegengaze bespannte Frühbeetfensterrahmen. Im Sommer, besonders während der Anwachsphase, wird dadurch leicht schattiert. Sie sind auch ein geeigneter Winterschutz und gegenüber Glasfenstern, die keinen Luftaustausch zulassen, von Vorteil. Der Regen kann ungehindert die Pflanzen erreichen und die Luft hat Zutritt. Besonders die ausreichende Belüftung beugt in milden Wintern Pilzkrankheiten vor. Im Gegensatz zu Glasfenstern und Folieabdeckung erwärmt sich der Luftraum im Frühbeet nicht so schnell. Eine starke Erwärmung im Winter über längere Zeit könnte eine vorzeitige Beendigung der Ruheperiode und einen frühen Austrieb zur Folge haben. Starke Erwärmung mit nachfolgender starker Abkühlung führt zu Frostschäden. Schon eine dünne Schneedecke auf der Gaze verhindert der Sonne den Zutritt und schützt die Pflanzen gleichmäßig. Die Sonnenstrahlung wird, auch ohne Schneebelag, durch die Gaze in ihrer Intensität erheblich gemindert. Bei Frostperioden ohne Schnee können zusätzlich Schilfmatten darübergedeckt werden.

Auch bei großen Pflanzen, die nicht mehr in diese »Kinderstube« passen, können Gaze oder Schattiergewebe als wirksamer Schutz dienen. Das Material wird seitlich der Pflanzen an Pfählen oder Gestellen vertikal befestigt. Dadurch werden scharfer Wind und intensive Sonneneinstrahlung etwas gemildert. Jedoch möglichst nicht die Pflanzen damit abdecken! Bei starkem Schneefall, vor allem von nassem Schnee, sind die Pflanzen durch solche Auflagen doppelt belastet und doppelt schneebruchgefährdet.

Koniferenreisig ist ein relativ wirksamer Winterschutz. Wintersonne und Wind werden gemildert und ein Wärmestau wird verhindert. Im Frühjahr stellt sich noch ein Vorteil ein. Die ausfallenden Nadeln ergeben eine vorzügliche Mulchschicht. Selbst das Reisig kann in zerkleinertem Zustand zum Mulchen verwendet werden. Mit Reisigästen lassen sich selbst größere Rhododendren schützen, indem sie mit den Ästen umstellt werden.

Das ideale und natürliche »Isoliermittel« gegen die Unbilden des Winters ist der Schnee. In schneereichen Lagen ist kaum ein Winterschutz erforderlich. Nachteilig ist allerdings, daß Schneesicherheit mit Gebirgslage und damit mit verkürzter Vegetationsperiode gekoppelt ist. Bei kurzer Vegetationsperiode wachsen nicht alle Rhododendren willig. Beispielsweise trifft das auf die Wintergrünen zu. Arten, die dagegen aus hohen Gebirgslagen stammen, zeigen hier eine optimale Entwicklung.

Schutz gegen Spätfröste

Leider sind Rhododendren spätfrostgefährdet. Selbst bei sehr winterharten, aber früh austreibenden Arten und Sorten kann der Neuaustrieb erfrieren. Besonders kritisch ist das Stadium bis zur völligen Blattentfaltung. Blüten, von wenigen Ausnahmen abgesehen, vertragen keinen Frost. Nach eigenen Beobachtungen überstehen lediglich *R. canadense*, einige Arten der Sektion *Lapponica* und manche Catawbiense-Hybriden von SEIDEL einen leichten Nachtfrost.

Die Frostgefahr wird erheblich gemindert, wenn die Rhododendren im Schutz alter Bäume stehen. Um einzelne Pflanzen zu schützen und die Wärmeabstrahlung zu mindern, kann schon ein Bogen Packpapier, über der Pflanze mit Klammern befestigt, sehr effektiv sein. Auch ein aufgespannter Sonnenschirm kann über eine Frostnacht hinweghelfen. Über Zwergsträucher kann man Kartons stülpen. So läßt sich die vielleicht erste Blüte einer Rarität schützen, auf die wir schon Jahre gespannt gewartet haben. So verheerend das Ergebnis einer solchen Frostnacht im Frühling auch aussehen mag, sie kann die Blüten und den Austrieb schädigen und die jungen Blätter deformieren, aber die Pflanzen selbst überleben. Man muß schlimmstenfalls wieder ein Jahr bis zur Blüte warten. Es gibt Arten, die wegen ihrer frühen Blüte nur selten in voller Pracht zu erleben sind, z. B. *R. reticulatum*.

Bei größeren Rhododendron-Anzuchten der Baumschulen ist eine Frostschutzberegnung recht wirksam. Durch das fein versprühte Wasser wird den Pflanzen ständig Wärme zugeführt. Laub und Triebe vereisen und können bei ansteigenden Temperaturen und damit verbundenem Absinken der relativen Luftfeuchte nicht vertrocknen. Frostschutzberegnung gibt bis −5°C einen guten Schutz. Leider schützt dieses Einfrieren nicht die zarten Blüten. Die sind verdorben.

Rhododendron selbst vermehrt

Die vegetative Vermehrung (Absenken, Stecklinge, Veredlung) gibt uns die Garantie, daß die herangezogenen Pflanzen, von selten auftretenden Mutationen abgesehen, der Mutterpflanze genau gleichen. Bei Rhododendren kommen manchmal Zweigmutationen vor. Dabei zeigt ein neugebildeter Zweig ein anderes Aussehen als der übrige Strauch. Die Blätter können kleiner sein oder eine andere Form haben, oder die Blüten sind anders gefärbt oder geformt. Solche Veränderungen werden in der gärtnerischen Praxis auch als »Sport« bezeichnet und kommen besonders bei *R. simsii* vor. Solche Formen lassen sich nur vegetativ vermehren, indem Teile der Mutterpflanze abgetrennt und zur Bewurzelung und Wachstum angeregt werden. Alle Sorten können nur vegetativ echt vermehrt werden.

Vermehrung durch Absenken

Werden von einer Rhododendronart oder Sorte nur einzelne Pflanzen benötigt, so kann das Absenken empfohlen werden. Es erfordert den geringsten technischen Aufwand. Ein weiterer Vorteil ist es, daß wir gleich fertige und wurzelechte Jungpflanzen erhalten. Voraussetzung ist ein größerer Strauch mit ausreichend vielen bodennahen Zweigen, als Mutterpflanze. Das Absenken erfordert Geduld. Man muß mindestens ein Jahr, meist länger, warten können. Nicht alle Rhododendren wurzeln gleich willig und schnell. Bei alten Pflanzen, besonders von *R. ponticum*, kann häufig beobachtet werden, daß sich dem Boden aufliegende Zweige selbst bewurzeln.

Eine über den Zweigen liegende Laubschicht begünstigt das. Haben solche Zweige eine ausreichende Bewurzelung, können sie abgetrennt werden. Beim Absenken verfahren wir wie folgt:

Unter einem möglichst bodennah wachsenden Zweig wird eine kleine Grube ausgehoben und der Zweig hineingebogen. Vorsicht, stark verholzte ältere Triebe brechen leicht, wenn sie zu stark gebogen werden! Mit einem Haken aus Metalldraht, einer Zweiggabel oder vielleicht auch nur durch Belastung mit einem Stein, erfolgt eine Verankerung im Boden, wobei das Triebende noch etwa 20 cm aus der Grube herausragt. Anschließend wird mit humoser lockerer Erde aufgefüllt. Die günstigste Zeit für das Ablegen ist das Frühjahr. Der Ableger hat eine ganze Vegetationsperiode vor sich, um Wurzeln bilden zu können. Kerben oder Ringeleinschnitte an der Biegungsstelle des Ablegers beschleunigen die Bewurzelung schwer wurzelnder Arten und Sorten. Der dadurch erzeugte Stau der Saftzirkulation regt die Kallus- und Wurzelbildung an. Der gleiche Effekt kann durch Schnüren mit verzinktem Eisen- oder Kupferdraht

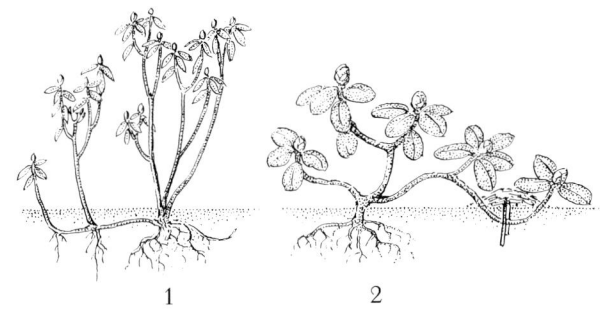

Rhododendren vermehren:
1 Ausläufer, 2 Absenker

erreicht werden. Mit zunehmendem Dikkenwachstum werden die rückführenden Leitungsbahnen unterbrochen und die Assimilate gestaut. Das regt die Wurzelbildung an.

Haben sich, meist nach etwa zwei Jahren, genügend Wurzeln gebildet, kann die Pflanze abgetrennt werden.

Die Stecklingsvermehrung

Selbst in einer Baumschule, wo erfahrene Fachleute jedes Jahr die gleiche Arbeit unter annähernd gleichen Bedingungen durchführen, sind die Ergebnisse der Stecklingsvermehrung von Jahr zu Jahr recht unterschiedlich. Ursachen dafür können sein: Reifegrad der Stecklinge, Zeitpunkt des Steckens, Witterungsverlauf, Zustand der Mutterpflanzen, Auswahl der Stecklinge, Art und Sorte. Viele Arten und Sorten, und meistens sind es besonders schöne Arten und Sorten, wachsen sehr schlecht aus Stecklingen. Das ist auch ein Grund dafür, daß einige Sorten häufig im Angebot der Baumschulen zu finden sind und viele andere dagegen so gut wie gar nicht. Schönheit ist oft unwirtschaftlich.

Besonders leicht zu vermehren sind ohne Zweifel die Arten und Sorten der Wintergrünen ('Japanische Azaleen'). Auch ein Großteil der kleinlaubigen immergrünen Wildarten und Hybriden wurzelt verhältnismäßig leicht. Die Repens-, Williamsianum- und Impeditum-Hybriden lassen sich ebenfalls gut auf diese Weise vermehren.

Wesentlich kleiner ist die Anzahl großblütiger, hoher immergrüner Hybriden, die willig als Stecklinge bewurzeln, vor allem unter den Bedingungen, unter denen der Liebhaber in der Regel vermehren kann. Gut wächst 'Cunningham's White', eine Vielzahl weiterer Sorten mit Hilfe von Bewurzelungshormonen. Erfolgreicher und sicherer ist für den Rhododendronfreund bei dieser Gruppe die Veredlung.

Allgemein läßt sich sagen, daß großblütige weiß, gelb und rot blühende Sorten besser als dunkelviolett, bläulich und rosalila blühende Sorten wurzeln (HIEKE 1981). Die leichter wurzelnden sind meist Abkömmlinge von *R. augustinii*, *R. campylocarpum*, *R. arboreum*, *R. griffithianum* und *R. ponticum*. Schwer vermehrbare dagegen stammen häufig von *R. caucasicum*, *R. catawbiense*, *R. smirnowii*, *R. discolor*, *R. fortunei* und *R. decorum* ab. Nach eigenen Erfahrungen lassen sich auch viele Wildarten der Sektion *Pontica* nicht gut auf diese Weise vermehren.

Günstige Voraussetzung für Stecklingsvermehrung bietet ein Kleingewächshaus. Bewährt hat sich folgende Verfahrensweise: Flache Tonschalen oder Pikierkisten werden randvoll mit einem Sand-Torf-Gemisch (1:1) gefüllt, das leicht angedrückt wird.

Auch andere Substrate können mit Erfolg verwendet werden, z. B. eine Torf-Rinde-Mischung im Verhältnis 1:1.

Bei dem Substrat ist ein pH-Wert von 4 bis 4,5 anzustreben. Bedacht werden sollte, daß während des Bewurzelungsvorganges der pH-Wert des Substrates absinkt. Zwar wurde bei einem Absinken unter pH 3,5 eine Beeinträchtigung der Bewurzelung nicht festgestellt, aber später starben die Wurzeln ab.

Nadelholzsägespäne haben sich ebenfalls bewährt. Sie müsen jedoch gut durchfeuchtet sein. Die Gefahr des Vertrocknens ist hier größer als bei torfhaltigen Substraten.

Die Stecklinge werden je nach Größe etwa 1 bis 3 cm tief gesteckt, fest angedrückt und durchdringend angegossen, um Hohlräume im Substrat zu vermeiden. Mit dünner durchsichtiger Folie werden die Gefäße verschlossen. Der Luftraum über den Pflanzen darf nicht zu groß sein, die Folie sollte sich unmittelbar über den Stecklingen befinden. Ist der Raum zu groß, wird die Luft nicht genügend mit Wasser gesättigt, das kann zu einem Vertrocknen der Stecklinge führen. Der Verschluß muß auch dicht sein, damit sich an der Folie Kondenswasser bildet. So entsteht ein Wasserkreislauf. Erst nach Wochen kann es nötig werden, nachzusehen, ob sich eventuell Faulstellen bilden. Diese müssen entfernt werden. Bei der Gelegenheit kann auch die Feuchtigkeit im Substrat überprüft werden.

Wichtig ist der Hinweis, die Gefäße nicht auf kalten Untergrund zu stellen (»Erdkälte«).

Mit etwas Unterwärme bewurzeln sie sich bedeutend besser und schneller. Entweder wir stellen die Vermehrungsgefäße auf Tische oder mindestens soweit über dem Boden auf, daß die warme Gewächshausluft darunter hindurchstreichen kann. Als optimal kann eine Temperatur von 20 bis 25°C angesehen werden. Höhere Temperaturen führen leicht zu Blattverbrennungen. Bei Sommervermehrung ist das Lüften und Schattieren im Gewächshaus unerläßlich. Die Gefäße müsen zwar hell stehen, dürfen aber nie direkt der Sonne ausgesetzt werden. Bei Sonne kann man auch durch Auflegen von Seidenpapier schattieren. Im Herbst kann eine möglichst automatische Bodenheizung den Erfolg sehr positiv beeinflussen. Wichtig ist, daß die Wärme von unten her das Substrat durchströmt, so daß dort die optimale Temperatur herrscht. Besondere Vorsicht ist bei allen elektrischen Anlagen im Gewächshaus wegen der Feuchtigkeit geboten. In jedem Fall muß ein Fachmann die Anlage installieren und auch ständig auf Sicherheit überprüfen.

Die Bewurzelungsdauer ist je nach Art, Sorte und Umständen recht unterschiedlich. Im günstigsten Fall können schon nach 1 Monat Wurzeln gebildet sein, es kann aber auch länger als ein Vierteljahr dauern.

Auch im Frühbeet ist die Stecklingsvermehrung möglich. Günstig ist es, wenn die Seitenwände mit Folie isoliert und abgedichtet werden. Dadurch werden austrocknende Winde ferngehalten. Auch hier ist es vorteilhaft, die Stecklinge in Kisten und Schalen zu stecken. Maulwurf und Wühlmäuse können so keinen Schaden anrichten. Die Folie sollte am besten direkt auf die Stecklinge gelegt werden, um den Luftraum klein zu halten. Unterwärme, eventuell durch Laubpackung, ist sehr günstig. Können die bewurzelten Stecklinge nicht an einem frostfreien Ort überwintert werden, dann ist es empfehlenswert, den Frühbeetkasten mit einer Laub- oder Strohschicht an den Seitenwänden gut einzupacken.

Die Fenster bei Frostwetter mit Schilfmatten abzudecken, ist eine weitere Vorsichtsmaßnahme. Bei starkem, häufigem Temperaturwechsel gehen die zarten Wurzeln leicht zugrunde, das kann zum Absterben der Stecklinge führen. Beim Frühbeet ist besondere Vorsicht bei Sommervermehrung erforderlich. Schon in kurzer Zeit können die Stecklinge überhitzt werden und verbrennen. Das Lüften läßt sich ja gut automatisieren, aber das Schattieren muß noch immer von Hand erfolgen. Die Kontrolle der Stecklinge erfolgt wie im Gewächshaus.

Wer weder Gewächshaus noch Frühbeet sein eigen nennt, kann mit etwas Geschick selbst am Zimmerfenster die Stecklingsvermehrung versuchen. Als Gefäße können Schalen oder Blumentöpfe Verwendung finden. In einem Blumentopf können je nach Größe drei bis sieben Stecklinge untergebracht werden. Nach dem Stecken und Angießen kommt dann ein Foliebeutel darüber, der mit einem Gummi fest am Topf verschlossen wird. So ist auch in diesem »Mini-Gewächshaus« für eine gespannte Luft gesorgt. Die normale Zimmertemperatur ist gerade richtig. Vielleicht läßt sich das Stecklingsgefäß über der Heizung auf dem Fensterbrett aufstellen. Ein Thermometer im Substrat ermöglicht eine laufende Temperaturkontrolle. Dem Einfluß kalter Fensterluft können die Töpfe durch Aufstellen auf einer Schaumpolystyrolplatte entzogen werden. Die Gefäße dürfen an keinem sonnigen Fenster stehen, dort besteht Verbrennungsgefahr!

Wer auf Sonnenenergie angewiesen ist, sollte mit der Vermehrung so früh als möglich beginnen. Mit Heizung und Unterwärme kann sie bis in den Spätherbst, ja sogar Spätwinter hinein erfolgen. Bei immergrünen und halbimmergrünen Rhododendren sollte mit der Vermehrung begonnen werden, sobald die Triebe etwas ausgereift und nicht mehr ganz weich sind. Dieser Zeitpunkt ist bei den meisten Arten und Sorten etwa Mitte Juli erreicht.

Eine Sonderstellung nehmen die Sommergrünen ein. Sie müssen schon im Juni vermehrt werden. Manche empfehlen ein Schneiden der Stecklinge während der Blütezeit oder kurz danach. Sie müssen noch relativ weich und dürfen nicht verhärtet sein. Nach der Bewurzelung ist noch ein Durchtrieb bis zum Herbst wünschenswert. Dadurch entstehen schon buschige Jungpflanzen, die den ersten kritischen Winter besser überstehen. Sie sollten auch möglichst frostfrei überwintert werden. In den Baumschulen werden die Mutterpflanzen frühzeitig unter Glas angetrieben, um den Vermehrungszeitpunkt vorzuverlegen. Dadurch erfolgt bis zum Herbst noch ein kräftiger Durchtrieb. Die Anwachsergebnisse sind auch hier nach Art und Sorte recht unterschiedlich. Als leichtwurzelnd kann beispielsweise die Sorte 'Daviesii' bezeichnet werden.

Besonders wichtig ist es, auf Temperatur und Feuchtigkeit zu achten. Die weichen Stecklinge welken leicht, wenn die Temperatur zu hoch und die Luftfeuchte zu gering ist.

Stecklinge sollten mit einem scharfen Messer bei möglichst nicht zu heißem Wetter geschnitten werden. Ihre Länge ist je nach Wuchs unterschiedlich. Bei Zwergrhododendren etwa 1 cm, bei starkwüchsigen Arten und Sorten dagegen 6 bis 8 cm. Es sollten möglichst dünne Triebspitzen ohne Blütenknospen verwendet werden, da sie meist leichter wurzeln, als starke aus den oberen Bereichen des Strauches oder mit Blütenknospen. Hat man keine andere Wahl, so müssen bei großblättrigen Arten und Sorten die Blütenknospen ausgebrochen werden. Bei großblättrigen immergrünen Arten und Sorten hat sich ein seitlicher Anschnitt bis auf das Kambium bewährt. Dadurch wird die Wasseraufnahme begünstigt, Besonders bei schwer wurzelnden Arten und Sorten führt das zu einer besseren Wurzelbildung. Die Stecklinge sind möglichst kurz nach dem Schnitt zu stecken. Andernfalls können sie kühl und feucht in Plastiktüten gelagert werden. Keinesfalls in die Sonne stellen!

Bewurzelungshormone ermöglichen bei schwer wurzelnden Sorten überhaupt erst eine erfolgreiche und wirtschaftliche Stecklingsvermehrung. Die meisten kleinlaubigen Arten und Sorten bewurzeln sich auch ohne Hormonbehandlung. In den Baumschulen werden bis auf 'Cunningham's White' meist alle großblütigen immergrünen Hybriden, sofern sie nicht veredelt werden, mit Wuchsstoffen behandelt. Für Rhododendren sind nur Bewurzelungsmittel auf der Basis von β-Indolyl-Buttersäure geeignet. Es können sowohl industriell hergestellte Präparate als auch selbst gefertigte Mischungen verwendet werden.

Zur Herstellung eines Bewurzelungspulvers hat sich folgendes Rezept bewährt:

1 bis 5% β-Indolyl-Buttersäure (IBS),
10% Captan,
85 bis 89% Talkum.

Die Stecklinge werden mit der Basis in dieses Pulver getaucht und anschließend gesteckt. Der Effekt ist besonders günstig, wenn man mit niedrigen Temperaturen im Herbst (ca. 10°C) beginnt und bis zum Februar auf etwa 22°C steigert. Bei hohen Anfangstemperaturen wird teilweise die

Bewurzelung trotz schneller Kallusbildung verzögert.

Sind die Stecklinge gut bewurzelt, muß allmählich die Folie abgenommen und gelüftet werden. Damit wird Pilzinfektionen vorgebeugt. Der ausreichenden Substratfeuchte ist weiterhin Beachtung zu schenken. Die Temperaturen können jetzt gesenkt werden. Einzelne Stecklinge, deren Basis gesund ist, die aber noch keine Wurzeln haben, können noch einmal gesteckt werden. Die Jungpflanzen sollten im ersten Winter frostfrei gehalten werden oder durch Laubpackungen und Abdecken ist für guten Winterschutz zu sorgen. Bei milder Witterung sind Frühbeete und Gewächshaus zu lüften. Im Frühjahr wird dann in normaler Rhododendronerde aufgeschult und für optimale Wachstumsbedingungen unter Freilandbedingungen gesorgt.

Die Aussaat

Samen haben den Vorteil, daß sie leicht und problemlos über weite Entfernungen verschickt werden können. Viele Botanische Gärten und Pflanzenliebhaber bringen jedes Jahr Kataloge und Samenlisten in Umlauf und sind an einem Samentausch interessiert. Leider kann es in den Jahren, in denen sich die Sämlinge entwickeln, unangenehme Überraschungen geben. Manchmal erwächst aus den Samen etwas gänzlich anderes, als was die Aufschrift der Samentüte versprach.

Stammt das Saatgut aus größeren Sammlungen Botanischer Gärten und ist es aus freier Bestäubung hervorgegangen, kann es leicht zu Bastardierungen gekommen sein. Samen aus Handbestäubungen oder vom Naturstandort sind meist artecht. Deshalb sollte, sofern die Auswahl besteht, solchen Samen der Vorzug gegeben werden.

Besonders groß kann die Überraschung bei der Samenvermehrung von Sorten sein. Nur bei F$_1$-Hybriden, bei denen also die ursprüngliche Kombination, die zur Sorte führte, wiederholt wird, ist eine gewisse Gewähr für Echtheit gegeben. Die nachfolgende Generation (F$_2$) spaltet sich in der Regel schon erheblich in teilweise gänzlich neue Formen, Farben und Eigenschaften auf, die nicht immer eine Verbesserung darstellen.

Wer selbst Samen ernten will, muß unbedingt den richtigen Zeitpunkt dafür abpassen. Die Samenkapseln sollten kurz bevor sie aufzuplatzen beginnen, geerntet werden. Bei trockenem Wetter springen alle Kapseln bei Vollreife innerhalb weniger Tage auf, und das Saatgut geht größtenteils verloren. Die Kapseln werden an einem trockenen, warmen Platz zum Nachreifen aufgestellt. Nach dem völligen Aufplatzen der Kapseln ist der Samen von Verunreinigungen zu befreien. Größte Reinheit ist anzustreben, denn jeder Fremdbestandteil, wie Teile der Samenkapsel, der Scheidewände, Griffel und Stiele, sind später bei der keimenden Saat ein Nährboden für Fäulnispilze. Schon im Juli beginnen die Kapseln von *R. camtschaticum* sowie einiger Arten der Subsektion *Uniflora* zu reifen, während viele Arten der Subsektion *Lapponica* erst von Dezember bis Januar reifen.

Das selbst geerntete oder von Tauschpartnern erhaltene Saatgut sollte möglichst bald ausgesät werden. Frische Samen keimen schneller, und diese Sämlinge sind auch wüchsiger. Schon nach zwei bis drei Jahren Lagerung läßt die Keimfähigkeit oft merklich nach.

Bei der Keimung spielen Temperatur und Licht eine entscheidende Rolle. Deshalb ist das Frühjahr ein besonders günstiger Zeitpunkt. Das Temperaturoptimum liegt bei etwa 18 bis 23°C. Steigen die Werte wesentlich über 25°C an, so kann es, besonders bei gespannter Luft, leicht zu Fäulnis kommen. Rhododendren sind Lichtkeimer. Bei zusätzlicher Beleuchtung war das Keimergebnis besser als ohne Zusatzbeleuchtung. Die Samen bleiben deshalb unbedeckt.

Bei Aussaaten im zeitigen Frühjahr ist eine Zusatzbeleuchtung von 16 Stunden am Tag durch kaltweißes Leuchtstoffröhrenlicht für das Keimergebnis sehr vorteilhaft. In diesem Falle kann man die Saatgefäße überall dort aufstellen, wo die nötige Keimtemperatur gewährleistet ist.

Im Frühjahr ist auch die zunehmende Lichtintensität für das Wachstum der Sämlinge von Vorteil. Bei einer Aussaat im Spätsommer ist das Risiko der ersten Überwinterung viel größer, weil Licht und Temperatur abnehmen. Die zu Beginn des Winters noch zarten Sämlinge werden leicht ein Opfer von Pilzen.

Es überrascht immer wieder, welche Mengen Sämlinge ein kleiner Blumentopf enthalten kann. Sehr gut für größere Samenmengen sind flache Kisten oder Schalen geeignet. In jedes Saatgefäß sollte nur eine Art ausgesät werden. Die jungen Sämlinge sehen sich oft sehr ähnlich und können leicht verwechselt werden. Außerdem können die Keimlinge entsprechend ihrer artspezifischen Entwicklungsbedingungen aufgestellt werden. Nach dem Auflaufen erhalten die Aussaaten einen kühleren und luftigeren Platz.

Als Aussaatsubstrat können die im Handel angebotenen Torf-Rinden-Komposte verwendet werden. Voraussetzung ist ein pH-Wert im leicht sauren Bereich (pH 4,5 bis 5,5). Gut ist auch ein fasriger Weißtorf als Substrat zu verwenden. Gute Erfolge lassen sich auch auf Kiefernnadelerde erzielen.

Die Saatgefäße werden mit Substrat gefüllt und leicht angedrückt. Obenauf wird mit dem Sieb eine dünne Schicht feines Substrat aufgebracht. Etwa 1 bis 2 cm des Gefäßrandes sollten bis zur Oberkante freibleiben.

Bewährt hat sich auch die folgende Methode der Saatbettvorbereitung: Auf das Substrat wird eine etwa 0,5 cm dicke Schicht zerkleinertes grünes Torfmoos (Sphagnum) aufgetragen. Das noch lebende und assimilierende Torfmoos schränkt die Fäulnisgefahr, die besonders bis zur Keimung groß ist, ein und sorgt für eine gleichbleibende Feuchtigkeit. Besonders bei sehr wertvollen Saaten oder älterem Saatgut, das eine längere Keimzeit benötigt, ist diese Methode zu empfehlen. Ein Nachteil liegt in der Gefahr, daß das noch lebende Torfmoos zu wachsen beginnt. Es muß darauf geachtet werden, daß zarte Sämlinge nicht überwuchert werden. In solchen Fällen muß das Moos mit einer Schere abgeschnitten werden.

Zu dichtes Aussäen begünstigt eine Pilzinfektion, und es muß schon bald pikiert werden. Besondere Aufmerksamkeit ist einer möglichst gleichmäßigen Feuchtigkeit zu schenken. Vor der Aussaat sollte das Substrat mit einer feinen Brause durchdringend gegossen werden. Wird nach der Aussaat gegossen, können die feinen Samen leicht weggespült werden. Bis zum Auflaufen können die Samen mit einem Zerstäuber befeuchtet werden. Ist das Substrat stärker ausgetrocknet, muß das Saatgefäß in ein Wasserbad gestellt und von unten her bewässert werden.

Glasscheiben oder Folie, mit denen die Saatgefäße bedeckt wurden, dürfen nicht direkt dem Substrat aufliegen, sondern zwischen Substrat und Abdeckung sollte eine Luftzirkulation möglich sein. Bei starker Sonneneinstrahlung, besonders in den Mittagsstunden, ist ein leichtes Schattieren angebracht.

Als Aufstellungsort ist ein Gewächshaus oder Frühbeet besonders geeignet. Hier sind Temperatur und Feuchte besser zu steuern. Mit etwas Fingerspitzengefühl ist jedoch die Anzucht auch auf dem Fensterbrett möglich.

Bei frischem Saatgut und optimalen Temperaturen beginnen nach etwa 10 Tagen die ersten Sämlinge aufzulaufen. Nach etwa 3 Wochen keimen die meisten. Bei niedrigeren Temperaturen dauert es etwas länger.

Nach Entwicklung der Keimblätter sollten die Gefäße luftiger aufgestellt werden, um Pilzkrankheiten auszuschließen. Sind trotz größter Sorgfalt Pilzrasen sichtbar oder einige Sämlinge umgefallen, empfiehlt es sich, die Aussaat kurzzeitig im Freien aufzustellen bzw. mit organischen Fungiziden zu spritzen.

Um die Sämlinge in zügigem Wachstum zu halten, müssen sie ausreichend ernährt werden. Die wenigen Nährstoffe im Substrat sind für den ständig steigenden Bedarf nicht ausreichend. Nach Ausbildung der ersten Laubblätter sollte mit einem geeigneten Volldünger in flüssiger Form gedüngt werden. Dazu können die Gefäße, die nicht trocken sein dürfen, in eine Düngerlösung (etwa 2 g/l) gestellt werden. So können Blattverbrennungen ausgeschlossen werden. Im Juli erfolgt die letzte Düngung, um das Ausreifen zu gewährleisten.

Stehen die Sämlinge zu eng, muß unter Umständen schon im ersten Jahr pikiert werden. Die Erde kann jetzt etwas schwerer und auch nährstoffreicher sein. Der Abstand sollte so bemessen werden, daß sich die Sämlinge nicht berühren, aber auch nicht zu weit voneinander stehen. Sie fördern sich so gegenseitig im Wachstum. Anfangs etwas gespannte Luft und leichter Schatten fördern das Anwachsen. Im ersten Winter sind die Sämlinge möglichst hell und luftig im Gewächshaus oder Frühbeet aufzustellen, da ihnen auch ein leichter Frost nicht schadet.

Die Aussaat und Anzucht erfordert zwar etwas Mühe, bringt jedoch auch viel Freude und Spannung, wenn sich nach drei bis fünf Jahren das erste Mal Blütenknospen zeigen.

Die Veredlung

Schwer aus Stecklingen zu vermehrende immergrüne großlaubige und sommergrüne Rhododendren werden am besten

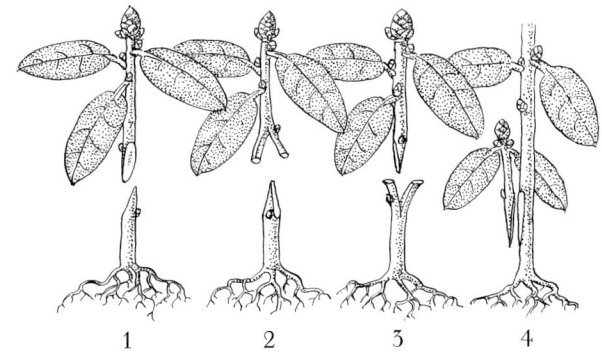

Rhododendren veredeln:
1 Kopulation, 2 Sattelpfropfen,
3 Spaltpropfen, 4 Anplatten

vom Rhododendronfreund durch Veredlung vermehrt. Der Erfolg ist bei dieser Methode sicherer. Das ist besonders wichtig, wenn nur wenige Reiser vorhanden sind.

In den Baumschulbetrieben erfolgt die Veredlung meist in den Monaten Januar und Februar. Voraussetzung dafür ist jedoch ein gut heizbares Gewächshaus bzw. Vermehrungsbeet. Mit gleich gutem Erfolg läßt sich diese Arbeit jedoch auch im späteren Frühjahr, etwa von Mitte April bis Mitte Mai, durchführen sowie ab Mitte August, wenn die Triebe entsprechend ausgereift sind.

Als Aufstellungsort kommen das Kleingewächshaus, der Frühbeetkasten oder selbst das Fensterbrett in Frage. Wichtig ist es, nach dem Veredeln die Pflanzen in gespannter Luft bei einer Temperatur von etwa 20 bis 23 °C zu halten, bis Unterlage und Reis zusammengewachsen sind. Das dauert etwa 4 bis 6 Wochen. Die Veredlungen werden Ballen an Ballen gesetzt und mit Folie abgedeckt. Unterwärme wirkt auch hier günstig. Eine Laubschicht unter den Wurzelballen entwickelt durch die Verrottung Eigenwärme und isoliert gegenüber einem vielleicht kühleren Unterboden. Die Folienabdeckung sorgt für eine mit Feuchtigkeit gesättigte Atmosphäre. So bleiben die Reiser frisch, bis die Leitungsbahnen mit der Unterlage verwachsen sind.

Im Spätsommer und im Herbst müssen Gewächshaus und Frühbeet entsprechend schattiert und gelüftet werden, um ein Überhitzen zu vermeiden. Blattverbrennungen oder das Absterben der Unterlagen könnten sonst leicht die Folge sein.

Am Zimmerfenster wird die Unterlage in einen Blumentopf gesetzt. Nach dem Veredeln steckt man zu beiden Seiten der Veredlung die um einige Zentimeter längeren Blumenstäbe in die Erde. Dadurch wird eine gewisse Stabilität bis zum Anwachsen gesichert. Mit einem aufgesetztem durchsichtigen Plastikbeutel wird eine gespannte Luft erzielt. Die Töpfe müssen am Fenster so aufgestellt werden, daß Verbrennungen durch zu starke Sonneneinstrahlung vermieden werden.

Die sommergrünen Rhododendren werden schon im Juni veredelt. Die Reiser sind zu diesem Zeitpunkt noch relativ weich. Sie wachsen deshalb besser an. In diesem Zustand welken und verbrennen sie allerdings auch besonders schnell.

Für immergrüne Rhododendren ist als Veredlungsunterlage 'Cunningham's White' besonders günstig.

Sie läßt sich leicht aus Stecklingen heranziehen, und das Edelreis verwächst in der Regel gut mit dieser Unterlage, selbst wenn das Reis durch langen Transport etwas gewelkt ist. Fast alle großblütigen immergrünen Hybriden wachsen gut auf 'Cunningham's White', ebenso viele großblättrigen Wildarten, die sich nur schwer durch Stecklinge vermehren lassen. Nach HEFT (1979) sind jedoch Arten der Sektionen bzw. Subsektionen *Campanulata, Falconera, Grandia* und *Lactea* mit dieser Unterlage unverträglich. Sollen solche Arten veredelt werden, dann müssen Unterlagen von Arten der gleichen Sektion gewählt werden. Außer 'Cunningham's White' können meist mit geringerem Erfolg auch *R. catawbiense, R. fortunei* und *R. ponticum* verwendet werden. Sämlinge dieser Art sind jedoch meist recht unterschiedlich in Wuchscharakter und Eigenschaften. Auch

ist ihre Anzucht als Unterlagen langwieriger und ihr Aufbau buschiger. Dem Rhododendronfreund ist zu empfehlen, seine Unterlagen 'Cunningham's White' selbst durch Stecklinge heranzuziehen. Dann kann er jederzeit, wenn Reiser eintreffen, veredeln.

Werden Reiser z. B. mit der Post versandt, dann sollten die Stiele der Reiser in feuchte Watte oder Zellstoff gewickelt und in einen Plastikbeutel gepackt werden. Dadurch wird ein Austrocknen verhindert.

Für sommergrüne Rhododendren werden Sämlinge von *R. luteum* und *R. glabrius* als Unterlage verwendet. Es ist aber auch möglich, sich durch Stecklinge der Sorte 'Daviesii' die Unterlagen vegetativ heranzuziehen. Auf diesem Wege kommt man schneller zu veredlungsstarken Unterlagen als durch Aussaat. Wurzelausläufer sind ungünstig, sie bilden meist wieder neue Ausläufer.

Das beste Anwachsergebnis läßt sich erreichen, wenn Unterlage und Edelreis die gleiche Stärke haben. Stehen mehrere Unterlagen zur Auswahl, so läßt sich für jedes Reis eine passende Kombination finden. Andernfalls müssen wenigstens auf einer Seite die Kambiumschichten übereinanderliegen. Mit Foliestreifen werden Reis und Unterlage fest verbunden. Gummi ist ebenfalls zum Umwickeln geeignet. Wichtig ist ein gewisser Druck, der bis zum Verwachsen beide Teile fest aneinander fügt. Die Schnittstellen sollten möglichst nicht mit den Fingern berührt werden.

In den Baumschulen geschieht das Veredeln häufig durch Kopulation. Dazu wird die Unterlage etwa 5 bis 7 cm über dem Boden mit der Gartenschere abgeschnitten. Noch vorhandene Blätter werden entfernt. Mit einem scharfen Veredlungsmesser wird schräg von unten nach oben ein etwa 3 cm langer Schnitt ausgeführt. In umgekehrter Weise erfolgt am Edelreis ein Schnitt der gleichen Länge von oben nach unten. Nun wird zusammengefügt und verbunden. Diese Methode erfordert eine gewisse Fingerfertigkeit. Bei etwas Übung geht es jedoch relativ schnell.

Einfacher für ungeübte Hände kann das seitliche Anplatten sein. Dazu wird zunächst die Unterlage auf etwa 10 bis 15 cm gekürzt. Einige Zentimeter über dem Wurzelballen wird ein horizontaler Schnitt durch das Kambium bis auf den Holzteil geführt. Etwa 2 bis 3 cm oberhalb davon beginnt ein ziehender Schnitt bis hinunter in die Tiefe des horizontalen Schnitts. Vom Reis wird nun in gleicher Breite und Länge die Rinde abgeschält. An der Basis leicht angespitzt, muß es genau in die Kerbe der Unterlage passen. Dann können beide Teile verbunden werden. Bei diesem Verfahren können auch dünne Reiser verwendet werden. In diesem Fall wird von der Unterlage nur eine dünne Rindenschicht entfernt. Dadurch kann gut Kambium auf Kambium angepaßt werden. Blätter können oberhalb der Veredlungsstelle belassen werden. Sie beeinflussen das Anwachsen positiv.

Für besonders kurze Reiser gedrungen wachsender Arten und Sorten kann das Spaltpfropfen empfohlen werden. Dabei wird die Unterlage etwa 5 cm über dem Wurzelhals keilförmig von zwei Seiten an-geschnitten. Beim Edelreis erfolgt genau in der Mitte von der Basis an ein Längsschnitt nach oben, etwas länger als der Keil der Unterlage. Das Edelreis wird auf den Keil gesetzt und verbunden. Das Zusammenwachsen wird schon nach kurzer Zeit durch die Bildung von Kallus sichtbar.

Nach etwa 5 bis 7 Wochen, je nach Termin und Temperatur, kann bei gutem Verwachsen etwas gelüftet werden. Austriebe an der Unterlage sind zu entfernen. Beim seitlichen Anplatten wird jetzt der Trieb der Unterlage oberhalb der Veredlung abgeschnitten. Vorsichtig ist der Verband zu lösen und auf gutes Verwachsen zu kontrollieren. Beginnen eventuell durch das Lüften Edelreiser zu welken, muß weiterhin gespannte Luft gegeben und unter Umständen noch einmal neu verbunden werden. Die Leitungsbahnen sind in diesem Fall noch nicht ausreichend untereinander verwachsen. Sind die Veredlungen abgehärtet, sollten sie bei Herbstveredlung im Gewächshaus oder Frühbeet an geschützter Stelle eingeschlagen werden.

Wird die Terminalknospe im Frühjahr ausgebrochen, treiben die Pflanzen mehrfach aus und verzweigen sich gut.

Wildart oder Sorte?

Wer im großen Angebot einer Verkaufseinrichtung seine Pflanzen aussucht oder im Katalog einer Rhododendronbaumschule blättert, fühlt sich oft überwältigt von der Fülle des Angebotes. Wer die Wahl hat, hat die Qual, heißt es. Soll man nun den oft als hart und robust gepriesenen Wildarten den Vorzug geben oder jenen durch Züchterfleiß entstandenen farbenprächtigen Hybriden? Verwendungszweck, Standort, Gartengröße usw. sind entscheidende Kriterien.

Als Wildart wird eine Pflanze bezeichnet, deren Habitus den entsprechenden Pflanzen am Wildstandort entspricht. Der Begriff »Art« umfaßt alle Individuen, die in ihren wesentlichen Merkmalen übereinstimmen und untereinander fruchtbar sind, wobei das Erscheinungsbild aller Nachkommen nahezu gleich ist. Es kommt allerdings auch am Naturstandort bei Berührung der Arealgrenzen von unterschiedlichen, aber eng verwandten Arten zu Artbastarden. Es soll hier nur auf das Beispiel des *R. intermedium* verwiesen werden, hervorgegangen aus *R. ferrugineum* und *R. hirsutum*.

Eine Sorte, auch als Cultivar bezeichnet, ist in der Regel eine Pflanze, die nur in Kultur zu finden ist. Der Mensch hat hier bewußt durch Züchtung oder Selektion bestimmte Merkmale gefördert oder bewirkt. Die meisten Rhododendronsorten sind durch Kreuzung von unterschiedlichen Partnern, die ganz bestimmte Merkmale vererben sollten, hervorgegangen. Die Elternteile können sowohl Sorten als auch Arten sein. Die Sämlinge einer Kreuzung sind jedoch nicht einheitlich, sondern zeigen oft eine erhebliche Variabilität. Sol

che Nachkommen werden als Grex-Sorten bezeichnet. Auf Grund der genetischen Unterschiede sind nicht alle Typen gleich blühwillig oder winterhart. Beispielsweise sind einige HOBBIE-Sorten Grex-Sorten, so die Kreuzung *chrysanthum* (= *aureum*) × *campylocarpum*. Davon gibt es sowohl blühfaule als auch sehr reichblühende Typen.

Werden die besten Pflanzen einer Kreuzung ausgelesen und vegetativ weitervermehrt, so spricht man von einem Klon. Auch hierzu ein Beispiel: Ebenfalls von HOBBIE stammt die Kreuzung 'Essex Scarlet' × *forrestii* var. *forrestii* (= *forrestii* var. *repens*). Aus 10000 F_1-Hybriden wurden die besten Typen ausgelesen und vegetativ durch Stecklinge weitervermehrt. Unter den Namen 'Baden-Baden', 'Bad Eilsen', 'Scarlet Wonder' usw. sind sie weit verbreitet. Die Pflanzen sind einheitlich und besitzen die für die jeweilige Sorte typischen Eigenschaften.

Einige Sorten sind jedoch auch Findlinge vom Naturstandort oder aus Kulturbeständen. Es kommt hin und wieder vor, daß einzelne Pflanzen in Form, Farbe, Blütezeit usw. von der Art oder Sorte plötzlich abweichen. Besonders Arten mit einer großen Variationsbreite oder einem großen Verbreitungsgebiet bzw. einer hohen Individuendichte neigen zu solchen Veränderungen. In der freien Natur können sie sich zwar nicht durchsetzen, da sie entweder nicht erbfest sind oder langsamer und schlechter wachsen. Werden solche Pflan

Immergrün und Sommergrün – die Immergrünen führen in Form und Struktur, die Sommergrünen in der Farbe

zen jedoch in Kultur genommen, können sie eine wertvolle Bereicherung unserer Gärten sein. Einige schöne und sehr harte weiße Varianten von *R. catawbiense* sind mit Sicherheit Selektionen vom Wildstandort, so z. B. 'Catalgla', die häufig als Kreuzungspartner verwendet wird, oder 'Clarks White'. Bei anderen kann das vermutet werden, z. B. 'Catawbiense Album', 'Grandiflorum', 'Boursault'.

Häufig sind Sorten groß- und reichblütiger als die Wildarten und haben kräftigere Blütenfarben. Doch, wie ließe sich das Rot der Wildarten *R. arboreum* oder *R. griersonianum* noch steigern? Beide sind in Mitteleuropa nicht winterhart. Da beide Arten als Kreuzungspartner häufig von den Züchtern verwendet wurden, gelang es, dieses Rot in unsere Gärten zu tragen.

Die Wildarten haben ihre Reize dem Liebhaber und Gartengestalter noch nicht voll offenbart. Es gibt unter ihnen ganz harte Formen. Besonders die große Vielfalt im Wuchs und in der Belaubung sowie die Blütenformen und Blütezeiten machen sie zu einem unverzichtbaren Mittel gegen die in unseren Gärten herrschenden Monotonie der R.-Catawbiense-Hybriden. Der heute unverkennbare Trend zum naturnahen Garten sollte Interesse und Nachfrage nach Wildarten fördern.

Beschreibung der in Mitteleuropa gartenwürdigen Rhododendronarten

Bestimmungsschlüssel der Arten

Für die Bestimmung in der Praxis können nur morphologisch-anatomische Merkmale verwendet werden. Deshalb mußte das auf biochemischen Untersuchungen basierende System von Prof. Spethmann unberücksichtigt bleiben. Die Bestimmungsschlüssel basieren im wesentlichen auf Arbeiten von BATTA (1980), CHAMBERLAIN (1982), CULLEN (1980), PHILPSON & PHILIPSON (1980) und GALLE (1985).

Gattung Rhododendron

1 Blätter, besonders Unterseite, oft auch Triebe und Blütenteile mit Schülferschuppen
　　Untergattungsgruppe *Rhododendron* S. 107

1⁺ Blätter und andere Pflanzenteile ohne Schülferschuppen　　2

2 Blätter immergrün, oft ledrig; Blüten immer aus endständigen Knospen, meist 10 Staubblätter　　Untergattungsgruppe *Hymenanthes* (Sektion Ponticum) S. 112

2⁺ Blätter wintergrün oder sommergrün; Blüten aus seitlichen oder scheinbar endständigen Knospen
　　Untergattungsgruppe *Nomazalea* S. 117

Untergattungsgruppe Rhododendron

1 Schülferschuppen tellerartig mit glattem Rand; Krone glockig bis trichterförmig; meist 10 Staubblätter, meist länger als die Krone
　　Sektion *Rhododendron* S. 107

1⁺ Schülferschuppen sternartig; Blütenkrone engröhrig und tellerförmige ausgebreitete Zipfel, Kronröhre am Ausgang innen behaart; 5 bis 10 Staubblätter
　　Sektion *Pogonanthum* S. 112

Sektion Rhododendron

1 Griffel dünn, undeutlich zurückgebogen, meist länger als die Staubblätter　　2

1⁺ Griffel dick, deutlich zurückgebogen, meist kürzer als die Staubblätter　　21

2 Blüten endständig und blattachselständig　　3

2⁺ alle Blütenstände endständig　　7

3 Kronzipfel kürzer als die Röhre　　4

3⁺ Kronzipfel länger als die Röhre　　5

4 Blüten aufrecht; Blätter behaart oder borstig
　　Subsektion *Scabrifolia* S. 109

4⁺ Blüten hängend; Blätter kahl
　　Subsektion *Cinnabarina* S. 112

5 Endständige Blütenstände ebenso wie später seitenständige vorhanden; Krone weit offen-trichterförmig, auffallend dorsiventral
　　Subsektion *Triflora* S. 108

5⁺ alle Blütenstände an Seitentrieben, Krone trichterförmig, wenig dorsiventral　　6

6 Krone außen flaumhaarig, 1blütig
　　Subsektion *Rhodorastra* S. 111

6⁺ Krone außen kahl, 2- oder mehrblütig
　　Subsektion *Scabrifolia* S. 109

7 Kronzipfel länger als die Röhre　　8

7⁺ Kronzipfel kürzer oder selten genau so lang　　10

8 Blütenstiel in Linie mit der Blütenachse; Krone trichterförmig　　Subsektion *Lapponica* S. 109

8⁺ Blütenstiel im stumpfen Winkel zur Blütenachse; Krone weit offen-trichterförmig bis radförmig　　9

9 Schuppen fein gekerbt; Blätter ganzrandig
　　Subsektion *Fragariflora*
　　R. fragariflorum S. 171

9⁺ Schuppen blasig; Blätter fein gekerbt
Subsektion *Saluenensia* S. 111

10 Krone über 4 cm lang
Subsektion *Maddenia* S. 108

10⁺ Krone 6 bis 35 mm lang   11

11 Krone glockig oder röhrig-glockig   12

11⁺ Krone trichterförmig   18

12 Schuppen verschieden, golden und braun auf weißem Untergrund   Subsektion *Glauca* S. 112

12⁺ Schuppen und Untergrund anders aussehend
13

13 Kelch zu einem Rand reduziert, teils leicht gewellt, bis 2 mm   14

13⁺ Kelch deutlich 5zipflig, Zipfel länger als 2 mm
16

14 Krone bis 10 mm lang, weiß, kahl, ungefleckt
Subsektion *Micrantha*,
R. micranthum S. 196

14⁺ Krone länger, verschiedenfarbig, wenn weiß, dann gefleckt, behaart oder flaumhaarig   15

15 Krone fleischig, mit reichlich Nektar in 5 großen Tropfen am Grunde der Kronröhre
Subsektion *Cinnabarina* S. 112

15⁺ Krone nicht fleischig, Nektar an der Basis des Fruchtknotens
Subsektion *Rhododendron* S. 111

16 Blattränder, Stiele und Jungtriebe kahl; Krone röhrig-glockig oder offenglockig; Kelchzipfel nicht anliegend, aufrecht oder zurückgebogen
Subsektion *Tephropepla* S. 112

16⁺ Blattränder, Stiele und Jungtriebe borstig behaart; Krone offenglockig; Kelchzipfel anliegend   17

17 Fruchtknoten sich in den Griffel verjüngend
Subsektion *Moupinensia*,
R. moupinense S. 198

17⁺ Griffel dem Fruchtknoten aufsitzend
Subsektion *Maddenia* S. 108

18 Krone außen flaumhaarig; kleine Zwergsträucher   Subsektion *Uniflora* S. 111

18⁺ Krone außen schuppig; größere Sträucher   19

19 Kelch schwach entwickelt, deutliche Zipfel, borstig bewimpert   20

19⁺ Kelch gut entwickelt, keine Zipfel oder Zipfel undeutlich, nicht borstig bewimpert
Subsektion *Heliolepida* S. 109

20 Griffel flaumhaarig, Krone mit rosafarbenen und dunkelroten Flecken
Subsektion *Lapponica* S. 109

20⁺ Griffel kahl oder beschuppt, Krone mit grünlichen Flecken   Subsektion *Caroliniana*,
R. minus S. 196

21 Schuppen auf der Unterseite deutlich differenziert, größere braun, kleinere golden gefärbt, Grundfarbe weiß
Subsektion *Glauca* S. 112

21⁺ Schuppen und Blattunterseite anders beschaffen   22

22 Schuppen blasig   23

22⁺ Schuppen nicht blasig, mit deutlichem, teilweise nach oben gebogenem Rand   25

23 Krone pflaumenfarben, rosa bis purpurfarben
Subsektion *Campylogyna*,
R. campylogynum S. 143

23⁺ Krone gelb bis weiß, manchmal rosa getönt   24

24 Fruchtknoten sich in den Griffel verjüngend; Blütenstiel kürzer als die Krone
Subsektion *Boothia*
R. leucaspis S. 188

24⁺ Griffel dem Fruchtknoten aufsitzend; Blütenstiel länger als die Krone
Subsektion *Trichoclada* S. 112

25 Fruchtknoten sich in den Griffel verjüngend
Subsektion *Boothia*
R. leucaspis S. 188

25⁺ Griffel dem Fruchtknoten aufsitzend
Subsektion *Lepidota*,
R. lepidotum S. 187

Subsektion Maddenia

1 Blüte gelb   *R. fletcheranum* S. 167

1⁺ Blüte weiß, oft rosa getönt
R. ciliatum S. 151

Subsektion Triflora

1 Krone mit gelber Grundfärbung, manchmal rot, rotbraun oder grün durchsetzt   2

108

1+ Krone mit weißer, rosa, lila, purpurner oder blauer Grundfärbung, manchmal mit gelben Flecken — 5

2 Schuppen klein, fast ohne Rand, kleiner als 1 mm im Durchmesser; Rinde rötlichbraun, sich ablösend — *R. triflorum* S. 243

2+ Schuppen groß, mit deutlichem Rand, etwa 2 mm im Durchmesser; Rinde graubraun, sich nicht ablösend — 3

3 Krone außen dicht flaumhaarig, Blüten meist aus Seitenknospen — *R. lutescens* S. 190

3+ Krone außen kahl, Blüten meist endständig — 4

4 Blattunterseite dicht beschuppt, Schuppen sich fast berührend, oberseits flaumhaarig, Mittelrippe kahl — *R. ambiguum* S. 125

4+ Schuppen der Blattunterseite mit größerem Abstand als ihr Durchmesser, oberseits entlang der Mittelrippe flaumhaarig — *R. keiskei* S. 183

5 Mittelrippe langborstig — *R. augustinii* S. 129

5+ Mittelrippe kahl oder im Jugendstadium kurz behaart — 6

6 Blätter unterseits weiß, warzig, mit großen flachen Schuppen; Krone an der Basis außen flaumhaarig — *R. zaleucum* S. 255

6+ Blätter nicht weiß, warzig, Krone kahl — 7

7 Schuppen bläschenförmig, ohne Rand, rötlich, purpurn oder fast grau; Jungtriebe, Blütenstiele und Kelch pflaumenfarbig bereift — *R. oreotrephes* S. 207

7+ Schuppen flach, mit deutlichem Rand, braun, gelb oder golden; Blütenstiele und Kelch selten pflaumenfarbig — 8

8 Krone purpurn, Röhre außen beschuppt — 9

8+ Krone weiß, rosa oder lavendelfarben, außen ohne Schuppen — 11

9 Schuppen der Blattunterseite dicht, sich überlappend, fleischig; Blätter 3mal so lang wie breit oder länger — *R. polylepis* S. 213

9+ Schuppen der Blattunterseite dicht, nicht überlappend, selten sich berührend, nicht fleischig; Blätter 2- bis 3mal so lang wie breit — 10

10 Blattstiel borstig behaart — *R. amesiae* S. 126

10+ Blattstiel kahl — *R. concinnum* S. 156

11 Schuppen sich berührend, 3 verschiedene Größen; Blattunterseite silbrig-grau — *R. searsiae* S. 229

11+ Schuppen sich nicht berührend, keine 3 Größen unterscheidbar; Blattunterseite braun oder grün — *R. yunnanense* S. 255

Subsektion Scabrifolia

1 Blattoberseite kahl; Fruchtknoten kahl — *R. racemosum* S. 219

1+ Blattoberseite flaumhaarig; Fruchtknoten behaart — *R. hemitrichotum* S. 174

Subsektion Heliolepida

1 Griffel länger als die längsten Staubblätter, an der Basis flaumhaarig; Schuppen der Blattunterseite sich nicht berührend — *R. heliolepis* S. 174

1+ Griffel kürzer als die längsten Staubblätter, kahl; Schuppen der Blattunterseite sich berührend oder überlagernd — *R. rubiginosum* S. 223

Subsektion Lapponica

1 Triebe dauerhaft borstig behaart — *R. setosum* S. 232

1+ Triebe kahl oder höchstens mit einzelnen Haaren — 2

2 Schuppen auf der Blattunterseite undurchsichtig, weiß oder rosa — *R. fastigiatum* S. 164

2+ Schuppen nicht weiß oder rosa — 3

3 Krone 2 cm lang oder länger — *R. cuneatum* S. 157

3+ Krone bis 2 cm lang — 4

4 Schuppen der Blattunterseite einfarbig — 5

4+ Schuppen der Blattunterseite 2- oder mehrfarbig — 16

5 Krone gelb oder weiß — 6

5+ Krone anders gefärbt — 7

6 Schuppen auf der Unterseite mit großem Abstand *R. flavidum* S. 166

6⁺ Schuppen der Blattunterseite sich berührend
R. orthocladum var. *microleucum* S. 208

7 Schuppen der Blattunterseite hell 8

7⁺ Schuppen der Blattunterseite rotbraun 9

8 Staubblätter und Griffel nicht länger als die Kronröhre *R. intricatum* S. 180

8⁺ Staubblätter und Griffel länger als die Kronröhre *R. hippophaeoides* S. 175

9 Griffel kürzer oder so lang wie die Staubblätter 11

9⁺ Griffel länger als die Staubblätter 12

10 5 bis 6 Staubblätter *R. complexum* S. 156

10⁺ meist 10 Staubblätter 11

11 Blätter länglich elliptisch oder lanzettlich
R. orthocladum var. *orthocladum* S. 208

11⁺ Blätter elliptisch bis breit elliptisch 24

12 ausgereifte Blätter zerstreut mit braunen Schuppen auf der Unterseite 13

12⁺ Schuppen anders gestaltet 14

13 Kelchzipfel 2,5 mm oder länger
R. impeditum S. 179

13⁺ Kelchzipfel bis 2,5 mm lang
R. polycladum S. 212

14 Kelchzipfel bis 2 mm lang 15

14⁺ Kelchzipfel 2 mm oder länger
R. yungningense S. 254

15 Blätter breit elliptisch bis rundlich, Unterseite rotbraun *R. tapetiforme* S. 238

15⁺ Blätter lanzettlich oder länglich elliptisch, Unterseite braun
R. orthocladum var. *longistylum* S. 208

16 Blattunterseite mit vereinzelten dunklen Schuppen besetzt 17

16⁺ Blattunterseite gleichmäßig mit dunklen Schuppen besetzt 19

17 Unterste Schuppen der Blattunterseite hell graubraun 18

17⁺ Unterste Schuppen der Blattunterseite braun
R. orthocladum S. 208

18 Krone außen schuppig *R. telmateium* S. 240

18⁺ Krone außen kahl *R. flavidum* S. 166

19 Blätter stumpf, meist nicht länger als 9 mm, mit dunklen und hellen Schuppen *R. nivale* S. 202

19⁺ Blätter anders beschaffen 20

20 Kelch bis 2,5 mm lang 21

20⁺ Kelch 2,5 mm oder länger 22

21 Blätter lanzettlich bis länglich elliptisch
R. orthocladum S. 208

Samen (stark vergrößert):
a *Rhododendron atlanticum*;
b *R. camtschaticum*; c *R. canadense*;
d *R. minus* var. *minus*; e *R. luteum*;
f *R. argyrophyllum*; g *R. fortunei* ssp. *discolor*;
h *R. hippophaeoides*; i *R. lochae* (Epiphyt);
j *R. nipponicum*

110

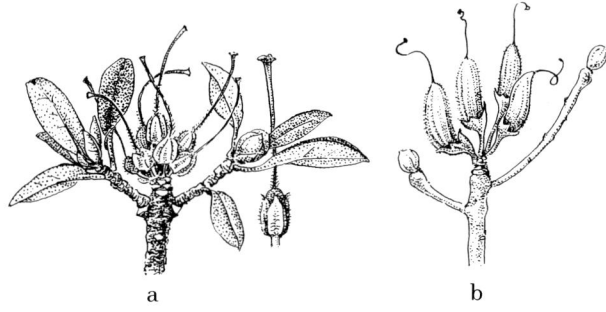

Fruchtstände:
a *Rhododendron russatum*; b *R. canadense*

21+ Blätter elliptisch   *R. lapponicum* S. 186

22   Blätter stumpf   *R. capitatum* S. 146

22+ Blätter spitz   23

23   Kelchzipfel mit einem Schuppenband
                                   R. rupicola S. 224

23+ Kelchzipfel kahl   *R. russatum* S. 225

24   Kronzipfel flach ausgebreitet, Blütezeit Ende
     April bis Anfang Mai *R. yungningense* S. 254

24+ Kronzipfel gedreht und gefaltet, Blütezeit Mitte
     Mai bis Juni   *R. edgarianum* S. 164

Subsektion Rhododendron

1   Blätter borstig behaart, Abstand der Schuppen
     auf der Blattunterseite größer als deren Durch-
     messer; Griffel an der Basis behaart
                                   R. hirsutum S. 175

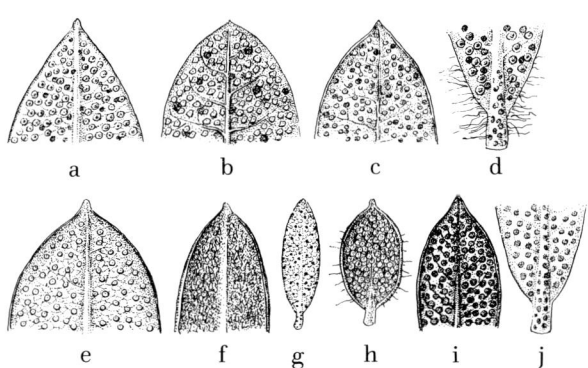

Blattunterseiten mit Indumenten und Behaarung
(stark vergrößert):
a *Rhododendron artosquameum*; b *R. charitopes*
ssp. *tsangpoense*; c *R. auritum*; d *R. burmanicum*;
e *R. oreotrephes*; f *R. ferrugineum*;
g *R. edgarianum*; h *R. calostrotum* ssp. *calostrotum*; i *R. russatum*; j *R. searsiae*

1+   Blätter kahl, Schuppen auf der Blattunterseite
     dicht, sich überlappend; Griffel kahl   2

2   Stempel länger als der Fruchtknoten; Blätter
     spitz oder mit Stachelspitze
                                   R. ferrugineum S. 164

2+   Stempel fast so lang wie der Fruchtknoten;
     Blätter stumpf   *R. myrtifolium* S. 200

Subsektion Rhodorastra

1   Blätter dick, lederartig, meist überwinternd,
     Spitze stumpf oder abgerundet, 1 bis 3,5 cm
     lang; Krone bis 3,5 cm im Durchmesser
                                   R. dauricum S. 158

1+   Blätter dünn, nicht überwinternd, lang zuge-
     spitzt, 4 bis 6 cm lang; Krone 3,5 bis 4 cm im
     Durchmesser   *R. mucronulatum* S. 199

Subsektion Saluenensia

1   Triebe, Blattstiele, Mittelrippe der Blattunter-
     seite, Blattränder und meist auch Blütenstiele
     borstig behaart; Fruchtknoten flaumhaarig
                                   R. saluenense S. 225

1+   Triebe, Blattstiele und Mittelrippe nicht be-
     haart; Fruchtknoten kahl
                                   R. calostrotum S. 139

Subsektion Uniflora

1   Krone gelb; Blattränder gekerbt
                                   R. ludlowii S. 189

1+   Krone rosa bis purpurn; Blattränder nicht ge-
     kerbt   2

2   Krone glockig, 11 bis 21 mm lang, Röhre 7 bis
     14 mm lang; Griffel kürzer als die Staubblätter
                                   R. pumilum S. 218

2+   Krone trichterförmig, 21 bis 30 mm lang, Röhre
     12 bis 18 mm lang; Griffel die Staubblätter
     überragend   3

3   Blätter verkehrt-eiförmig, Schuppen unterseits
     dicht; Krone 24 bis 30 mm lang
                                   R. pemakoense S. 209

3+   Blätter länglich-elliptisch, Schuppen unterseits
     mit deutlichem Abstand; Krone 21 bis 25 mm
     lang   *R. uniflorum* S. 245

Subsektion Tephropepla

1   Krone rot oder rosa, Griffel zur Hälfte beschuppt; Schuppen auf der Blattunterseite sich berührend   *R. tephropeplum* S. 240

1⁺   Krone weiß, Griffel ohne Schuppen; Schuppen auf der Blattunterseite mit großem Abstand   *R. hanceanum* S. 173

Subsektion Glauca

1   Kelchzipfel zugespitzt, mit einzelnen Haarbüscheln an der Spitze, meist leicht bewimpert; Blätter meist spitz; Krone außen schuppig   *R. glaucophyllum* S. 172

1⁺   Kelchzipfel stumpf oder rundlich, ohne Haarbüschel; Blätter stumpf oder abgerundet; Krone nicht oder kaum beschuppt   2

2   Krone 1 bis 1,5 cm lang   3

2⁺   Krone 2 bis 2,5 cm lang   5

3   Griffel flaumhaarig   *R. shweliense* S. 233

3⁺   Griffel kahl   4

4   Krone purpurn oder rötlich; Schuppen der Blattunterseite sehr dicht oder sich berührend   *R. pruniflorum* S. 217

4⁺   Krone gelb; Schuppenabstand größer als deren Durchmesser   *R. brachyanthum* S. 134

5   Krone gelb; Blütenstiel bis 2 cm lang   *R. luteiflorum* S. 189

5⁺   Krone rosa bis purpurn; Blütenstiele über 2 cm   *R. charitopes* S. 150

Subsektion Trichoclada

1   Blätter immergrün, ledrig, bläulich; Fruchtknoten dicht behaart   *R. lepidostylum* S. 187

1⁺   Blätter sommer- bis halbimmergrün, nicht ledrig, ohne Blauschimmer; Fruchtknoten kahl   2

2   Schuppen deutlich unterschiedlich groß, bräunlich, grau oder purpurn, dicht   *R. mekongense* S. 195

2⁺   Schuppen mehr oder weniger gleichgroß, golden, entfernt   *R. trichocladum* S. 243

Subsektion Cinnabarina

1   alle Blüten endständig, Krone 2,5 bis 3,5 cm lang   *R. cinnabarinum* S. 152

1⁺   Blüten meist seitlich, Krone bis 2 cm lang   *R. keysii* S. 185

Sektion Pogonanthum

1   alle Schuppen braun bis dunkelbraun   2

1⁺   untere Schuppen goldgelb   3

2   Staubblätter 5; Blätter unterseits dunkel schokoladenbraun, 5 bis 8 mm breit   *R. rufescens* S. 224

2⁺   Staubblätter 6 bis 8; Blätter in verschiedenen Schattierungen von Braun, 8 bis 16 mm breit   *R. anthopogon* S. 126

3   Kelchzipfel 1 bis 2,5 mm lang; Blätter linear oder länglich-lanzettlich, 4mal so lang wie breit oder länger   *R. trichostomum* S. 243

3⁺   Kelchzipfel 2,5 bis 7 mm lang, Blätter elliptisch bis fast rund, bis 3mal so lang wie breit   4

4   Laubknospenschuppen nicht abfallend   5

4⁺   Laubknospenschuppen abfallend   *R. primuliflorum* S. 215

5   Krone gelb; Blätter 9 bis 15 mm lang   *R. sargentianum* S. 228

5⁺   Krone weiß oder rosa; Blätter 15 bis 50 mm lang   *R. cephalanthum* S. 149

Untergattungsgruppe Hymenanthes
(Sektion Ponticum)

1   Jungtriebe und meist auch Blattstiele behaart bis drüsig-borstig   2

1⁺   Jungtriebe manchmal dichtdrüsig, aber niemals borstig   6

2   Krone 7zipflig, ca. 7 Staubblätter   Subsektion *Auriculata*, *R. auriculatum* S. 132

2⁺   Krone 5zipflig, 10 Staubblätter   3

3   Krone glockig bis trichterförmig-glockig, weiß oder gelb bis reinrosa, ohne Nektargruben   4

3⁺	Krone röhrig-glockig, meist dunkelscharlachrot, mit Nektargruben	5

4   Krone offen-glockig, Griffel drüsig
Subsektion *Williamsiana*,
R. williamsianum S. 251

4⁺   Krone röhrig-glockig, Griffel kahl
Subsektion *Selensia* S. 115

5   Blattspitze meist rundlich mit Stachelspitze; Blütenstand 2- bis 8blütig.
Subsektion *Neriiflora* S. 117

5⁺   Blatt zugespitzt bis rundlich; 7- bis 25blütig
Subsektion *Maculifera* S. 115

6	Krone 6- bis 10zipflig, 12 bis 18 Staubblätter	7
6⁺	Krone 5zipflig, 10 Staubblätter	9

7   ausgereifte Blätter kahl
Subsektion *Fortunea* S. 114

7⁺	ausgereifte Blätter mit Indument	8

8   Blattindument aus becherförmigen Haaren zusammengesetzt   Subsektion *Falconera* S. 115

8⁺   Blattindument nicht aus becherförmigen Haaren zusammengesetzt
Subsektion *Taliensia* S. 116

9	Krone offen-trichterförmig-glockig, Nektargruben glänzend	10
9⁺	Krone glockig bis röhrig-glockig, ohne Nektargruben	29
10	ausgereifte Blätter unterseits kahl	11
10⁺	ausgereifte Blätter unterseits mit Indument	20
11	Griffel drüsig	12
11⁺	Griffel kahl, höchstens an der Basis drüsig	15

12   Mittelrippe der Blattunterseite mit dauerhaftem Indument   Subsektion *Taliensia* S. 116

12⁺	Mittelrippe im ausgereiften Zustand kahl	13

13   Kelch 1 bis 3 mm lang; Adern der Blattunterseite mit rötlichen Haaren besetzt
Subsektion *Irrorata*,
R. aberconwayi S. 121

13⁺	Kelch 3 bis 20 mm lang; Adern nicht behaart	14

14   Krone gelb oder rosa, selten weiß; 10 Staubblätter   Subsektion *Campylocarpa* S. 115

14⁺ Krone weiß; 16 bis 18 Staubblätter
Subsektion *Fortunea* S. 114

15   Jungtriebe und Blattstiele dichtfilzig
Subsektion *Maculifera* S. 115

15⁺	Jungtriebe und Blattstiele kahl	16

16   Kronzipfel so lang wie die Röhre, Krone häufig mit bräunlichen, gelblichen bis grünlichen Flecken   Subsektion *Pontica* S. 115

16⁺	Kronzipfel kürzer als die Röhre, wenn gefleckt, dann rot bis purpurfarben	17
17	Fruchtknoten kahl Subsektion *Fortunea* S. 114	
17⁺	Fruchtknoten dichtdrüsig	18

18   Blätter spitz bis zugespitzt, Blattnerven unterseits rötlich behaart   Subsektion *Irrorata*
R. aberconwayi S. 121

18⁺	Blätter abgerundet und fein zugespitzt, Blattnerven kahl	19

19   Krone trichterförmig-glockig, weiß, oft rosa getönt   Subsektion *Selensia* S. 115

19⁺ Krone glockig, gelb oder rosa
Subsektion *Campylocarpa* S. 115

20	Fruchtknoten kahl	21
20⁺	Fruchtknoten drüsig-filzig	24
21	Blattindument braun bis rotbraun	22
21⁺	Blattindument weiß bis gelblich	23

22   Blattindument dicht
Subsektion *Taliensia* S. 116

22⁺ Blattindument locker
Subsektion *Campanulata* S. 117

23   Blätter 14 bis 22 cm lang; Krone oft mit purpur Basalfleck   Subsektion *Fulva*,
R. uvarifolium S. 245

23⁺ Blätter bis 14 cm lang; Basalfleck fehlt
Subsektion *Taliensia* S. 116

24   Zipfel der Krone so lang wie die Röhre, Flecken meist gelb, braun oder grünlich
Subsektion *Pontica* S. 115

24⁺	Zipfel der Krone kürzer als die Röhre, wenn Flecken, dann rötlich oder purpurfarben	25
25	Laubindument braun bis rotbraun	26

25⁺	Laubindument weiß bis gelblich	27

26 Kelch 6 bis 10 mm lang, Blütenstiel 1 bis 2 cm lang   Subsektion *Taliensia* S. 116

26⁺ Kelch 0,5 bis 6 mm lang, Blütenstiel 3 bis 4 cm lang   Subsektion *Argyrophylla* S. 116

27 Blattindument dicht oder faltig, einschichtig, Kelch 3 bis 15 mm lang
Subsektion *Taliensia* S. 116

27⁺ Blattindument locker, oft filzig, 1 bis 2schichtig
28

28 Fruchtknoten dichtdrüsig, Spindel 10 bis 22 mm lang   Subsektion *Maculifera* S. 115

28⁺ Fruchtknoten filzig, Spindel 3 bis 10 mm lang
Subsektion *Taliensia* S. 116

29 Laubindument weiß bis gelblich   30

29⁺ Laubindument braun bis rotbraun   31

30 Blätter 3 bis 8 cm lang, meist mit Stachelspitze; Kelch 1,5 bis 15 mm lang
Subsektion *Neriiflora* S. 117

30⁺ Blätter 7,5 bis 17 cm lang, spitz oder zugespitzt; Kelch 1 bis 2 mm lang
Subsektion *Argyrophylla*, *R. rirei* S. 222

31 Fruchtknoten kahl Subsektion *Fulgensia* S. 117

31⁺ Fruchtknoten filzig bis drüsig   33

32 Blütenstand 1- bis 10blütig
Subsektion *Neriiflora* S. 117

32⁺ Blütenstand 10- bis 25blütig   33

33 Griffel filzig-drüsig, Spindel 10 bis 40 mm lang
Subsektion *Thomsonia* S. 117

33⁺ Griffel kahl oder an der Basis drüsig, Spindel 3 bis 18 mm lang   34

34 Blätter 1 bis 3 cm lang; Zwergstrauch bis 30 cm hoch   Subsektion *Neriiflora* S. 117

34⁺ Blätter über 3 cm lang; höherer Strauch   35

35 Fruchtknoten kahl
Subsektion *Thomsonia* S. 117

35⁺ Fruchtknoten filzig   36

36 Blätter 1- bis 1,7mal so lang wie breit
Subsektion *Neriiflora*, *R. chamaethomsonii* S. 150

36⁺ Blätter 1,8- bis 5mal so lang wie breit   37

37 Blätter unterseits bläulich, warzig, ohne Haarbüschel an den Blattnerven
Subsektion *Neriiflora* S. 117

37⁺ Blätter unterseits grünlich, nicht warzig, mit vereinzelten Haarbüscheln an den Blattnerven
Subsektion *Thomsonia* S. 117

Subsektion Fortunea

1 Griffel drüsig   2

1⁺ Griffel kahl oder mit wenigen Drüsen an der Basis   5

2 Spindel 0,5 bis 1 cm lang; Drüsen am Griffel meist rot; Blätter 1,5- bis 2,2mal so lang wie breit   *R. vernicosum* S. 247

2⁺ Spindel 1,5 bis 6 cm lang; Drüsen am Griffel weiß, Blätter 1,7- bis 4mal so lang wie breit   3

3 Staubblätter kahl   *R. fortunei* S. 169

3⁺ Staubblätter im unteren Teil flaumhaarig   4

4 Krone 8 bis 11 cm lang, Blätter 12 bis 18 cm lang   *R. diaprepes* S. 161

4⁺ Krone 4,5 bis 6 cm lang, Blätter 5,5 bis 15 cm lang   *R. decorum* S. 159

5 Blätter breit oval bis kreisrund, 1,2- bis 1,5mal so lang wie breit   *R. orbiculare* S. 206

5⁺ Blätter eiförmig bis länglich-lanzettlich, 1,7- bis 6mal so lang wie breit   6

6 Blütenstand 5- bis 12blütig, Narbe kopfig   7

6⁺ Blütenstand 5- bis 30blütig, Narbe scheibenartig   *R. calophytum* S. 139

7 Krone 2,5 bis 4 cm lang, Blätter 6 bis 14 cm lang   *R. oreodoxa* S. 206

7⁺ Krone 4 bis 7 cm lang, Blätter 9 bis 25 cm lang   8

8 Blätter unterseits völlig kahl
R. praevernum S. 215

8⁺ Blätter unterseits entlang der Mittelrippe mit mehr oder weniger dauerhaftem Indument
R. sutchuenense S. 236

Subsektion Falconera

1   Blattstiel flach geflügelt   *R. basilicum* S. 133

1⁺   Blattstiel rund, nicht geflügelt   2

2   Krone kräftig rosa oder purpurrosa, ungefleckt
            R. hodgsonii S. 178

2⁺   Krone weiß oder hellrosa, meist gefleckt
            R. rex S. 221

Subsektion Campylocarpa

1   Griffel kahl, Krone glockig bis trichterförmig-glockig, Kelch 1 bis 1,5 mm   2

1⁺   Griffel drüsig, Krone becherförmig, Kelch 3 bis 15 mm lang   3

2   Krone weißlich bis rosa
            R. callimorphum S. 138

2⁺   Krone hell- bis schwefelgelb
            R. campylocarpum S. 142

3   Krone purpurrosa   *R. souliei* S. 235

3⁺   Krone weiß bis gelb   *R. wardii* S. 250

Subsektion Maculifera

1   Krone röhrig-glockig, dunkelrot, Jungtriebe mit Stieldrüsen   *R. strigillosum* S. 236

1⁺   Krone offen-glockig, weiß oder rosa, Jungtriebe matt-filzig   2

2   Blatt an der Basis keilförmig, Stiele und Mittelrippe der Blattunterseite dicht rotbraunfilzig; Kelch 6 bis 10 mm lang
            R. longesquamatum S. 188

2⁺   Blatt an der Basis rundlich, Stiele und Mittelrippe der Blattunterseite mehr oder weniger dicht grau- bis braunfilzig; Kelch 1 bis 2 mm lang   3

3   Blätter 10 bis 15 cm lang
            R. pachytrichum S. 208

3⁺   Blätter 3 bis 10 cm lang   4

4   Fruchtknoten dicht rotbraunfilzig, Blütenstiele bis 2 cm lang   *R. pseudochrysanthum* S. 218

4⁺   Fruchtknoten mit Stieldrüsen, Blütenstiele 2,5 bis 3 cm lang   *R. maculiferum* S. 193

Subsektion Selensia

1   Blätter breit verkehrt-eiförmig, 3,5 bis 6 cm breit; Krone glockig   *R. hirtipes* S. 177

1⁺   Blätter verkehrt-eiförmig bis elliptisch, bis 4 mm breit; Krone trichterförmig-glockig
            R. selense S. 230

Subsektion Pontica

1   ausgereifte Blätter unterseits kahl oder mit dünnem schwammförmigen Indument   2

1⁺   ausgereifte Blätter mit filzigem Indument   7

2   Krone gelb; niedriger Strauch *R. aureum* S. 131

2⁺   Krone weißlich bis lilapurpurn; meist größer Strauch   3

3   Fruchtknoten kahl   *R. ponticum* S. 213

3⁺   Fruchtknoten drüsig-filzig   4

4   Blätter 3,5- bis 4mal so lang wie breit, Fruchtknoten und Griffel drüsig, Kelch 3 bis 5 mm lang   *R. maximum* S. 194

4⁺   Blätter 2- bis 3mal so lang wie breit, Fruchtknoten und Griffel kahl, Kelch 1 bis 2 mm lang   5

5   Krone lila-purpurn; Blätter 1,8- bis 2,3mal so lang wie breit   *R. catawbiense* S. 147

5⁺   Krone weiß, rosa getönt bis rosa; Blätter 2,3- bis 2,8mal so lang wie breit   6

Fruchtstand von *Rhododendron catawbiense*

6 Blätter spitz, Basis keilförmig; Krone 3 bis 4 cm lang *R. macrophyllum* S. 192

6+ Blätter abgerundet, Basis rundlich; Krone etwa 2,5 cm lang *R. brachycarpum* S. 135

7 niedriger Strauch; Blätter unterseits mit dichtem Indument *R. caucasicum* S. 148

7+ hoher Strauch; Blätter unterseits mit filzigem Indument 8

8 Jungtriebe drüsig; Spindel 2,5 bis 3,5 cm lang 9

8+ Jungtriebe kahl; Spindel 0,2 bis 2 cm lang 10

9 Fruchtknoten und Blattstiele drüsig; Blätter 11,5 bis 21 cm lang; Kelch 5 bis 9 mm lang *R. ungernii* S. 244

9+ Fruchtknoten und Blattstiele ohne Drüsen; Blätter 7,5 bis 11,5 cm lang; Kelch 2 bis 3 cm lang *R. smirnowii* S. 234

10 Spindel 2 bis 5 mm; Blätter 2,5- bis 10mal so lang wie breit, Blattstiele dichtfilzig *R. yakushimanum* S. 251

10+ Spindel 10 bis 20 cm, Blätter 3- bis 4mal so lang wie breit, Blattstiele dünnfilzig *R. japonicum* S. 180

Subsektion Argyrophylla

1 Blätter mit 2schichtigem Indument, das obere filzig und locker, Blütenstand 4- bis 12blütig *R. floribundum* S. 168

1+ Blätter mit 1schichtigem Indument 2

2 Spindel 3 bis 5 mm 3

2+ Spindel 10 bis 40 mm 4

3 Blütenstiel 0,5 bis 1 cm; Blattindument weiß; Krone purpurn bis violett *R. rirei* S. 222

3+ Blütenstiel 2 bis 4 cm lang; Blattindument hellbraun-beige schimmernd; Krone rosa *R. insigne* S. 179

4 Blattstiel etwa 3 mm; Krone 4,2 bis 5 cm lang; Kelch 3 bis 6 mm *R. adenopodum* S. 122

4+ Blattstiel 1 bis 2 cm; Krone 2,5 bis 5,5 cm lang; Kelch 1 bis 3 mm 5

5 Griffel drüsig *R. thayerianum* S. 241

5+ Griffel kahl oder mit wenigen Drüsen an der Basis *R. argyrophyllum* S. 127

Subsektion Taliensia

1 Kelch 5 bis 15 mm lang 2

1+ Kelch 0,5 bis 5 mm lang 3

2 Blattindument olivbraun *R. adenogynum* S. 121

2+ Blattindument lachsrosa bis rotbraun *R. bureavii* S. 136

3 ausgereiftes Blattindument silbrig-weißlich 4

3+ ausgereiftes Blattindument gelbbraun bis rotbraun 5

4 Krone 4 bis 5 cm lang, 7zipflig *R. clementinae* S. 155

4+ Krone 2,5 bis 4 cm lang, 5zipflig *R. principis* S. 216

5 ausgereifte Blätter unterseits kahl oder mit dünnflockigem Indument 6

5+ ausgereifte Blätter unterseits mit 1- oder 2schichtigem Indument 7

6 Blätter kahl oder mit vorübergehendem strahligem Indument *R. przewalskii* S. 217

6+ Blätter mit dauerhaftem Indument aus strahligen Haaren, gefaltet oder verklebt 12

7 Blattindument dicht bis dünnfilzig, bestehend aus verzweigten Haaren 8

7+ Blattindument kompakt und faltig, Haare strahlig bis halbverzweigt 9

8 Fruchtknoten kahl *R. taliense* S. 237

8+ Fruchtknoten drüsig-filzig *R. roxieanum* S. 223

9 Krone gelb 10

9+ Krone weiß, manchmal rosa getönt 11

10 Krone reingelb, meist ohne Flecken *R. lacteum* S. 186

10+ Krone hellgelb, stets gefleckt *R. wightii* S. 250

11 Blattindument puderartig *R. traillianum* S. 242

11+ Blattindument kompakt oder faltig 12

12 Fruchtknoten kahl oder mit wenigen Haaren oder Drüsen; Blätter 1,7- bis 3mal so lang wie breit *R. phaeochrysum* S. 210

12+ Fruchtknoten dünn drüsig-filzig, Blätter 3- bis 4,5mal so lang wie breit *R. alutaceum* S. 124

Subsektion Campanulata

1 Blätter mit dichtem rotbraunem filzigem Indument *R. campanulatum* S. 141

1+ Blätter mit dünnem dunkelbraunem Indument *R. wallichii* S. 249

Subsektion Neriiflora

1 Blätter unterseits mit dickem, 1- bis 2schichtigem, rotbraunem oder braunem Indument 2

1+ Blätter kahl oder mit dünnem, meist vorübergehendem, weißlichem bis hellbraunem Indument 3

2 Blätter 2,5- bis 4mal so lang wie breit; Fruchtknoten meist in den Griffel zugespitzt verlaufend 5

2+ Blätter 1,6- bis 2,5mal so lang wie breit; Fruchtknoten abgestumpft, nicht zugespitzt 6

3 Blätter unterseits mit weißlichem bis hellbraunem anliegendem Filz 11

3+ Blätter kahl oder mit dünnem zeitweiligem Indument 4

4 mittelhoher Strauch; Fruchtknoten meist zugespitzt in den Griffel verlaufend 7

4+ Zwergstrauch; Fruchtknoten abgestumpft, nicht zugespitzt 9

5 ausgereifte Blätter kahl *R. neriiflorum* S. 201

5+ ausgereifte Blätter mit zeitweiligem oder dauerhaftem Indument *R. floccigerum* S. 167

6 Blätter oberseits runzlig *R. beanianum* S. 134

6+ Blätter oberseits nicht oder kaum runzlig 7

7 Jungtriebe und Blattstiele mehr oder weniger borstig *R. haematodes* S. 172

7+ Jungtriebe filzig oder kahl 8

8 Krone gelb bis rot, Blütenstiele drüsig *R. citriniflorum* S. 155

8+ Krone scharlach- bis karminfarben, Blütenstiele ohne Drüsen 9

9 Blüten einzeln; niedriger, kriechender Strauch *R. forrestii* S. 168

9+ 2- bis 6blütig, 0,3 bis 1,5 m hoher Strauch 10

10 Blütenstiele filzig, ohne Drüsen; Blattstiele breit, ohne Drüsen *R. aperantum* S. 126

10+ Blütenstiele mit Drüsenhaaren; Blattstiele schmal, meist drüsig *R. chamaethomsonii* S. 150

11 Krone 3,5 bis 5 cm lang, orangerot, Kelch bis 15 mm lang *R. dichroanthum* S. 161

11+ Krone 2,5 bis 3,5 cm lang, gelb, rosa bis dunkelkarmesin, selten orange oder weiß *R. sanguineum* S. 227

Subsektion Fulgensia

1 Blütenstand dicht, 8- bis 14blütig, Krone 2 bis 3,5 cm lang *R. fulgens* S. 171

1+ Blütenstand locker, 4- bis 5blütig, Krone 3,5 bis 4 cm lang *R. sherriffii* S. 233

Subsektion Thomsonia

1 Blätter unterseits bläulich, 1- bis 1,6mal so lang wie breit *R. thomsonii* S. 241

1+ Blätter unterseits grün, 1,8- bis 3,5mal so lang wie breit *R. hookeri* S. 178

Untergattungsgruppe Nomazalea

1 Blüten aus endständigen Knospen 2

1+ Blüten aus seitlichen Knospen 4

2 Blätter aus seitlichen Knospen wie Triebe; sommergrün 3

2+ Blätter und Triebe aus Endknospen; wintergrün 5

3 Krone trichterförmig-glockig, höhere Sträucher 6

3+ Krone rundlich-helmartig, Zwergsträucher bis 20 cm Sektion *Therorhodeon* *R. camtschaticum* S. 144

117

4 Staubblätter 5, ungleich lang, Kelchzipfel sehr kurz   Sektion *Mumazalea*, *R. semibarbatum* S. 232

4+ Staubblätter 10, gleichlang, Kelchzipfel 8 bis 12 mm   Sektion *Candidastrum*, *R. albiflorum* S. 123

5 Blätter entlang der Triebe   Sektion *Tsutsutsi* S. 119

5+ Blätter in Quirlen zu 2 bis 3 an der Blattspitze   Sektion *Brachycalyx* S. 119

6 Blätter einzeln entlang der Achse   7

6+ Blätter in Quirlen an der Triebspitze   Sektion *Sciadorhodion* S. 119

7 Stets 5 Laubblätter   Sektion *Pentanthera* S. 118

7+ 8 bis 10 Laubblätter (selten 5 bis 7)   8

8 Krone radförmig-glockig, Zipfel fast bis zur Basis reichend, Blüten vor oder mit den Blättern erscheinend   Sektion *Rhodora* S. 119

8+ Krone röhrig-glockig, Blüten mit oder nach den Blättern erscheinend   Sektion *Viscidula*, *R. nipponicum* S. 202

Sektion Pentanthera

1 Krone offen-trichterförmig   2

1+ Krone trichterförmig mit zylindrischer Röhre 3

2 Blätter unterseits blaugrün; Staubblätter kürzer als die gelbe oder rötlichorange Krone   *R. glabrius* S. 171

2+ Blätter unterseits flaumhaarig; Staubblätter so lang wie die gelbe Krone   *R. molle* S. 198

3 Blüten vor oder mit den Blättern erscheinend 4

3+ Blüten stets nach Laubentfaltung erscheinend   14

4 Blüten hell- bis dunkelrosa oder weiß; Pflanze teils mit Ausläufern   5

4+ Blüten gelb bis rot; Pflanze ohne Ausläufer   11

5 Blüten meist rosa, selten weiß   6

5+ Blüten weiß, duftend   9

6 Blüten variabel in der Farbe, weiß bis rötlich, stets mit gelbem Fleck   *R. occidentale* S. 204

6+ Blüten rosa, ohne Schlundfleck   7

7 Blätter kahl, Blüten duftend, Pflanze oft mit Ausläufern   *R. periclymenoides* S. 209

7+ Pflanze stets ohne Ausläufer   8

8 Krone etwa so lang wie die Zipfel; Staubblätter doppelt so lang wie die Röhre   *R. prinophyllum* S. 216

8+ Kronröhre deutlich länger als die Zipfel; Staubblätter 3mal so lang wie die Röhre   *R. canescens* S. 146

9 Blütenknospen im Winter kahl; Pflanze in der Regel mit Ausläufern   10

9+ Blütenknospen im Winter behaart; Pflanzen in der Regel ohne Ausläufer   *R. oblongifolium* S. 203

10 Krone ohne gelben Fleck; Triebe und Blattunterseiten kahl   *R. atlanticum* S. 129

10+ Krone mit gelbem Fleck, mit Zitronenduft; Jungtriebe drüsig   *R. alabamense* S. 122

11 Blütenknospen im Winter behaart; Blüten gelb, duftend   12

11+ Blütenknospen im Winter kahl; Blüten gelb bis rot, ohne Duft   13

12 Blätter unterseits kahl, nur im Jugendstadium leicht bedrüst; stark duftend   *R. luteum* S. 190

12+ Blätter unterseits dicht behaart; leicht duftend   *R. austrinum* S. 132

13 Kronröhre in der Regel flaumhaarig-drüsig, so lang oder kürzer als die Zipfel   *R. calendulaceum* S. 138

Fruchtstand von *Rhododendron luteum*

118

13⁺ Kronröhre fein behaart, ohne Drüsen, länger als die Zipfel *R. flammeum* S. 166

14 Blüten weiß, duftend 15

14⁺ Blüten gelb bis rot, nicht duftend 16

15 Triebe dicht borstig 17

15⁺ Triebe drüsig und glatt, Griffel purpurrot *R. arborescens* S. 127

16 Triebe mit steifen Borsten *R. bakeri* S. 132

16⁺ Triebe kahl und glatt *R. prunifolium* S. 217

17 Griffel weiß *R. serrulatum* S. 232

17⁺ Griffel rot *R. viscosum* S. 249

Sektion Rhodora

1 10 Staubblätter, Krone rötlichpurpurn, selten weiß, 2lippig; Blätter länglich elliptisch *R. canadense* S. 145

1⁺ 5 bis 7 Staubblätter, Krone rosa, selten weiß, gefleckt, mit kurzer Röhre; Blätter elliptisch bis verkehrt eiförmig *R. vaseyi* S. 247

Sektion Sciadorhodion

1 Blüten und vegetative Triebe aus endständigen Knospen *R. schlippenbachii* S. 229

1⁺ Blüten aus endständiger Knospe, vegetative Triebe aus Seitenknospen *R. albrechtii* S. 123

Sektion Tsutsutsi

1 Krone weiß, röhrig-glockig, bis 1,5 cm lang *R. tschonoskii* S. 244

1⁺ Krone in der Regel farbig, trichterförmig, länger als 1,5 cm 2

2 Knospenschuppen nicht klebrig, Kelch und Blütenstiel kahl 3

2⁺ Knospenschuppen klebrig, Kelch und Blütenstiel anliegend drüsig-haarig 5

3 5 Staubblätter 4

3⁺ 6 bis 10 Staubblätter *R. nakaharai* S. 200

4 Krone licht- bis rötlichpurpurn, bis 2,5 cm lang; Wuchs flach-breit *R. kiusianum* S. 185

4⁺ rotorange, rosa bis purpurn, länger als 3 cm; Wuchs aufrecht *R. kaempferi* S. 183

5 in der Regel 5 Staubblätter; Kelch 2 bis 3 cm lang *R. macrosepalum* S. 193

5⁺ 6 bis 10 Staubblätter, Kelch weniger als 2 cm lang 6

6 Stiele mit anliegenden Haaren, ohne Drüsen *R. poukhanense* S. 214

6⁺ Stiele mit anliegenden weichen Drüsenhaaren *R. mucronatum* S. 199

Sektion Brachycalyx

1 Blätter nach der Mitte am breitesten, eiförmig bis eiförmig lanzettlich *R. mariesii* S. 194

1⁺ Blätter rhombisch, vor oder in der Mitte am breitesten 2

2 Blüten vor den Blättern erscheinend, Staubblätter ungleich in der Länge *R. reticulatum* S. 220

2⁺ Blüten mit oder nach den Blättern erscheinend, Staubblätter nahezu gleichlang *R. weyrichii* S. 250

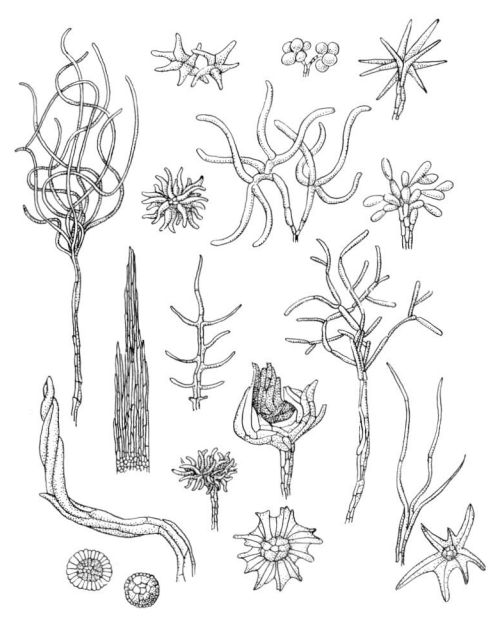

Flocken, Zotten und Schuppen der Blattunterseiten (stark vergrößert)

Beschreibung der Arten

Bemerkungen zu den Artenbeschreibungen

Höhe
Die Wuchshöhe der Pflanzen bezieht sich auf mitteleuropäische Verhältnisse. Sie ist von vielen Faktoren, wie Lokalklima, Niederschlägen, Bodenverhältnissen und Düngung abhängig. An den Naturstandorten, besonders im Himalaja und in Westchina, werden viele der in Mitteleuropa harten Arten oft zwei- bis viermal so hoch.

Winterhärte
Obwohl es häufig in der Fachliteratur üblich geworden ist, die Winterhärte mit Temperaturgraden einzustufen, wurde hier darauf verzichtet. Entscheidend ist nicht allein das Temperaturminimum. Ausschlaggebend dafür, ob die Pflanze die niedrige Temperatur schadlos übersteht, sind vielmehr folgende Faktoren: Zeitdauer der Minima, Zeitpunkt (z. B. werden $-20\,°C$ im Dezember viel besser vertragen als im März), Schutz vor Wintersonne (die Temperaturdifferenzen zwischen Tag und Nacht sind in der Sonne sehr groß), Dauer der Schneedecke (wichtigster Winterschutz!). Bei Arten mit einem großen natürlichen Verbreitungsgebiet sind Pflanzen aus großen Höhenlagen bzw. kälteren Zonen oft härter als Pflanzenmaterial aus milderen Bereichen.

Bewertung
Es ist eine Sache des persönlichen Geschmacks, etwas als schön oder weniger schön einzustufen. Es wurde versucht, eine möglichst genaue Beschreibung der Verwendungsmöglichkeiten zu geben und das Urteil über den Gartenwert dem Leser selbst zu überlassen.

Nomenklatur
Für die Untergattungsgruppen *Rhododendron* und *Hymenanthes* wurden die Arbeiten von CULLEN (1980) und CHAMBERLAIN (1982) zu Grunde gelegt. Die Revision der *Nomazalea* steht noch aus.

R. aberconwayi Cow.
Sektion *Ponticum*
Subsektion *Irrorata*

Immergrün, 1 bis 1,5 m hoch, rundlich aufrecht wachsend. Jungtriebe mit wenigen
Drüsen und Haaren. Rinde graubraun.
Blätter elliptisch, 3 bis 6 cm lang, 1 bis
2 cm breit, dick ledrig, steif, spitz, Basis
keilförmig, Ränder gewellt, unterseits an
den Nerven behaart, sonst kahl. Blattstiele
0,5 bis 1 cm lang, warzig. Blütenstand
dicht, aufrecht, 6- bis 12blütig, Blütezeit
Mai bis Juni. Krone glockig, offen, weiß
bis hellrosa mit purpurfarbenen Flecken, 3
bis 3,5 cm lang. Glänzende Nektargruben,
10 ungleich lange Staubblätter, Fruchtknoten und Griffel drüsig. Blütenstiele 2 bis
3 cm lang, dünnbehaart und drüsig. Kelch
1 mm, leicht behaart und drüsig. Fruchtkapsel ca. 2 cm lang. China (NO-Yunnan),
Biotop unbekannt. Winterhärte der einzelnen Herkünfte unterschiedlich. Es gibt Typen, die in normalen Wintern hart sind
und reich blühen. Die Art sollte frei stehen, im Schatten wächst sie zu locker und
wird »langbeinig«. 1937 eingeführt.

R. adenogynum DIELS
(R. adenophorum
BALF. f. et W. W. SM.)
Sektion *Ponticum*
Subsektion *Taliensia*

Immergrün, buschig-kompakt wachsend,
0,5 bis 2 m hoch. Rinde graubraun, rauh.
Jungtriebe dicht filzig. Blätter länglich bis
elliptisch, 6 bis 11 cm lang, 2 bis 4 cm
breit, spitz, Basis rundlich, oberseits dunkelgrün und kahl, unterseits dicht wollig,
anfangs gelblich, später olivbraun, dazwi-
schen Drüsen, ledrig. Stiele 1 bis 2 cm

Rhododendron adenogynum

Rhododendron aberconwayi

lang, zuerst filzig, später meist kahl. 4- bis
12blütig. Krone glockig, weiß mit rosa Anflug bis hellrosa, oft purpurfarben gefleckt,
3 bis 4,5 cm lang. Kronzipfel, Fruchtknoten dicht drüsig, Griffel im unteren Drittel

meist drüsig. Blütenstiele 2 bis 3 cm lang, dicht filzig. Kelch 0,5 bis 1,5 cm lang, drüsig, Zipfel länglich, ungleich. Blütezeit Mitte April bis Anfang Mai. China (SO-Xizang, W-Yunnan, SW-Sichuan). Bambusdickichte, Felsen, Ränder von Nadelwäldern; oft über Kalkstein. 3000 bis 4250 m. Winterharte anspruchslose Art, besonders dicht in freier Lage, auch für kleinere Gärten und Steingärten geeignet, schon als kleine Pflanze blühwillig.

R. adenopodum FRANCH.
Sektion *Ponticum*
Subsektion *Argyrophylla*

Immergrün, 1 bis 2 m hoch, locker wachsend, oft breiter als hoch. Jungtriebe dicht filzig und drüsig. Blätter ledrig, länglich-lanzettlich, 9 bis 16 cm lang, 2,5 bis 4 cm breit, spitz, oberseits kahl, unterseits mit dicht filzigem grauem bis hellbraunem Indument, Stiele ca. 3 cm lang, filzig. Blütenstand dicht, 6- bis 8blütig, Blütenstiele 3 bis 4 cm lang, mit langen Drüsen besetzt. Krone trichterförmig-glockig, hellrosa, 4 bis 5 cm lang, Fruchtknoten dichtdrüsig, Griffel kahl. Kelch ca. 5 mm lang, Zipfel drüsig, bewimpert. Blütezeit April bis Mai. Fruchtkapsel ca. 1,5 cm lang, zylindrisch. China (O-Sichuan, Hubei); lichte Wälder über Felsen, 1500 bis 2200 m. Winterhart,

interessante Belaubung, die frühe Blüte spätfrostgefährdet. 1900 eingeführt.

R. alabamense REHD.
Sektion *Pentanthera*

Sommergrün, 1 bis 2 m hoch, aufrecht wachsend. Bodentriebe bildend. Jungtriebe borstig behaart. Blätter verkehrt-eiförmig bis elliptisch, 3 bis 6 cm lang, 1 bis 3 cm breit, unterseits blaugrün. Stiele kurz. Blüten zu 6 bis 10. Krone weiß, meist mit zitronengelbem Fleck, manchmal schneeweiß (rosafarbene Formen sind meist Hybriden), 2 bis 3,5 cm lang, Röhre eng. Nach Jasmin oder Zitronen duftend. Staubblätter doppelt so lang wie die Röhre. Fruchtknoten behaart. Kelch klein, ungleich, dicht behaart. Blütenstiele 0,5 bis 1 cm lang, behaart. Blüten mit den Blättern erscheinend, Blütezeit April bis Mai. USA (Alabama, Georgia). Trockene, steinige Berghänge in Misch- oder Laubwäldern. Häufig sind Naturhybriden mit *R. canescens*, die höher werden, Blüten meist rosa. Relativ anspruchslos, winterhart und Trockenheit vertragend. 1883 erstmals beschrieben.

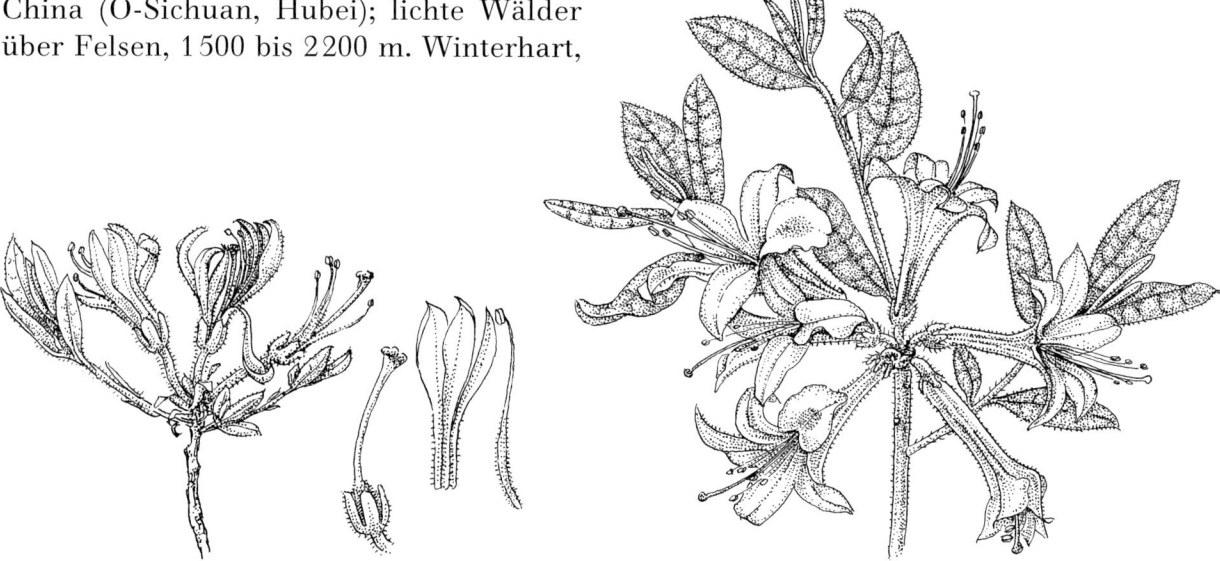

Rhododendron alabamense f. *polypetala*   *Rhododendron alabamense*

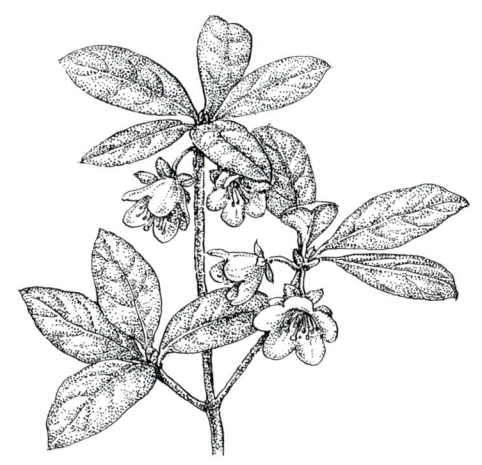

Rhododendron albiflorum

Rhododendron albrechtii

R. albiflorum W. J. Hook.
Sektion *Candidastrum*

Sommergrün, straff aufrecht wachsend, 0,5 bis 1 m hoch. Jungtriebe anliegend, braun behaart, später kahl und rötlichbraun. Blätter an den Enden der Kurztriebe oder einzeln längs der Triebe, länglich elliptisch bis lanzettlich, 2,5 bis 7 cm lang, 1 bis 2,5 cm breit, spitz, Rand oft gewellt, oberseits leuchtend grün, im Jugendstadium Mittelrippe und Rand borstig behaart. Stiele 1 bis 3 cm lang, anliegend behaart. 1- bis 2blütig aus den Seitenknospen der vorjährigen unbelaubten Zweige. Krone breit offenglockig, hängend, ca. 2 cm im Durchmesser, mit kurzer Röhre und abstehenden Zipfeln, weiß, meist innen und außen kurz behaart, meist 10 Staubblätter, ca. 1 cm lang. Fruchtknoten kugelig, drüsenhaarig. Blütenstiele 1 bis 3 cm lang, anliegend behaart. Blütezeit Juni bis Juli, nach dem Blattaustrieb. USA (Washington und Montana bis Oregon und Colorado), Kanada (British Columbia, Alberta). Unterholz in den oberen Bergwäldern oder in freier Lage über der Baumgrenze, in Flußbänken; 1200 bis 2300 m. Winterhart, schwierig zu kultivieren, Ansiedlung möglichst mit Sämlingen in steinigem Boden. Im Frühjahr relativ feucht halten bei guter Drainage, im Sommer trockener. 1828 nach England eingeführt, blühte erstmals 1837.

R. albrechtii Max.
Sektion *Sciadorhodion*

Sommergrün, 1,5 bis 2 m hoch, aufrecht wachsend. Zweige anfangs mit Drüsenhaaren, später kahl und purpurbraun. Blätter verkehrt-eiförmig bis lanzettlich, 4 bis 11 cm lang, 1,5 bis 6 cm breit, beiderseits behaart, Ränder bewimpert. Blätter

Rhododendron albrechtii

123

meist zu 5 an den Enden der Triebe. 4- bis 5blütig. Krone rundlich-glockig, leuchtend purpurrosa bis zartrosa, 1 bis 2 cm lang, Durchmesser 3 bis 4 cm, 10 ungleiche Staubblätter, Fruchtknoten behaart und drüsig, Stempel kahl, länger als die Krone, Blütenstiele 1,5 bis 2 cm lang, behaart. Kelch klein, bewimpert. Blütezeit April bis Mai, vor oder mit dem Laubaustrieb. Heimat Japan (von Mittel-Honshu bis Zentral-Hokkaido). Subalpine Gebüsche, häufig mit *R. brachycarpum*, um 1000 m. Sehr winterhart und anspruchslos. Bei Jungpflanzen Winterschutz empfehlenswert. Für sonnigen und halbschattigen Standort. 1860 entdeckt, seit 1892 in Kultur.

R. alutaceum Balf. f. et W.W.Sm.
Sektion *Ponticum*
Subsektion *Taliensia*

Immergrün, 0,5 bis 2 m hoch, breit kompakt wachsend. Rinde rauh, graubraun. Blätter länglich bis lanzettlich, 5 bis 17 cm lang, 2 bis 4 cm breit, spitz, Basis rundlich bis keilförmig, unterseits wollig-filzig, hell- bis rötlichbraun. Stiele 1 bis 2 cm lang, meist dauerhaft braunfilzig. Blütenstand 10- bis 20blütig. Krone glockig bis trichterförmig-glockig, weiß bis rosa, mit karminfarbenen Flecken, teilweise mit purpurnem Basalfleck, 3 bis 4 cm lang. Frucht-

knoten leicht drüsig und filzig oder kahl, Griffel kahl. Blütenstiele 1 bis 2 cm lang, filzig. Kelch etwa 1 mm lang, filzig, Zipfel rundlich. Fruchtkapsel 1,5 bis 2 cm lang. Blütezeit April. China (SO-Xizang, NW-Yunnan, SW- und Zentral-Sichuan), Kie-

fernwälder, Bambusdickichte, steinige Matten, meist in freier Lage; 3050 bis 4250 m. Winterhart, für freie Lagen und Halbschatten.

Varietäten:

1 Blattunterseite hellbraun, dauerhaft wollig; Fruchtknoten warzig
var. *alutaceum* (*R. globigerum* Balf. f. et Forr.)

1⁺ Blattunterseite mittel- bis rotbraun, nicht wollig; Fruchtknoten mit Haaren und Drüsen   2

2. oberste Schicht des Induments (verzweigte rotbraune Haare) nicht dauerhaft bestehend
var. *russotinctum* (Balf. f. et Forr.) Chamb. (*R. russotinctum* Balf. f. et Forr)

2⁺ oberste Schicht des Induments (kurze mittelbraune verzweigte Haare) dauerhaft filzig, kaum in Kultur
var. *iodes* (Balf. f. et Forr.) Chamb. (*R. iodes* Balf. f. et Forr.)

Rhododendron alutaceum

124

R. ambiguum Hemsl.
(*R. chengshienianum* Fang)
Sektion *Rhododendron*
Subsektion *Triflora*

Rhododendron ambiguum

Immergrün, breit aufrechtwachsend, etwa 1 m, in der Heimat bis 5 m hoch. Triebe dicht drüsig. Blätter länglich eiförmig oder länglich-elliptisch, meist zugespitzt, Basis rundlich, 3 bis 6 cm lang, 1,5 bis 3 cm breit, oberseits dunkelgrün und beschuppt, Unterseite dicht mit sich berührenden oder überlappenden dunkelbraunen großen Schuppen besetzt. Stiel 0,5 bis 1 cm lang, schuppig. Meist 3- bis 5blütig. Krone offen, trichterförmig, gelb, meist mit grünlichen oder dunkelgelben Flecken, 2 bis 2,5 cm lang, außen unterschiedlich beschuppt. 10 Staubblätter, Staubfäden an der Basis flaumhaarig. Narbe schuppig, Griffel kahl, selten an der Basis behaart.

Kelch wellig, Zipfel 1 bis 1,5 cm, schuppig. Fruchtkapsel schuppig, zylindrisch, etwa 1 cm lang. China (Zentral-Sichuan). Blütezeit Ende April bis Mitte Mai. Strauchformation an Berghängen oder Felsen in Wäldern; 2600 bis 4500 m. Härteste gelbblühende Art der Sektion, paßt gut zu blau und rosa blühenden Arten der Sektion.

Rhododendron ambiguum

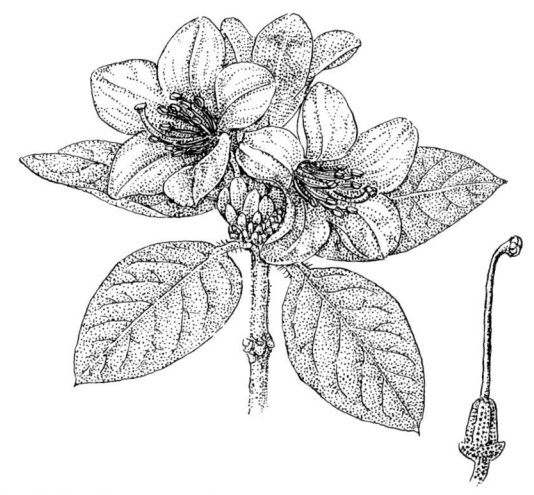

Rhododendron amesiae

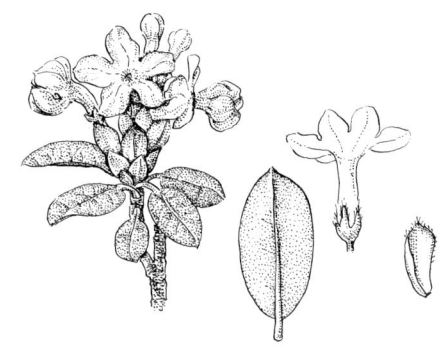

Rhododendron anthopogon

R. amesiae REHD. et WILS.
Sektion *Rhododendron*
Subsektion *Triflora*

Sehr ähnlich *R. concinnum*. Wichtige Unterschiede: Blattstiel borstig, Jungtriebe borstig-steifhaarig, Krone etwa 3,5 cm lang. China (NW-Sichuan). Strauchformationen. 2300 bis 3000 m. Winterhart.

R. anthopogon D. DON
Sektion *Pogonanthum*

Immergrün, aromatisch, gedrungen wachsend, 30 bis 50 cm hoch, reichverzweigt. Blätter oval bis elliptisch, selten fast rund, 1,5 bis 3,5 cm lang, 1 bis 1,5 cm breit, spitz oder mit Stachelspitze, Basis rundlich. Oberseits dunkelgrün, mit oder ohne Schuppen, Unterseite meist dunkelbraun, dicht mit sich überlappenden Schuppen besetzt. Blütenstand dicht, vollblütig. Krone röhrig mit breitem Saum, meist weiß oder rosa, seltener creme oder gelblich, ca. 1 cm lang, außen kahl, innen dicht weichhaarig. 6 bis 8 Staubblätter. Fruchtknoten schuppig. Blütenstiel kurz, beschuppt. Kelchzipfel länglich, ca. 4 mm lang, beschuppt und bewimpert. Fruchtkapsel ca. 5 mm lang, beschuppt. Blütezeit April bis Mai. In der Heimat bestandbildend auf moorigen Matten, Felsen, Birkenbestände; 3350 bis 4900 m. Winterhart. Für kühl-feuchtes Alpinum (Nordhang).

Unterarten

1   Laubknospenschuppen abfallend
                        ssp. *anthopogon*
     Nepal, Indien (Uttar Pradesh, W-Bengal, Sikkim, Arunachal Pradesh), Bhutan, China (S-Xizang).

1⁺   Laubknospenschuppen bleibend
     ssp. *hypenanthum* (BALF. f.) CULLEN (*R. hypenanthum* BALF. f.)
     Indien (Kashmir, Himachal und Uttar Pradesh), Nepal, Bhutan.

R. aperantum BALF. f. et K. WARD
Sektion *Ponticum*
Subsektion *Neriiflora*

Immergrün, mattenartig, dicht und kompaktwachsend, 30 bis 50 cm hoch. Jungtriebe flockig-filzig. Knospenschuppen bleibend. Blätter verkehrt-eiförmig bis lanzettlich, 3 bis 6,5 cm lang, 1,5 bis 2,5 cm breit, vorn abgerundet mit Stachelspitze, Basis keilförmig, oberseits kahl, unterseits warzig, blaugrün, in ausgereiftem Zustand meist kahl, an Adern und Mittelrippe teilweise Reste des rötlichbraunen bis weißlichen Filzes. Stiele breit, ca. 0,5 cm lang, im Jugendzustand meist mit flockigen Schuppen. 4- bis 6blütig. Krone röhrig-glockig, dünn, weiß oder gelb, rosa- bis orangefarben getönt, 3,5 bis 4,5 cm lang. Fruchtknoten rotbraun, filzig, mit wenigen Drüsenhaaren. Stiele 1,5 bis 3 cm lang, flockig-filzig. Kelch 3 bis 6 mm lang, becherartig, Zipfel drüsig, bewimpert. Fruchtkapsel 1 bis 1,5 cm lang, 0,5 cm dick. Blütezeit Ende April bis Mitte Mai. NO-Oberburma, China (NW-Yunnan). Alpine Matten, Moränen; 3600 bis 4500 m. In Kultur nicht leicht zu halten, am besten in offener, feucht-kühler Nordlage zwischen Steinen.

R. arborescens (PURSH) TORR.
Sektion *Pentanthera*

Sommergrün, 2 bis 3 m hoch, dicht bis lokker aufrecht wachsend, meist dichtverzweigt, ohne Ausläufer. Zweige glatt und kahl. Blätter meist verkehrt-eiförmig, spitz oder stumpf, Basis keilförmig, meist kahl, unterseits meist blaugrün, 4 bis 9 cm lang, 1 bis 3 cm breit. Stiele ca. 0,5 cm lang, kahl. 3- bis 6blütig. Krone weiß, auch rosa getönt, mitunter mit gelbem Fleck, 4 bis 5,5 cm lang, langröhrig, außen leicht drüsig-haarig, nach Heliotrop duftend. Staubblätter doppelt so lang wie Röhre. Fruchtknoten rötlich, drüsig. Staubbeutel purpur-

rot, meist kahl. Blütenstiele 1 bis 2 cm lang, Kelch 3 bis 6 mm, drüsig-borstig, ungleich. Blütezeit Juli bis August, nach der Laubentfaltung. USA (von New York und Pennsylvania südlich bis Zentral-Georgia und Alabama, westlich bis Kentucky und Tennessee). In Eichen- und *Vaccinium*-Gestrüpp, feuchten Wäldern in Flußniederungen, hier bis 6 m hoch. Winterhart, besonders durch späte Blüte und Duft wertvoll, für kleinere Gärten jedoch bald zu groß werdend. Var. *richardsonii*, eine niedrige Form aus höheren Berglagen, ist selten in Kultur. 1818 nach Europa eingeführt.

R. argyrophyllum FRANCH.
Sektion *Ponticum*
Subsektion *Argyrophylla*

Immergrün, aufrecht wachsend, 1 bis 3 m hoher Strauch, in der Heimat auch bis 12 m hoher Baum. Rinde rissig, sich ablösend, grau bis grünlich-braun. Jungtriebe

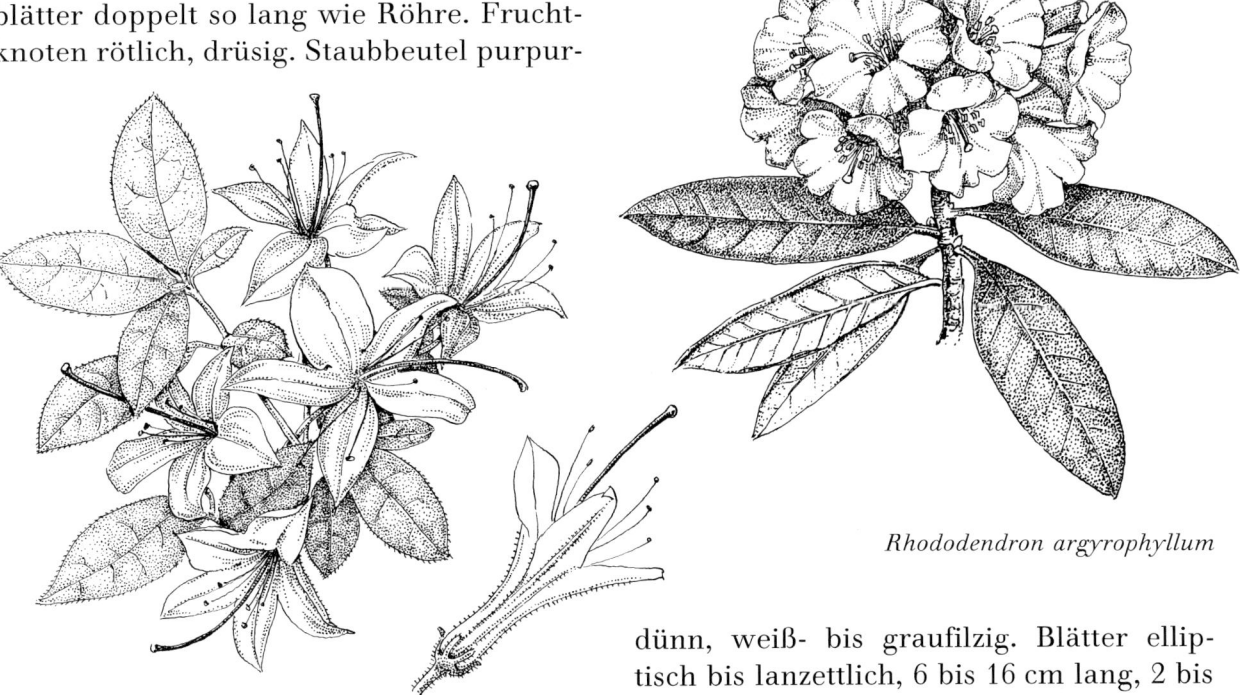

Rhododendron argyrophyllum

Rhododendron arborescens

dünn, weiß- bis graufilzig. Blätter elliptisch bis lanzettlich, 6 bis 16 cm lang, 2 bis 6 cm breit, spitz, oberseits kahl, unterseits mit silbrigem bis hellbraunem Häutchen. Stiele 1 bis 2 cm lang, anfangs wollig, später kahl. Blütenstand dicht, 4- bis 6blütig. Krone trichterförmig-glockig, weiß bis hellrosa, purpurn gefleckt, 3 bis 5,5 cm lang. Fruchtknoten weißflockig bis rotbraun, drüsig, Griffel kahl. Blütenstiele 2 bis 2,5 cm lang, flockenhaarig. Kelch ca. 2 mm lang, flockenhaarig, Zipfel breit dreieckig. Fruchtkapsel 1 bis 2,5 cm lang, länglich zylindrisch, gekrümmt. Blütezeit Mai. Bambus-Dickichte, Wälder; 1 600 bis 3 650 m Höhe. Sehr variable und weit-

verbreitete Art. Nominatform mit bester Winterhärte. In ungünstigen Wintern Laubschäden, deshalb geschützten Standort wählen. Wuchs in Mitteleuropa meist sehr gedrungen. Nominatform 1904 eingeführt.

Unterarten (nach CHAMBERLAIN)

1   Blätter 11 bis 16 cm lang; Krone 4 bis 5,5 cm
    ssp. *omeiense* (REHD. et WILS.) CHAMB. (var. *omeiense* REHD. et WILS.)
    China (W-Sichuan, Mt. Omei)

Rhododendron atlanticum

1⁺ Blätter 6 bis 9 cm lang; Krone 3 bis 3,5 cm

2   Blattunterseite hellbraun
     ssp. *nankingense* (Cowan) Chamb. (var. *nankingense* Cow.)
     China (Guizhou), in 2250 m Höhe auf Felsen.

2⁺ Blattunterseite weiß bis silbrig

3   Fruchtknoten und Blütenstiele ohne Drüsen
     ssp. *argyrophyllum* (var. *cupulare* Rehd. et Wils.)
     China (Yunnan, Sichuan, Shaanxi).

3⁺ Fruchtknoten und Blütenstiele mit Drüsen
     ssp. *hypoglaucum* (Hemsl.) Chamb. (*R. hypoglaucum* Hemsl., *R. gracilipes* Franch.)
     China (O-Sichuan, W-Hubei).

R. atlanticum Rehd.
Sektion *Pentanthera*

Sommergrün , 40 bis 80 cm hoch, Ausläufer treibend. Zweige meist kahl. Blätter verkehrt-eiförmig bis länglich, 3 bis 6 cm lang, 1,5 bis 2 cm breit, Spitze rund oder spitz, Basis keilförmig, unterseits oft blaugrün, kahl. Stiele 1 bis 5 mm lang, leicht behaart. 4- bis 10blütig. Krone weiß bis rosa getönt, Röhre meist dunkler, 3 bis 4 cm lang, röhrig-trichterförmig, duftend. Staubblätter doppelt so lang wie die Röhre. Fruchtknoten behaart, Stempel länger als Staubblätter. Blütenstiele etwa 1 cm lang, behaart. Kelch 2 bis 4 mm lang, meist drüsig-borstig. Blütezeit Mai bis Juni, kurz vor oder mit dem Blattaustrieb. USA (O-Pennsylvania und Delaware südlich bis South Carolina). Sandige Kiefernwälder. Im Norden Hybriden mit *R. periclymenoides*, im Süden mit *R. canescens*. Winterhart, für den kleinen Garten geeignet.

R. augustinii Hemsl.
Sektion *Rhododendron*
Subsektion *Triflora*

Immergrün, selten wintergrün, aufrecht wachsend bis 2 m, in der Heimat bis 10 m hoch. Jungtriebe weichhaarig, seltener kahl. Blätter länglich bis elliptisch, zugespitzt, 5 bis 10 cm lang, 2 bis 3 cm breit, oberseits kahl oder mit behaarter Mittelrippe, unterseits golden oder braun beschuppt, Mittelrippe behaart. 2- bis 5blütig. Krone offen, trichterförmig, 3 bis 4 cm

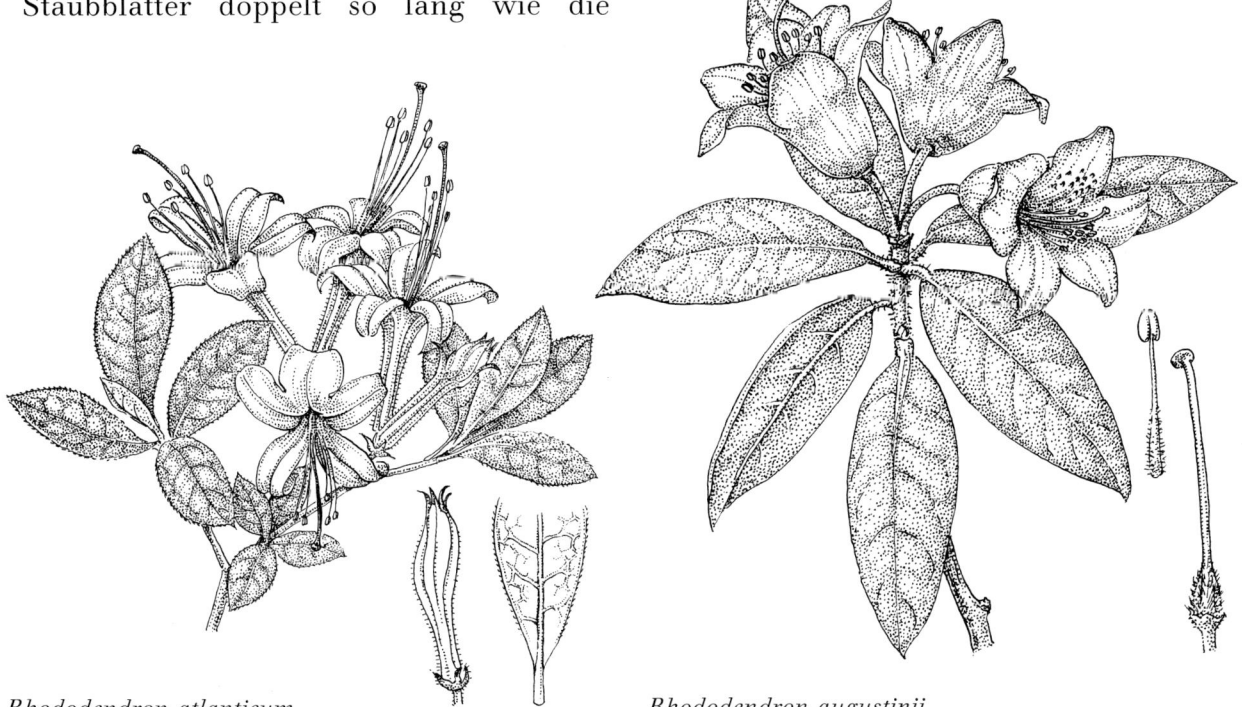

Rhododendron atlanticum   *Rhododendron augustinii*

129

Rhododendron augustini

lang, purpurn, lavendelfarben oder fast
blau, selten weiß, innen mit grünlichen
oder bräunlichen Flecken, tief 5zipflig,
außen beschuppt oder weichhaarig.
10 Staubgefäße. Fruchtknoten beschuppt
und weichhaarig. Blütezeit April bis Mai.
Winterhärte je nach Herkunft unterschiedlich.

Unterarten

1   Krone blau bis lavendelfarben   2

1⁺   Krone purpurn oder weiß   3

2   Indument der Blattunterseite bis Blattstiel, ent-
     lang der Blattnerven behaart
         ssp. *augustinii* (*R. vilmorinianum* RALF. f.)
     China (O-Sichuam, Hubei), exponierte Felsen;
     1300 bis 3000 m. Eingeführt von WARD 1900.

2⁺   Indument nicht bis zum Blattstiel reichend,
     Mittelrippe kahl oder höchstens einzelne
     Haare
         ssp. *chasmanthum* (DIELS) CULLEN [*R. augustinii*
     var. *chasmanthum* (DIELS/DAVID), *R. chasman-
     thum* (DIELS).]
     China (N- und NW-Yunnan, SW- und NW-Si-
     chuan, SO-Xizang), Wälder, Strauchformatio-
     nen; 2200 bis 3650 m.

3   Krone purpurn
         ssp. *rubrum* (DAVID) CULLEN (*R. augustinii* var.
     rubrum DAVID., *R. bergii* DAVID.)
     China (NW-Yunnan), Strauchformationen, fel-
     sige Hänge; bei 4000 m, früheste Blütezeit,
     kompakter Wuchs.

3⁺   Krone weiß mit braunen Flecken, Blätter oft
     nur wintergrün
         ssp. *hardyi* (DAVID.) CULLEN (*R. hardyi* DA-
     VID.)
     China (NW-Yunnan), Unterholz in Wäldern
     zwischen 3350 und 3650 m. Empfindlich, nur
     an sehr geschützten Stellen im Freien, attrakti-
     ver bronzefarbener Blattaustrieb. 1949 von
     ROCK eingeführt.

R. aureum GEORGI
Sektion *Ponticum*
Subsektion *Pontica*

Immergrün, kompakt-flachwachsend, 30
bis 50 cm, selten bis 1 m hoch. Jungtriebe
mehr oder weniger kahl; Knospenschup-

Rhododendron aureum

pen nicht abfallend. Blätter eiförmig bis
breit-elliptisch, 2,5 bis 15,5 cm lang, 1 bis
7 cm breit, Spitze rundlich, Basis keilförmig bis rundlich, beiderseits im Alter kahl.
Stiele 0,5 bis 1 cm lang. Blütenstand dicht,
5- bis 8blütig, Blütenstiele 2,5 bis 3,5 cm
lang, leicht filzig. Krone weitglockig, hellgelb, meist schwache Zeichnung, 2,5 bis
3 cm lang. Fruchtknoten rotbraun, filzig;
Griffel kahl. Blütezeit Ende März bis April,
Fruchtkapsel etwa 1 cm lang, Heimat Zen-
tral- und Ostsibirien, Kamtschatka, Sachalin, Kurilen, Korea, Japan (Hokkaido, Honshu), N-China (Jilin). Tundra, Sümpfe,
Schneetälchen, Nadelwälder, subalpin bis
alpin; 1500 bis 2700 m.

Pflanzen mit stärkerem Wuchs gedeihen
in der Regel im Garten besser und blühen
williger (z. B. Herkunft aus Hokkaido und
Zentralasien). Gedeiht in humosem Lehm
bei offener, kühl-feuchter Lage am besten.
Gute Winterhärte. Wurde mehrfach zu
Kreuzungen benutzt, z. B. *R. aureum*
x *R. campylocarpum* (HOBBIE um 1952)
= Grex-Sorte, hellgelb bis gelbrosa; *R. aureum* x *R. forrestii* ssp. *forrestii* (HOBBIE um
1953) = Grex-Sorte, kräftig rosa mit ge-
kräuseltem Kronensaum.

1   Blätter 2,5 bis 6,5 cm lang, Knospenschuppen
     bleibend
                    var. *aureum* (*R. chrysanthum* PALL.)

1⁺   Blätter 9 bis 15,5 cm lang, Knospenschuppen
     meist abfallend.
     var. *hypopitys* (POJ.) CHAMBERL. (*R. hypopitys*
     POJ.)

R. auriculatum HEMSL.
Sektion *Ponticum*
Subsektion *Auriculata*

Immergrün, straff aufrecht wachsend, 2
bis 3 m, in der Heimat auch bis 6 m hoher
Baum. Rinde graubraun, rauh; Jungtriebe
haarig-drüsig. Blätter lanzettlich, 15 bis
20 cm lang, 4,5 bis 8 cm breit, Spitze rundlich, mit Stachelspitze, Basis geört, an
den Rändern mit kleinen Drüsen besetzt,
unterseits besonders an Blattnerven und
Mittelrippe drüsig, ausgereift mehr oder
weniger kahl. Blattstiele 1 bis 3 cm lang,
dicht haarig-drüsig. 6- bis 15blütig, Stiele 2
bis 2,5 cm lang, mit gestielten Drüsen.
Krone trichterförmig, 7zipflig, weiß bis

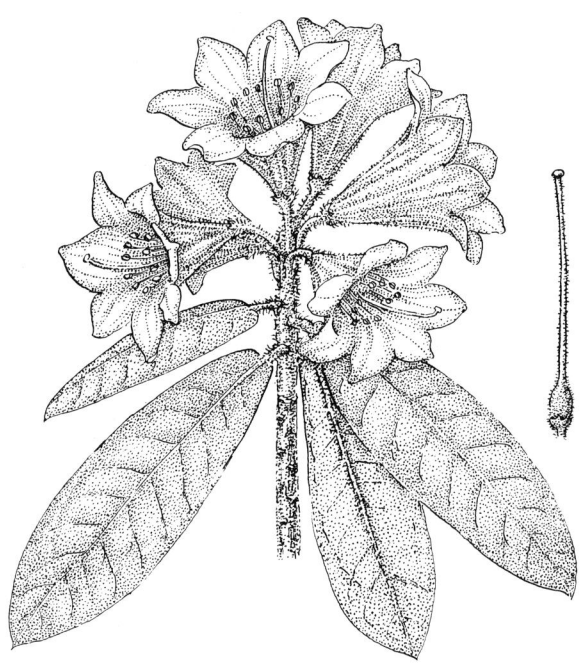

Rhododendron auriculatum

zartrosa, Schlund grünlich, 7 bis 10 cm
lang. 14 Staubblätter. Fruchtknoten dicht
drüsig. Kelch 2 mm, leicht drüsig. Blütezeit Juli bis August. Fruchtkapsel zylindrisch, 2 bis 3,5 cm lang. China (O-Sichuan, W-Hubei, E-Guizhou). In lockeren,
lichten Wäldern, auch im tiefen Schatten.
Stark wachsend, schöner Austrieb, in normalen Wintern hart, in Extremwintern
Laub- oder Zweigschäden, deshalb geschützter Standort empfehlenswert. Blüht
erst als große Pflanze.

R. austrinum REHD.
Sektion *Pentanthera*

Sommergrün, steif und aufrecht wachsend, 2 bis 3 m hoch, ohne Ausläufer.
Zweige oft rotdrüsig. Blätter elliptisch bis
länglich verkehrt-eiförmig, 3 bis 8,5 cm
lang, 2 bis 3,5 cm breit, zugespitzt, Basis
keilförmig, beiderseits behaart und meist
drüsig. Stiele 3 bis 8 mm lang, drüsig behaart. Blüten zu 8 bis 15 in rundlichen
Stutzen. Stiele 0,5 bis 1 cm lang, behaart
und drüsig. Krone drüsig, röhrig-trichterförmig, 2,5 bis 3 cm lang, gelb bis orange,
Röhre tieforange oder rot, gelegentlich
gelb. Staubblätter fast 3mal so lang wie
die Röhre. Griffel länger als die Staubblätter. Kelch 2 mm, ungleich, behaart und
drüsig. Blütezeit Mai, vor oder mit dem
Laub. USA (von NW-Florida bis SO-Mis-
sissippi), in Wäldern und an Flußufern.
Bildet mit *R. canescens* und *R. alabamense*
Naturhybriden. Winterhart. 1865 entdeckt,
aber erst seit 1914 in Europa.

R. bakeri LEMM. et MCKAY
(*R. cumberlandense* E. L. BR.)
Sektion *Pentanthera*

Sommergrün 0,8 bis 1,5 m hoch, aufrecht
wachsend, dicht, oft mit Ausläufern.
Zweige mit steifen Borsten. Blätter sehr
ähnlich *R. calendulaceum* (diploide Form

dieser Art?). 4- bis 7blütig. Krone röhrig-trichterförmig, 3 bis 4,5 cm lang, meist orange bis rot, ohne Duft. Blütezeit Juni bis Juli, nach der Laubentfaltung. USA (von O-Kentucky bis Tennessee, N-Georgia und Alabama), lichte Wälder in höheren Lagen. Winterhart, auch für den kleineren Garten. Wuchs gedrungener als

R. bakeri blüht bereits als 3jähriger Sämling. In den USA eine Reihe guter Gartenklone mit scharlach- bis blutroten Farbtönen und kompaktem Wuchs. Am Naturstandort Hybriden mit *R. arborescens* (als *R. furbishii* beschrieben). Erst 1937 beschrieben.

R. basilicum BALF. f. et SMITH
Sektion *Ponticum*
Subsektion *Falconera*

Immergrün, etwa 2 bis 3 m, in der Heimat bis 10 m hoch. Jungtriebe rotbraun, filzig. Blätter verkehrt-eiförmig bis elliptisch, 17 bis 25 cm lang, 8,5 bis 13 cm breit, abgerundet, Basis keilförmig, oberseits kahl mit tieferliegenden Nerven, unterseits anfangs graufilzig, später rotbraunfilzig; Stiel 2 bis 3 cm lang, dick, kahl. Blütenstand 15- bis 25blütig. Blütenstiele 3 bis 4 cm lang, dünnfilzig. Krone fleischig, breit-glockig,

Rhododendron bakeri

133

8zipflig, hellgelb mit rotem Schlundfleck, 16 Staubblätter. Fruchtknoten dicht rotbraun filzig. Blütezeit Mai. Fruchtkapsel 2 bis 3 cm lang. Heimat NO-Burma, China (W-Yunnan), Tannen-, Rhododendronwälder und Dickichte; 3000 bis 3700 m Höhe. Geschützter Standort erforderlich, es gibt relativ harte Typen. Sehr dekorative Blattpflanze, auch als Kübelpflanze.

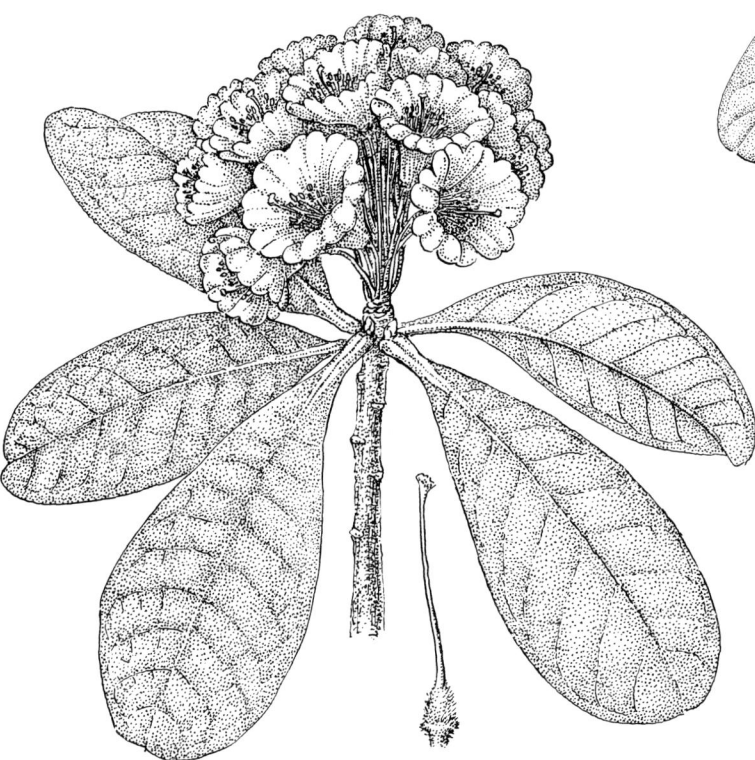

Rhododendron beanianum

Rhododendron basilicum

R. beanianum COWAN
Sektion *Ponticum*
Subsektion *Neriiflora*

Immergrün, langtriebig, bis etwa 1 m hoch. Jungtriebe sternhaarig und drüsig. Blätter verkehrt-eiförmig bis elliptisch, 6 bis 9 cm lang, 3 bis 4 cm breit, Spitze abgerundet, mit Stachelspitze; Basis rundlich, oberseits dunkelgrün, glänzend und runzlig, unterseits dicht rotbraunfilzig. Stiele 1,5 bis 2 cm lang, filzig. Blütenstand 6- bis 10blütig. Blütenstiele 1 bis 1,5 cm lang, filzig. Krone fleischig, röhrig-glockig, kar-

minrot bis blutrot, etwa 3,5 cm lang. Fruchtknoten filzig. Kelch becherförmig, 0,5 cm, leicht filzig. Blütezeit April bis Mai. Fruchtkapsel filzig. NO-Burma, NO-Indien (Armachal Pradesh), Bambuswälder, Felsen; 3000 bis 3500 m. Blattpflanze, interessant besonders im Jugendstadium. Braucht einen geschützten Standort; besonders für alpine Anlagen geeignet. 1926 von K. WARD entdeckt.

R. brachyanthum FRANCH
Sektion *Ponticum*
Subsektion *Pontica*

Immergrün, etwa 40 bis 80 cm hoch, breit aufrecht wachsend. Jungtriebe rötlich be-

134

Rhododendron brachyanthum ssp. *hypolepidotum*

Rhododendron brachycarpum ssp. *brachycarpum*

schuppt. Blätter länglich-elliptisch bis länglich verkehrt-eiförmig, 3,5 bis 5,5 cm lang, 1 bis 2 cm breit, vorn spitz bis rundlich, Basis keilförmig, aromatisch duftend, oberseits dunkelgrün, unterseits blaugrün, mit milchigweißen und dunklen Schuppen besetzt. Blütenstand 3- bis 7blütig, Blütenstiele 1 bis 2,5 cm lang, schuppig. Krone glockig, hell- oder grünlichgelb, 1 bis 2 cm lang, meist außen ohne Schuppen. Staubblätter rot; Fruchtknoten beschuppt; Griffel kahl. Kelchzipfel rundlich, bläulich, beschuppt. Blütezeit Juni. Fruchtkapsel rundlich, ca. 1 cm lang. In der Heimat im Unterholz, alpine Matten; 3000 bis 4000 m. Wächst gut im Garten und blüht üppig, vor Wintersonne und scharfen Winden geschützter Standort erforderlich. Rosa blühende Pflanzen sind Hybriden mit *R. pruniflorum*.

Unterarten

1 Schuppen sehr zerstreut und voneinander entfernt, bei ausgereiften Blättern manchmal fehlend ssp. *brachyanthum*

China (Zentral-Yunnan).

1+ dicht beschuppt
ssp. *hypolepidotum* (Fr.) Cullen (*R. brachyanthum* var. *hypolepidotum* Fr., *R. hypolepidotum* (Fr.) Balf. f. et Forr., *R. charitostreptum* Balf. f. et K. Ward.)
N-Burma, China (NW-Yunnan, SO-Xizang), selten epiphytisch; 3050 bis 4000 m.

R. *brachycarpum* D. Don
Sektion *Ponticum*
Subsektion *Pontica*

Immergrün, 1 bis 3 m hoch, in der Jugend kompakt und rundlich, im Alter lockerer. Rinde rauh, graubraun. Jungtriebe filzig, später kahl. Blätter länglich bis verkehrt-eiförmig, 7 bis 11 cm lang, 3 bis 4,5 cm breit, Spitze abgerundet mit Stachelspitze, oberseits kahl; Stiele 1 bis 2 cm lang, kahl. Blütenstand dicht, 10- bis 20blütig, Stiele ca. 3 cm lang, leicht filzig. Krone breit trichterförmig-glockig, weiß bis hellrosa, mit grünlichen Flecken, ca. 2,5 cm lang. Fruchtknoten dicht filzig, Griffel ca. 1,5 cm lang, kahl. Kelch etwa 2 mm, filzig, Zipfel kahl. Blütezeit Ende Mai bis Juni. Fruchtkapsel 2 bis 3 cm lang. Japan (Honshu bis Hokkaido, Süd-Kurilen), Korea; meist oberhalb der Baumgrenze von 1700 bis 2300 m. In Japan Bestände mit *R. japonicum* und niedrigem Bambus, in Nadelwäldern, auf Felsen und im Geröll, auf vulkanischer Asche.

135

Ausgesprochen winterhart, verträgt selbst extreme Standorte in voller Sonne, geringe Bodenansprüche. Größere Pflanzen kommen mit wenig Humus aus.

Varietäten:

1 Blätter unterseits mit grauem bis hellbraunem Indument, im Winter oft gelbgrünes Laub
ssp. *brachycarpum*
ähnlich ssp. *tigerstedtii* NITZ. stärker wachsend, Triebe kräftiger. Blätter 15 bis 25 cm lang, 5 bis 9 cm breit, blüht etwa 2 bis 3 Wochen früher als die Nominalform. Mittel- und Nordkorea; 200 bis 1 600 m, in Fichtenwäldern und auf Felsen. Gilt als härtester Rhododendron der Welt, blieb im Mustila Arboretum in Finnland bei −45 °C ohne Winterschäden. Für die Züchtung harter Hybriden wichtig.

1+ Blätter kahl, auch im Winter tiefgrün
ssp. *fauriei* (FRANCH.) CHAMB.

R. bureavii FRANCH.
(*R. bureavieides* BALF. f.)
Sektion *Ponticum*
Subsektion *Taliensia*

Immergrün, 1 bis 2 m hoch, in der Jugend sehr kompakt und langsam wachsend. Jungtriebe rötlich, dicht weiß-bräunlich filzig. Blätter elliptisch, 4,5 bis 12 cm lang, 2 bis 7 cm breit, spitz, Basis rundlich bis keilförmig, unterseits dicht rostrot wollig-filzig; Stiele 1 bis 2 cm lang. 10- bis 20blütig, Stiele 1 bis 2 cm lang, dicht behaart und drüsig. Krone weiß bis rosa, manchmal mit purpurfarbenen Flecken, 2,5 bis 4 cm lang. Fruchtknoten dicht mit Stiel-

Rhododendron bureavii, Laubaustrieb

Rhododendron calendulaceum in seiner Heimat in den USA (Roan Mt., Colorado). Ein Beispiel dafür, daß nicht allein alpine Arten in freier Lage wachsen.

Die Aufnahme vom Naturstandort in den USA zeigt keine 100%ige Schärfe, konnte jedoch nicht wiederholt werden. Wir bitten den Leser, den technischen Mangel angesichts des authentischen Bildinhaltes zu tolerieren.

drüsen besetzt, teilweise filzig. Griffel meist drüsig. Kelch 0,5 bis 1 cm, Zipfel fleischig, dicht behaart und drüsig. Blütezeit Mai. Fruchtkapsel etwa 1,5 cm lang, 1 cm breit. China (N-Yunnan); lichte Kiefernwälder, Rhododendrondickichte; 2700 bis 4400 m. Ausgesprochen winterharte Art, gut als Solitär und für kleinere Gärten. Austrieb und Belaubung sehr zierend. Blüten erst an älteren Pflanzen. 1908 eingeführt.

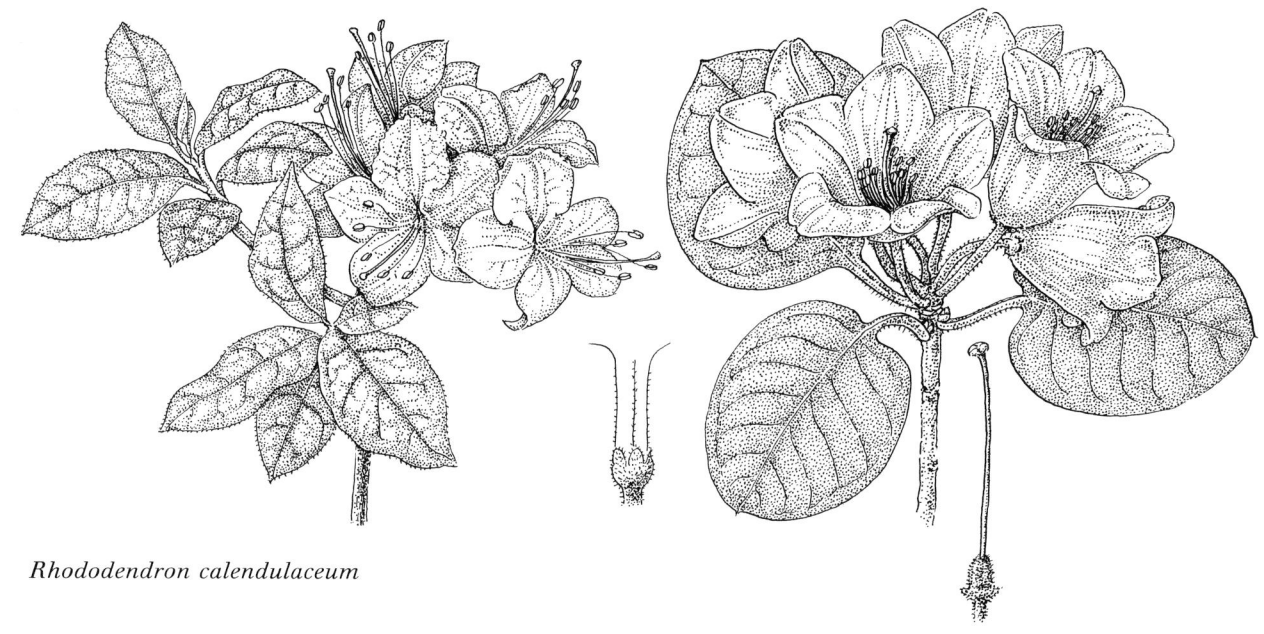

Rhododendron calendulaceum

Rhododendron callimorphum

R. calendulaceum (Michx.) Torr.
Sektion *Pentanthera*

Sommergrün, bis 2 m hoch, aufrecht und
steif wachsend, ohne Ausläufer. Zweige
flaumhaarig. Blätter breit-elliptisch bis
länglich-elliptisch, 4 bis 8 cm lang, 1 bis
3,5 cm breit, beiderseits im Jugendstadium
fein behaart; Stiele 2 bis 5 mm lang, behaart. 4- bis 7blütig, Stiele 0,5 bis 1 cm
lang, behaart. Krone trichterförmig, meist
orange bis rot, seltener gelb oder dunkelrot, 4 bis 6 cm lang, Durchmesser 4 bis
5 cm, Röhre außen meist behaart und drüsig, wenig oder nicht duftend. Staubblätter
3mal so lang wie die Röhre. Fruchtknoten
drüsig-haarig. Kelch 1 bis 4 mm lang, drüsig und behaart. Blütezeit Mai bis Juni, mit
oder kurz nach Laubaustrieb. USA (von
New York, Pennsylvania und Ohio bis N-
Georgia und Virginia im Norden); bewal-
dete Berghänge; 550 bis 1 500 m. Absolut
winterhart und anspruchslos, schöne
Herbstfärbung. Bereits 1799 beschrieben
und schon seit langem in Europa eingeführt. Häufig und erfolgreich als Kreuzungspartner verwendet. In den USA eine
Reihe von Garten-Klonen verbreitet.

R. callimorphum
Balf. f. et W. W. Smith
Sektion *Ponticum*
Subsektion *Campylocarpa*

Immergrün, 1 bis 2 m hoch. Jungtriebe mit
Stieldrüsen. Blätter breit-eiförmig, 3,5 bis
7 cm lang, 3 bis 5 cm breit, Spitze abgerundet, Basis herzförmig; oberseits kahl, unterseits blaugrün, mit kurzen rötlichen
Drüsen; Blattstiel 1,5 cm lang, mit Stieldrüsen. 4- bis 8blütig, Blütenstiel 1,5 cm
lang. Krone glockig, weiß bis rosa, manchmal purpurn gefleckt, 3 bis 4 cm lang.
10 Staubblätter. Fruchtknoten mit Stieldrüsen, Griffel kahl. Kelch 2 mm, mit Stieldrüsen. Blütezeit Mai bis Anfang Juni.
Fruchtkapsel gebogen, ca. 2 cm lang.
China (W-Yunnan): 3 000 bis 4 000 m in
Strauchformationen auf felsigen Berghängen.

Winterhärte nach Herkunft unterschiedlich, deshalb geschützter Platz im Garten
zu empfehlen. Relativ langsam und kompakt wachsend, auch im nichtblühenden
Zustand zierend. 1912 eingeführt.

Varietäten

1 Krone rosa var. *callimorphum*

1+ Krone weiß
var. *myiagrum* (Balf. f. et Forr.) Chamb.

R. calophytum Franch.
Sektion *Ponticum*
Subsektion *Fortunea*

Immergrün, breit ausladender, bis etwa 2 m hoher Strauch, in der Heimat bis 12 m hoher Baum. Braune, rauhe Rinde; Jungtriebe dick und weißfilzig. Blätter lanzettlich, 14 bis 30 cm lang, 4 bis 7 cm breit, spitz, Basis keilförmig; hellgrün, kahl, im Jugendstadium unterseits entlang der Mittelrippe filzig. Stiel 1 bis 2 cm lang, kahl oder mit dünnem Indument. 5- bis 30blütig, in lockeren Trauben; Stiele 3 bis 5,5 cm lang. Krone 5- bis 7zipflig, offenglockig, 4 bis 6 cm lang, kahl, weiß bis rosa mit purpurfarbenen Flecken, 15 bis 20 Staubblätter, am Grunde flaumhaarig.

Fruchtknoten und Griffel kahl, Narbe diskusförmig. Kelch 1 mm, kahl. Blütezeit März bis April. Fruchtkapsel 2,5 bis 3 cm lang. China (Ost- und Zentral-Sichuan, NO-Yunnan); Wälder, Strauchformationen, Bambusdickichte; 1800 bis 4000 m, in Kultur nur var. *calophytum*.

Braucht in Mitteleuropa unbedingt halbschattigen Standort und Schutz vor Wintersonne. Friert in Extremwintern oft bis ins alte Holz zurück. 1904 eingeführt.

R. calostrotum
Balf. f. et Kingd. Ward
Sektion *Rhododendron*
Subsektion *Saluenensia*

Niederliegend, mattenbildend bis kriechend, immergrün, 10 bis 50 cm hoch. Jungtriebe dicht beschuppt. Blätter fast

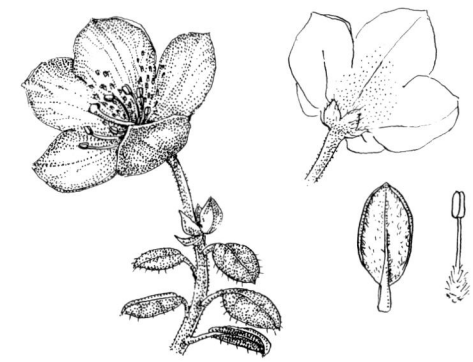

Rhododendron calostrotum ssp. *calostrotum*

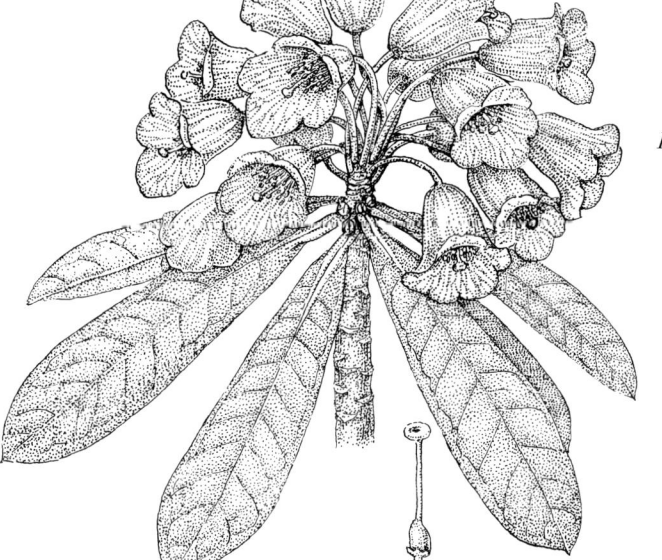

Rhododendron calophytum

Rhododendron calostrotum ssp. *keleticum*

139

Rhododendron calostrotum ssp. *keleticum*

rund bis länglich-oval, selten länglich-ei-förmig, 1 bis 3 cm lang, 0,5 bis 2 cm breit, oberseits meist spärlich beschuppt, Ränder bewimpert, unterseits dicht mit sich überlappenden Schuppen. Blütenstand 1- bis 5blütig, Stiel beschuppt. Krone breit trichterförmig, purpurn, selten rosa, oft mit dunkleren Flecken, 2 bis 3 cm lang, außen weichhaarig. 10 Staubgefäße, Fruchtknoten schuppig. Kelchzipfel länglich oval, abgerundet. Blütezeit Mai bis Juni. Fruchtkapsel 0,5 bis 1 cm lang, beschuppt.

Steinige alpine Matten zwischen 3000 und 4500 m. Ideale Teppichpflanze im Alpinum. Winterhart. Schmiegen sich dem Relief an.

Unterarten:

1   Blätter mehr oder weniger spitz, oberseits unbeschuppt, 2 bis 7 mm breit
ssp. *keleticum* (BALF. et FORR.) CULLEN (R. *keleticum* BALF. f. et FORR., *R. radicans* BALF. f. et FORR.)
NO-Burma, China (NW-Yunnan, SO-Xizang).

1+   Blätter mehr oder weniger stumpf, oberseits beschuppt, 9 bis 20 mm breit   2

2   Schuppen der Blattunterseite mehr oder weniger flach, Blätter 22 bis 33 mm lang
               ssp. *riparioides* CULLEN
China (NW-Yunnan).

2+   Schuppen der Blattunterseite deutlich 3fach übereinander, Blätter 12 bis 22 mm lang   3

3   Blüten zu 2 bis 5, Blütenstiel 10 mm lang
spp. *riparium* (KINGD. WARD) CULLEN [R. *riparium* KINGD. WARD, *R. calciphilum* HUTCH. et KINGD. WARD, *R. nitens* HUTCH., *R. calostrotum* var. *calciphilum* (HUTCH. et KINGD. WARD) DAVID.]
Indien (Arunachal Pradesh), NO-Burma, China (NW-Yunnan, S- und SO-Xizang).

3+   Blüten zu 1 bis 2, Blütenstiel 16 bis 27 mm lang
               ssp. *calostrotum*
N-Burma, China (W-Yunnan).

Sorten:

'Pink Drift'
(R. *calostrotum* ssp. *calostrotum* × *R. polycladum*, H. WHITE, vor 1936)
Leuchtend rosa, reich blühend; 3- bis 4blütig;

Durchmesser etwa 3,5 cm; Wuchs flach kompakt; Blütezeit Ende April bis Mitte Mai.

'Radistrotum'
(R. *keleticum* 'Radicans' × *R. calostrotum* ssp. *calostrotum*, G. Arends, um 1940)
Purpurrot; flacher Wuchs.

'Robert Seleger'
(Zufallssämling, D. G. HOBBIE, 1960)
Hellrosa mit lila Tönung, Mitte heller mit schwacher rotbrauner Zeichnung; Saum leicht gewellt; Blütezeit Mitte bis Ende Mai; Blütendurchmesser 3 bis 4 cm; 4- bis 6blütig; Blätter lanzettlich, dunkelgrün; Wuchs breit-flach, kompakt.

R. campanulatum D. DON
Sektion *Ponticum*
Subsektion *Campanulata*

Immergrün, etwa 1 bis 1,5 m hoch, dicht aufrecht wachsend. Jungtriebe kahl. Blätter eiförmig bis breit-elliptisch, 7 bis 14 cm lang, 4 bis 7 cm breit, vorn rundlich mit Stachelspitze, Basis rundlich bis herzförmig, oberseits, wenn ausgereift, kahl, unterseits dicht rotbraun filzig; Stiele 1,5 bis 2,5 cm lang. 8- bis 15blütig, Blütenstiele 1,5 bis 2,5 cm lang, kahl. Krone offenglockig, weiß bis hellmalvenfarbig oder rosa,

Rhododendron campanulatum, Laubaustrieb

Rhododendron campanulatum

Rhododendron campylocarpum

mehr oder weniger purpurfarben gefleckt, 3 bis 5 cm lang. Fruchtknoten kahl. Kelch 1 mm lang, kahl. Blütezeit Ende April bis Mai. Fruchtkapsel 2 bis 3 cm lang, meist gekrümmt. Die Art ist für kleine Gärten gut geeignet.

Unterarten

1   Blätter 9,5 bis 14 cm lang, nicht metallisch bereift; Krone weißlich bis hellrosa oder lila
                              ssp. *campanulatum*
    N-Indien (Kaschmir bis W-Sikkim), Nepal, Bhutan, Mischwälder, dichte Strauchformationen, in Reinbeständen oder in Gesellschaft anderer Rhododendren. Sehr variabel, die besten Klone sind völlig winterhart und robust.

1⁺ Blätter 7 bis 9,5 cm lang, oberseits mit Metallschimmer; Krone lila oder purpurn
    ssp. *aerogynosum* (Hook. f.) Chamb. (*R. aerogynosum* Hook. f., *R. campanulatum* D. Don var. *aerogynosum* Cowan et. Dav.)
    N-Indien (Sikkim), Bhutan, O-Nepal, in alpiner Lage, oft reine Bestände; 3800 bis 4500 m. Ausgesprochen winterhart, Belaubung und Austrieb sehr dekorativ.

R. campylocarpum Hook. f.
Sektion *Ponticum*
Subsektion *Campylocarpa*

Immergrün, buschig bis baumartig wachsend, 1 bis 4 m hoch. Borke grau bis braun; Jungtriebe mit Stieldrüsen besetzt. Blätter rund bis elliptisch, 3 bis 10 cm lang, 1,5 bis 5 cm breit, Spitze rundlich mit Stachelspitze, Basis herzförmig, beiderseits kahl; Stiele 0,5 bis 2 cm lang, im Jugendstadium stieldrüsig. Blütenstand 3- bis 10blütig, Stiele 1 bis 3,5 cm lang, stieldrüsig. Krone glockig, hell bis schwefelgelb, mit oder ohne Schlundfleck, 2,5 bis 4 cm lang. Fruchtkrone dicht stieldrüsig; Griffel meist kahl oder nur im unteren Drittel drüsig. Kelch 3 bis 5 mm lang, Zipfel abgerundet. Blütezeit April bis Mai. Fruchtkapsel 1,5 bis 2 cm lang, gebogen. Dickichte, lichte Wälder, offenes Gelände; 3000 bis 4600 m. Winterhärte je nach Herkunft sehr verschieden. Geschützter Standort zu empfehlen. Blüht erst als größere Pflanze. Besonders schön der Klon 'Magor' mit rotbraunen Streifen am oberen Kronzipfel. Besonders in England zur Züchtung gelber Sorten verwendet.

1   Blätter elliptisch   ssp. *campylocarpum*
    Nepal, N-Indien (W-Sikkim, Arunachal Pra-
    desh), Bhutan, China (S-Xizang). Stark wach-
    send.

1⁺ Blätter rundlich
    ssp. *caloxanthum* (Balf. f. et. Farrer) Chamb.
    (*R. caloxanthum* Balf. f. et Farrer)
    NO-Oberburma, China (S-Xizang, W-Yunnan).
    Kompakter Wuchs, für kleinere Gärten.

Rhododendron campylogynum

R. campylogynum Fr.
(R. myrtilloides
Balf. f. et. Kingd. Ward)
Sektion *Rhododendron*
Subsektion *Campylogyna*

Immergrün, kriechend oder niederliegend,
gedrungen wachsend, 10 bis 60 cm hoch.
Jungtriebe gering beschuppt, kahl oder
flaumhaarig. Blätter verkehrt-eiförmig
oder länglich-elliptisch, vorn meist stumpf,
Basis spitz zulaufend, 1 bis 3 cm lang, 0,5
bis 1 cm breit, oben dunkelgrün und Mittelrippe leicht flaumhaarig, unterseits warzig, oft weißlich oder silbrig, kahl, mit einzelnen Schuppen im Jugendstadium. 1- bis
2blütig, Blütenstiele 2,5 bis 5 cm, im
Fruchtstadium 7 cm lang, leicht schuppig
und flaumhaarig. Krone glockig, rosa bis
rot oder purpurn, 1 bis 2 cm lang, außen
kahl. Kelchzipfel länglich oder verkehrt eiförmig. Blütezeit Mai bis Juni. Fruchtkapsel eiförmig zylindrisch, 0,5 bis 1 cm lang,
leicht beschuppt. Indien (Arunachal Pradesh), NO-Burma, China (Yunnan, S-Xizang), in Mooren, auf Felsen, in Geröll
und Flußschotter, in Zwergstrauchheiden
mit anderen Zwergrhododendren, 2700
bis 4900 m. Sehr variable Art. Für Alpinum und Pflanztröge sind besonders die
kissenförmigen Wuchsformen geeignet. In
normalen Wintern ausreichend hart.

Rhododendron campylogynum var. 'Myrtilloides'

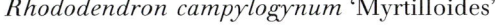

Rhododendron campylogynum 'Myrtilloides'

Rhododendron camtschaticum

R. camtschaticum Pall.
Sektion *Therorhodeon*

Sommergrün, niederliegend und Ausläufer treibend, verzweigter Zwergstrauch, 10 bis 30 cm hoch. Knospenschuppen nicht abfallend. Laubtriebe aus getrennten Knospen zwischen den Blüten herauswachsend. Blätter verkehrt-eiförmig bis spatelig; 1 bis 6 cm lang, 0,5 bis 2 cm breit, Spitze abgerundet, Basis keilförmig, Rand gesägt und bewimpert, Blattadern beiderseitig behaart, Adern netzartig. 1 bis 3 Blüten endständig, Blütenstiele drüsig-borstig. Krone rundlich-helmförmig, purpurrosa, selten weiß, mit dunkleren Flecken, 2 bis 2,5 cm lang. 10 Staubblätter, ungleich lang; Staubbeutel behaart. Fruchtknoten eiförmig, behaart, 5fächrig; Griffel gebogen, an der Basis behaart. Kelchzipfel länglich, 1 bis 2 cm lang, drüsig-borstig. Blütezeit Mai, vereinzelt bis zum Herbst. Fruchtkapsel eiförmig, 1 cm lang, behaart. Außerordentlich winterharte Art. Sollte absonnig und nicht zu trocken auf steinig-humosem Boden stehen, bei feuchter Lage auch in voller Sonne.

144

Rhododendron camtschaticum   Rhododendron canadense

Unterarten

1   Kronzipfel außen behaart, Ränder borstig; Blät-
    ter der vegetativen Triebe ohne Drüsenhaare
                        ssp. *camtschaticum*
    Japan (N-Honshu, Hokkaido), Kamtschatka,
    Kurilen, Aleuten, Alaska, in *Pinus-pumila*-Be-
    ständen der Gebirge, Birkenwälder, Moränen.
    Am häufigsten in Kultur.

1⁺ 4 Kronzipfel außen kahl, Ränder nicht borstig;
    Blätter der vegetativen Triebe drüsig be-
    haart
    ssp. *glandulosum* (SMALL) HULT. [*R. glandulo-
    sum* (SMALL) HUTCH]
    nördlich von Ochotsk in der Behringstraße, W-
    Alaska; in alpiner Stufe, auf Felsen, Moränen
    und in der Tundra.

Sehr ähnlich ist das in allen Teilen kleinere *R. redowskianum* MAX., Heimat O-Si-
birien, China (Mandschurei), Korea; steinige Berghänge, lichte Bergwälder. Kaum
in Kultur.

R. canadense TORR.
(*Rhodora canadense*)
Sektion *Rhodora*

Sommergrün, 40 bis 70 cm hoch, Ausläufer treibend, straff aufrecht wachsend.
Jungtriebe anfangs fein behaart, später

kahl, gelblichrot. Blätter länglich-elliptisch, 2 bis 5,5 cm lang, 1 bis 2 cm breit,
blaugrün, gelbe Herbstfärbung, Rand bewimpert, oberseits kahl, unterseits dünn
graufilzig. Blütenstand 3- bis 6blütig.
Krone 2lippig, kreiselförmig, purpurrosa,
selten weiß (var. *albiflorum*), 2 cm lang.
10 Staubblätter, an der Basis behaart.
Fruchtknoten borstig behaart. Blütezeit

Rhododendron canadense

April bis Anfang Mai, kurz vor Laubaustrieb. Nordamerika (von Labrador bis NO-Pennsylvania und N-New Jersey im Süden), an kühlfeuchten Stellen, Flußufer. 1767 nach England eingeführt. Besonders für kleine Gärten geeignet, nicht zu trokken pflanzen, Blüten vertragen auch leichte Nachtfröste. Ausgesprochen winterhart.

'Fraseri'
R. glabrius × *R. canadense*, G. Fraser, 1912. Hell-lila, Wuchs etwas kräftiger, Blütezeit Ende Mai bis Anfang Juni, Blütenstand 11- bis 15blütig.

R. canescens (MICHX.) SW.
Sektion *Pentanthera*

Sommergrün, meist aufrecht wachsend, selten Ausläufer treibend, 1 bis 2 m hoch. Zweige behaart. Blätter länglich verkehrteiförmig, 4,5 bis 9 cm lang, 1,5 bis 4 cm breit, spitz, Basis keilförmig, unterseits behaart; Stiele 2 bis 8 mm lang, behaart. Blüten zu 6 bis 15, Blütenstiele 5 bis 8 mm lang, behaart. Krone röhrig-glockig, meist rosa, seltener weiß oder purpurn, mit gelbem Schlundfleck, 2,5 bis 3,5 cm lang, meist duftend; Röhre drüsig, länger als die

Zipfel. Staubblätter fast 3mal so lang wie die Röhre. Kelch 1 mm lang, ungleich, bewimpert. Blütezeit April bis Mai, vor oder mit den Blättern. USA (von S-Carolina und Florida bis Texas und Tennessee); feuchte Wälder, Felsen, Flußufer, oft auf großen Flächen, meist früher als *R. periclymenoides* und *R. prinophyllum* blühend. Anspruchslos. Obwohl als nicht sehr winterhart beschrieben, überstand es beim Autor bisher alle Winter unbeschadet. 1730 von CATESBY beschrieben.

R. capitatum MAX.
Sektion *Rhododendron*
Subsektion *Lapponica*

Immergrün, kompakt, rundlich wachsend, etwa 50 bis 70 cm hoch. Triebe dicht beschuppt. Blätter elliptisch bis länglich-elliptisch, 1 bis 2 cm lang, 0,5 bis 1 cm breit, rundlich, Basis breit keilförmig, Unterseite hellbraun mit dunkleren Tüpfeln, dicht mit 2farbigen Schuppen besetzt. Blütenstand mit 3 bis 5 Einzelblüten, Stiele 1 bis 3 mm, behaart oder schuppig. Krone breit trichterförmig, 1 bis 1,5 cm lang, hell-lavendel bis bläulichpurpurn oder tiefpurpurfarben, innen flaumhaarig. 10 Staubblätter, Staubfäden an der Basis flaumhaarig. Fruchtknoten schuppig, Stempel 6 bis 13 mm lang, meist die Staubgefäße überragend. Kelch variabel, Zipfel oft ungleich,

Rhododendron canescens

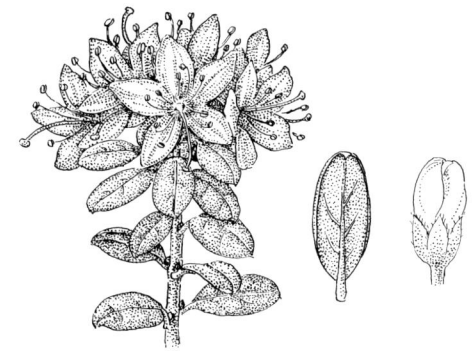

Rhododendron capitatum

146

bis 6 mm lang, Ränder bewimpert. Blüte-
zeit April bis Anfang Mai. Fruchtkapsel ei-
förmig, ca. 0,5 cm lang, schuppig. China
(N-Sichuan, Quinghai, Gansu, Shaanxi);
Nadelwälder, feuchte Matten, 3000 bis
4300 m. Gut winterhart, frühblühend, für
Alpinum, im Winter bronzefarbenes
Laub.

R. catawbiense MICHX.
Sektion *Ponticum*
Subsektion *Pontica*

Immergrün, 2 bis 3 m hoch. Jungtriebe filzig, später kahl; Rinde rauh, graubraun.
Blätter elliptisch bis verkehrt-eiförmig, 6,5
bis 11,5 cm lang, 3,5 bis 5,5 cm breit,
Spitze stumpf, Basis rundlich, beiderseits
kahl, Stiele 2 bis 3 cm lang, anfangs behaart, später kahl. Blütenstand dicht, 15-
bis 20blütig, Stiele 3 bis 3,5 cm lang, dünnfilzig. Krone trichterförmig-glockig, meist
lilapurpurn, selten weiß, mit undeutlichen
Flecken, 3 bis 4,5 cm lang. Fruchtknoten
dicht rotbraunfilzig, Griffel kahl. Kelch
1 mm lang, kahl. Blütezeit Ende Mai bis
Juni. Fruchtkapsel etwa 2 cm lang. USA
(N-Carolina, Virginia, Georgia); Bergkup-
pen, in Gesellschaft von Fichten, Ebere-
schen und *R. calendulaceum*, zwischen
1200 bis 1800 m, bestandsbildend.

'Insularis Gruppe': eine Form tieferer Lagen (45 bis
300 m ü. M.) an warmen Steilhängen in N-Carolina
und Georgia, Blätter und Blüten größer als Nominatform; hitzeresistent. In Europa verbreitetste Wildart. Ausgesprochen winterhart, deshalb schon früh
als Kreuzungspartner verwendet.

Rhododendron catawbiense

Rhododendron caucasicum

'Catalgla'
(J. Gable, USA 1959)
Weiß, Selektion aus weißen Catawbiense-Sämlingen, häufig zu Kreuzungen verwendet, vererbt nicht den Purpur-Farbton, leider etwas lockerer Wuchs und gelbliches Laub.

'Catawbiense Album'
(A. Waterer, England vor 1896)
Weiß mit schwacher gelbgrüner bis brauner Zeichnung. Blütezeit Ende Mai bis Anfang Juni.

'Catawbiense Boursault'
(Boursault, Frankreich)
kräftig lila mit schwacher gelbgrüner Zeichnung. Blütezeit Ende Mai bis Mitte Juni.

'Catawbiense Grandiflorum'
(A. Waterer, England)
kräftig lila mit gelbroter Zeichnung. Blütezeit Ende Mai bis Mitte Juni, hoch aufrechter Wuchs.

R. caucasicum PALL.
Sektion *Ponticum*
Subsektion *Pontica*

Immergrün, breit-kompaktwachsend, 0,5 bis 1 m hoch. Jungtriebe dünnfilzig. Blätter verkehrt-eiförmig bis elliptisch, 4 bis 7,5 cm lang, 1,5 bis 3 cm breit, Basis keil-

förmig, oberseits kahl, unterseits dünn braunfilzig; Stiele 0,5 bis 1 cm lang. Blütenstand dicht, 6- bis 15blütig, Blütenstiele 2,5 bis 3 cm lang, Fruchtstiele 6 cm lang. Knospenschuppen meist bleibend. Krone breit-glockig, weiß bis cremefarben, selten hellgelb oder hellrosa, mit grünlichen Flecken, 3 bis 3,5 cm lang. 10 Staubblätter. Fruchtknoten dicht behaart, Griffel kahl, rosa. Kelch 1 bis 2 mm, behaart. Blütezeit Mai. Fruchtkapsel 1,5 bis 2 cm lang, aufrecht. Armenisches Hochland, Lazistan, Kaukasus, im Krummholz mit anderen Laubgehölzen, oder allein dichte Bestände bildend, 1 600 bis 3 000 m. Trotz guter Winterhärte wächst die Art nicht immer leicht in unseren Gärten. Braucht kühlfeuchte Standorte, in freier unbeschatteter Lage (leichter Nordhang). Im Herbst oft Nachblüte, die allerdings auf Kosten des Frühjahrsflors geht. In Kultur phytophthoraanfällig. Große Pflanzen gehen ohne erkennbare Ursache plötzlich während der Vegetationszeit ein. Häufig um die Jahrhundertwende zu Kreuzungen verwendet. 1803 eingeführt.

148

Rhododendron cephalanthum

R. cephalanthum FRANCH.
Sektion *Pogonanthum*

Immergrün, aufrecht bis niederliegend wachsend, 30 bis 50 cm hoch. Laubknospenschuppen nicht abfallend. Jungtriebe dicht beschuppt. Blätter breit-elliptisch bis fast rund, 1,5 bis 4,5 cm lang, 0,5 bis 2 cm breit, vorn stumpf oder rundlich, Basis meist rundlich, oberseits glänzend dunkelgrün, Unterseite hellbraun, seltener dunkelbraun, dicht mit sich überlagernden Schuppen besetzt. Blütenstand dicht und vielblütig. Blütenstiel kurz, beschuppt. Krone röhrig-trichterförmig, weiß oder rosa, selten gelblich, 1 bis 1,5 cm lang, außen kahl. 5 Staubblätter. Fruchtknoten schuppig. Kelchzipfel länglich, ca. 5 mm, meist bewimpert. Blütezeit April bis Mai. Indien (Arunachal Pradesh), N-Burma, China (N-, NW- und Zentral-Yunnan, S- und SO-Xizang); im Geröll, in Mooren, auch auf trockenen Kalkfelsen, selten epiphytisch auf Baumstämmen; 3050 bis 4500 m. In Kultur nur ssp. *cephalanthum*.

Rhododendron caucasicum 'Roseum'

Winterhart, sehr blühwillig. 1908 eingeführt.

R. *chamaethomsonii* (Tagg et. Forr.) Cowan & David.
Sektion *Ponticum*
Subsektion *Neriiflora*

Immergrün, dicht und kompakt wachsend,
20 bis 70 cm hoch. Jungtriebe drüsig oder
dünn filzig. Blätter breit verkehrt-eiförmig
bis elliptisch, 4 bis 6 cm lang, 2 bis 3 cm
breit, Spitze rundlich oder stumpf, Basis
rund oder breit keilförmig, oberseits kahl,
unterseits kahl oder mit spärlichem weißlichem Indument; Stiele 0,5 bis 1 cm lang,
filzig-drüsig, 2- bis 5blütig, Blütenstiele 1
bis 2 cm lang, drüsig-filzig. Krone glockig,
fleischig, rosa bis tief karminrot, meist
ohne Zeichnung, 2,5 bis 4,5 cm lang.
Fruchtknoten rotbraun drüsig. Kelch 1 bis
7 mm lang, Zipfel drüsigbewimpert. Blütezeit April bis Mai. Fruchtkapsel 1,5 cm
lang, 0,5 cm breit, zylindrisch. Feuchte Felsen, alpine Rasen, Moränen in 4000 bis
4600 m ü. M.

1   Krone karminrot; Kelchzipfel bis 7 mm lang;
Fruchtknoten spärlich behaart, manchmal drüsig   2

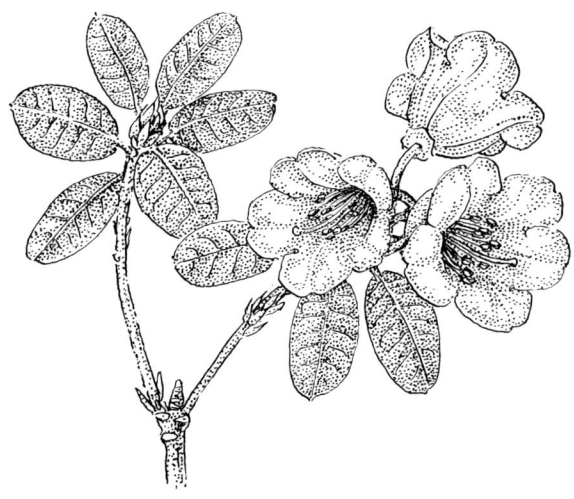

Rhododendron chamaethomsonii

1⁺   Krone rosa; Kelch ca. 1 mm lang; Fruchtknoten
dicht behaart
var. *chamaethauma (*Tagg) Cowan et. David. (R.
repens Balf. f. et. Forr. var. *chamaethauma*
Tagg)
China (S-Xizang).

2   Blätter kahl; Stiele und Jungtriebe drüsig
var. *chamaethomsonii* (R. *repens* Balf. f. et.
Forr. var. *chamaethomsonii* Tagg et. Forr.)
China (SO-Xizang, NW-Yunnan).

2⁺   Blätter mit dünnem Indument, wenn ausgereift; Stiele und Jungtriebe ohne Drüsen
var. *chamaedoron* (Tagg et. Forr.) Chamb. (R.
repens Balf. f. et. Forr. var. *chamaedoron* Tagg
et. Forr.)
Heimat China (SO-Xizang, NW-Yunnan).

Sehr variabel, ideal für das Alpinum. Winterhart aber nicht immer willig wachsend.
Feuchtkühl und absonnig pflanzen.

R. *charitopes* Balf. f. et. Farrer
Sektion *Rhododendron*
Subsektion *Glauca*

Immergrün, kompakt, breit aufrechtwachsend, etwa 30 bis 80 cm hoch. Blätter elliptisch bis eiförmig, Basis keilförmig, vorn
rundlich bis stumpf, 3 bis 5,5 cm lang, 2 bis
3 cm breit, oberseits dunkelgrün, ohne
oder mit wenigen Schuppen besetzt, unterseits Blattnerven hervortretend, meist
dicht beschuppt. 4- bis 5blütig, Blütenstiele
2 bis 2,5 cm lang, schuppig. Krone glockig,
2 bis 2,5 cm lang, rosa bis purpurn,
manchmal gefleckt. Kelchzipfel eiförmig,
abgerundet, 0,5 bis 1 cm lang, blaugrün,
beschuppt. Blütezeit April bis Mai. Fruchtkapsel eiförmig, 1 cm lang. Sehr variable
Art mit 2 Unterarten:

1   Kelch 6 bis 9 mm; Krone rosa
ssp. *charitopes*
NO-Burma, China (NW-Yunnan); Felsen, alpine Moore, seltener in Strauchvegetation;
3200 bis 4250 m.

1⁺   Kelch 5 bis 6 mm; Krone rosa oder purpurn
ssp. *tsangpoense* (K. Ward) Cullen (R. *tsangpoense* Kingd. Ward)
China (S-Xizang); in offener Lage auf Felsen,

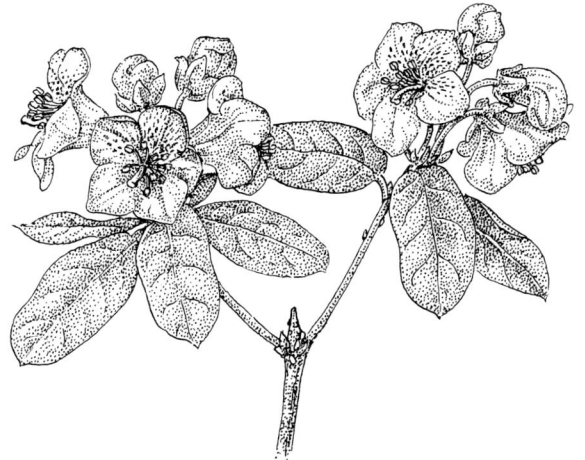

Rhododendron charitopes ssp. *charitopes*

Zwergstrauchvegetation mit anderen Rhododendren; 2450 bis 4100 m.

var. *curvistylum* (K. WARD) Cow et. DAVIDIAN (*R. curvistylum* KINGD. WARD) ist nach CULLEN eine Hybride zwischen ssp. *tsangpoense* und *R. campylogynum*.

Im Garten sollten beide Unterarten einen geschützten Platz erhalten. Strenge Kahlfröste führen oft zum Verlust der Blütenknospen oder gar zum Zurückfrieren der Zweige. In normalen Wintern jedoch ausreichend hart.

R. ciliatum HOOK.
Sektion *Rhododendron*
Subsektion *Maddenii*

Immergrün, breitwachsend, bis etwa 1 m hoch. Jungtriebe borstig behaart; Blätter elliptisch bis lanzettlich, 5,5 bis 7 cm lang, 2,5 bis 3,5 cm breit, oberseits dunkelgrün, borstig behaart, unterseits heller, beschuppt, Stiel mit Borstenhaaren. 2- bis 5blütig. Krone glockig bis röhrig-glockig, 5zipflig, 3,5 bis 4,5 cm lang, kahl, weiß oder zartrosa getönt. 10 Staubblätter, am Grunde behaart. Fruchtknoten beschuppt, Griffel kahl. Kelch 5zipflig, borstig bewimpert. Blütezeit April. Samenkapsel länglich-rund, 1 bis 1,5 cm, beschuppt. Nepal, Indien (Sikkim), Bhutan, China (S-Xizang). 2400 bis 4000 m, an der oberen Baumgrenze; feuchte steinige Berghänge und Felsen in tieferen Lagen.

Nur Herkünfte aus hohen Berglagen pflanzen! Für geschützte Gartenplätze ausreichend hart. 1850 eingeführt. Mehrfach als Kreuzungspartner verwendet. Bekannteste Sorte 'Cilpinense' (*R. ciliatum* × *R. moupinense*), zartrosa.

Rhododendron charitopes ssp. *tsangpoense*

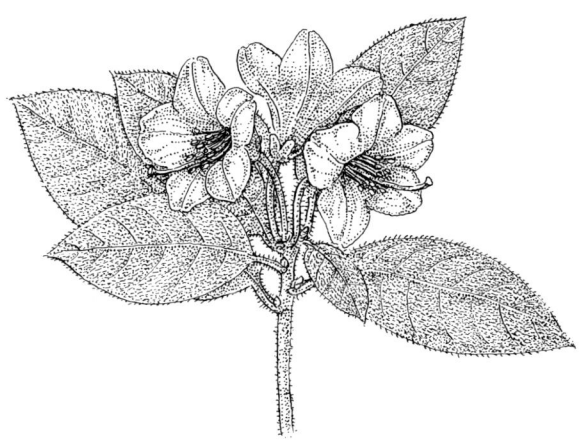

Rhododendron ciliatum

Rhododendron ciliatum

R. cinnabarinum HOOK.
Sektion *Rhododendron*
Subsektion *Cinnabarina*

Immergrün, selten laubabwerfend, aufrechtwachsend, bis etwa 1,5 m hoch. Jungtriebe schuppig und blaugrün bereift. Blätter 3 bis 9 cm lang, 2,5 bis 5 cm breit, breit
bis länglich-elliptisch, vorn stumpf bis abgerundet, Basis herzförmig, unterseits
meist bläulich, mit fleischigen Schuppen

Rhododendron cinnabarinum

Rhododendron cinnabarinum

dicht besetzt. Blütenstände endständig, 2- bis 7blütig, Stiele schuppig. Krone röhrig bis glockig, hängend, variiert in den Farben Gelb, Orange, Rot, Rot und Gelb oder Purpur; wachsartig; 2,5 bis 4 cm lang. 10 Staubblätter, an der Basis flaumhaarig selten kahl. Fruchtknoten beschuppt, Griffel meist kahl, Kelch schuppig. Blütezeit Mai bis Juni. Fruchtkapsel zylindrisch, beschuppt, ca. 1 cm lang. Sehr variable Art, mit einer Reihe Gartensorten (z. B. 'Lady Chamberlain'). Je nach Herkunft ist die Winterhärte sehr unterschiedlich, in Mitteleuropa friert diese sehr interessante Art in strengen Wintern immer wieder zurück. Vor Wintersonne und scharfen Winden schützen, besser als Kübelpflanze kultivieren.

Rhododendron cinnabarinum ssp. *xanthocodon*

1　Kronzipfel außen beschuppt; Blätter meist nur sommergrün; Krone purpurn
　　ssp. *tamaense* (Davidian) Cullen (*R. tamaense* Davidian)
　　N-Burma; Strauchformationen und Waldränder; 2750 bis 3200 m.

1⁺　Kronzipfel außen unbeschuppt; Blätter meist immergrün; Farbe der Krone variabel, selten purpurfarben　　2

2　Blätter länglich, oberseits meist beschuppt, Krone meist röhrig-glockig
　　ssp. *cinnabarinum* [*R. roylei* Hook., *R. blandfordiiflorum* W. J. Hook., *R. cinnabarinum* var. *roylei* (Hook.) Hort., *R. cinnabarinum* var. *blandfordiiflorum* (Hook.) Hort.]
　　Nepal, Indien (W-Bengalen, Sikkim), Bhutan, China (S-Xizang); Wälder; 2700 bis 3950 m.

2⁺　Blätter breit, meist oberseits dauerhaft beschuppt, Krone meist glockig
　　ssp. *xanthocodon* (Hutch.) Cullen (*R. xanthocodon* Hutch., *R. concatenans* Hutch., *R. cinnabarinum* var. *pallidum* W. J. Hook., *R. cinnabarinum* var. *purpurellum* Hook.)
　　Indien (Arunachal Pradesh), Bhutan, China (S-Xizang); als Unterholz in lichten Wäldern; 3050 bis 3850 m.

R. citriniflorum Balf. f. et. Forr.
Sektion *Ponticum*
Subsektion *Neriiflora*

Immergrün, kompakt wachsend, 0,4 bis 1 m hoch. Jungtriebe weißfilzig oder kahl. Blätter verkehrt-eiförmig bis elliptisch, 4 bis 6 cm lang, 1,5 bis 2 cm breit, vorn rund mit Stachelspitze, Basis keilförmig, oberseits in ausgereiftem Zustand kahl, unterseits dicht dick graubraunfilzig; Stiele 0,5 bis 1 cm lang, meist geflügelt, kahl oder weiß flockig-filzig. 2- bis 6blütig, Blütenstiele 1 bis 2 cm lang, drüsig oder behaart.

Krone röhrig-glockig, nicht fleischig, gelb oder orange bis karminfarben, 3 bis 4,5 cm lang. Fruchtknoten drüsig oder/und rotbraunfilzig. Kelch 2 bis 12 mm, Zipfel drüsig-borstig, ausnahmsweise kahl. Blütezeit April bis Mai. Fruchtkapsel ca. 1 cm lang, 0,5 cm dick, China (SO-Xizang, NW-Yunnan); alpine feuchte Matten, Moränen, Felsen; 4000 bis 4600 m.

In freie Lage absonnig und feucht-kühl, am besten ins Alpinum pflanzen. Winterschutz! Gedeiht in schneesicherer Gebirgslage am besten.

1　Krone gelb; Kelch 2 bis 5 mm lang; Fruchtknoten und meist auch Blütenstiele drüsig
　　var. *citriniflorum*

1⁺　Krone gelblichrot bis karminfarben; Kelch 7 bis 12 mm lang; Fruchtknoten und Blütenstiele ohne Drüsen
　　var. *horaeum* (Balf. f. et. Forr.) Chamb. (*R. horaeum* Balf. f. et. Forr.)

R. clementinae Forr.
Sektion *Ponticum*
Subsektion *Taliensia*

Immergrün, bis 1,5 m hoch, rundlich-kompakt wachsend, dichtverzweigt. Rinde rauh, braun bis graubraun. Blätter eiförmig-lanzettlich, 8 bis 14 cm lang, 4 bis

Rhododendron clementinae

8 cm breit, Spitze rund, stumpf, Basis herz-förmig, Unterseite mit dickem weiß bis hellbraunem filzig-wolligem Indument. Stiele 1,5 bis 2 cm lang, anfangs filzig, später meist kahl. 10- bis 15blütig, Blüten-stiele 1,5 bis 3 cm lang, kahl, stark. Krone glockig, 7zipflig, weiß bis dunkelrosa, mit purpurnen Flecken, 4 bis 5 cm lang. 12 bis 15 Staubblätter. Fruchtknoten und Griffel kahl. Kelch ca. 1 mm lang, Zipfel rundlich. Blütezeit Mai. Fruchtkapsel zylindrisch, 2 cm lang. China (NW-Yunnan, SW-Si-chuan), offene Felsen, moorige Wiesen, lichte Nadelwälder, Strauchvegetation; 3350 bis 4300 m. Gut winterhart, jedoch erst als alte Pflanze blühend. Wuchs und Belaubung attraktiv, besonders schön ist der Blattaustrieb. Auch für kleinere Gär-ten gut geeignet, da sehr langsam wach-send. 1913 eingeführt.

R. complexum
BALF. f. et. W. W. SMITH
Sektion *Rhododendron*
Subsektion *Lapponica*

Immergrün, rundlich, dicht verzweigt, 0,3 bis 0,5 m hoch. Blätter breit oder länglich elliptisch bis eiförmig, stumpf bis rundlich, Basis keilförmig, unterseits mit rotfarbigen Schuppen. Blütenstand 3- bis 4blütig, Stiel beschuppt, 0,5 cm lang. Krone meist eng trichterförmig, ca. 1 cm lang, hell-lila bis purpurrosa, innen flaumhaarig, gelegent-lich auch außen. 5 bis 6 Staubblätter, Staubfäden an der Basis haarig. Frucht-knoten schuppig, Griffel meist kurz (bis 3 mm), selten länger. Kelch sehr klein, 1 bis 2 mm, Zipfel dreieckig oder rundlich, Ränder schuppig und meist behaart. Blüte-zeit April bis Mai. Fruchtkapsel ca. 0,5 cm lang, eiförmig-rundlich, schuppig. China (N-Yunnan), alpine Moränen, Felsen, stei-nige Matten, 3400 bis 4600 m. Im Garten meist teppichartig wachsende Art paßt gut ins Alpinum. Winterhart auch in freier Lage.

R. concinnum HEMSL.
(R. pseudoyanthinum
BALF. f. et. HUTCH.,
R. yanthinum BUR. et. FRANCH.)
Sektion *Rhododendron*
Subsektion *Triflora*

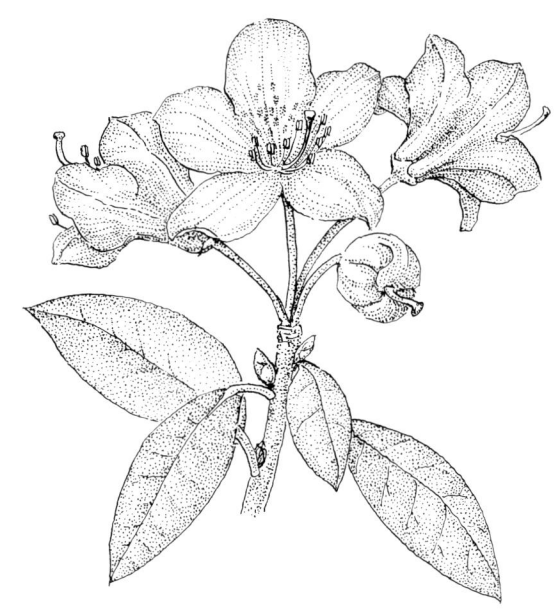

Rhododendron concinnum

Immergrün, dicht verzweigt, etwa 1 bis 1,5 m hoch. Jungtriebe dicht beschuppt. Blätter eiförmig oder elliptisch, 3,5 bis 6 cm lang, 2 bis 3 cm breit, an der Basis rundlich bis herzförmig, oberseits zumin-dest anfangs beschuppt. Mittelrippe flaum-haarig, unterseits grau oder bräunlich be-schuppt, Stiel 0,5 bis 1 cm lang und dicht beschuppt. 2 bis 4 Blüten, endständig oder in den oberen Blattachseln. Krone offen trichterförmig, meist purpurn, seltener rosa, mit oder ohne grüne und dunkelrote Flecke, außen beschuppt. 10 Staubblätter, an der Basis flaumhaarig. Fruchtknoten schuppig, Griffel kahl. Kelch sehr klein, meist beschuppt, selten kahl. Blütezeit Ende April bis Mitte Mai. Fruchtkapsel beschuppt, etwa 1 cm lang. China (Si-chuan, W-Hubei); Wälder, Strauchvegeta-tion in 2300 bis 4500 m; besonders die

156

Rhododendron concinnum

Rhododendron cuneatum

Formen mit dunkleren Blütenfarben (früher *R. pseudoyanthinum*) sind attraktive Gartenpflanzen. Winterhart. 1904 eingeführt. Sehr variable Art.

R. cuneatum W. W. SMITH,
(*R. rarum* BALF. f. et. W. W. SMITH)
Sektion *Rhododendron*
Subsektion *Lapponica*

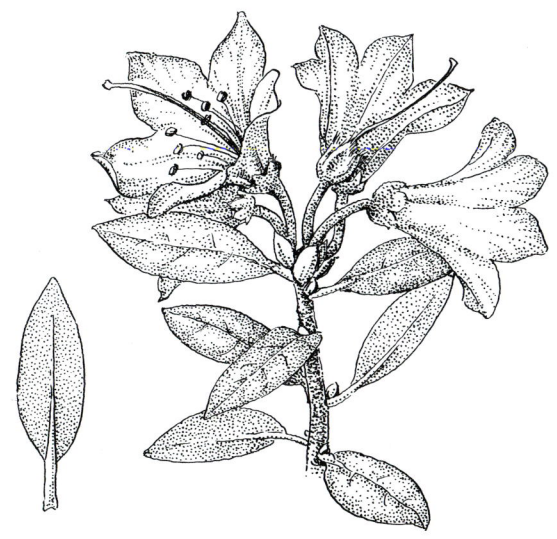

Rhododendron cuneatum

Immergrün, meist aufrecht wachsend, 0,5 bis 1 m hoch. Jungtriebe dicht beschuppt. Blätter länglich bis breit-elliptisch, 1 bis 7 cm lang, 0,5 bis 2,5 cm breit, beiderseits dicht schuppig, vorn spitz, stumpf oder rundlich, Basis keilförmig, Unterseite dicht braun beschuppt, Schuppen einander berührend oder sich überlappend. 3- bis 6blütig. Krone trichterförmig, 2 bis 3 cm lang, tief purpurfarben bis rosa, selten weiß, oft mit dunkleren Flecken, außen und innen flaumhaarig. 10 Staubgefäße unterschiedlicher Länge, an der Basis flaumhaarig. Fruchtknoten schuppig, Stempel an der Basis behaart, meist länger als Staubgefäße. Kelch 0,5 bis 1 cm lang, Zipfel länglich, beschuppt und bewimpert. Blütezeit Ende April bis Mitte Mai. Fruchtkapsel eiförmig, beschuppt, bis 1,5 cm lang. China (N- und W-Yunnan, SW-Sichuan), Ränder von Kiefernwäldern, schattige Eichenwälder, auch auf Felsen; 2 700 bis 4 000 m.

Verträgt im Garten auch freien, sonnigen Standort. Winterhart, großblütigste Art der Sektion, sehr variabel in Wuchshöhe, Blütenfarbe usw. Etwa 1910 eingeführt.

157

Rhododendron cyanocarpum

R. *dauricum* L.
Sektion *Rhododendron*
Subsektion *Rhodorastra*

Sparrig aufrecht wachsender Strauch; zur Blütezeit unbelaubt oder mit wenigen Blättern, 0,5 bis 2 m hoch. Jungtriebe beschuppt und flaumhaarig. Blätter elliptisch bis länglich-eiförmig, an beiden Enden abgerundet, beiderseits mit Schuppen, unterseits dichter, 1,5 bis 3 cm lang, 0,5 bis 2 cm breit, Stiel sehr kurz. Blüten zu 1 bis 3 endständig oder in Blattachseln. Krone offen trichterförmig, 1,5 bis 2,5 cm lang, Durchmesser 2,5 bis 4,5 cm, zartrosa bis purpurrosa, selten weiß. 10 Staubblätter, Staubbeutel grau, Staubfäden am Grunde behaart. Fruchtknoten beschuppt. Kelchblätter sehr klein, dicht beschuppt. Blütezeit Februar bis April; in der Heimat im Juni. Fruchtkapsel eiförmig, beschuppt; Sibirien, Mongolei, Nordost-China (Nei Mongol), Japan (Hokkaido); häufig auf sauren Mineralböden mit geringer Humusauflage oder auf Sanddünen. 1780 eingeführt.

Winterhart, frühe Blüte frostgefährdet. Zwergige Klone aus Hokkaido besonders für kleinere Gärten geeignet, von dort auch weiße bis cremegelbe Formen mit grünen Flecken.

Rhododendron dauricum ssp. *dauricum*

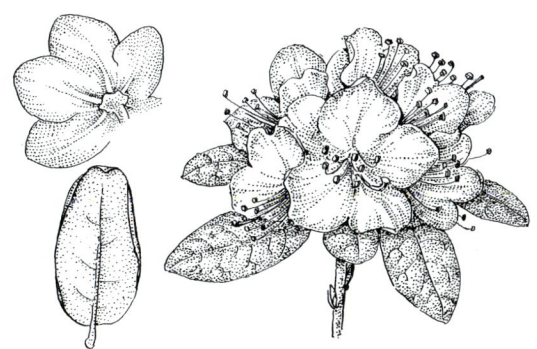

Rhododendron dauricum ssp. *sichotense*

In den letzten Jahren wiederholt zu Kreuzungen verwendet. Sehr variable Art, bildet in Kultur mit *R. mucronulatum* leicht Hybriden.

1   Zur Blütezeit meist unbelaubt, selten mit 1 bis 3 vorjährigen Blättern. Krone 1,5 bis 2 cm lang, Durchmesser etwa 3 cm, Kronlappen mehr oder weniger elliptisch, sich kaum berührend. Blätter elliptisch bis länglich, stumpf oder seltener zugespitzt, weichledrig

                       ssp. *dauricum*

Zentralsibirien, Lena-Gebiet, Baikal-Gebiet, Südjakutien bis Ussuri-Gebiet, China (Nei Mongol).

1⁺   Immergrün, zur Blütezeit etwa 4 bis 8 Blätter. Krone 1,5 bis 2,5 cm lang, Durchmesser 3 bis 4,5 cm, Kronlappen elliptisch, sich berührend oder leicht überlappend. Blätter eiförmig-elliptisch, stumpf, oberseits leicht drüsig, 0,5 bis 2,5 cm lang, 0,5 bis über 1 cm breit

ssp. *ledebourii* (Pojark.) M. S. Alexandr. et P. Schmidt (*R. d.* var. *sempervirens* Sims., *R. d.* var. *atrovirens* Edw., *R. ledebourii* Pojark)

Sibirien (Altai-Sajan-Gebiet), N-Mongolei; Strauchschicht der Lärchen- und Zirbelkiefernwälder, steinige Hänge und Felsen der montanen bis subalpinen Stufe, meist zwischen 1400 bis 1800 m, vereinzelt bis 2000 m oder in der Steppenzone.

1⁺⁺   Immergrün, zur Blütezeit mit 6 bis 8 Blättern. Krone über 2 cm lang, Durchmesser 3 bis 4,5 cm, Kronlappen breit rundlich, Ränder sich stets überlappend. Blätter eiförmig elliptisch, 2 bis 3,5 cm lang, 1 bis 2 cm breit, beiderseits dicht mit Drüsen besetzt

ssp. *sichotense* (Pojark.) M. S. Alexandr. et P. Schmidt (*R. sichotense* Pojark)

Sibirien (Ostabhänge des Sichote-Alin-Gebirges bis zum Pazifik), als Unterholz in Wäldern, oft mit *R. schlippenbachii* und mit diesem gleichzeitig blühend.

Rhododendron dauricum ssp. *ledebourii*

R. decorum Franch.
Sektion *Ponticum*
Subsektion *Fortunea*

Immergrün, aufrecht wachsend, 1 bis 2 m, in der Heimat bis 6 m hoch. Jungtriebe bläulich. Blätter länglich-lanzettlich bis elliptisch, 7 bis 15 cm lang, 3 bis 7 cm breit, Spitze rundlich mit Stachelspitze, Basis rundlich, Unterseite kahl mit einzelnen Haaren; Stiele 1,5 bis 4 cm lang, kahl. 7- bis 10blütig, duftend; Blütenstiele 1,5 bis 3 cm lang, drüsig. Krone röhrig-glockig, 6- bis 7zipflig, weiß bis hellrosa, ungefleckt oder mit grünen und karminfarbenen Flecken, 4,5 bis 5,5 cm lang, außen mit wenigen Drüsen, innen meist dichter. 14 bis 16 Staubblätter, am Grunde flaumhaarig. Fruchtknoten und Griffel mit weißen Drüsen besetzt. Kelch 1 bis 3 mm lang, Zipfel kurz, rundlich, drüsig. Blütezeit Mai bis Juni. Fruchtkapsel leicht gebogen, 2 bis 3 cm lang. NO-Burma, China (Yunnan, Sichuan, W-Guizhou); Kiefern- und Laubwälder, trockene Felsen, Strauchvegetation; 2500 bis 3600 m. Die östlichen Her-

159

Rhododendron decorum

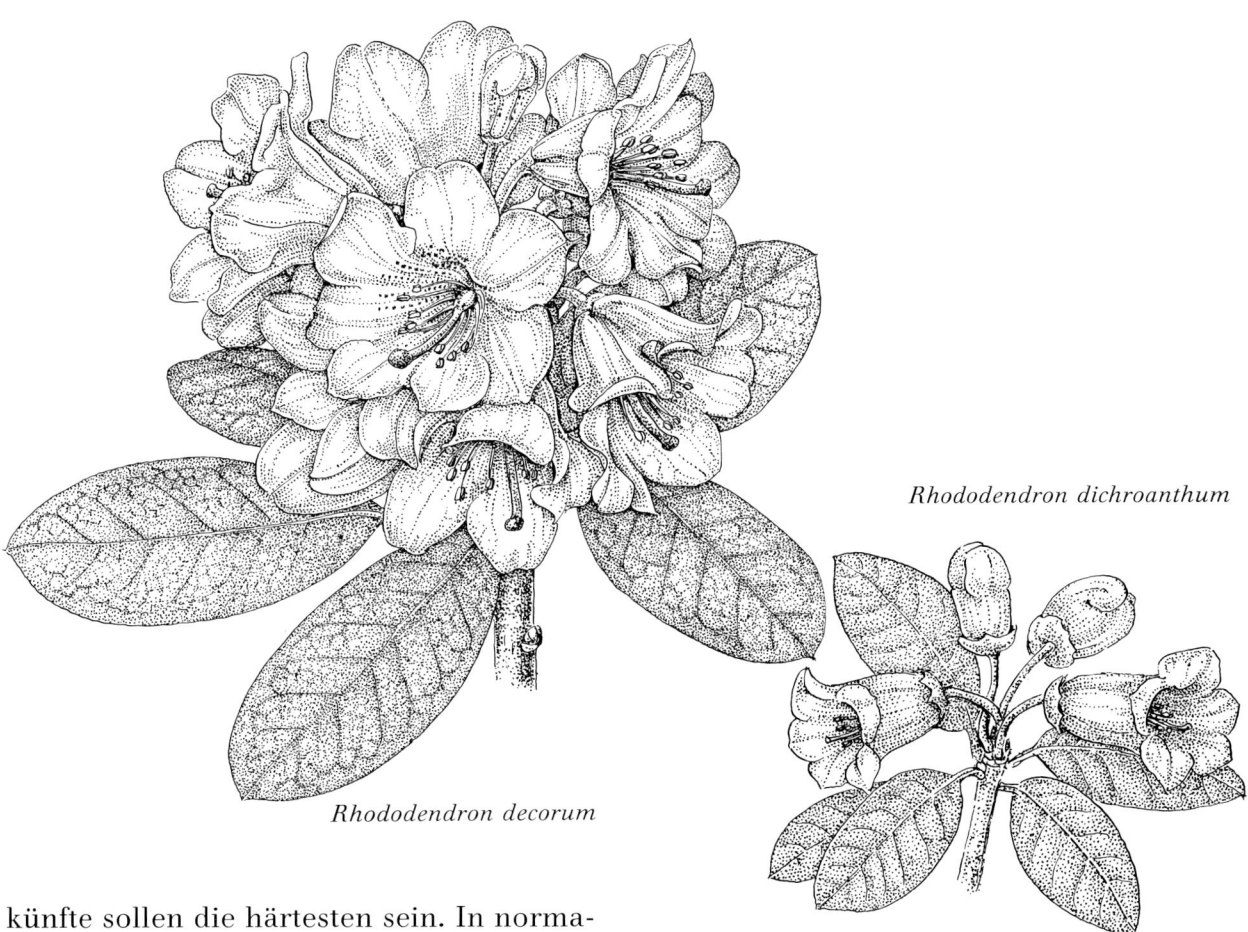

Rhododendron dichroanthum

Rhododendron decorum

künfte sollen die härtesten sein. In normalen Wintern in geschützter Lage ausreichend winterhart. Jungpflanzen sind meist
empfindlicher. 1889 eingeführt.

R. diaprepes BALF. f. et. W. W. SMITH
Sektion *Ponticum*
Subsektion *Fortunea*

Immergrün, breit aufrecht wachsend, 1 bis
2 m hoch, in der Heimat bis 14 m hoher
Baum. *R. decorum* ähnlich. Blätter länglich-elliptisch bis eiförmig, 12 bis 25 cm
lang, 4,5 bis 11 cm breit, Spitze abgerundet, Basis rundlich, unterseits im ausgereiften Zustand kahl, an der Basis mit
punktartigen Haaren; Stiele 2 bis 3,5 cm
lang, kahl. Krone trichterförmig-glockig,
7- bis 8zipflig, innen flaumhaarig, weiß,
auch mit rosafarbener Tönung, 8 bis 10 cm
lang. 18 bis 20 Staubblätter. Fruchtknoten
und Stempel mit weißen Drüsen besetzt.
Blütezeit Juni bis Juli. Fruchtkapsel 3 bis

6 cm lang, gebogen. NO-Burma, China
(W-Yunnan), Laos; 1 800 bis 3 400 m; schattige Misch- und Kiefernwälder.

Die Vorzüge dieser Art sind die großen
Blüten und die späte Blütezeit. Friert in
strengen Wintern zurück, treibt aber willig
wieder aus. Vor Wintersonne und scharfen
Winden schützen. 1913 eingeführt.

R. dichroanthum DIELS
Sektion *Ponticum*
Subsektion *Neriiflora*

Immergrün, 0,3 bis 1 m hoch, breit-flach-
wachsend. Jungtriebe weiß-flockig,
manchmal drüsig oder behaart. Knospenschuppen später abfallend. Blätter länglich-lanzettlich bis elliptisch, 4 bis 8,5 cm
lang, 2 bis 4 cm breit, spitz, Basis rundlich
bis keilförmig, oberseits kahl, unterseits

Rhododendron dichroanthum (Hybride

Rhododendron diaprepes

mit dauerhaftem silbrig bis braunem, lokker bis kompaktem Indument. Stiele 0,5 bis 1 cm lang, weiß-flockig. 3- bis 6blütig; Blütenstiele 1,5 bis 2,5 cm lang, rotbraun-filzig oder drüsig. Krone röhrig-glockig, fleischig, orangerot, manchmal gelblichrot oder karmin, 3,5 bis 5 cm lang. Fruchtknoten rotbraun-filzig, mit oder ohne Drüsen. Kelch 3 bis 15 mm lang, farbig, Zipfel meist ungleich, drüsig-borstig. Blütezeit Mai bis Juni. Fruchtkapsel 1 bis 1,5 cm lang, ca. 0,5 cm dick. In steinig-felsigen, offenen Lagen; 2750 bis 4550 m. Sehr variabel.

Die Winterhärte der Unterarten ist unterschiedlich, aber meist ausreichend, zumindest gibt es Typen, die selbst strengste Winter unbeschadet überstehen. Etwas geschützte, nicht zu trockene Standorte sind zu empfehlen. In neuerer Zeit erfolgreich als Kreuzungspartner verwendet.

Bestimmungsschlüssel der Unterarten:

1   Fruchtknoten mit Drüsen, Jungtriebe meist drüsig-borstig   2

1⁺   Fruchtknoten ohne Drüsen, selten 1 bis 2 an der Basis, Jungtriebe ohne Drüsen, mit oder ohne Borsten   3

2   Blätter etwa 3mal so lang wie breit
ssp. *septentrionale* COWAN

2⁺   Blätter etwa 2mal so lang wie breit
ssp. *scyphocalyx* (BALF. f. et. FORR.) COWAN [*R. scyphocalyx* BALF. f. et. FORR., *R. herpesticum* BALF. f. et. FORR., *R. d.* ssp. *herpesticum* (BALF. f. et. KINGD. WARD) COWAN].
NO-Oberburma, China (W-Yunnan).

3   Blätter etwa 3mal so lang wie breit, Indument silbrig oder weißlich   4

3⁺   Blätter etwa 2mal so lang wie breit, Indument silbrig bis braun

163

ssp. *apodectum* (Balf. f. et. W. W. Smith) Cowan (*R. apodectum* Balf. f. et. W. W. Smith) China (W-Yunnan), NO-Oberburma. 1913 eingeführt.

4 Indument silbrig, Blätter 2,5 bis 3mal so lang wie breit ssp. *dichroanthum* China (W-Yunnan, um Dali). 1906 eingeführt.

4⁺ Indument weißlich bis mittelbraun, Blätter etwa 3mal so lang wie breit ssp. *septentrionale* Cowan China (NW-Yunnan), NO-Oberburma.

Rhododendron fastigiatum

R. edgarianum Rehd. et. Wils.
Sektion *Rhododendron*
Subsektion *Lapponica*

Immergrün, kompakt-aufrecht wachsend, 50 bis 80 cm hoch. Blätter breit-elliptisch, etwa 1 cm lang, beiderseits beschuppt, oberseits grau-, unterseits braun-schuppig, 1 bis 3 endständige Blüten. Krone offen trichterförmig, 1 bis 1,5 cm lang, blau-purpurn bis rosa-purpurn, außen kahl. 10 Staubblätter, so lang wie Griffel, Staubbeutel hellbraun, Fruchtknoten schuppig, Kelch 5zipflig, Zipfel bewimpert, Blütezeit Mitte Mai bis Juni. China (W-Sichuan, Yunnan, SO-Xizang); alpine Matten und Geröllhalden; 3700 bis 4600 m. Ausgesprochen winterhart. Freier Standort im Alpinum zu empfehlen.

R. fastigiatum Franch.
(*R. capitatum* Franch.,
R. nanum Lev.)
Sektion *Rhododendron*
Subsektion *Lapponica*

Immergrüner, niederliegender oder kompakter Zwergstrauch, bis 0,5 cm hoch. Triebe schuppig. Blätter länglich, breit-elliptisch oder eiförmig, vorn rundlich, Basis keilförmig, 0,5 bis 1,5 cm lang, ca. 0,5 cm breit, Unterseite graubräunlich beschuppt, Schuppen einzeln oder in Gruppen. Blütenstand 1- bis 3blütig, Blütenstiele 1 bis 3 mm lang, schuppig. Krone trichterför-

mig, lavendelfarben, rosa oder purpurn, 1 bis 1,5 cm lang, innen, selten außen flaumhaarig. Meist 10 Staubblätter, an der Basis flaumhaarig. Fruchtknoten schuppig. Kelch 3 bis 6 mm lang, Zipfel länglich oder dreieckig, schuppig, häufig bewimpert. Blütezeit Ende April bis Mitte Mai. Fruchtkapsel eiförmig, 0,5 cm lang, schuppig. China (N- und Zentral-Yunnan), offene steinige Matten, Geröll, Felsen; 3400 bis 4400 m. In freier Lage zwischen Steinen für Alpinum und Steingarten. Winterhart. 1833 von Delavay entdeckt.

'Prostigiatum'
(*R. fastigiatum* × *R. prostratum*, GB, Magor, um 1920)
dunkelviolett, 3- bis 4blütig, Blütendurchmesser 3 bis 3,5 cm, Blütezeit Mitte bis Ende Mai, Wuchs aufrecht kompakt; winterhart.

R. ferrugineum L.
Sektion *Rhododendron*
Subsektion *Rhododendron*

Immergrün, 0,3 bis 1,5 m hoch, aufrecht wachsend, breit ausladend. Jungtriebe dicht beschuppt. Blätter länglich bis elliptisch, 3 bis 4 cm lang, 1 bis 1,5 cm breit, Spitze stumpf oder spitz, oberseits dunkelgrün, glänzend, unterseits dicht mit rotbraunen sich überlappenden Schuppen besetzt. Blüten zu 6 bis 12, Blütenstiele dicht beschuppt. Krone röhrig-glockig, 1 bis

Rhododendron ferrugineum

Rhododendron ferrugineum

Rhododendron flammeum

1,5 cm lang, rot, selten rosé oder weiß, außen beschuppt und meist leicht behaart.
10 Staubblätter, an der Basis behaart.
Fruchtknoten beschuppt, Griffel kahl.
Kelch 5zipflig, Zipfel bis 1,5 mm, schuppig
und bewimpert. Blütezeit Juni bis Juli.
Fruchtkapsel länglich, etwa 5 mm lang,
spärlich beschuppt. Alpen, Pyrenäen,
Apennin; Zwergstrauchheiden über Urgestein; 1500 bis 2300 m, in den Südalpen
vereinzelt noch bei 200 m. In humoser
Erde bei nicht zu trockener Lage.

'Tottenham'
(genaue Herkunft unbekannt, Tottenham Nursery,
GB vor 1900),
rein rosa, Blütenstand 3 cm Durchmesser, Blütezeit
Mitte Mai bis Anfang Juni; 5- bis 8blütig; widerstandsfähig.

R. *flammeum* (MICHX.) SARG.
[*R. speciosum* (WILD.) SW.]
Sektion *Pentanthera*

Sommergrüner, 1 bis 1,5 m hoher, breit
aufrecht wachsender, viel- und dünntriebi-
ger Strauch. Zweige flaumhaarig. Blätter
verkehrt-eiförmig bis länglich-elliptisch, 3
bis 6 cm lang, 1 bis 2,5 cm breit, spitz, Basis breit keilförmig, flaumhaarig; Stiele 3
bis 5 mm lang, behaart. 6- bis 15blütig,

Blütenstiele 0,5 bis 1 cm lang, behaart.
Krone trichterförmig, Röhre flaumhaarig,
scharlachrot, rotorange, seltener rosa und
gelb, 4 cm Durchmesser. Staubblätter
mehr als 2mal so lang wie breit, Fruchtknoten kahl, Stempel länger als Staubblätter. Blütezeit Mai, kurz vor oder mit der
Laubentfaltung. USA (Georgia, South Carolina, Piedmont-Region); lichte Wälder.
Ganz winterhart und hitzeresistent. Im
Wuchs sehr zierlich, deshalb auch für kleinere Gärten geeignet, verträgt auch
warme und trockenere Plätze im Garten.
Bildet am Naturstandort Hybriden mit
R. canescens (*R. fastigifolium*).

R. *flavidum* FRANCH.
Sektion *Rhododendron*
Subsektion *Lapponica*

Immergrün, straff aufrecht wachsend, bis
1 m hoch. Triebe dicht schuppig. Blätter
breit-elliptisch bis eiförmig, mit Stachelspitze, Basis keilförmig, Unterseite hell
graugrün, beiderseits schuppig. Blütenstand 1- bis 3blütig, Blütenstiel 1 bis 4 mm
lang, flaumhaarig. Krone breit trichterförmig, gelb, außen und innen flaumhaarig, 1
bis 2 cm lang. 9 bis 10 Staubblätter, so
lang wie die Krone, am Grunde flaumhaa-

166

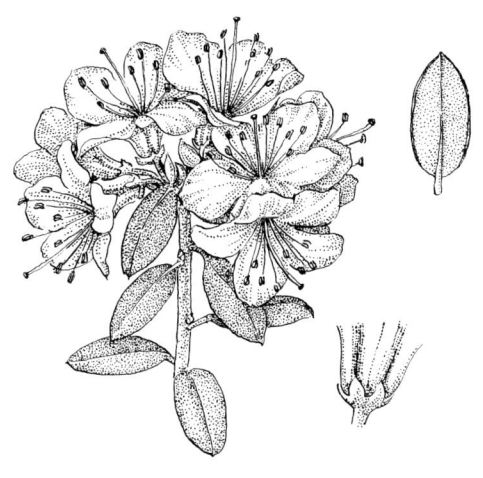

Rhododendron flavidum 'Album'

Rhododendron fletcheranum

rig. Fruchtknoten dicht schuppig. Kelch 2 bis 4 mm lang, Zipfel spitz, bewimpert. Blütezeit Ende April bis Mitte Mai. Fruchtkapsel eiförmig, schuppig, ca. 0,5 cm lang.

Winterharte Art für das Alpinum. Die als 'Album' verbreitete Form ist großblumiger und blüht reicher. Blätter länger, Wuchs stärker. Wahrscheinlich eine Hybride.

2 Varietäten:

1 Blattschuppen auf der Unterseite einfarbig. Kelchzipfel 2 bis 5 mm lang
var. *flavidum* (*R. primulinum* HEMSL.) China (NW-Sichuan), alpine Regionen, 3000 bis 4000 m.

1⁺ Blattschuppen auf der Unterseite zweifarbig. Kelchzipfel 2 mm lang
var. *psilostylum* REHD. et WILS. [*R. psilostylum* (REHD. et WILS.) BALF. f.] China (NW-Sichuan); ob in Kultur ist nicht bekannt.

R. fletcheranum DAVIDIAN
Sektion *Rhododendron*
Subsektion *Maddenia*

Immergrün, kompakt wachsend bis etwa 0,5 m hoch. Jungtriebe dicht borstig behaart. Blätter elliptisch, stumpf, 2,5 bis 3,5 cm lang, 1,5 bis 2 cm breit, oberseits dunkelgrün, runzlig, unterseits heller grün

mit sich nicht berührenden Schuppen, Ränder und Stiel borstig behaart. Blattrand teilweise etwas gekerbt. 2- bis 5blütig. Krone röhrig-glockig, 2 bis 3,5 cm lang, hellgelb, Röhre außen und innen behaart. Kronzipfel außen beschuppt. 10 Staubgefäße. Fruchtknoten auffallend behaart. Kelch tief 5zipflig, Zipfel stumpf, krautig, 5 bis 7 mm, oberseits beschuppt. Blütezeit April; Fruchtkapsel eiförmig, rundlich, beschuppt. China (SO-Xizang, Tsarung), oberhalb der Baumgrenze, 4000 bis 4300 m, selten. Benötigt im Garten einen geschützten Standort. Härteste Art der Subsektion. Das sehr ähnliche *R. valentinianum* HUTCHINS. ist nicht so winterhart. *R. fletcheranum* wurde früher als Rock's Form von *R. valentinianum* betrachtet.

'Yellow Bunting' ist ein großblumiger gartenwürdiger Klon.

R. floccigerum FRANCH.
Sektion *Ponticum*
Subsektion *Neriiflora*

Immergrün, etwa 1 bis 2 m hoch. Jungtriebe flockig-filzig. Blätter länglich-elliptisch, 6 bis 11 cm lang, 3,5 bis 4,5 cm breit, spitz, Basis keilförmig bis rundlich, oberseits kahl, unterseits flockig-filzig, rot-

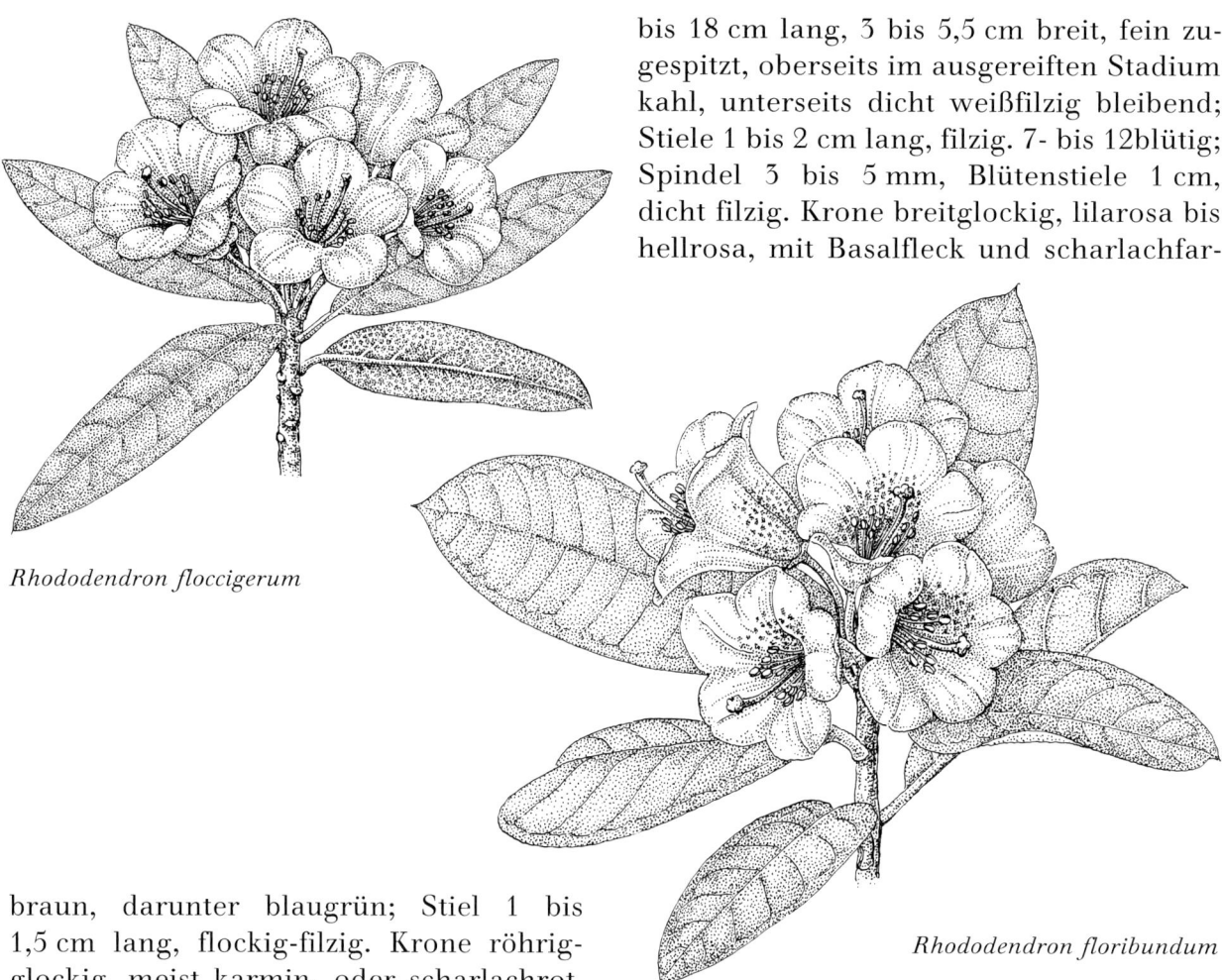

Rhododendron floccigerum

Rhododendron floribundum

bis 18 cm lang, 3 bis 5,5 cm breit, fein zugespitzt, oberseits im ausgereiften Stadium kahl, unterseits dicht weißfilzig bleibend; Stiele 1 bis 2 cm lang, filzig. 7- bis 12blütig; Spindel 3 bis 5 mm, Blütenstiele 1 cm, dicht filzig. Krone breitglockig, lilarosa bis hellrosa, mit Basalfleck und scharlachfar-

braun, darunter blaugrün; Stiel 1 bis 1,5 cm lang, flockig-filzig. Krone röhrigglockig, meist karmin- oder scharlachrot, seltener gelb oder rosa, 3 bis 4 cm lang. Fruchtknoten filzig; Griffel kahl, 4- bis 7blütig, Spindel 2 bis 3 mm lang, Blütenstiele etwa 1 cm lang, filzig. Kelch 1 bis 4 mm, Zipfel rundlich. Blütezeit April. Fruchtkapsel 1 bis 2,5 cm lang. China (SO-Xizang, NW-Yunnan); Felsen, Strauchvegetation; 2750 bis 3950 m. Braucht im Garten einen geschützten Platz. In normalen Wintern ausreichend hart. Wächst relativ langsam. 1914 in Kultur eingeführt.

R. floribundum Franch
Sektion *Ponticum*
Subsektion *Argyrophylla*

Immergrüner, aufrecht wachsender, 1 bis 2 m hoher Strauch, in der Heimat auch kleiner Baum. Einjährige Triebe flockigfilzig. Blätter lanzettlich bis elliptisch, 10

benen Punkten, 4 cm lang. Fruchtknoten dicht filzig; Griffel kahl. Kelch 1 mm lang. Blütezeit April. Fruchtkapsel zylindrisch, 2 bis 3 cm lang. China (Sichuan); in Wäldern; 1300 bis 2600 m. Braucht geschützten Platz im Garten. Blüht bereits als junge Pflanze, neigt leicht zu Chlorose, optimaler pH-Wert deshalb für gesunde Entwicklung Voraussetzung. 1903 eingeführt.

R. forrestii Balf. f. et. Diels
Sektion *Ponticum*
Subsektion *Neriiflora*

Immergrün, niedrig, flachkriechend, teppichbildend. Knospenschuppen bleibend. Blätter verkehrt-eiförmig bis rundlich, 1 bis 3 cm lang, 1 bis 2 cm breit, Spitze rund bis stumpf, manchmal mit Stachelspitze,

168

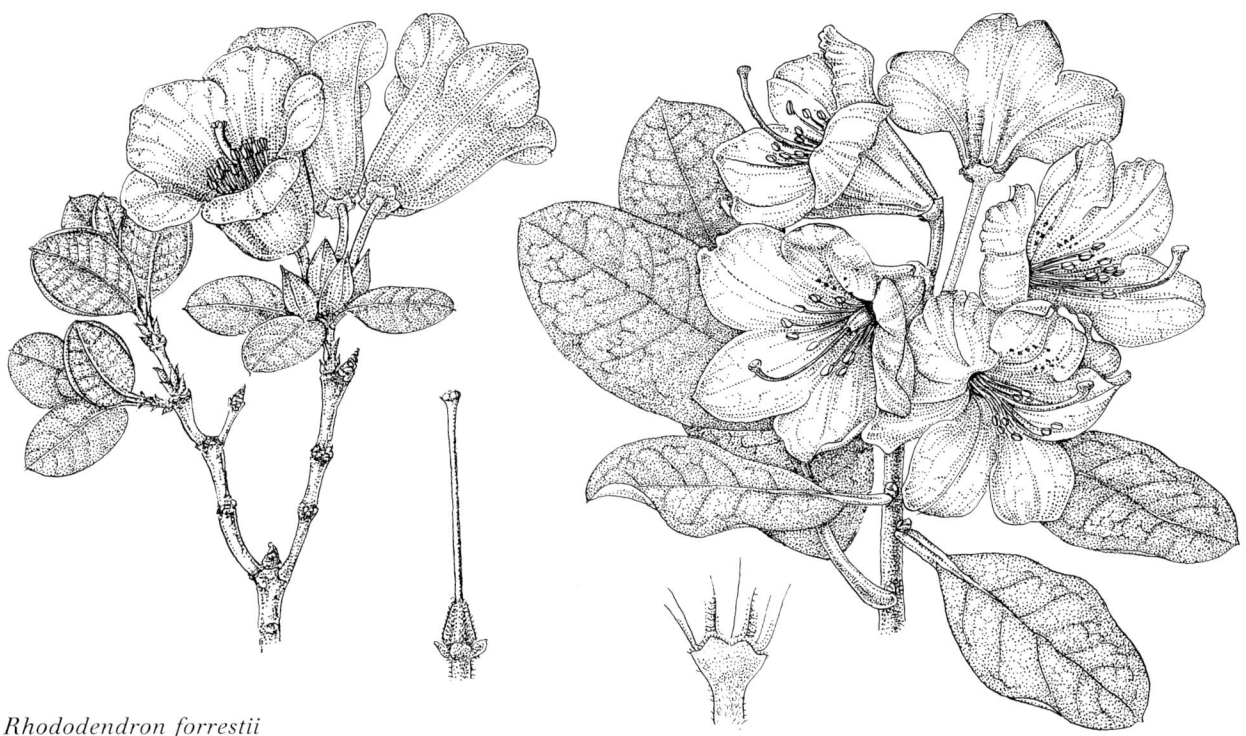

Rhododendron forrestii

Rhododendron fortunei ssp. *discolor*

Basis breit keilförmig, oberseits kahl, unterseits kahl oder mit einzelnen Drüsen besetzt, grün bis purpurn oder blaugrün warzig in ausgereiftem Zustand; Stiele 0,5 bis 10 cm lang, drüsig oder flockig-filzig. Blüten einzeln. Krone röhrig-glockig, karminrot, 3 bis 3,5 cm lang, fleischig. Fruchtknoten dicht drüsig und rotbraun filzig. Blütenstiele 1 bis 2 cm lang. Kelch ca. 1 mm lang, Zipfel fleischig. Blütezeit April bis Mai. Fruchtkapsel 1,5 bis 2 cm lang. Feuchte steinige Matten, Felsen; 3050 bis 4500 m. Leider blüht die interessante Art nicht immer willig in Kultur. Empfehlenswert absonniger kühl-feuchter Standort (Nordhang zwischen Steinen). Ideale Art im Alpinum. Es gibt eine Anzahl reichblühender Klone ('Glenarn', 'Branklyn', 'Tower Court'). Günstig sind im Winter Schneedecke oder Reisigschutz, obwohl es selten zu Frostschäden kommt.

1 Unterseite der Blätter purpurn oder grün, nicht warzig, wenige oder keine Drüsen; Blätter 1- bis 1,5mal so lang wie breit
ssp. *forrestii* [*R. repens* BALF. f. et. FORR., *R. forre-*

stii DIELS var. *repens* (BALF. f. et. FORR.) COWAN et. DAVID]
China (NW-Yunnan, SO-Xizang), NO-Burma (hier im Adung Tal eine schwefelgelbe Form: K. WARD 1896). Es gibt auch eine 3- bis 4blütige Form. Häufig zu Kreuzungen verwendet ('Repens-Hybriden'); interessant auch die Hybride mit *R. aureum*.

1+ Unterseite der Blätter blaugrün-warzig, auffallend drüsig; Blätter 2- bis 2,5mal so lang wie breit ssp. *papillatum* CHAMB.
China (S-Xizang); kaum in Kultur.

R. fortunei LINDL.
Sektion *Ponticum*
Subsektion *Fortunea*

Immergrün, aufrecht wachsend, 1 bis 3 m hoch, in der Heimat bis 10 m hoher Baum. Blätter breit länglich-lanzettlich bis verkehrt-eiförmig, 8 bis 18 cm lang, 2,5 bis 6 cm breit, Blattspitze spitz bis rundlich mit Stachelspitze, Basis rundlich, kahl; Stiele 1 bis 3 cm lang, kahl. 5-12blütig, Stiele 2,5 bis 4 cm lang, drüsig oder kahl.

169

Rhododendron fortunei

Krone offen bis röhrig-glockig, 5,5 bis 7 cm lang, 7zipflig, hellrosa, seltener fast weiß, außen zerstreut mit Drüsen besetzt oder kahl. 14 bis 16 Staubblätter, kahl. Fruchtknoten drüsig. Fruchtkapsel 2,5 bis 4 cm lang. Verbreitete Gartenpflanzen. In normalen Wintern ausreichend hart, in strengen Wintern erfrieren Teile von Laub oder Zweigen. Wegen der Wüchsigkeit zu größeren Arten oder in den Hintergrund stellen. Günstig ist Halbschatten.

170

1 Blätter verkehrt eiförmig, 2- bis 2,5mal so lang wie breit, Blütezeit Mai   ssp. *fortunei*
China (O-Sichuan, Guangxi, Hunan, Guangdong, Jiangxi, Fujian, Anhui, Zhejiang); 600 bis 900 m, in lichten Bergwäldern.

1⁺ Blätter länglich lanzettlich, 3- bis 4mal so lang wie breit, Blütezeit Juni
ssp. *discolor* (FRANCH.) CHAMB. (*R. discolor* FRANCH., *R. houlstonii* HEMSL. et. WILS.)
China (Sichuan, Hubei, Guizhou, Guangxi, Hunan, Anhui, Zhejiang); 1100 bis 2100 m, Dickichte und Wälder.

Beide Unterarten wurden erfolgreich für die Züchtung verwendet.

R. *fragariflorum* Kingd. Ward
Sektion *Rhododendron*
Subsektion *Fragariflora*

Immergrüner Zwergstrauch von dichtem, teppichartigem Wuchs, 15 bis 30 cm hoch. Jungtriebe schuppig und flaumhaarig. Blätter länglich-elliptisch, 1 bis 2 cm lang, 0,5 bis 1 cm breit, beiderseits rundlich, oberseits dunkelgrün, runzlig, glänzend mit wenigen Schuppen, flaumhaarig entlang der Mittelrippe, unterseits heller mit goldgelben oder braunen Schuppen, Ränder gekerbt und im Jugendzustand bewimpert. 2- bis 3blütig; Blütenstiele ca. 1 cm lang, schuppig und flaumhaarig. Krone offenglockig, erdbeerrot bis purpurn, 1 bis 2 cm lang, meist außen unbeschuppt, selten Ränder mit wenigen Schuppen oder Haaren besetzt. 10 Staubblätter, an der Basis flaumhaarig. Fruchtknoten beschuppt, Griffel kahl. Kelchzipfel rötlich, länglich, abgerundet, ca. 0,5 cm lang. Blütezeit Mai bis Juni. Frucht schuppig, ca. 7 mm lang. Bhutan, China (SO-Xizang); auf feuchten Felsen und Geröll in offener Lage. 3650 bis 4500 m. Winterharte, noch seltene Art für das Alpinum.

R. *fulgens* Hook. f.
Sektion *Ponticum*
Subsektion *Fulgensia*

Immergrün, rundlich kompakt wachsend, 1 bis 1,5 m hoch. Jungtriebe kahl. Blätter breit bis verkehrt eiförmig, 9 bis 11 cm, 5 bis 7 cm breit, Spitze rund mit Stachelspitze, Basis keilförmig bis rund, oberseits kahl, unterseits dicht wollig-filzig, weiß bis braun; Stiele 1 bis 2 cm lang, kahl wenn ausgereift. Blütenstand dicht, 8- bis 14blütig. Blütenstiele etwa 1 cm lang, kahl. Krone röhrig-glockig, scharlach- bis blut-

rot, mit dunkleren Nektargruben, 2 bis 3,5 cm lang. Fruchtknoten kahl. Kelch 1 bis 2 mm, kahl. Blütezeit März bis April. Fruchtkapsel 1,5 bis 3 cm lang, gebogen. O-Nepal, Bhutan, NO-Indien (Sikkim, Bengalen, Arunachal Pradesh), China (S-Xizang), Mischwälder, Rhododendronwälder; 3200 bis 4300 m. Die Winterhärte unterschiedlich, es gibt frostharte Typen. Geschützter halbschattiger Standort ist angebracht.

R. *glabrius* Nak.
(R. *japonicum* Sur.)
Sektion *Pentanthera*

Sommergrün, 1 bis 2 m hoch, aufrecht wachsend. Blätter länglich bis verkehrt eiförmig, 5 bis 10 cm lang, 2 bis 3 cm breit, Spitze stumpf, Basis keilförmig, oberseits lichtgrün mit einzelnen Haaren, unterseits

Rhododendron glabrius

teilweise blaugrün, kahl; Stiele 3 bis 8 mm lang, meist kahl. 2- bis 12blütig, Blüten-stiele 1 bis 2 cm lang, mit einzelnen Haa-ren. Krone weit trichterförmig, meist oran-gerot bis scharlachfarben, seltener dunkel-gelb, 5 bis 15 cm Durchmesser, außen flaumhaarig, teilweise süßlich duftend. Staubblätter kürzer als Krone. Griffel kahl, länger als Staubblätter. Blütezeit Mai, kurz vor oder mit den Blättern erscheinend. Ja-pan (SW-Hokkaido, südlich bis in die Berge von Shikoku und Kyushu); offenes felsiges Gelände, lichte Wälder und moo-rige Stellen. Die weitverbreitete und oft zu Kreuzungen benutzte *Azalea mollis*. Abso-lut winterhart, für kleinere Gärten geeig-net. 1861 eingeführt.

R. glaucophyllum REHD.
Sektion *Rhododendron*
Subsektion *Glauca*

Immergrün, 50 bis 80 cm hoch, meist kom-pakt rundlich wachsend. Rinde bräunlich, sich ablösend. Blätter länglich bis ellip-tisch, meist spitz, selten stumpf, Basis keil-förmig, 4 bis 6 cm lang, 1,5 bis 2,5 cm breit, oberseits bräunlichgrün, unterseits blaugrün mit kleinen gelben und großen dunkelbraunen Schuppen, duftend; Stiel 1 bis 1,5 cm lang, beschuppt. 4- bis 6blütig,

Rhododendron glaucophyllum

Blütenstiele schuppig, 1,5 bis 2 cm lang. Krone glockig bis röhrig-glockig, 2 bis 3 cm lang, rosa, selten weiß, mitunter ge-fleckt, außen dicht beschuppt. 10 Staub-blätter, Griffel zur Narbe zu dicker wer-dend, kürzer als die Krone. Kelchzipfel ei-förmig, zugespitzt, 0,5 bis 1 cm lang, oft blaugrün, beschuppt und meist bewim-pert. Blütezeit Mai. Fruchtkapsel schup-pig, eiförmig, 1 cm lang. Im Garten vor Wintersonne und scharfen Winden schüt-zen. Gedeiht gut auf feucht-humosem Standort in schneesicherer Lage.

1 Krone glockig; Griffel scharf gebogen
  var. *glaucophyllum* (*R. glaucum* HOOK.) Nepal, Indien (Sikkim), Bhutan; in Kiefern- und Rhododendronwäldern, auf Felsen; 3050 bis 3350 m.

1⁺ Krone röhrig-glockig; Griffel abfallend
  var. *tubiforme* COW. et. DAVIDIAN Indien (Arunachal Pradesh), Bhutan, China (S-Xizang); in Rhododendron-, Bambus-, Mischwäl-dern, auf Felsen; 2750 bis 3650 m.

R. haematodes FRANCH.
Sektion *Rhododendron*
Subsektion *Neriiflora*

Immergrün, dicht und kompakt wachsend, 0,4 bis 1 m hoch. Jungtriebe dicht filzig. Blätter verkehrt-eiförmig bis länglich, 4,5 bis 8,5 cm lang, 2 bis 4,5 cm breit, Spitze rundlich mit Stachelspitze, Basis rundlich bis keilförmig, oberseits kahl wenn ausge-reift, unterseits mehr oder weniger dicht matt-filzig, die oberste Schicht hell- bis rotbraun, die darunterliegende weißlich; Stiele 0,5 bis 1 cm lang, dicht filzig oder behaart. 4- bis 6blütig. Krone röhrig-glok-kig, fleischig, scharlach- bis tiefkarminrot, 3,5 bis 4,5 cm lang. Fruchtknoten dicht rot-braunfilzig. Blütenstiele 1 bis 2 cm lang, filzig oder haarig. Kelch klein, meist un-gleich, Zipfel 3 bis 15 mm lang, rundlich, kahl. Blütezeit Mitte Mai bis Mitte Juni. Fruchtkapsel 1 bis 1,5 cm lang. Alpine fel-

172

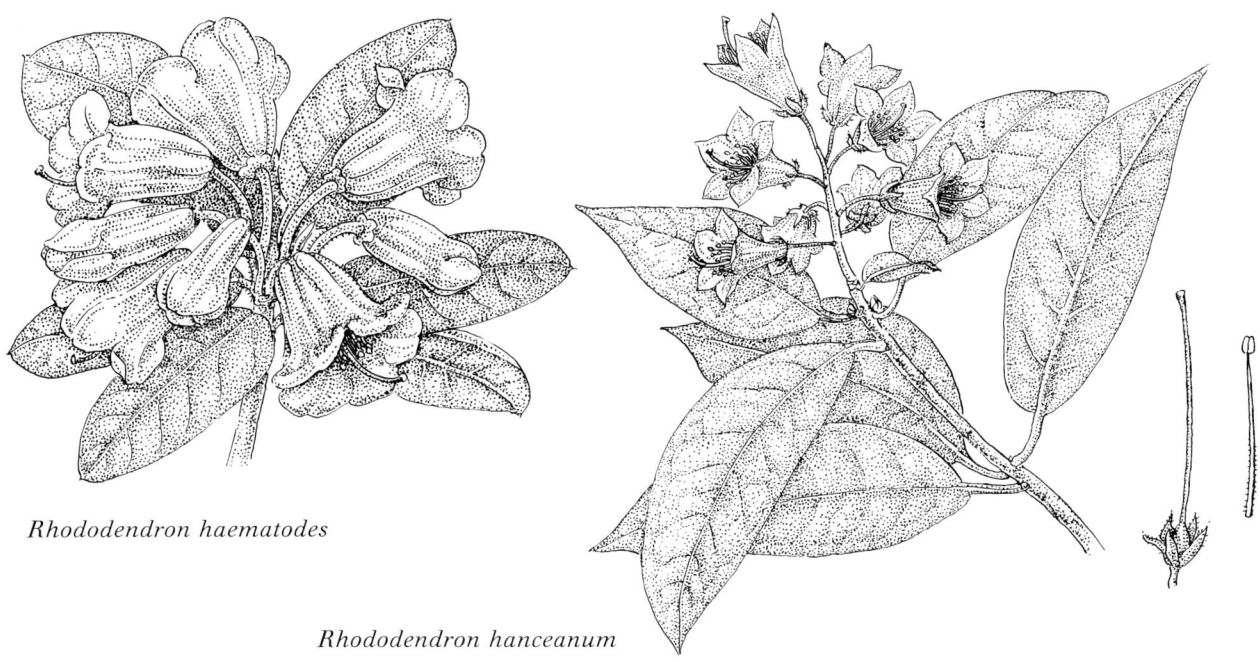

Rhododendron haematodes

Rhododendron hanceanum

sige und feuchte Matten und Strauchge-
sellschaften, 3650 bis 4450 m. Winterhärte
je nach Herkunft unterschiedlich, es gibt
ganz harte Typen. Für Alpinum und den
kleinen Garten. Sollte nicht zu trocken stehen, im allgemeinen recht blühwillig.

1 Blattstiele und Jungtriebe überwiegend filzig,
   wenig und schwache Borsten   ssp. *haematodes*
   China (W-Yunnan).

1⁺ Blattstiele und Jungtriebe überwiegend mit starken Borsten behaart
   ssp. *chaetomallum* (Balf. f. et. Forr.) Chamb.
   (*R. chaetomallum* Balf. f. et. Forr.)
   NO-Oberburma, China (SO-Xizang, NW-Yunnan), blüht bereits April bis Mai.

R. hanceanum Hemsl.
Sektion *Rhododendron*
Subsektion *Tephropepla*

Immergrüner, ca. 20 bis 80 cm hoher,
meist kompakt wachsender Strauch, großlaubige Typen meist etwas locker im
Wuchs. Jungtriebe schuppig. Blätter länglich-eiförmig bis länglich-elliptisch, 2,5 bis
12 cm lang, 1,5 bis 5,5 cm breit, oberseits

hellgrün mit einzelnen flachen goldbrau-
nen Schuppen, unterseits unbeschuppt,
Nerven an der Basis etwas flaumhaarig,
lang zugespitzt. 5- bis 15blütig; Blütenstiele leicht schuppig, 1 cm lang. Krone
länglich röhrig-glockig, weiß, 2 cm lang,
außen kahl und ohne Schuppen. 10 Staubgefäße an der Basis weichhaarig, aus der
Krone hervorstehend. Fruchtknoten
schuppig, Griffel kahl. Zipfel 0,5 cm lang,
länglich-dreieckig. Blütezeit Mai bis Juni.
Fruchtkapsel eiförmig-zylindrisch, schuppig, etwa 1 cm lang. China (Zentral-Sichuan, Mt. Omei); auf Felsen, in Strauchvegetation; 1300 bis 2300 m. In normalen
Wintern ausreichend hart, die zwergigen
Klone sehr geeignet für Alpinum. 'Nanum'
bis 15 cm hoch mit kleinem Laub und hellgelben Blüten, eines der besten niedrigen
gelben Rhododendren.

'Princess Anne'
(= 'Golden Fleece', *R. hanceanum* x *R. keiskei*,
G. Reuthe, GB vor 1961)
hellgelb; Blütendurchmesser 2,5 bis 3 cm, Blütezeit
Ende April bis Anfang Mai, 6- bis 8blütig. Wuchs
flach kompakt; Winterschutz ratsam; bronzefarbiger
Austrieb.

R. heliolepis Franch.
Sektion *Rhododendron*
Subsektion *Heliolepida*

Immergrün, meist kompakt wachsend 1 bis 2 m hoch. Jungtriebe rötlich, beschuppt. Blätter länglich-eiförmig bis länglich-elliptisch, 6 bis 10 cm lang, 2 bis 4 cm breit, spitz, Basis rundlich, dicht netznervig, aromatisch duftend, im Jugendstadium oberseits weißlich beschuppt, Unterseite mit goldenen bis bräunlichen sich nicht berührenden Schuppen. Blattstiel ca. 1 cm, schuppig. 6- bis 10blütig. Krone trichterförmig, weiß oder rosa, selten purpurn, meist mit rötlichen, grünlichen oder bräunlichen Flecken an den Zipfeln, außen dicht beschuppt, innen weichhaarig, 2,5 bis 3,5 cm lang. 10 Staubblätter, Staubfäden an der Basis dicht flaumhaarig. Fruchtknoten dicht schuppig, Stempel kürzer als die Staubgefäße. Kelch kurz, schuppig. Blütezeit Juni bis August. Fruchtkapsel zylindrisch, schuppig, 1 bis 1,5 cm lang. China (Yunnan, SW-Sichuan, S-Xizang), NO-Burma; felsige Täler, Flußufer, Nadelwälder und Strauchvegetation; 2500 bis 3700 m. Bemerkenswert ist die späte Blütezeit und die aromatische Belaubung. Winterhärte je nach Herkunft unterschiedlich. 1912 eingeführt.

R. hemitrichotum Balf. f. et. Forr.
Sektion *Rhododendron*
Subsektion *Scabrifolia*

Immergrün, kompakt bis locker wachsend, dicht verzweigt, 0,5 bis 1 m hoch. Jungtriebe beschuppt und flaumhaarig. Blätter länglich-elliptisch, 2,5 bis 4 cm lang, ca. 1 cm breit, auf der Oberseite flaumhaarig, Unterseite blaugrün-weißlich, dicht mit großen Schuppen besetzt; Blattstiel sehr kurz. 2- bis 3 blattachselständige Blüten. Krone offen trichterförmig, 1 bis 1,5 cm lang, rosa oder weiß mit rosafarbenem Rand, außen kahl und unbeschuppt, Röhre innen flaumhaarig; 5zipflig. 10 Staubblätter, an der Basis flaumhaarig. Fruchtknoten dicht beschuppt und weichhaarig. Blütezeit April. Fruchtkapsel beschuppt und etwas weichhaarig, 0,5 bis 1 cm lang. China (N-Yunnan, SW-Sichuan); felsige Abhänge über Schiefer und

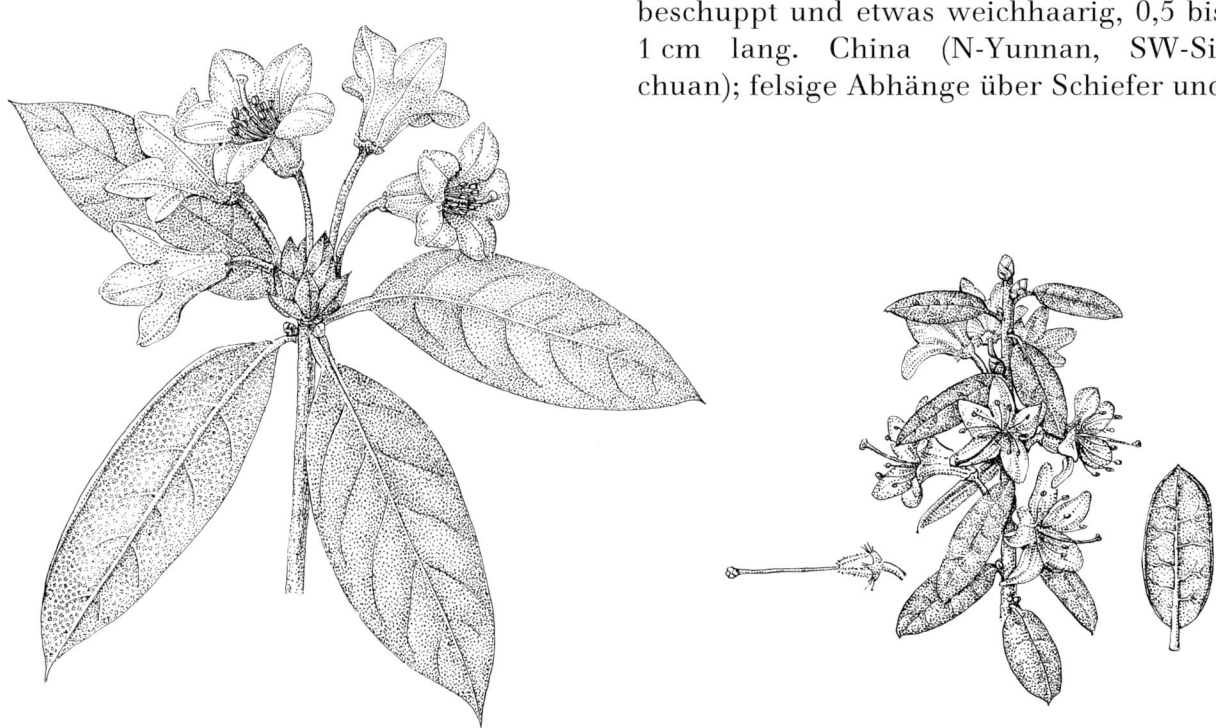

Rhododendron heliolepis

Rhododendron hemitrichotum

Kalkstein; Strauchformationen, als Unterholz in lichten Eichen- und Fichtenwäldern; 2900 bis 4300 m. Im Garten an geschütztem Platz. Gut für Alpinum geeignet. Winterschutz empfehlenswert. Sehr reichblühend; Knospen durch rote Spitze interessant.

Rhododendron hippophaeoides

R. hippophaeoides
Balf. f. et. W. W. Smith
Sektion *Rhododendron*
Subsektion *Lapponica*

Immergrün aufrecht wachsend bis etwa 1 m hoch. Triebe dünn, beschuppt und aromatisch. Blätter 1 bis 2,5 cm lang, 0,5 bis 1 cm breit, elliptisch bis länglich, stumpf, Basis keilförmig, beiderseits schuppig, unterseits dicht hellgrau, Schuppen sich überlappend. Blütenstand 4- bis 7blütig, Stiele schuppig. Krone breit trichterförmig, 1 bis 1,5 cm lang, hellrosa oder lavendelfarben bis bläulich-purpurfarben, ohne Schuppen, innen behaart. 10 Staubblätter, kürzer als die Krone, Staubfäden an der Basis behaart. Fruchtknoten schuppig, Griffel rot. Kelch bis 2 mm lang, Zipfel rundlich bis breit dreieckig und variabel beschuppt und bewimpert. Blütezeit April bis Anfang Mai. Frucht länglich eiförmig, 0,5 cm lang, schuppig. China (Yunnan, SW-Sichuan); Zwergstrauchheiden, Matten; 2400 bis 4800 m. Im Garten willig wachsend und winterhart. Verschiedene Selektionen und Herkünfte unterscheiden sich in Wuchshöhe, Blütenfarbe und Blühzeit. 2 Varietäten:

1 Griffel 4 bis 10 mm lang
   var. *hippophaeoides* (R.*fimbriatum* Hutch.)

1⁺ Griffel 13 bis 16 mm lang
   var. *occidentale* Phil. et. Phil.
   Ob in Kultur?

'Blue Silver' (Auslese durch D. Hobbie 1977), rundkompakter Wuchs, Austrieb silbriggrün. Blüte amethystrosa. Blütezeit Anfang bis Mitte Mai.

'Mother Greer' (*R. h.* var. *hippophaeoides* x Art der Subsektion *Triflora*, H. Greer, USA, seit 1982 im Handel), kompakter Wuchs, lilablaue Blüten, Blüte ab Mitte Mai, nicht so hart wie die Art.

R. hirsutum L.
Sektion *Rhododendron*
Subsektion *Rhododendron*

Immergrün, bis 1 m hoch, ausladend wachsend. Jungtriebe dünn beschuppt und behaart. Blätter länglich bis breit verkehrt-eiförmig, 1,5 bis 3 cm lang, 1 bis 1,5 cm breit, flach, oberseits kahl, unterseits leicht golden beschuppt, Ränder bewimpert, ledrig. 3- bis 10blütig, Blütenstiele dünn beschuppt und behaart. Krone röhrig-glockig, rosa bis hellrot, selten weiß; außen dünn beschuppt und behaart,

Rhododendron hirsutum

175

Rhododendron hirsutum in den Alpen. Die Büsche
werden auf den Almen »umweidet«, in ihrem Schutz
sind deshalb auch andere Pflanzen vor Verbiß geschützt.

1 bis fast 2 cm lang. 10 Staubblätter, an der Basis behaart. Fruchtknoten beschuppt, Griffel so lang oder etwas länger wie Fruchtknoten. Kelch mit länglichen dreieckigen Zipfeln, 2 bis 4 mm lang, beschuppt. Blütezeit Juni. Fruchtkapsel länglich rundlich, etwa 0,5 cm lang. Alpen, über Kalkgestein, Zwergstrauchheiden, Geröll. Im Garten durchlässige Erde, mehr Trockenheit und Wärme als *R. ferrugineum* vertragend.

R. hirtipes TAGG
Sektion *Ponticum*
Subsektion *Selensia*

Immergrüner, rundlich wachsender, 0,5 bis 2 m hoher Strauch, in der Heimat auch bis 8 m hoher Baum. Jungtriebe drüsig-borstig. Blätter breit verkehrt-eiförmig, 5 bis 11 cm lang, 3,5 bis 6 cm breit, Spitze und Basis rundlich, Ränder knorpelig, manchmal an der Basis bewimpert, oberseits kahl, unterseits mit einzelnen Drüsen und dünnem Indumentum, Mittelrippe an der Basis drüsig-borstig; Stiele 1,5 bis 2,5 cm lang, drüsig-borstig. 3- bis 5blütig, Blütenstand locker. Blütenstiele 1,5 bis 2 cm lang, dicht drüsig-borstig. Krone glockig, trichterförmig, weiß bis rosa, meist purpurn gefleckt, 5zipflig, 4 cm lang. Fruchtknoten und Griffel drüsig. Kelch 0,5 bis 1 cm, rötlich-drüsig, Blütezeit Ende März bis April. Fruchtkapsel ca. 1,5 cm lang, gerade oder leicht gebogen. China (SO-Xizang), als Unterholz in Wäldern, moorige Felsen, schattige Schluchten; 3000 bis 4000 m. In normalen Wintern ausreichend hart, geschützter, halbschattiger Standort ist dennoch empfehlenswert, schon wegen der frühen Blüte.

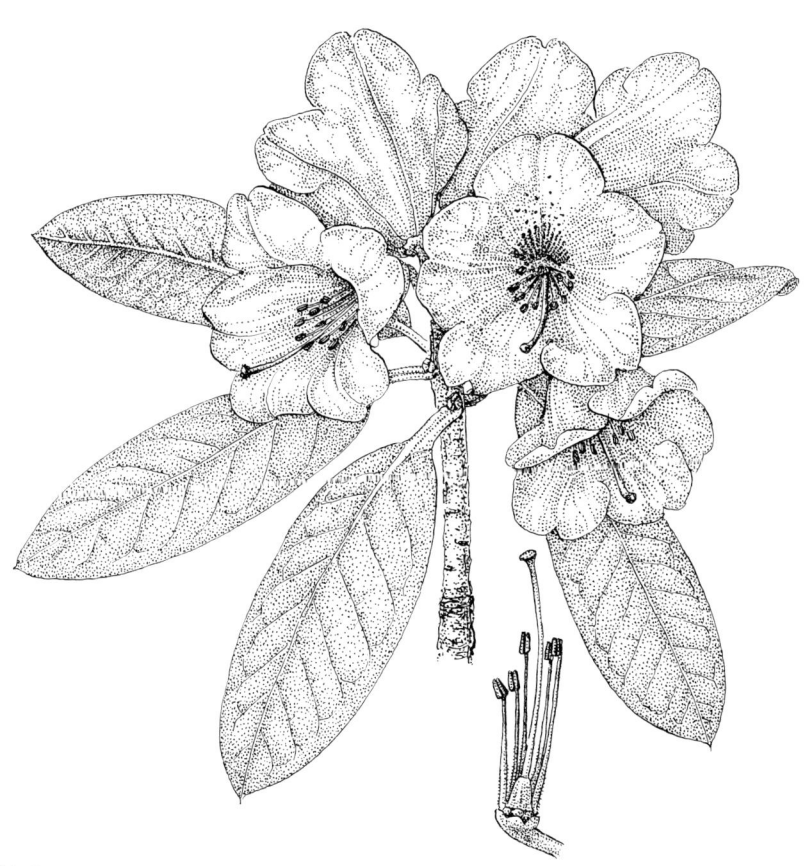

Rhododendron hirtipes

177

R. hodgsonii Hook. f.
Sektion *Ponticum*
Subsektion *Falconera*

Immergrüner, rundlich-buschiger, stark-triebiger, 1 bis 2 m hoher Strauch, in der Heimat bis 11 m hoher Baum. Blätter verkehrt-eiförmig bis elliptisch, 17 bis 24 cm lang, 6,5 bis 10 cm breit, Spitze rundlich oder stumpf, Basis rundlich, oberseits kahl, unterseits mit dichtem silbrigen bis zinnoberroten Indumentum, Stiele 2,5 bis 5 cm lang, grau-flockig. Blütenstand dicht, 15- bis 25blütig. Blütenstiele 2 bis 4 cm lang, dünn-filzig. Krone röhrig-glockig, fleischig, rosa, lilarosa oder purpurn, mit dunklerem Schlundfleck, 3 bis 4 cm lang. 15 bis 18 Staubblätter. Fruchtknoten filzig. Kelch 2 bis 3 mm, dünn-filzig. Blütezeit Ende April bis Mai. Fruchtkapsel 3 bis 4 cm lang, gebogen. O-Nepal, Indien (Sikkim, Bengal, Arunachal Pradesh), Bhutan, China (S-Xizang); Nadelwälder, Mischwälder, stellenweise dominant; 3000 bis 4000 m; wird in Nepal als Nutz- und Brennholz verwendet. Nur wenige Herkünfte sind ausreichend hart, deshalb besonders geschützter Standort oder Überwinterung im Haus erforderlich. Bereits 1849 nach England eingeführt.

R. hookeri Nutt.
Sektion *Ponticum*
Subsektion *Thomsonia*

Immergrün, aufrechtwachsend, 1 bis 2 m hoch. Jungtriebe kahl. Blätter länglich bis länglich-eiförmig. 7 bis 17 cm lang, 4 bis 7 cm breit, oberseits kahl, auf der Unterseite an den Nerven schwärzliche Haarbüschel, Stiele 1,5 bis 3 cm lang, kahl. Blütenstand dicht, 8- bis 15blütig, Blütenstiele 1 bis 1,5 cm lang. Krone röhrig-glockig, dunkelrosa bis karmesinrot, mit dunkleren Nektarien und Flecken, 3,5 bis 4,5 cm lang. Fruchtknoten und Griffel kahl. Blütezeit April. Fruchtkapsel 2 bis 2,5 cm lang. Indien (Arunachal Pradesh), Bhutan; in Mischwäldern; 2500 bis 3700 m.

Verlangt im Garten einen geschützten Standort, Herkünfte aus tieferen Lagen sollten besser im Haus überwintert werden.

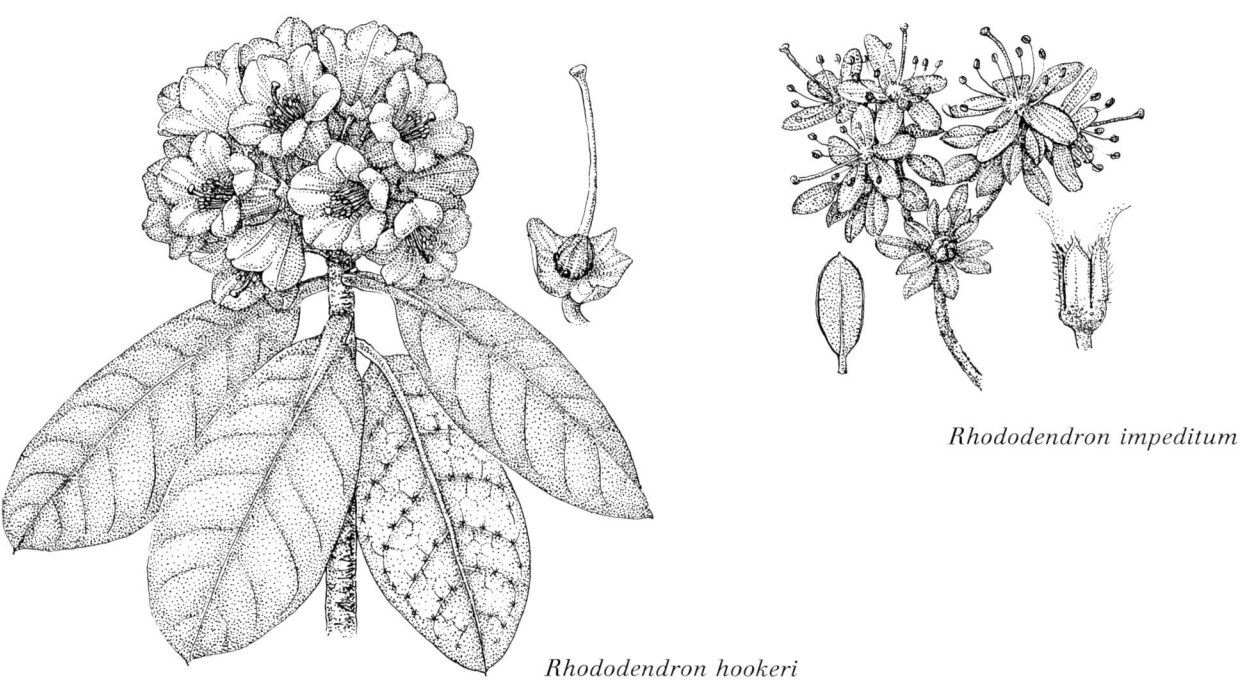

Rhododendron hookeri

Rhododendron impeditum

178

R. impeditum
BALF. f. et. W. W. SMITH
(*R. litangense* HUTCH.)
Sektion *Rhododendron*
Subsektion *Lapponica*

Immergrün, dicht und kompakt wachsend, etwa 30 cm hoch. Triebe kurz, mit schwarzen Schuppen besetzt. Blätter eiförmig bis breit-elliptisch, stumpf oder spitz, Basis breit keilförmig, 0,5 bis 1,5 cm lang, ca. 0,5 cm breit, beiderseits schuppig, unterseits hell graugrün mit braunen Tupfen. Blütenstand mit bis zu 4 Blüten, Blütenstiele 1 bis 3 mm lang, schuppig. Krone breit trichterförmig, violett oder purpurn bis lavendelfarben, selten weiß, 1 bis 1,5 cm lang, innen (selten auch außen) flaumhaarig. Meist 10 Staubgefäße, an der Basis flaumhaarig. Fruchtknoten schuppig, Stempel sehr unterschiedlich lang. Kelch 3 bis 4 mm lang, Zipfel meist schuppig und bewimpert. Blütezeit Ende April bis Mitte Mai. Fruchtkapsel eiförmig, ca. 0,5 cm lang, schuppig. China (N-Yunnan, SW-Sichuan); Wälder, alpine Matten, Geröll und Felsen; 3300 bis 4600 m.

Bewährte winterharte Art, besonders für das Alpinum geeignet. Die weißblühende Form schafft einen wirkungsvollen Kontrast zu den anderen Arten der *Lapponica*-Sektion. Auffallend die roten Staubgefäße. 1911 eingeführt.

R. insigne HEMSL. et. WILS.
Sektion *Ponticum*
Subsektion *Argyrophylla*

Immergrün, 1 bis 3 m hoch, buschig wachsend. Rinde grau; Jungtriebe dick, aschgrau, dünnfilzig. Blätter elliptisch bis länglich-lanzettlich, 7 bis 13 cm lang, 2 bis 4 cm breit, spitz, oberseits kahl, dunkelgrün, unterseits mit silbrigem bis kupferfarbenem Häutchen; Stiele 1,5 bis 2 cm lang, anfangs wollig, später kahl. Blütenstand locker, 8- bis 15blütig, Blütenstiele 2 bis 4 cm lang, weiß- bis rotbraunfilzig. Krone weitglockig, rosa, mit Flecken und Linien, 4 bis 5 cm lang. Fruchtknoten dicht weißwollig, Griffel kahl. 10 bis 14 Staub-

Rhododendron insigne

179

blätter, dicht behaart. Kelch 1 bis 2 mm lang, beflockt, Zipfel kurz. Blütezeit Mitte Mai bis Mitte Juni. Fruchtkapsel breit zylindrisch, 1 bis 2 cm lang. China (Sichuan, Wa Shan); 2300 bis 3000 m; Wälder, Kalkfelsen. Attraktive Blattpflanze und eine der härtesten Arten der Subsektion. In der Jugend kompakt, im Alter meist etwas lockerer. In Extremwintern und in heißen Sommern kann es zu Laubschäden kommen, in der Jugend blühfaul. Wurde in den letzten Jahren erfolgreich als Kreuzungspartner verwendet. 1908 eingeführt.

R. intricatum FRANCH.
(R. peramabile HUTCH.)
Sektion Rhododendron
Subsektion Lapponica

Immergrün, kompakt wachsend, bis 0,7 m hoch. Triebe unregelmäßig und verworren, rötlich beschuppt. Blütenknospen rotbraun. Blätter länglich bis elliptisch oder rundlich, 0,5 bis 1 cm lang, ca. 0,5 cm breit, Spitze rundlich, Basis keilförmig bis rundlich, beiderseits beschuppt, unterseits graugrün, Schuppen berühren oder überlappen sich, Stiel dicht schuppig. Kompakter Blütenstand 2- bis 6blütig, Krone röhrig mit abgespreizten Lappen, meist hell lavendelblau, oder dunkelblau, selten gelblich; ca. 1 cm lang, außen ohne Schuppen. 10 Staubblätter in die Röhre eingeschlossen. Griffel an der Basis flaumhaa-

Rhododendron intricatum

rig, Fruchtknoten schuppig, Griffel kürzer als die Staubgefäße. Kelch 0,5 bis 2 mm, Zipfel dreieckig bis länglich, schuppig und teilweise bewimpert. Blütezeit April bis Anfang Mai. Fruchtkapsel eiförmig, schuppig, etwa 0,5 cm lang. China (N-Yunnan, SW- und Zentral-Sichuan); 2800 bis 4900 m; Ränder von Nadelwäldern, alpine, meist feuchte und moorige Matten und Zwergstrauchheiden. Im Garten in Wuchs und Blüte auffällig. Die frühen Blüten vertragen leichten Nachtfrost unbeschadet. Winterhart. 1904 eingeführt.

'Intrifast'
(R. intricatum × R. fastigiatum, T. Lowinsky, GB, vor 1958); violettblau. Blaugraue Belaubung, Blütezeit Ende April bis Anfang Mai. Dicht kompakter Wuchs, winterhart.

R. japonicum (BL.) SCHNEID.
Sektion Ponticum
Subsektion Pontica

Immergrüner, in der Jugend rundlich und kompakt wachsender, später etwas lockerer Strauch, 1 bis 2 m hoch. Jungtriebe leicht filzig, später kahl. Blätter elliptisch bis länglich-lanzettlich, 8 bis 14 cm lang,

Rhododendron intricatum

Rhododendron japonicum

Rhododendron japonicum var. *pentamerum*

Rhododendron japonicum var. *japonicum*

2,5 bis 3,5 cm breit, spitz oder rundlich mit Stachelspitze, oberseits kahl, unterseits mit dünnem bis dichtem filzigem Indument, teilweise später kahl; Stiele 2 bis 2,5 cm lang, meist dicht filzig. Blütenstand dicht, 9- bis 12blütig, Stiele 2 bis 3 cm lang, mit dünnem Indument, Krone offen, trichterförmig-glockig, rosa mit auffallenden Flekken, 3 bis 4,5 cm lang. Fruchtknoten weißfilzig. Blütezeit Ende April bis Mai. Fruchtkapsel etwa 2 cm lang. Japan; Wälder, Felsen; 200 bis 1200 m. Nach Standort sehr variabel. Die Varietäten sind auch in extremen Wintern hart; gut geeignet für freie Lage, gedeihen auch auf weniger humosen Böden und stellen keine besonderen Ansprüche. 2 Varietäten:

1 Krone 7zipflig
   var. *japonicum* (*R. metternichii* SIEB. et. ZUCC., *R. m.* var. *heptamerum* MAX., *R. m.* var. *hondoense* NAK., *R. m.* var. *micranthum* NAK.)
   W-Honshu, südlich bis Kyushu.

1+ Krone 5zipflig
   var. *pentamerum* (*R. degronianum* CARR., *R. metternichii* SIEB. et. ZUCC. var. *pentamerum*, *R. m.* var. *kyomaruense*)
   Mittel-Honshu.

R. japonicum (A. GRAY) SUR.
→ *R. glabrius* NAK.

R. kaempferi PL.
(*R. obtusum* PL. var. *kaempferi* WILS.)
Sektion *Tsutsutsi*

Wintergrün, locker breit aufrecht wachsend, 0,5 bis 2 m hoch. Jungtriebe flaumhaarig. Sommerblätter elliptisch, 2,5 bis 6 cm lang, 1,5 bis 2,5 cm breit, oberseits etwas glänzend und beiderseits spärlich borstig behaart, Winterblätter viel kleiner, länglich-lanzettlich. 2- bis 4blütig, Blütenstiele ca. 0,5 cm lang, flaumig behaart. Krone trichterförmig, rosa mit dunklerem Schlund, orangerot bis scharlachrot, selten weiß, 4 bis 6 cm lang, Durchmesser etwa 5 cm, Zipfel rundlich. 5 Staubblätter. Blütezeit Mai. Japan (Kyushu, Honshu bis

Rhododendron kaempferi

Zentral-Hokkaido, auch auf kleineren Inseln); bis über 1000 m; offene, sonnige Lage, Strauchvegetation, lichte Wälder. Sehr variabel, am Naturstandort Hybriden mit *R. kiusianum* und *R. sataense* (selbst eine Naturhybride?). Neigt zur Bildung doppelkroniger Blüten. Winterhart, im Garten relativ anspruchslos. In der Sonne verblassen die Blüten leicht, da sie wenig Farbstoff enthalten. Im lichten Schatten farbbeständiger. 1894 nach Europa eingeführt, häufig für Kreuzungen verwendet.

R. keiskei MIQ.
(*R. laticostum* INGR.,
R. trichocalyx INGR.)
Sektion *Rhododendron*
Subsektion *Triflora*

Immergrün, 0,3 bis 1 m hoch, meist flach und kompakt wachsend. Blätter länglich-elliptisch bis lanzettlich, meist spitz, Basis keilförmig oder rundlich, 3,5 bis 7,5 cm lang, 1 bis 2,5 cm breit, oberseits dunkelgrün, unterschiedlich beschuppt, längs der

Rhododendron keiskei

Mittelrippe beiderseits flaumhaarig, unterseits grünlich mit großen braunen einzelnen Schuppen. 2- bis 3blütig. Krone offen trichterförmig, hell- bis zitronengelb, ohne Flecken, 2 bis 2,5 cm lang, außen unterschiedlich schuppig und mitunter mit wenigen Haaren besetzt. 10 Staubblätter, Staubfäden an der Basis behaart. Fruchtknoten beschuppt, Griffel kahl. Kelch gewellt, Zipfel 0,5 bis 1 cm lang, beschuppt. Blütezeit Mai. Fruchtkapsel länglich zylindrisch, etwa 1 cm lang. Sehr variabel in Blattform und -größe sowie Wuchs. Japan (S-Honshu bis Yakushima); im Bergland auf Sandstein- und Schieferfelsen. Besonders die kompakt wachsenden Klone sind ideale Steingartenpflanzen (frühe gelbe Blüte, meist rötlicher Austrieb).

Rhododendron keiskei

184

'Ebino' von der Insel Ebino,
ab Ende April blühend, hell zitronengelb, Austrieb rötlich. Bis 30 cm hoch (= 'Cordifolia').

'Yaku Fairy' von der Insel Yakushima,
nur 15 cm hoch. Blüten cremegelb. Sehr reichblühende kompakte Kissen bildend. 1908 eingeführt.

'Yaku Fairy' × *carolinianum*,
hellgelb, bis 30 cm hoch, sehr winterhart.

'Shamrock'
(Keiskei-dwarf-Form × *hanceanum* 'Nanum', R. Ticknor, USA, 1978),
gelblichgrün, trichterförmig, 2,5 cm lang, 3 cm breit, 5zipflig. Blütezeit Mitte bis Ende Mai. Wuchs flach, bis 30 cm hoch. Winterschutz.

'Ginny Gee'
('Yaku Fairy' × *R. racemosum* FORR., W. Berg, USA, 1979).

'Patty Bee'
('Yaku Fairy' × *R. fletcherianum*, W. Berg, USA, 1978),
hellgelb, ungefleckt, 5- bis 6blütig. Blütezeit April bis Anfang Mai, flach kompakt. Winterschutz.

R. keysii NUTT.
Sektion *Rhododendron*
Subsektion *Cinnabarina*

Immergrün, langtriebig, aufrechtwachsend, 1 bis 2 m hoch. Jungtriebe dicht schuppig. Blätter elliptisch, mit Stachelspitze, Basis keilförmig oder rundlich, 6 bis 10 cm lang, 2 bis 3 cm breit, oberseits auch ausgereift beschuppt, unterseits dicht mit ungleichen flachen Schuppen besetzt. Blüten blattachselständig, zu 2 bis 5, hängend. Krone röhrig, dunkelrot bis lachsrosa, Zipfel manchmal gelblich, 2 bis 2,5 cm lang. 10 Staubblätter, bis zur Hälfte behaart. Fruchtknoten schuppig, Griffel an der Basis behaart. Blütezeit Mai bis Anfang Juni. Fruchtkapsel zylindrisch, etwa 1 cm lang, schuppig. Indien (Sikkim, Arunachal Pradesh), Bhutan, China (S-Xizang); in Wäldern; 2440 bis 3650 m. Die prächtig blühende Art verlangt geschützten, halbschattigen Standort. Bereits 1851 eingeführt.

R. kiusianum MAK.
(*R. obtusum* var. *japonicum* WILS.)
Sektion *Tsutsutsi*

Wintergrün bis immergrün, flach wachsend, dicht verzweigt, 30 bis 70 cm hoch. Sommerblätter eiförmig-elliptisch, 1 bis 2 cm lang, frischgrün; Winterblätter länglich-lanzettlich, flaumhaarig. 2- bis 4blütig.

Rhododendron keysii

Rhododendron kiusianum

Krone trichterförmig, rosa, lachsrot, karminrot oder purpurlila, selten weiß. 5 Staubblätter, Staubbeutel hellbraun. Blütezeit Mai bis Juni. Japan (Kyushu), Pionierpflanze auf vulkanischen Aschen in voller Sonne in alpiner Lage, besonders südlich Kurume. Sommertemperaturen über 30°C, im Winter meist unter Schnee; 1200 bis 1700 m. Am Naturstandort Hybriden mit *R. kaempferi*. Winterhart, besonders für Steingärten geeignet. Es gibt, besonders in Japan, eine Fülle selektierter Wildklone. Wurde häufig zu Züchtungen verwendet. 1918 eingeführt.

R. lacteum FRANCH.
Sektion *Ponticum*
Subsektion *Taliensia*

Immergrüner Strauch mit steifen dicken Trieben, 1 bis 3 m hoch. Blätter elliptisch bis verkehrt-eiförmig, 8 bis 17 cm lang, 4,5 bis 7 cm breit, vorn rundlich, fein zugespitzt, Basis rundlich, unterseits mit dünner Schicht graubrauner Sternhaare;

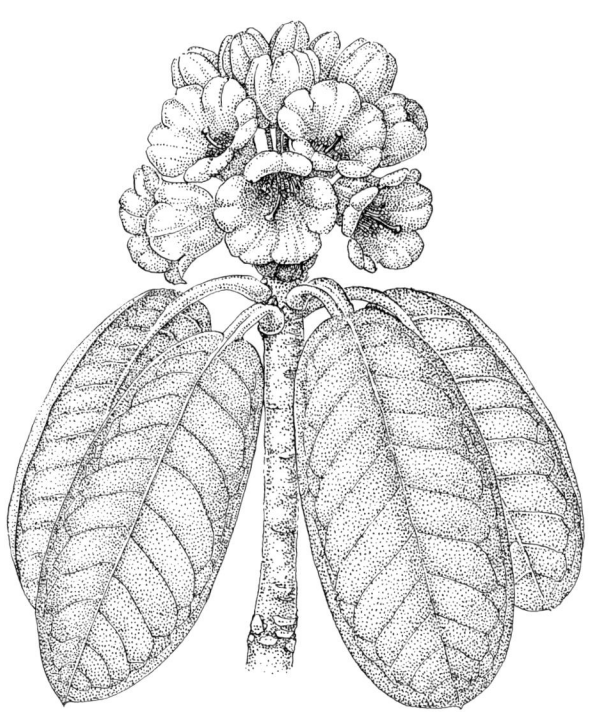

Rhododendron lacteum

Stiele 2 bis 2,5 cm lang. 15- bis 30blütig; Blütenstiele 2,5 bis 3 cm lang, anfangs flockig-filzig. Krone offenglockig, hell- bis kanariengelb, ohne Flecken, manchmal mit purpurfarbenem Schlundfleck, 4 bis 5 cm lang. Fruchtknoten dicht filzig; Griffel kahl. Kelch etwa 1 mm, kahl, Zipfel rundlich. Blütezeit Ende April bis Mitte Mai. China (W-Yunnan), selten; 3700 bis 4000 m, Ränder von Nadelwäldern, Rhododendronwäldern, Felsen.

Eine der besten gelbblühenden Arten, verlangt etwas geschützten Platz, soll nach Cox auch gut mit trockenerem Klima zurechtkommen. 1910 eingeführt.

R. lapponicum (L.) WAHLBG.
(*R. confertissimum* NAK.,
R. palustre TURCZ.,
R. parvifolium AD.,
R. parviflorum F. SCHMIDT)
Sektion *Rhododendron*
Subsektion *Lapponica*

Immergrün, mehrtriebig, niederliegend oder aufrecht, 30 bis 70 cm hoch. Blätter länglich-elliptisch bis eiförmig, vorn stumpf oder rundlich mit Stachelspitze, Basis keilförmig, 5 bis 20 mm lang, 2 bis 7 mm breit, schuppig, unterseits hell- bis rostbraun, die sich berührenden Schuppen zweifarbig, Größe verschieden. Blütenstand 3- bis 6blütig, Blütenstiele 3 bis

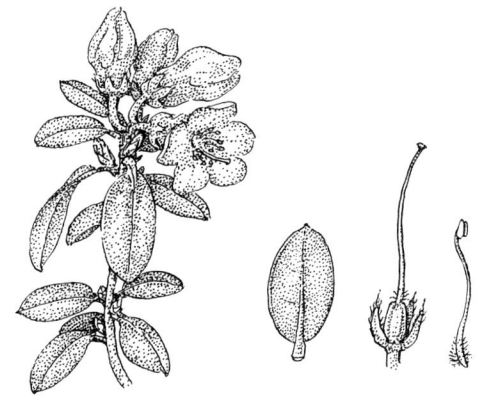

Rhododendron lapponicum

186

Rhododendron lapponicum

12 mm lang, schuppig. Krone violettrosa bis purpurn, mitunter weiß, breit trichter-förmig, innen flaumhaarig, etwa 1 bis 1,5 cm lang, die Staubblätter überragend. Blütezeit Ende März bis April. Fruchtkapsel eiförmig, etwa 0,5 cm lang, schuppig. Lappland, Sibirien, USA (Alaska, Washington), Kanada, Grönland. Geographisch sehr unterschiedliche Wuchsformen. In Sibirien feuchte Niederungsstandorte, Flußtäler, Uferhänge, Lärchen- und Zirbelkiefernwälder, steinige und felsige Hänge der Gebirge (z. B. Ostsajan 700 bis 2500 m); in Nordamerika auf Torf, Kalk-, Serpentin- und Eruptivgesteinsfelsen. Auf Standorten im arktischen Kanada wurde pH-Wert von 8,5 ermittelt. Schwierig zu halten sind Pflanzen aus Lappland; am besten wachsen Herkünfte aus Nordamerika. Etwas absonniger kühler Standort und gleichbleibende Bodenfeuchte wichtig! Manche Typen können bei fehlender Schneedecke Schaden nehmen, sie vertragen Temperaturgegensätze schlecht.

R. lepidostylum BALF. f. et. FORR.
Sektion *Rhododendron*
Subsektion *Trichoclada*

Immergrün, 30 bis 50 cm hoch, flach kompakt wachsend. Jungtriebe schuppig und borstig. Blätter verkehrt-eiförmig, 3 bis 3,5 cm lang, 1,5 bis 2 cm breit, besonders im Jugendstadium bläulich, Spitze und Basis abgerundet, Rand und Stiel bewimpert, oberseits kahl, unbeschuppt, Unterseite mit gleichmäßigen goldgelben Schuppen besetzt. 2- bis 3blütig, Blütenstiele 2 cm lang, borstig und schuppig. Krone trichter-förmig-glockig, 2 bis 3,5 cm lang, reingelb, mitunter mit orangefarbenen Flecken, außen schuppig und leicht behaart. Fruchtknoten dichthaarig, Griffel an der Basis schuppig. 10 Staubblätter. Blütezeit Mai bis Juni. Fruchtkapsel zylindrisch, etwa 1 cm lang, spärlich bewimpert. China (SW-Yunnan); humose Felsspalten, auf Felssimsen; 3050 bis 3650 m. Das bläuliche Laub wird besonders schön in freier Lage, Standort sollte aber vor Wintersonne und scharfen Winden geschützt sein. In schneearmer Lage Winterschutz empfehlenswert.

R. lepidotum (WALL. ex) G. DON
Sektion *Rhododendron*
Subsektion *Lepidota*

Immergrün, etwa 40 bis 80 cm hoch, kompakt aufrecht wachsend. Jungtriebe dicht beschuppt. Blätter länglich-elliptisch, verkehrt-eiförmig, selten lanzettlich, 1 bis 2,5 cm lang, 0,5 bis 1,5 cm breit, oberseits dunkelgrün, meist dicht beschuppt, Unterseite hell graugrün, mit sich berührenden oder überlappenden braunen Schuppen

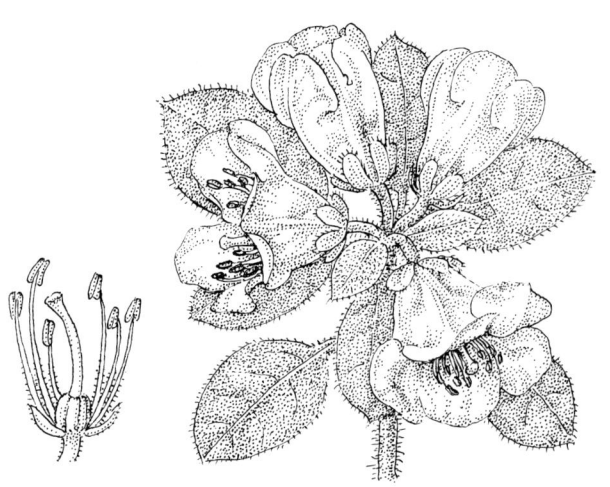

Rhododendron leucaspis

dicht besetzt. 1- bis 2blütig. Blütenstiele 1 bis 2,5 cm lang, beschuppt. Krone glockig, weiß, gelb, rosa, rot oder purpurn, oft mit dunkleren Flecken, 1 bis 1,5 cm lang, außen meist dicht beschuppt. Fruchtknoten schuppig, Griffel sehr kurz. Kelchzipfel eiförmig oder länglich, abgerundet, 3 bis 4 mm lang, grünlich oder rötlich, beschuppt. Blütezeit Ende Mai bis Juni. Fruchtkapsel zylindrisch, etwa 0,5 cm lang, beschuppt. Indien, Nepal, Bhutan, NO-Burma, China (NW-Yunnan, S- und SO-Xizang); Moorland, Felsen (auch auf Kalk), über der Baumgrenze, Strauchvegetation mit anderen Rhododendren, lichte Wälder, auch auf relativ trockenen Standorten; 2450 bis 4550 m. Sehr variabel in Blattgröße, -form, Blütenfarbe. Winterhärte unterschiedlich, Herkünfte aus großen Höhen sind selbst in extremen Wintern hart. Volle Sonne und freie Lage fördern Blühwilligkeit. 1850 eingeführt.

R. leucaspis Tagg
Sektion *Rhododendron*
Subsektion *Boothia*

Immergrün, meist flachwachsend, 30 bis 60 cm hoch. Jungtriebe dicht behaart. Blätter breit-elliptisch, 3 bis 4,5 cm lang,

ca. 2 cm breit, stumpf, Basis keilförmig, borstig behaart, unterseits blaugrün, beschuppt. 1- bis 2blütig, Stiele kurz, schuppig, teilweise behaart. Krone sehr breitglockig, weiß, oft rosa überhaucht, 2,5 bis 3 cm lang, außen beschuppt, 10 Staubblätter, mit dunklen Staubbeuteln. Fruchtknoten schuppig, Griffel kurz, dick, gekrümmt. Kelchzipfel eiförmig, 7 bis 8 mm lang, grünlich oder rötlich, bewimpert. Blütezeit März bis April. Fruchtkapsel bis 1 cm lang. China (S-Xizang, Tsangpo-Schlucht); grasige Felsabsätze oder Zwergstrauchheiden, selten epiphytisch; 2450 bis 3050 m. Benötigt vor Wintersonne geschützten Standort. Reisigdecke empfehlenswert. Friert in strengen Wintern stark zurück. Auch für Kübelkultur zu empfehlen.

R. longesquamatum Schneid.
Sektion *Ponticum*
Subsektion *Maculifera*

Immergrün, im Jugendstadium kompakt, später locker wachsend, 1 bis 3 m hoch. Jungtriebe dicht rotbraunfilzig. Blätter elliptisch bis länglich-lanzettlich, 6 bis 11 cm lang, 2 bis 3,5 cm breit, lang zugespitzt, Basis keilförmig, im Jugendstadium oberseits

188

Rhododendron ludlowii

Rhododendron longesquamatum

kurzdrüsig und rotbraunfilzig, später dunkelgrün und kahl, Unterseite kahl mit einigen Drüsen, Stiele 1 bis 1,5 cm lang, dicht rotbraunfilzig. Krone offen-glockig, 5zipflig, rosa, 4 bis 4,5 cm lang. Fruchtknoten und untere Hälfte des Griffels drüsig. Blütezeit Mai. China (Sichuan); Unterholz in Nadelwäldern; 2 300 bis 3 350 m. Winterhart mit schönem Austrieb. Für sonnige bis halbschattige Standorte, auch als Solitär geeignet. 1904 eingeführt.

R. ludlowii COWAN
Sektion *Rhododendron*
Subsektion *Uniflora*

Immergrüner, teppichartig, langsam wachsender Zwergstrauch, bis 30 cm hoch, Jungtriebe mit gestielten Drüsenschuppen. Blätter 1,5 bis 2 cm lang, etwa 1 cm breit, oder länglich verkehrt-eiförmig, Blattspitze stumpf, an der Basis rundlich, Rand gekerbt, oberseits hellgrün, Unterseite mit braunen flachen Schuppen. 1- bis 2blütig, Blütenstiel zur Blütezeit 1,5 bis 2 cm lang, schuppig, rötlich. Krone breit röhrig-glockig, gelb mit rötlich-braunen Flecken, 2 bis 2,5 cm lang, außen dicht

flaumhaarig und beschuppt. 10 Staubblätter, am Grunde flaumhaarig. Fruchtknoten schuppig, die Staubblätter überragend. Kelchzipfel länglich, abgerundet, schuppig, mit einigen Haaren besetzt, Kelch 5 bis 7 mm lang. Blütezeit Mai. China (S-Xizang); felsige Hänge, moosige Felsen; in offener Lage mit *Cassiope* und zwergigen Rhododendren vergesellschaftet; 3 700 bis 4 100 m. In kühl-feuchte Lage pflanzen (z. B. Nordhang, Gewässernähe, im Schatten eines großen Steines). Gut winterhart. Die Art ist auch an einer Reihe guter Züchtungen beteiligt:

'Curlew'
(*R. ludlowii* × *R. fletcherianum*), Züchter P. Cox 1970. Kompakt, bis 30 cm hoch. Blüten zu 1 bis 3, hellgelb mit grünbraunen Flecken. Verlangt geschützten Standort.

R. luteiflorum (DAVIDIAN) CULLEN
(*R. glaucophyllum* var. *luteiflorum* DAVIDIAN)
Sektion *Rhododendron*
Subsektion *Glauca*

Sehr ähnlich *R. glaucophyllum* var. *glaucophyllum*. Unterschiede: Blätter elliptisch, stumpf, oberseits ohne Schuppen, unterseits wenig beschuppt. Krone glockig, reingelb, etwa 2 cm lang; Kelchzipfel rundlich, kahl. Bütezeit April bis Mai. NO-Burma;

189

Strauchvegetation; 3050 bis 3350 m. Kultur ähnlich *R. glaucophyllum*, ist aber noch frostempfindlicher. 1953 eingeführt.

R. lutescens FRANCH.
Sektion *Rhododendron*
Subsektion *Triflora*

Immergrün, breit aufrecht wachsend, 1 bis 2 m, in der Heimat bis 6 m hoch. Jungtriebe bronzefarben, drüsig. Blätter länglich-lanzettlich, 5 bis 9 cm lang, 1,5 bis 2,5 cm breit, lang zugespitzt, Basis rundlich, oberseits stumpfgrün, unterschiedlich beschuppt, Mittelrippe meist kahl, Unterseite heller mit großen goldenen Schuppen. 1- bis 3blütig. Blüten meist blattachselständig. Krone breit trichterförmig, hellgelb mit grünlichen Flecken, 2 bis 2,5 cm lang, außen behaart. 10 Staubblätter, Staubfäden an der Basis dicht flaumhaarig. Fruchtknoten beschuppt, Griffel kahl oder an der Basis behaart. Blütezeit April bis Mai. Kelch gewellt, schuppig. Frucht-

kapsel schuppig, schmal zylindrisch, 1 cm lang. Heimat China (zerstreut in Zentral-Sichuan); Unterholz in Wäldern, Bambusdickichten oder Strauchformationen, meist isoliert von anderen Rhododendron-Arten; 1750 bis 3000 m. Winterhart nur die kleinblütigen Herkünfte aus den oberen Lagen. Geschützter Platz ist schon wegen der frühen Blüte empfehlenswert. 1904 eingeführt.

R. luteum SWEET
(R. flavum G. DON)
Sektion *Pentanthera*

Sommergrün, 2 bis 3 m hoch, breit aufrecht wachsend, dicht verzweigt, mit Ausläufern. Jungtriebe drüsig-haarig. Blätter länglich bis lanzettlich, 5 bis 10 cm lang, 1,5 bis 3 cm breit, Spitze stumpf, besonders im Jugendstadium drüsig-haarig; Stiele 3 bis 8 mm lang, drüsig-haarig. 7- bis 12blütig, Blütenstiele 0,5 bis 2 cm lang, drüsighaarig. Krone trichterförmig, bis 4 cm lang, 4,5 bis 5 cm im Durchmesser, gelb,

Rhododendron luteum

190

Rhododendron luteum, Herbstlaub

außen drüsig-flaumhaarig, stark duftend. Staubblätter so lang oder länger als die Krone. Stempel etwas länger als die Staubblätter. Kelch 2 bis 6 mm lang, ungleich, drüsig-haarig. Blütezeit Mai bis Anfang Juni, vor der Laubentfaltung. Kaukasus und Kolchis, Ukraine, Belorußland, Türkei, isolierte Vorkommen am SO-Rand der Alpen in Krain und Kärnten sowie in Nordpolen. Im Kaukasusgebiet von der Schwarzmeerküste bis über 2200 m. Lichte Wälder, Strauchformationen, offenes grasiges Gelände. Die in Parks und Gärten weitverbreitete 'Azalea pontica' sät sich an günstigen Stellen selbst aus (Kromlau), verträgt relativ trockene und warme Standorte. Besonders größere Pflanzungen verströmen einen starken Duft, der nicht immer als angenehm empfunden wird. Der Honig ist giftig. (s. S. 10). Ausgesprochen winterhart. Wurde vielfach für die Züchtung verwendet. 1793 nach England eingeführt.

R. macrophyllum G. Don
(*R. californicum* Hook. f.)
Sektion *Ponticum*
Subsektion *Pontica*

Immergrün, 2 bis 4 m hoch, locker aufrecht wachsend. Rinde rauh und dunkelgrau. Jungtriebe kahl. Blätter breit-elliptisch, 8,5 bis 12 cm lang, 3 bis 5 cm breit, spitz, Basis keilförmig, beiderseits kahl;

Rhododendron macrophyllum

Stiel 1 bis 2 cm lang, kahl. Blütenstand 10-bis 20blütig, Blütenstiele 3 bis 6 cm lang, kahl. Krone breit-glockig, meist tiefrosa bis rosa-purpurn, selten weiß oder nahezu rot, mit gelblichen Flecken, 3 bis 4 cm lang. Fruchtknoten dicht rotbraun behaart, Griffel kahl. Kelch ca. 1 mm lang, kahl. Blütezeit Mai bis Juni. Nordamerika (Küste Kaliforniens bis British Columbia); bis 1200 m; Sonne bis Halbschatten, in Nadelwäldern oder unter *Lithocarpus*, mit *Arctostaphylos, Vaccinium, Gaultheria, Ledum.* 1987 und 1988 sammelten BOGE und Ross auch in Blütenform und -farbe sehr unterschiedliche Wildklone, die Eingang in die Gärten finden werden. Winterharte Art, die eine weite Verbreitung verdient. Auch für warme, sonnige Standorte geeignet, auch als Solitär.

R. macrosepalum MAX.
(*R. linearifolium*
var. *macrosepalum* MAK.)
Sektion *Tsutsutsi*

Wintergrün, breit aufrecht, meist locker wachsend, bis 1 m hoch. Jungtriebe behaart. Sommerblätter länglich bis eiförmig, 4 bis 7 cm lang, 1 bis 3 cm breit, spitz, behaart; Stiel 3 bis 7 mm lang, behaart. Winterblätter lanzettlich, kleiner. 1- bis 5blütig. Krone breit trichterförmig, Durchmesser bis 5 cm, lilarosa bis purpurrosa, 5zipflig, obere Zipfel purpurn gefleckt.

Rhododendron macrosepalum

Meist 5 Staubblätter. Fruchtknoten drüsig behaart. Kelch mit 2 bis 3 cm langen Zipfeln, linealisch-lanzettlich. Blütezeit Ende April bis Mai. Heimat Japan (Honshu, Shikoku); in sonniger, offener Lage, lichte Kiefernwälder, Strauchvegetation. In normalen Wintern hart. 1914 nach England eingeführt. Besonders bekannt ist der Klon 'Linearifolium' (*R. linearifolium* S. & Z.): Blätter und Kronzipfel linealisch-lanzettlich, duften eigenartig (»Spinnen-Azalee«). Bereits 1869 nach England eingeführt.

R. maculiferum FRANCH.
Sektion *Ponticum*
Subsektion *Maculifera*

Immergrün, meist rundlich buschig wachsend, 1 bis 3 m, in der Heimat bis 10 m hoch. Jungtriebe filzig. Blätter elliptisch bis länglich verkehrt-eiförmig, 5 bis 10 cm lang, 3 bis 4 cm breit, Spitze rundlich, mit Stachelspitze, Ränder an der Basis bewimpert, ausgereift beiderseits kahl, Mittelrippe behaart; Stiele 1,5 cm lang. Blütenstand locker, 5- bis 10blütig; Spindel 2 bis 3 mm lang; Blütenstiele 1,5 bis 2 cm lang. Krone offenglockig, ohne Nektargruben, hellrosa mit purpurfarbenem Basalfleck und Zeichnung, 2,5 bis 3 cm lang. Blütezeit April. Kelch 1 mm, Zipfel rundlich, Fruchtkapsel 2 cm lang, gekrümmt. China. Auf Felsen, Wälder, Strauchvegetation. In normalen Wintern hart, in strengen Wintern können Pflanzen zurückfrieren, treiben jedoch wieder willig aus. Halbschattiger Standort in geschützter Lage zu empfehlen. Blüht bereits als jüngere Pflanze.

2 Unterarten:

1   Blütenstiele, Kelch und Fruchtknoten filzig
           ssp. *maculiferum*
Sichuan, Guizhou, Guangxi, Gansu, Hubei, Shaanxi; 2100 bis 3000 m.

1⁺ Blütenstiele, Kelch und Fruchtknoten kahl
           ssp. *anwheiense* (WILS.) CHAMB.
Jiangxi, Anhui, Zhejiang; 1200 bis 1800 m.

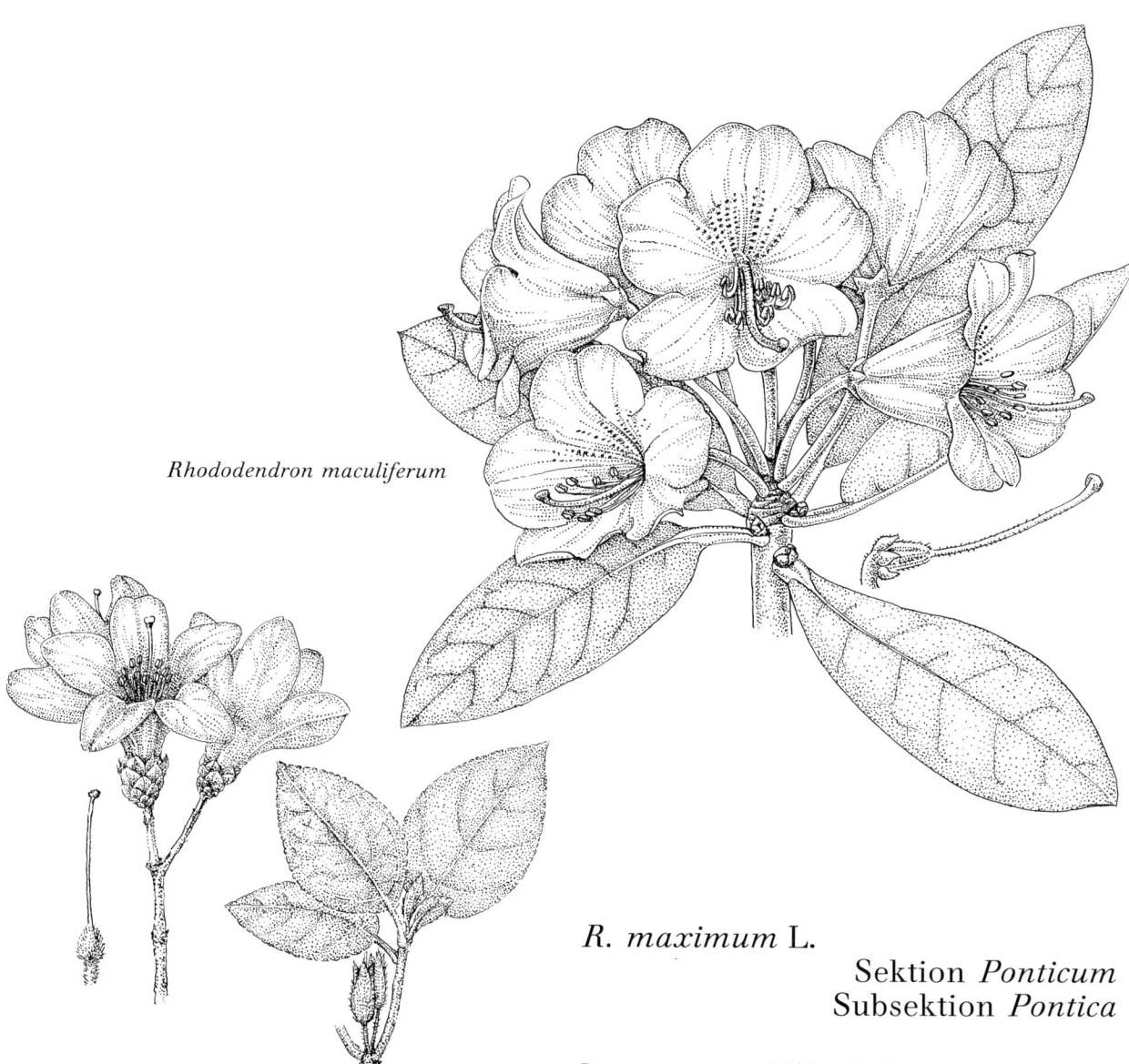

Rhododendron maculiferum

Rhododendron mariesii

R. mariesii HEMSL. et. WILS.
Sektion *Brachycalyx*

Immergrün, aufrecht wachsend, 1 bis 2 m
hoch. Jungtriebe gelblich behaart. Blätter
eiförmig bis lanzettlich, 3 bis 5 cm lang, zu
2 oder 3 an den Triebenden. Blüten purpurrosa mit dunklerem Fleck. 10 Staubblätter. Blütezeit April bis Mai. Heimat
China (Kiangsu, Fukien, Taiwan). Benötigt
besonders als Jungpflanze einen geschützten Standort.

R. maximum L.
Sektion *Ponticum*
Subsektion *Pontica*

Immergrüner, 1,5 bis 3,5 m, in der Heimat
bis 12 m hoher Strauch oder kleiner
Baum, Wuchs meist breit und locker.
Rinde rauh und rissig, dunkelgrau. Jungtriebe drüsig behaart, später kahl. Blätter
länglich-lanzettlich bis elliptisch, 10 bis
16 cm lang, 3 bis 5 cm breit, spitz, Basis
keilförmig, oberseits kahl, unterseits anfangs mit dünnem Indument, das meist an
Basis und Mittelrippe erhalten bleibt;
Stiele 2 bis 3 cm lang, meist dünnfilzig. 14-
bis 25blütig; Blütenstiele leicht drüsig, 2
bis 3 cm, Fruchtstiele bis 6 cm lang. Krone
glockig, weiß bis rosa-purpurn mit gelb-
grünen Flecken, 2,5 bis 3 cm lang. Fruchtknoten drüsig behaart, Griffel kahl. Kelch
3 bis 5 mm lang, drüsig, Zipfel rundlich.

194

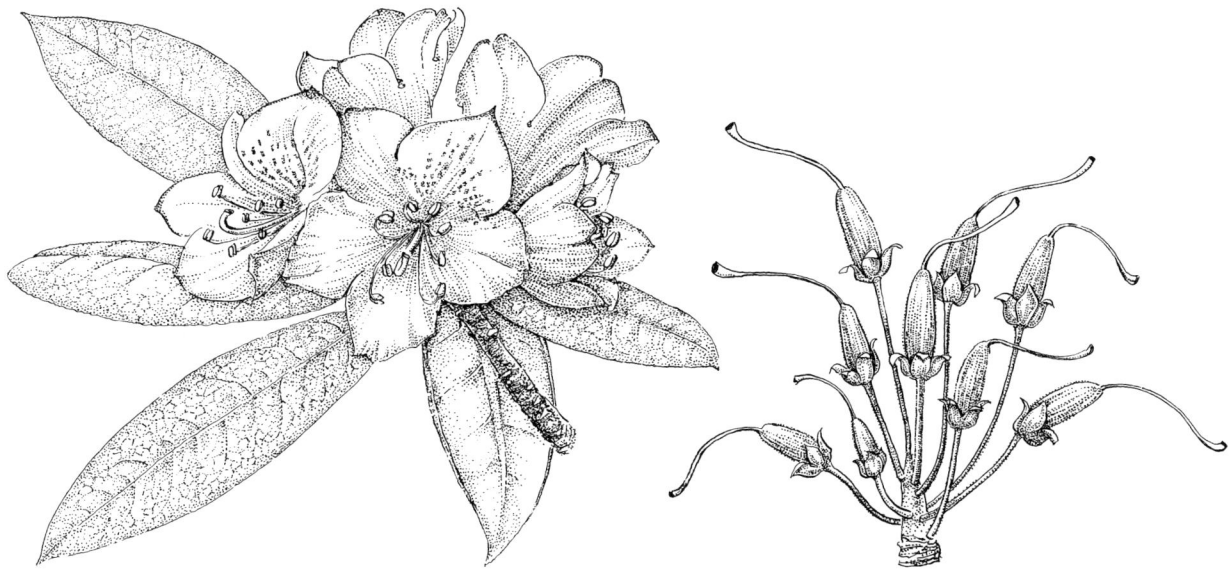

Rhododendron maximum　　　　　　　　　　Fruchtstand von *Rhododendron maximum*

Blütezeit Juli. Fruchtkapsel 1,5 bis 2 cm lang. Östliches Nordamerika (Nova Scotia bis N-Georgia); Dickichte bildend, Laub- und Nadelwälder der Bergstufe, entlang der Flüsse, oft tief im Schatten, mit *Kalmia latifolia*; 300 bis 1700 m. Starkwüchsig, winterhart und hitzebeständig, im Garten durch späte Blüte wertvoll. Sowohl für tiefen Schatten als auch vollsonnigen Standort geeignet. In den USA eine Reihe schöner Wildklone mit interessanten Blütenfarben in Kultur, z. B. 'Mt. Mitchell' und 'Red Max', rotblühend mit hellerem Schlund, Knospe dunkelpurpurrot.

'Maximum Roseum' siehe 'Ponticum Roseum'

R. mekongense FRANCH.
Sektion *Rhododendron*
Subsektion *Trichoclada*

Immergrün bis halbimmergrün, unregelmäßig aufrecht wachsend, 0,5 bis 0,8 m hoch. Jungtriebe beschuppt und borstig behaart. Blätter länglich eiförmig bis elliptisch, 2,5 bis 4,5 cm lang, 1,5 bis 2 cm breit, Spitze abgerundet, Basis keilförmig; Blattstiel borstig behaart, Oberseite der Blätter an der Mittelrippe flaumhaarig, Unterseite

variabel borstig behaart, sehr dicht mit großen und kleinen Schuppen besetzt. 2- bis 4blütig; Blütenstiele 1,5 bis 2 cm lang, variabel in Beschuppung und Behaarung. Krone trichterförmig-glockig, gelb bis grünlichgelb, manchmal rosa getönt, 1,5 bis 2 cm lang, außen beschuppt. 10 Staubblätter, an der Basis flaumhaarig. Fruchtknoten schuppig. Kelchzipfel 2 bis 7 mm lang, schuppig und borstig. Blütezeit Juni bis Juli. Fruchtkapsel zylindrisch, beschuppt, ca. 1 cm lang. Nepal, NO-Burma, China (NW-Yunnan, S- und SO-Xizang); Waldränder, Unterholz in lichten Wäldern, Strauchvegetation; 2900 bis 4400 m. Sehr variable Art mit großem Verbreitungsgebiet. In Gartenkultur nur 2 der 4 Varietäten:

1　Kelch borstig behaart, Blütenstiele borstig
　　var. *mekongense* (*R. viridescens* HUTCH., *R. rubroluteum* DAVIDIAN)
　　R. viridescens immergrün, blüht oft am jungen Holz. Von *R. rubroluteum* ist kein Naturstandort bekannt. Krone gelb, rot getönt mit scharlachroten Flecken.

1⁺　Kelch kahl, Blütenstiele kahl oder nur an der Basis borstig behaart
　　var. *melinanthum* (BALF. f. et. KINGD. WARD) CULLEN (*R. melinanthum* BALF. f. et KINGD. WARD, *R. chloranthum* BALF. et FORR.)

195

In normalen Wintern sind beide Varietäten hart, ein vor Wintersonne geschützter Standort ist zu empfehlen. Interessant durch relativ späte Blüte, gelbe Blüten bzw. häufig blaugrüne Laubfarbe.

R. micranthum Turcz.
Sektion *Rhododendron*
Subsektion *Micrantha*

Immergrün, unregelmäßig wachsend, etwa 1 bis 1,5 m hoch. Jungtriebe mit Schuppen und flaumig behaart. Blätter länglich-elliptisch bis länglich verkehrt-eiförmig, 3 bis 4 cm lang, 1 bis 2,5 cm breit, spitz, Basis keilförmig, vereinzelt beschuppt, Mittelrippe und Nerven flaumhaarig, unterseits dicht schuppig, Schuppen bräunlich, sich berührend oder überlappend. Bis zu 20 Blüten endständig in dichten Büscheln, Blütenstiele 1 bis 2 cm lang, beschuppt und flaumhaarig. Krone röhrig-glockig, 0,5 bis 1 cm lang, milchweiß ohne Flecken, außen dicht beschuppt. 10 Staubblätter, die Krone überragend, Staubfäden kahl. Fruchtknoten schuppig, Stempel kürzer als Staubblätter. Kelchzipfel 1 bis 2 mm lang, dreieckig, spitz, beschuppt. Blütezeit Ende Mai bis Juli. Fruchtkapsel zylindrisch, beschuppt, ca. 0,5 cm lang. China, Korea; Strauchfor-

mationen, Unterholz in Wäldern, auf Felsen; 1600 bis 2600 m. Erscheinungsbild erinnert, an *Ledum*, winterhart. 1901 eingeführt.

R. minus Michx.
Sektion *Rhododendron*
Subsektion *Caroliniana*

Immergrün, 1 bis 3 m hoch, aufrecht oder niederliegend. Triebe leicht schuppig; Jungtriebe grün oder rötlich. Blätter elliptisch bis breit-elliptisch, 5,5 bis 8 cm lang und 2,5 bis 3,5 cm breit, dunkelgrün, oberseits leicht schuppig, unterseits. dicht bräunlich beschuppt. Blütenstand dicht, 5- bis 8blütig, Stiele schuppig. Krone schmal trichterförmig, 2,5 bis 3 cm lang, hell- bis dunkelrosa, seltener weiß, außen schuppig oder leicht flaumhaarig. 10 Staubblätter. Kelchzipfel 1 bis 2 mm lang, beschuppt und bewimpert. Blütezeit reicht von Mai bis Juni.

2 Varietäten:

1 Blätter spitz oder lang zugespitzt. Zweige meist nicht aufrecht und steif
var. *minus* (*R. punctatum* Andr., *R. carolinianum*) USA (Tennessee, N-Carolina, Georgia, Alabama); Unterholz in Wäldern, Strauchvegetation.

Rhododendron micranthum

Rhododendron minus var. *minus* (Typ *minus*)

196

Rhododendron minus 'Carolineanum Album',
Herbstlaub

1⁺ Spitze der Blätter stumpf. Zweige straff aufrecht
var. *chapmanii* (A. GRAY) DUNC. et PULL. (*R. chapmanii* A. GRAY)
USA (Florida); sandige Dünen und Kiefernwälder in voller Sonne. Nicht so winterhart, geschützter Standort erforderlich.

R. carolinianum und *R. minus* wurden früher als
selbständige Arten betrachtet. Das typische *R. minus* wächst meist niederliegend und blüht oft erst
im Juni, Nachblüte häufig im Herbst.
Der Typ *R. carolinianum* wächst mehr aufrecht und
blüht im Mai. Das Laub ist meist derber und stärker
mit Schuppen besetzt. Beide Typen sind im Garten
winterhart und sehr empfchlenswert, vertragen
auch bei genügender Bodenfeuchte freien, sonnigen
Stand, Wildklone bzw. Hybriden:

'Arbutifolium' (= 'Puncta')
(*R. ferrugineum* × *R. minus* var. *minus*, vor 1835),
rosa, Blütezeit Juni; Blätter breit-elliptisch, dunkelgrün, aromatisch, dicht beschuppt; Wuchs kompakt.

'Dora Amateis'
(*R. minus* var. *minus* 'Carolinianum' × *R. ciliatum*,
E. Amateis, USA, 1955),
zartrosa erblühend, später reinweiß, Blütezeit Mitte
Mai; kompakter flacher Wuchs.

'Carolinianum Album',
weiß, kompakter als Wildform.

'Myrtifolium' (= 'Wilsonii'),
(*R. minus* var. *minus* × *R. hirsutum* Loddiges, GB
vor 1828),
rosa, karmin gefleckt, Blütezeit Mai; hellgrünes

Rhododendron minus var. *minus* (Typ *carolineanum*)

Laub, im Winter bronzefarbig; ausgesprochen widerstandsfähig und winterhart.

'Ramapo'
(*R. fastigiatum* × *R. minus* var. *minus*, G. Nearing, USA, 1940),
hellila bis purpurrosa, 3- bis 5blütig, Durchmesser Einzelblüte 3 cm, Blütezeit Ende April bis Mitte Mai; Blattaustrieb blaugrün; kompakter, vieltriebiger Wuchs; anspruchslos, ausgesprochen winterhart.

'Schneekoppe'
(*R. minus* var. *minus* 'Carolinianum' × R. ciliatum, D. G. Hobbie 1952/etwa 1980),
reinweiß ohne Zeichnung, Einzelblüte 4 bis 5,5 cm Durchmesser, 3- bis 6blütig, Blütezeit Ende April bis Mitte Mai; Wuchs kompakt rundlich.

'Waltham'
(Ticknor, USA; 'Wilsonii × *R. minus* var. *minus* 'Carolinianum'),
rosa, blüht etwa 1 Woche nach der Wildart; Wuchs breit kompakt.

R. molle G. DON
(*R. sinense* Sw.)
Sektion *Pentanthera*

Sommergrün, aufrecht wachsend, bis 1 m hoch. Jungtriebe borstig behaart. Blätter länglich bis länglich-elliptisch, 6 bis 15 cm lang, 2 bis 5,5 cm breit, Spitze stumpf, Basis keilförmig, unterseits grau flaumhaa-

rig; Stiele 2 bis 6 mm lang, flaumhaarig. Vielblütig. Krone breit trichterförmig, goldgelb bis orange mit grünen Flecken, 5 bis 9 cm im Durchmesser, nicht duftend. 5 Staubblätter. Griffel kahl, Fruchtknoten behaart. Kelch klein, behaart. Blütezeit Mai, vor der Laubentfaltung. O- und Zentral-China (Provinzen des Changjiangflusses, südlich bis Guangdong und Fujian); lichte Wälder und offenes Gelände; 100 bis 2400 m. Früher häufiger gepflanzte Art. Der Rückgang wird mit unzureichender Winterhärte begründet, doch es gibt auch ganz harte Herkünfte. Auch für kleinere Gärten gut geeignet. Früher häufig für Kreuzungen verwendet, mit *R. glabrius* die 'Mollis-Hybriden'. 1824 eingeführt.

R. moupinense FRANCH.
Sektion *Rhododendron*
Subsektion *Moupinensia*

Immergrün, breit wachsend, 0,5 bis 1 m hoch. Jungtriebe behaart. Blätter länglich-eiförmig bis elliptisch, 3 bis 4 cm lang, 1,5 bis 2 cm breit, an der Basis rundlich bis herzförmig, Spitze stumpf, oberseits mattgrün und unbeschuppt, Mittelrippe mit

Rhododendron molle

Rhododendron moupinense

198

einzelnen Haaren, glänzend, unterseits heller grün oder bräunlich, zierlich, dicht beschuppt. 1- bis 2blütig. Krone offen röhrig-glockig, weiß, oft rosa getönt, meist mit dunkelroten Flecken, kahl, 3 bis 3,5 cm lang. 10 sehr ungleiche Staubblätter. Kelch 5zipflig, Zipfel rundlich, ca. 2 mm, beschuppt und behaart. Blütezeit März bis April. Fruchtkapsel etwa 2 cm lang, zylindrisch, dicht beschuppt. China (Zentral-Sichuan); auf Felsen oder Baumstümpfen, auch epiphytisch, u. a. auf immergrünen Eichen. Wegen früher Blütezeit geschützter Standort empfehlenswert. Für gute Drainage sorgen! Empfehlenswerte Klone von weiß bis rosa. Fand für Kreuzungen Verwendung. 1909 eingeführt.

R. mucronatum G. DON
(*R.* 'Mucronatum')
Sektion *Tsutsutsi*

Wintergrün, dichtverzweigt, breitwachsend, rundlich, bis 1 m hoch. Jungtriebe dicht behaart. Sommerblätter elliptisch, spitz, 4 bis 9 cm lang, behaart; Winterblätter lanzettlich 1 bis 4 cm lang, behaart. 1- bis 3blütig. Krone breit trichterförmig, Durchmesser bis 6 cm, weiß, duftend. 8 bis 10 Staubblätter, kahl. Griffel kahl; Fruchtknoten borstig. Kelch grün, Zipfel drüsig bewimpert. Blütezeit Mai. Natürliche

Standorte nicht bekannt; seit über 300 Jahren in japanischen Gärten, auch in China (Sichuan) und auf Java seit langem kultiviert. In normalen Wintern hart. 1819 über China nach England eingeführt. Eine Anzahl Hybriden.

R. mucronulatum TURCZ.
[*R. dauricum*
var. mucronulatum (TURCZ.) MAXIM.]
Sektion *Rhododendron*
Subsektion *Rhodorastra*

Sommergrün, aufrecht wachsend, bis etwa 2 m hoch. Jungtriebe schuppig und flaumhaarig. Blätter länglich-elliptisch, dünn, 4 bis 6 cm lang, 1,5 bis 3 cm breit, spitz, im Jugendstadium bewimpert, unterseits Mittelrippe flaumhaarig, mit wenigen Schuppen besetzt, Blattstiel sehr kurz. Blüten einzeln, Krone offen trichterförmig, 2 bis 2,5 cm lang, 3 bis 4 cm Durchmesser, leuchtend malvenrosa, selten weiß, außen an der Basis flaumhaarig. 10 Staubgefäße, am Grunde flaumhaarig, Staubbeutel blau. Fruchtknoten schuppig, Griffel kahl.

Rhododendron mucronatum

Rhododendron mucronulatum

Rhododendron mucronulatum

Blütezeit Januar bis April, je nach Witterung und Lage. Fruchtkapsel schuppig. Ostsibirien (Ussuri-Gebiet), China (Hubei, Shandong), Mongolei, Korea, Japan (Honshu, Kyushu); von der Küste bis ins Gebirge; auf steinigen, felsigen Standorten, als Unterholz in Wäldern. Winterhart; wegen der frühen Blüte geschützter Standort empfehlenswert; paßt gut in Gemeinschaft anderer Frühblüher wie *Hamamelis* und *Corylopsis*. Für Kreuzungen verwendet. 1907 eingeführt. Verschiedene Selektionen in leuchtenden Farben. Besonders für kleine Gärten ist die 'Cheju-Island-Form' zu empfehlen. 1976 auf der Cheju-Insel in höchsten Berglagen gefunden. Blüht schon als zweijähriger Sämling.

R. myrtifolium Schott. et. Kotschy (*R. kotschyi* Simon.)
Sektion *Rhododendron*
Subsektion *Rhododendron*

Immergrüner Zwergstrauch, sehr ähnlich, aber in allen Teilen kleiner als *R. ferrugineum*, 10 bis 50 cm hoch. Blätter verkehrt-eiförmig, stumpf, 1,5 bis 2 cm lang, 0,5 bis

1 cm breit, Unterseite dicht beschuppt, Rand leicht gekerbt. Krone röhrig-glockig, rosa, etwa 1,5 cm lang, außen dicht behaart und beschuppt. Griffel kürzer oder so lang wie Fruchtknoten. Blütezeit Juni bis Mitte Juli. Süd- und Ostkarpaten, isolierte Vorkommen in Bulgarien (Hochbalkan, Rilagebirge) und Jugoslawien; feuchte steinige Hänge und Felsen, Zwergstrauchheiden; 1500 bis 2500 m, über Kalk und Urgestein. Zierliche, mitunter schwierig zu kultivierende Art für das Alpinum, verlangt humose, nicht zu trockene und kühle Standorte.

R. nakaharai Hay.
Sektion *Tsutsutsi*

Wintergrün, gedrungen wachsend, 10 bis 40 cm hoch. Blätter länglich-lanzettlich, 1 bis 2 cm lang, spitz, behaart. 2- bis 3blütig. Krone trichterförmig-glockig, rosarot bis orangerot, etwa 3,5 cm Durchmesser, 10 Staubblätter. Blütezeit Juni bis Juli. Taiwan. Sehr zierliche Art für Stein- und Troggärten, Winterschutz ratsam.

Klone:

'Mt. Seven Star'
(aus Samen von gleichnamigem Berg auf Taiwan), zwergig und dicht wachsend, Krone lebhaft rot.

'Mariko',
gedrungen, flach wachsend; Blätter dunkelgrün, glänzend, behaart; Krone lachsrot, 2,5 cm im Durchmesser, oft noch im August blühend.

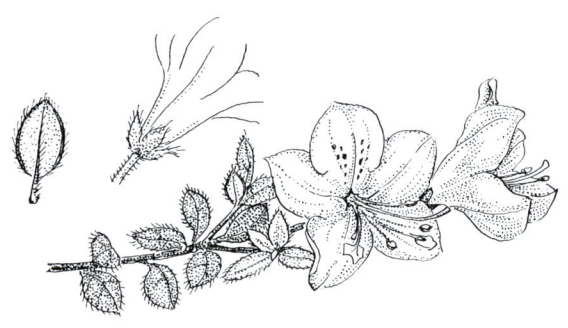

Rhododendron nakaharai 'Mariko'

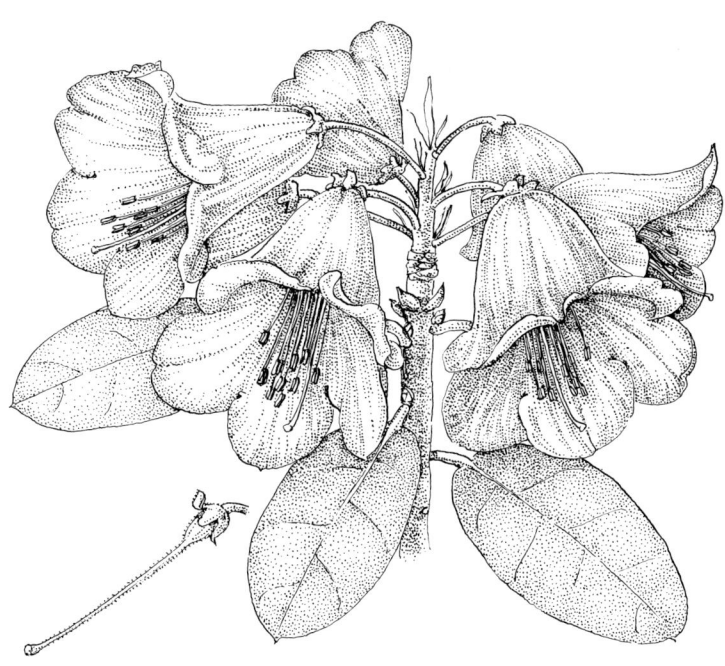

Rhododendron neriiflorum

In Japan und in den USA wurden weitere Klone und Hybriden ausgelesen bzw. gezüchtet.

R. neriiflorum FRANCH.
(R. euchaites BALF. f. et. FORR.)
Sektion *Pontikum*
Subsektion *Neriiflora*

Immergrün, 1 bis 2 m hoch, buschig wachsend. Jungtriebe leicht flockig filzig. Blätter elliptisch bis länglich-lanzettlich, 4 bis 11 cm lang, 2 bis 3 cm breit, Spitze abgerundet mit Stachelspitze, Basis rundlich, beiderseits kahl, unterseits blaugrün, warzig; Stiele 1 bis 1,5 cm lang, leicht filzig oder kahl. 5- bis 10blütig, Blütenstiele 1 bis 1,5 cm. Krone röhrig-glockig, fleischig, karmesinrot oder leuchtendrot, gelegentlich strohgelb, 3,5 bis 4,5 cm lang. Fruchtknoten dickfilzig. Kelch 2 bis 15 mm, becherförmig, Zipfel filzig, Ränder bewimpert. Blütezeit Mai. Fruchtkapsel 2 bis 2,5 cm lang, meist gekrümmt. China (W-Yunnan, SO-Xizang), NO-Burma; Felsspalten, Strauchvegetation, Kiefernwälder;

2750 bis 3350 m. In normalen Wintern hart, in Extremwintern Laubschäden, geschützter Stand, halbschattig empfehlenswert. 1906 eingeführt.

R. x nikomontanum (KOM.) NAK.
(R. chrysanthum PALL.
var. nikomontanum KOM.,
R. brachycarpum G. DON,
var. lutescens KOIDZ.)
Sektion *Ponticum*
Subsektion *Pontica*

Hybride von *R. aureum* × *R brachycarpum*. Steht in allen Teilen zwischen beiden Arten, im Wuchs robust wie *brachycarpum*, aber kompakter, Blüte hellgelb wie *R. aureum*. Japan, im Gebiet beider Eltern. Gedeiht im Garten leichter als *R. aureum*, sehr winterhart, auch für sonnige Lage. Sämlinge neigen zu doppelkronigen Blüten. Zu Kreuzungen verwendet.

'Füllhorn',
('Flava' × *R. nikomontanum*), (H. ROBENEK 1974/75);
Blüte cremegelb mit Zeichnung, gefüllt

201

Rhododendron × nikomontanum

R. nipponicum MATS.
Sektion *Viscidula*

Sommergrün, etwa 1 m hoch, aufrecht wachsend. Jungtriebe drüsig-haarig, später rotbraun. Blätter länglich verkehrt-eiförmig, 5 bis 18 cm lang, 4 bis 9 cm breit, Spitze abgerundet, Basis keilförmig, Ränder dicht bewimpert, Stiele sehr kurz. Blütenstand 6- bis 15blütig, Blütenstiele 1,5 bis 2 cm lang, drüsig-haarig. Krone röhrigglockig, gelblichweiß mit grünlichen Flekken, 1,5 bis 2,5 cm lang, kahl. 10 Staubblätter, Fruchtknoten drüsig-haarig; Griffel kahl, kürzer als die Krone. Kelch klein, drüsig-haarig. Blütezeit Ende Juni bis Juli, mit oder kurz nach den Blättern. Japan (Honshu); lichte Laubwälder und offenes Gelände, Berghänge; 900 bis 1300 m. Merkwürdige, eher an *Menziesia* erinnernde Art mit orangeroter Herbstfärbung, winterhart, leider noch selten in Kultur.

R. nivale HOOK.
Sektion *Rhododendron*
Subsektion *Lapponica*

Immergrün, kompakt, meist niederliegend, dicht verzweigt, bis 50 cm hoch, aber meist niedriger. Blätter 4 bis 10 mm lang, 2 bis 5 mm breit, elliptisch, oval oder

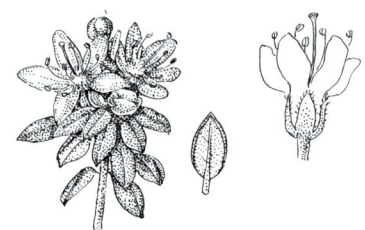

Rhododendron nivale ssp. *boreale*

202

Rhododendron nipponicum

rund, vorn stumpf oder spitz, Basis breit keilförmig, Unterseite gelblich bis bräunlich, häufig mit dunkelbraunen Tupfen, dicht beschuppt. Blütenstand 1- bis 3blütig, Stiele etwa 1 mm lang, schuppig. Krone breit trichterförmig, purpurn, lila bis rosa, innen und oft auch außen flaumhaarig, 1 bis 1,5 cm lang. Meist 10 Staubblätter, am Grunde flaumhaarig, länger oder kürzer als die Krone. Narbe schuppig, Länge des Stempels sehr variabel, meist länger als die Staubblätter. Kelch unentwickelt oder mit Zipfeln 2 bis 5 mm lang, länglich bis dreieckig, schuppig oder manchmal an der Basis behaart. Blütezeit April bis Mai. Die Unterarten sind nicht immer eindeutig zu bestimmen:

1 Kelchzipfel 2 bis 4 mm   2

1⁺ Kelch unentwickelt
ssp. *boreale* Phil. et Phil. (*R. nigropunctatum* Franch., *R. ramosissimum* Franch., *R. alpicola*

Rhed. et Wils., *R. violaceum* Rehd. et Wils., *R. yaragongense* Balf. f.)
China (NW-Yunnan, SW- und NW-Sichuan; offene Moore, trockene felsige Hänge, sumpfige alpine Rasen; 3 200 bis 5 000 m. Wächst im Garten sehr willig, für das Alpinum geeignet, winterhart.

2 Kelchzipfel schuppig, rundlich
ssp. *nivale* (*R. paludosum* Hutch. et K. Ward.)
Nepal, Indien (Sikkim), Bhutan, China (S- und SO-Xizang); hochalpine Moränen und Geröllhalden; bis 5 800 m. Sehr schwer im Garten zu halten.

2⁺ Kelchzipfel bewimpert, zugespitzt
ssp. *australe* Phil. et Phil.
China (NW- und Zentral-Yunnan), alpine Moore und Moränen; 3 100 bis 4 300 m.

R. oblongifolium (Small) Mill.
Sektion *Pentanthera*

Sommergrün, aufrecht wachsend, bis 1 m hoch, wenig Ausläufer bildend. Zweige dünn behaart. Blätter verkehrt-eiförmig

203

Rhododendron oblongifolium

bis länglich-lanzettlich, 4 bis 10 cm lang, 1,5 bis 3,5 cm breit, spitz, Basis keilförmig, oberseits, unterseits zumindest die Mittelrippe behaart; Stiele 2 bis 3 mm lang, fein behaart. 7- bis 12blütig, Blütenstiele 1,5 bis 2 cm lang, behaart. Krone röhrig-trichterförmig, weiß bis rosa, 3 cm lang, 2,5 bis 3 cm im Durchmesser, außen leicht behaart. Staubblätter 2mal so lang wie Röhre. Fruchtknoten behaart und drüsig, Stempel länger als Staubblätter. Kelch 2 bis 3 mm lang, behaart. Blütezeit Juni bis Juli, nach der Laubentfaltung. USA (Arkansas, SO-Texas, O-Oklahoma); in feuchten Tälern auf sandigem Boden, offenes

Rhododendron obtusum 'Amoenum'

Gelände und lichte Wälder. Erinnert an *R. viscosum*, blüht aber früher und wächst schwächer. Winterhart. 1850 entdeckt, seit etwa 1917 in der Gartenkultur.

R. obtusum Pl.
(*R.* 'Obtusum')
Sektion *Tsutsutsi*

Wintergrün, 40 bis 70 cm hoch, breit – oft horizontal wachsend, dicht verzweigt. Triebe dicht braun behaart. Sommerblätter eiförmig bis elliptisch, 1,5 bis 4 cm lang, beiderseits behaart, Spitze stumpf; Winterblätter kleiner, länglich-lanzettlich. 1- bis 3blütig. Krone trichterförmig, 1 bis 2 cm im Durchmesser, rot, scharlachfarben, violett, selten weiß, sehr veränderlich. 5 Staubblätter, kahl. Griffel kahl, Fruchtknoten borstig behaart. Kelch bewimpert. Blütezeit Mai. Japan (Kyushu); in höheren Gebirgslagen. Für eine Hybride zwischen *R. kiusianum* und *R. kaempferi* angesehen. In Japan (Kurumehybriden) schon seit Jahrhunderten kultiviert, auch in Europa zu Züchtungen verwendet. In normalen Wintern hart. Fortune führte 1844 aus einem Garten in Shanghai die »Art« ein, Wilson brachte 1918 die Wildform von den Kirishima Mt. in Kyushu mit.

R. occidentale A. Gray
Sektion *Pentanthera*

Sommergrün, rundlich aufrecht wachsend, 1 bis 2 m, in der Heimat bis 7,5 m hoch. Zweige leicht flaumhaarig. Blätter meist länglich-lanzettlich bis elliptisch, auch verkehrt-eiförmig bis rundlich, 1,5 bis 9,5 cm lang, 0,5 bis 4 cm breit, Spitze stumpf bis spitz, Basis keilförmig, grün bis rötlich, glänzend oder matt; Stiele 2 bis 5 mm lang. Blütenstand mit 6 bis 54 Einzelblüten, Blütenstiele 0,5 bis 1,5 cm lang. Krone weiß mit gelbem Fleck, auch rosa oder gelb getönt, breit trichterförmig bis röhrig-glockig, 5-, 6- oder mehrzipflig, bis 10 cm im Durchmesser, Zipfel flach oder zurückgebogen, süßlich duftend. 5 Staubblätter, selten 6- bis 10mal so lang wie die Krone. Griffel so lang oder länger als Staubblätter, weiß, rosa oder rot. Größe der Narbe unterschiedlich, gelb, grün, rot oder grau. Blütezeit meist Juni, am Naturstandort von März bis August, vor, mit oder nach den Blättern. Westliche USA (weit verbreitet von Oregon bis Kalifornien, vereinzelte fast bis Mexiko und Washington im Norden); von der Küste bis 2700 m, feuchte humose Plätze entlang der Küste, reine Bestände oder als Unterholz in Nadelwäldern, Flußtäler, -bänke. Winterhart und reichblühend. Sämlinge blühen bereits 3 bis 4 Jahre nach Aussaat. Form, Wuchs und Blüte sehr variabel. Große Zahl selektierter Wildklone. Naturhybriden mit *R. macrophyllum*. Häufig zu Kreuzungen verwendet. Nachkommen haben den typischen gelben Schlundfleck. 1827 entdeckt, um 1850 in Europa eingeführt.

Rhododendron occidentale

Rhododendron occidentale

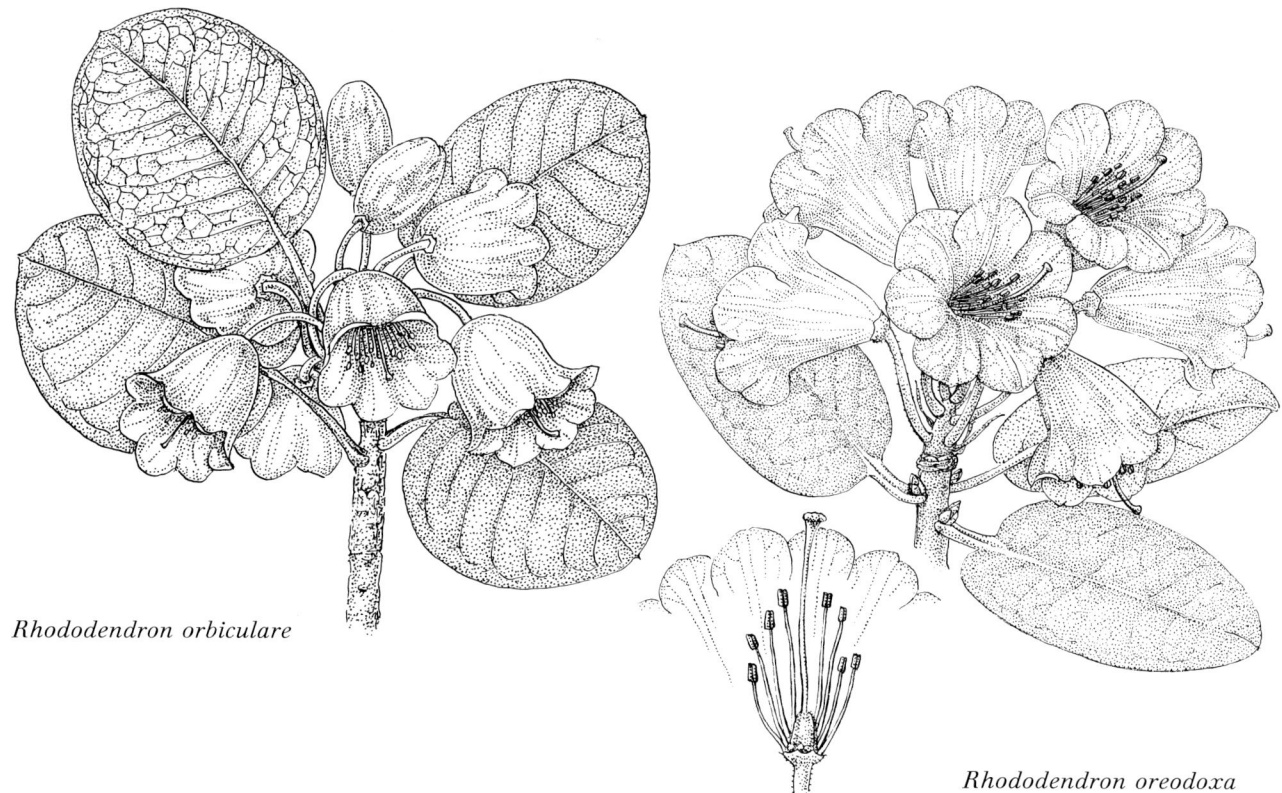

Rhododendron orbiculare

Rhododendron oreodoxa

R. orbiculare DEC.
Sektion *Ponticum*
Subsektion *Fortunea*

Immergrün, in der Jugend meist breiter als hoch wachsend, gedrungen, etwa 1 m, in der Heimat bis 15 m hoher Strauch oder kleiner Baum. Rinde grau. Blätter rund bis herzförmig-rundlich, 7 bis 12,5 cm lang, 5,5 bis 8 cm breit, Spitze stumpf bis rundlich, Basis herzförmig, kahl; Stiele 2,5 bis 3,5 cm lang, kahl. Krone glockig, 7zipflig, rosa, mit Flecken, 3,5 bis 4 cm lang, kahl. 14 Staubblätter, kahl. Fruchtknoten drüsig, Griffel kahl. Blütezeit Ende April bis Anfang Mai. Fruchtkapsel 1,5 bis 2 cm lang. Nadelwälder, Strauchvegetation, Felsen. In normalen Wintern hart. Geschützter, halbschattiger Standort empfehlenswert. 2 Unterarten:

1 Blätter fast kreisrund, etwa 1,2mal so lang wie breit, 7 bis 9,5 cm lang ssp. *orbiculare* China (S- und Zentral-Sichuan, Guangxi). 1904 eingeführt.

1+ Blätter eiförmig-rundlich, etwa 1,5mal so lang wie breit, 12,5 cm lang ssp. *cardiobasis* (SL.) CHAMB. (*R. cardiobasis* SL.) China (Guangxi).

R. oreodoxa FRANCH.
Sektion *Ponticum*
Subsektion *Fortunea*

Immergrün, straff aufrecht wachsend, 1,5 bis 3 m, in der Heimat bis 5 m hoch. Rinde rauh, graubraun; Jungtriebe relativ dick und dünnfilzig. Blätter verkehrt-eiförmig bis elliptisch, 6 bis 8,5 cm lang, 2 bis 4 cm breit, Spitze rundlich mit Stachelspitze, Basis rundlich, unterseits kahl mit einzelnen Haaren; Stiele 1 bis 2,5 cm lang, im Jugendstadium oft drüsig, 6- bis 8blütig, Blütenstiele 1,5 bis 2 cm lang, drüsig. Krone glockig, 7lappig, tiefrosa, 3,5 bis 4 cm lang. 10 bis 14 Staubblätter, kahl oder flaumhaarig. Griffel kahl. Blütezeit

März bis April. Fruchtkapsel 2 bis 2,5 cm lang, gebogen. China (NW-Yunnan, Sichuan, Gansu, Shaanxi, Hubei); in Wäldern, 2650 bis 4150 m. 3 Varietäten, davon var. shensiense jedoch nicht in Kultur.

1 Fruchtknoten kahl var. *oreodoxa*
  1904 eingeführt.

1+ Fruchtknoten mit Stieldrüsen besetzt.
  var. *fargesii* (FRANCH.) CHAMBERL. (R. fargesii FRANCH., R. *erubescens* HUTCHINS.)

Winterhart, die frühe Blüte ist jedoch oft frostgefährdet. Starkwüchsig und als alte Pflanze oft »langbeinig«, sollte deshalb in den Hintergrund gepflanzt werden. Belaubung und Knospe dekorativ; var. oreodoxa oft als Kreuzungspartner verwendet.

schuppt. Blätter rundlich bis verkehrt-eiförmig, vorn rund oder spitz, Basis keil- bis herzförmig, 2 bis 6 cm lang, 2 bis 3 cm breit, oberseits meist kahl. Mittelrippe flaumhaarig, unterseits dicht purpurn, rotbraun oder graublau beschuppt; Stiel 0,5 bis 2 cm. Blütenstand 1- bis 4blütig, endständig oder blattachselständig. Krone trichterförmig, 2,5 bis 3 cm lang, rosa bis lavendelfarben, seltener weiß, oft mit dunkleren Flecken, außen kahl. 10 Staubblätter. Fruchtknoten beschuppt. Gelbliche Farbtöne stammen vermutlich von Hybriden mit *R. cinnabarium* ssp. *xanthocodon*. Kelch 0,5 bis 2 mm, leicht beschuppt, selten behaart. Blütezeit Mai. Frucht länglich zylindrisch, 1 bis 1,5 cm lang, schuppig. China (N- und NW-Yunnan, S- und SO-Xizang); bildet Dickichte, in Wäldern bis oberhalb der Baumgrenze und Felsflu-

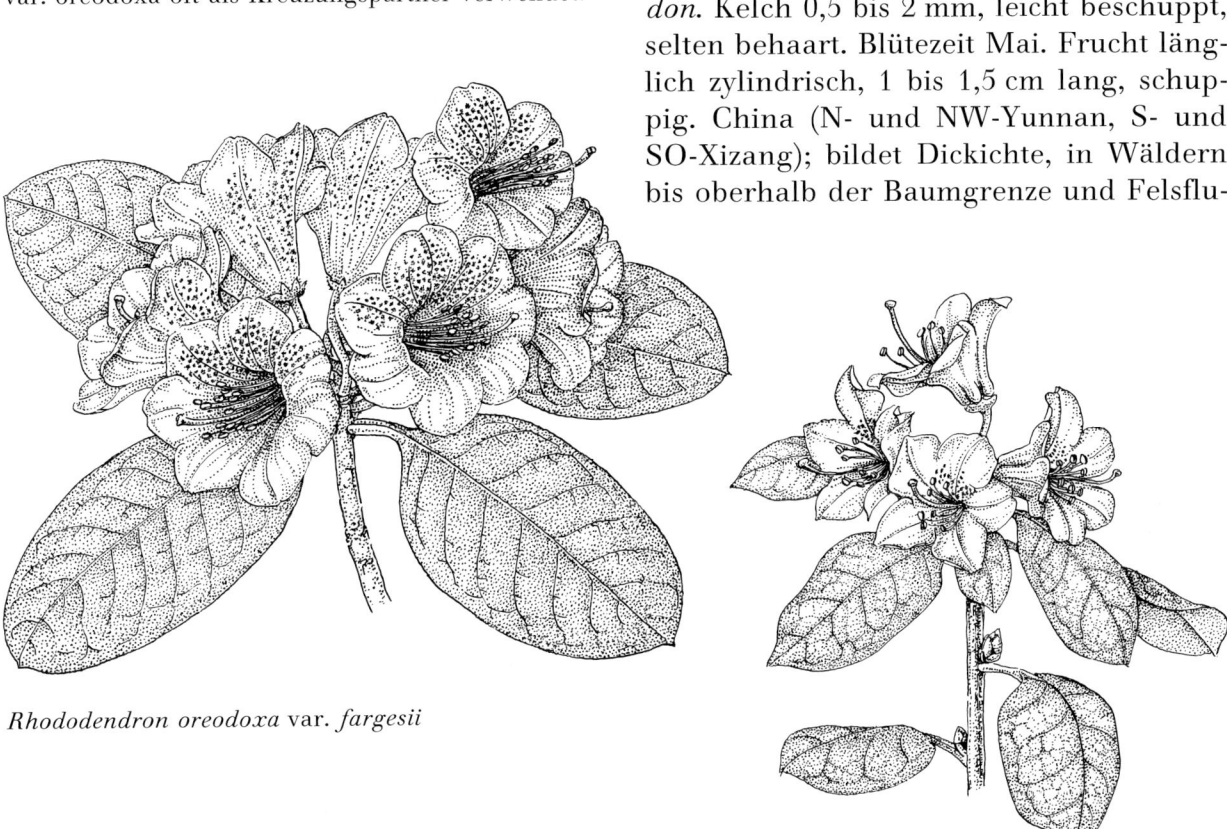

Rhododendron oreodoxa var. *fargesii*

Rhododendron oreotrephes

R. *oreotrephes* W. W. SM.
(*R. artosquameum* BALF. f. et. FORR.,
R. *exquisitum* HUTCHINS.,
R. *timeteum* BALF. f. et. FORR.)
Sektion *Rhododendron*
Subsektion *Triflora*

Immergrüner Strauch von aufstrebendem Wuchs, etwa 1 bis 2 m hoch, in der Heimat auch 8 m hoher Baum. Jungtriebe oft rötlich, meist weißlich oder grau bereift, be-

ren; 2750 bis 4250 m. Sehr variabel in Laub und Blüte. Naturhybriden kommen vor. Geschützter Standort empfehlenswert, sonst erfrieren in strengen Wintern die Blütenknospen. Besonders die bläulich bereiften Formen sehr dekorativ auch für kleinere Gärten.

R. orthocladum BALF. f. et. FORR.
Sektion *Rhododendron*
Subsektion *Lapponica*

Immergrün, stark verzweigt, bis etwa 0,5 m hoch. Triebe dünn und schuppig. Blätter länglich bis lanzettlich, stumpf mit Stachelspitze, Basis keilförmig, 1 bis 1,5 cm lang, 3 bis 6 mm breit, unterseits gelblichbraun, meist mit dunkelbraunen Tüpfeln, Schuppen berühren sich. Blütenstand 2- bis 4blütig, Stiel schuppig, etwa 2 mm lang. Krone trichterförmig, hell- bis tieflavendelblau, purpurn oder hellrosa, etwa 1 cm lang, innen flaumhaarig, Zipfel unbeschuppt. 8 bis 10 Staubblätter, kürzer oder so lang wie die Krone. Narbe schuppig, Stempel kahl oder leicht schuppig. Kelch etwa 1 mm lang, Zipfel rundlich bis dreieckig, häufig unterschiedlich, an der Basis schuppig. Blütezeit Ende April bis Mitte Mai. Fruchtkapsel eiförmig, ca. 0,5 cm lang, schuppig. China. Subalpine und alpine Zwergstrauchheiden. Winterhart. 3 Varietäten:

1 Krone weiß
var. *microleucum* (HUTCH.) PHIL. et. PHIL. (*R. microleucum* HUTCH.)
Nur in Kultur bekannt.

1⁺ Krone blau bis purpurn   2

2 Stempel bis 5 mm lang   var. *orthocladum*
N-Yunnan, SW-Sichuan; 2500 bis 4500 m.

2⁺ Stempel etwa 15 mm lang
var. *longistylum* PHIL. et. PHIL.
N- und NW-Yunnan; 3500 m

'Ptarmigan'
(*R. orthocladum* var. *microleucum* × *R. leucaspis*, P. Cox, GB, 1965)
reinweiß, 2- bis 3blütig, Blütezeit April; Wuchs rundlich-kompakt; winterhart.

R. pachytrichum FRANCH.
Sektion *Ponticum*
Subsektion *Maculifera*

Immergrün, rundlich buschig wachsend, 1 bis 3 m hoch. Rinde rauh, graubraun. Jungtriebe filzig. Blätter elliptisch bis verkehrt-eiförmig, 9 bis 15 cm lang, 2 bis 4 cm breit, stumpf bis zugespitzt, Basis rundlich; im ausgereiften Zustand oberseits kahl,

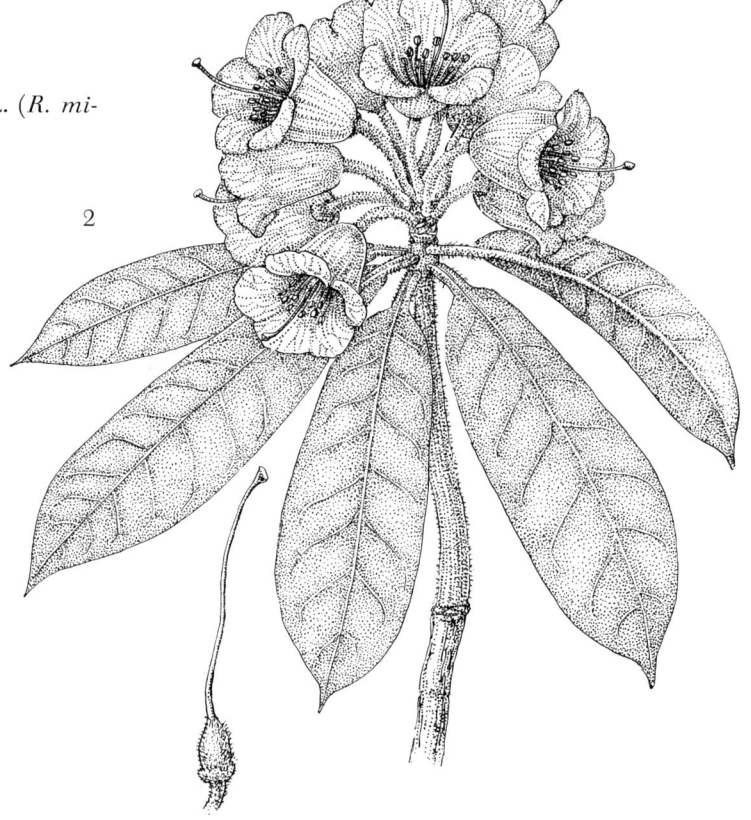

Rhododendron orthocladum

Rhododendron pachytrichum

unterseits Mittelrippe mit braunen Haaren, Rand bewimpert; Blattstiel 1,5 bis 2 cm lang, drüsig-filzig. Blütenstand locker mit 7 bis 10 Blüten. Krone glockig mit Nektargruben, weiß bis rosa, mit purpurfarbenem Basalfleck und Fleckenzeichnung, Blütenstiele 1 bis 2,5 cm lang, filzig. Fruchtknoten dicht-filzig; Griffel kahl oder an der Basis drüsig. Kelch etwa 1 mm lang, Zipfel rundlich, bewimpert, Blütezeit April. Fruchtkapsel etwa 2 cm lang. China (Sichuan, NO-Yunnan), in Mischwäldern mit *R. calophytum*; 2 500 bis 3 600 m. Blatt und Blüte auffallend, im Garten halbschattig pflanzen. In normalen Wintern hart, schwankt je nach Herkunft.

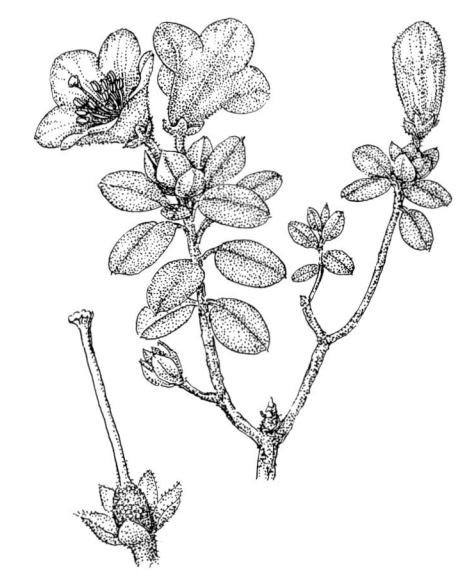

Rhododendron pemakoense

R. pemakoense KINGD. WARD
(R. patulum KINGD. WARD)
Sektion *Rhododendron*
Subsektion *Uniflora*

Immergrüner Zwergstrauch, mattenartig wachsend. Jungtriebe beschuppt und weichhaarig. Blätter verkehrt-eiförmig bis länglich-elliptisch, Spitze rundlich, Basis keilförmig, 2 bis 2,5 cm lang, 0,5 bis 1,5 cm breit, oberseits mehr oder weniger dauerhaft beschuppt, unterseits dicht mit unterschiedlich großen, anfangs goldgelben, später meist dunkelbraunen Schuppen besetzt. 1- bis 2blütig, Blütenstiele 1 bis 2 cm lang, Fruchtstiele bis 2,5 cm lang, beschuppt. Krone röhrig-glockig, rosa bis hell purpurn, 2,5 bis 3 cm lang, außen dicht flaumhaarig, mit wenigen Schuppen. 10 Staubblätter, an der Basis flaumhaarig. Fruchtknoten beschuppt, zur Spitze hin meist behaart, die Staubblätter überragend. Kelchzipfel länglich rundlich, ca. 3 bis 4 mm lang, schuppig, rötlich. Blütezeit April bis Mitte Mai. Fruchtkapsel schuppig, 1 cm lang. Indien (Arunachal Pradesh), China (SO-Xizang); moosige Felsen und Steilhänge; 2 900 bis 3 050 m. Im Garten willig wachsend und reichblühend. Winterhart, frühe Blüte spätfrostgefährdet. Für Alpinum oder Troggärten. Alte Blätter mit schöner Herbstfärbung.

Rhododendron pemakoense (Gartentyp)

R. periclymenoides (MICHX.) SH.
[R. nudiflorum (L) TORR.]
Sektion *Pentanthera*

Sommergrün, 1 bis 2 m hoch, aufrecht wachsend, dicht verzweigt, manchmal Bodentriebe bildend. Blätter elliptisch bis länglich verkehrt-eiförmig, 3 bis 8 cm lang, 1,5 bis 3 cm breit, spitz, Basis keilförmig, leuchtend grün, fast kahl; Stiele 2 bis 4 mm lang, behaart. 6- bis 12blütig, Blü-

Rhododendron periclymenoides

tenstiele 0,5 bis 1 cm lang, behaart. Krone trichterförmig, rosa, oft mit rotbrauner Röhre, 2,5 bis 3,5 cm lang, bis 3,5 cm im Durchmesser, außen behaart, mit oder ohne süßlichen Duft. Staubblätter nahezu 3mal so lang wie die Röhre. Kelch 1 bis 2 mm lang, ungleich, borstig. Blütezeit Ende April bis Mai, kurz vor Laubentfaltung. USA (Massachusetts bis North Carolina, westlich bis New York, Pennsylvania, Ohio, O-Kentucky und Tennessee, N-Georgia und N-Alabama); trockene und feuchte, steinige Wälder, Flußtäler. Harte und anspruchslose Art, die sich auch für kleinere Gärten eignet. Wächst noch gut auf trockneren warmen Standorten. Bereits um 1734 mit *R. viscosum* nach England eingeführt, bis heute selten in unseren Gärten zu finden.

R. phaeochrysum
Balf. f. et. W. W. Sm.

Sektion *Ponticum*
Subsektion *Taliensia*

Immergrün, 0,5 bis 1,5 m hoch, gedrungen aufrecht wachsend. Rinde rissig, grünbraun. Blätter elliptisch bis eiförmig-länglich, 4 bis 14,5 cm lang, 1 bis 6,5 cm breit,

spitz, Basis rundlich bis herzförmig; unterseits mit dicht kompaktem oder filzigem, mitunter klebrigem, braunem Indument; Stiele 1,5 bis 2 cm lang, flockenhaarig. 8- bis 15blütig, Blütenstiele 1 bis 2,5 cm lang, kahl. Krone röhrig-glockig, weiß mit rosa Tönung, mit karminroten Flecken, 2 bis 5 cm lang. Fruchtknoten kahl oder mit wenigen Haaren, Griffel kahl. Kelch etwa 1 mm lang, meist kahl. Blütezeit Ende März bis April. Fruchtkapsel 1,5 bis 2 cm lang. China (SO-Xizang, NW-Yunnan, SW- und Zentral-Sichuan); lichte Nadel- und Mischwälder, steinige Matten, auf Felsen; 3350 bis 4200 m. Formenreich und variabel. Winterhart, auch für freien Stand geeignet. Interessante Belaubung. Var. *levistratum* wegen des niedrig kompakten Wuchses besonders für Alpinum geeignet.

1 Blätter 8 bis 14,5 cm lang, unterseits filzig; Krone 3,2 bis 5 cm lang
    var. *phaeochrysum* (*R. cupressens* Nitz.)

1⁺ Blätter 4 bis 9 cm lang, unterseits filzig oder klebrig; Krone 2 bis 3,5 cm lang   2

2 Unterseits filzig, nicht klebrig
    var. *levistratum* (Balf. f. et. Forr.) Chamb. (*R. levistratum* Balf. f. et. Forr.)

Rhododendron periclymenoides

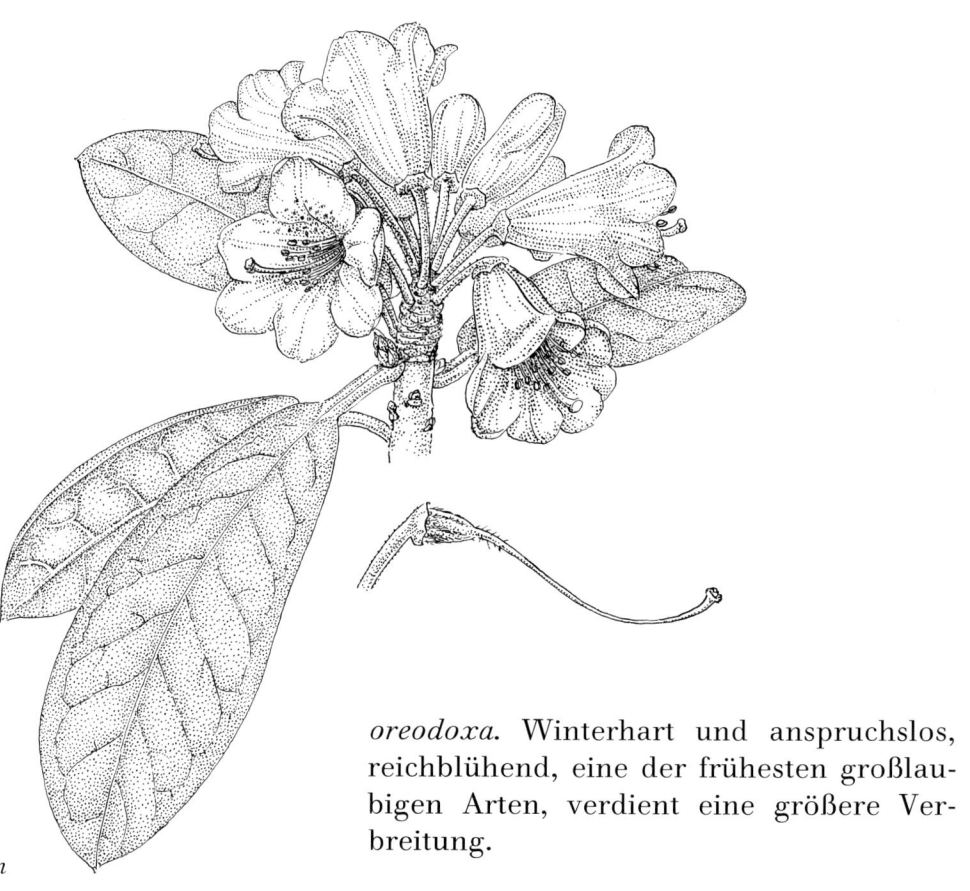

Rhododendron planetum

2⁺ Unterseits klebrig
 var. *agglutinatum* (Balf. f. et. Forr.) Chamb. (*R. agglutinatum* Balf: f. et. Forr., *R. dumulosum* Balf. f. et. Forr.)

R. planetum Balf. f.
Sektion *Ponticum*
Subsektion *Fortunea*

Immergrün, buschig aufrecht wachsend, 2 bis 3 m hoch. Jungtriebe verfänglich dünn weißfilzig. Blätter elliptisch bis länglich-lanzettlich, lang zugespitzt, Basis keilförmig, unterseits anfangs mit lockerem Indument; Stiel 2 cm lang. Blütenstand bis 10blütig. Krone glockig, rosa, meist ungefleckt, 4 bis 5 cm lang, 6- bis 7zipflig. 12 bis 14 Staubblätter. Fruchtknoten und Griffel kahl. Kelch sehr klein, kahl. Blütezeit Ende März bis April. China (Sichuan); 3000 bis 3700 m. Wahrscheinlich Naturhybride zwischen *R. sutchuenense* und *R.*

oreodoxa. Winterhart und anspruchslos, reichblühend, eine der frühesten großlaubigen Arten, verdient eine größere Verbreitung.

R. polycladum Franch.
(R. scintillans Balf. f. et. Smith,
R. compactum Hutch.)
Sektion *Rhododendron*
Subsektion *Lapponica*

Aufrecht wachsend, immergrün, bis etwa 1 m hoch. Jungtriebe dünn und dicht beschuppt. Blätter elliptisch, 1 bis 2 cm lang, 3 bis 6 mm breit, vorn spitz oder stumpf; Basis keilförmig, beiderseits dicht grauschuppig, unterseits mit braunen Punkten oder einfarbig rötlichbraun, Schuppen berühren oder überdecken sich. Blütenstand mit bis zu 5 Blüten, Stiele schuppig, 1 bis 3 mm lang. Krone breit trichterförmig, lavendelfarben bis kräftig purpurblau, selten weiß, innen flaumhaarig, ohne Schuppen, etwa 1 cm lang. 10 Staubgefäße, Staubfäden an der Basis flaumhaarig. Fruchtknoten schuppig, Stempel länger als die Staubgefäße, kahl oder selten an der Basis behaart. Kelch 2 mm lang, Zipfel dreieckig

Rhododendron polycladum

Rhododendron polylepis

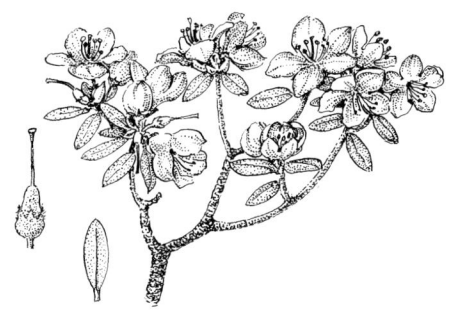

Rhododendron polycladum (früher *R. scintillans*)

bis rundlich, Ränder meist behaart. Blütezeit Ende April bis Mitte Mai. Fruchtkapsel länglich, ca. 0,5 cm lang, schuppig. China (N-Yunnan); 3000 bis 4300 m, alpine, steinige Matten, Zwergstrauchheiden. Winterhart und robust. Die grauen Schuppen auf Blättern und Trieben geben ein unverwechselbares Aussehen. 1913 eingeführt. In England einige Klone mit prächtiger Farbe.

R. polylepis FRANCH.
Sektion *Rhododendron*
Subsektion *Triflora*

Immergrün, aufrecht wachsend, etwa 1 bis 1,5 m hoch. Jungtriebe dicht beschuppt. Blätter länglich-elliptisch, 5 bis 10 cm lang, 1,5 bis 3 cm breit, spitz, Basis keilförmig, oberseits dunkelgrün, glänzend, un-

terseits dunkel oder gelblichbraun, Schuppen sich überlappend, groß, flach. 3- bis 4blütig, Stiele 1 bis 1,5 cm lang, beschuppt. Krone trichterförmig, purpurn, 2,5 bis 3 cm lang, außen beschuppt. 10 Staubblätter, an der Basis behaart. Fruchtknoten beschuppt; Griffel kahl. Kelch kurz, schuppig. Blütezeit Anfang Mai. Frucht länglich zylindrisch, 1,5 cm lang. China (NW- und SW-Sichuan); Wälder und Dickichte; 2000 bis 3000 m. Benötigt im Garten geschützten Standort. Interessante Blattpflanze.

R. ponticum L.
(*R. baeticum* BOISS.)
Sektion *Ponticum*
Subsektion *Pontica*

Immergrün, 2 bis 4 m hoch, in freier Lage kompakt, im Schatten locker wachsend. Jungtriebe kahl. Blätter länglich-lanzettlich bis breit-elliptisch, 6 bis 18 cm lang, 2,5 bis 5,5 cm breit, spitz, Basis rundlich bis keilförmig, beiderseits kahl. Blütenstand 8- bis 20blütig, Stiele 3 bis 3,5 cm lang, kahl oder drüsig. Krone glockig, lilarosa bis purpurn, selten weiß, meist mit grünlichgelben Flecken, 3,5 bis 5 cm lang. Fruchtknoten und Griffel kahl. Kelch 1 bis 2 mm lang, kahl, Zipfel dreieckig. Blütezeit Juni. Fruchtkapsel 1,5 bis 2,5 cm lang.

Rhododendron ponticum

Inselartige Vorkommen in Spanien, Portugal, Bulgarien (Strandsha-Gebirge), Libanon; Nordtürkei, W-Kaukasus); als Unterholz in Laubwäldern, dichte Strauchvegetation in subalpiner Zone, im Kaukasusgebiet Küste bis 2200 m. In der Jugend langsam wachsend und kompakt, im Alter mächtige Büsche bildend. Sehr variabel in Wuchs und Blütenfarbe. Früher häufig als Veredlungsunterlage verwendet. In normalen Wintern hart, gelegentlich Laubschäden. In England verwilderte die Art und wurde zum Forstunkraut. Neigt zur Hybridisation und wurde häufig zur Züchtung verwendet. 1753 eingeführt. Einige Klone in Kultur:

'Imbricatum'
Bis etwa 1 m hoch, Blätter elliptisch, Spitze und Basis rund, gewölbt, 3 bis 6 cm lang, gedrängt an den Triebenden. Blüten klein, violett; nicht so hart wie Stammform.

'Lancifolium'
Bis etwa 1,5 m hoch, Blätter schmal lanzettlich, Rand eben, Blüten kleiner als Stammform, Mitte fast weiß, Kronrand purpurn.

'Maximum Roseum'
Herkunft unbekannt, eventuell *R. ponticum* × *R. maximum*.

Wuchs sehr stark, 3 m hoch und ebenso breit, Jungtriebe rot. Blätter länglich-lanzettlich. Blüten lilarosa in großen Doldentrauben, Mitte heller, Mitte Juni blühend; sehr hart und hitzeresistent.

'Variegatum' ('Silver Edge')
Blätter schmaler und kleiner als Stammform, Rand oft ungleichmäßig, gelblichweiß. Blüht wenig. Nicht so winterhart wie Stammform.

1965 berichtete KRÜSSMANN von einer gefüllt blühenden Form im Kurpark von Bad Brückenau, reichblühend.

R. poukhanense LEV. (*R. yedoense* MAX. var. *poukhanense* NAK.) Sektion *Tsutsutsi*

Wintergrün bis sommergrün, etwa 1 m hoch, breit aufrecht wachsend. Blätter eiförmig bis elliptisch, 3 bis 8 cm lang, 2,5 cm breit, spitz, beiderseits behaart. 2- bis 4blütig. Krone breit trichterförmig, rosa bis lilapurpurn, meist dunkler gefleckt, bis 5 cm im Durchmesser, leicht duftend. 10 Staubblätter, Staubgefäße purpurn. Fruchtknoten borstig. Blütezeit April bis Mai, vor oder nach der Laubentfaltung. Mittel- und Südkorea, Inseln vor der

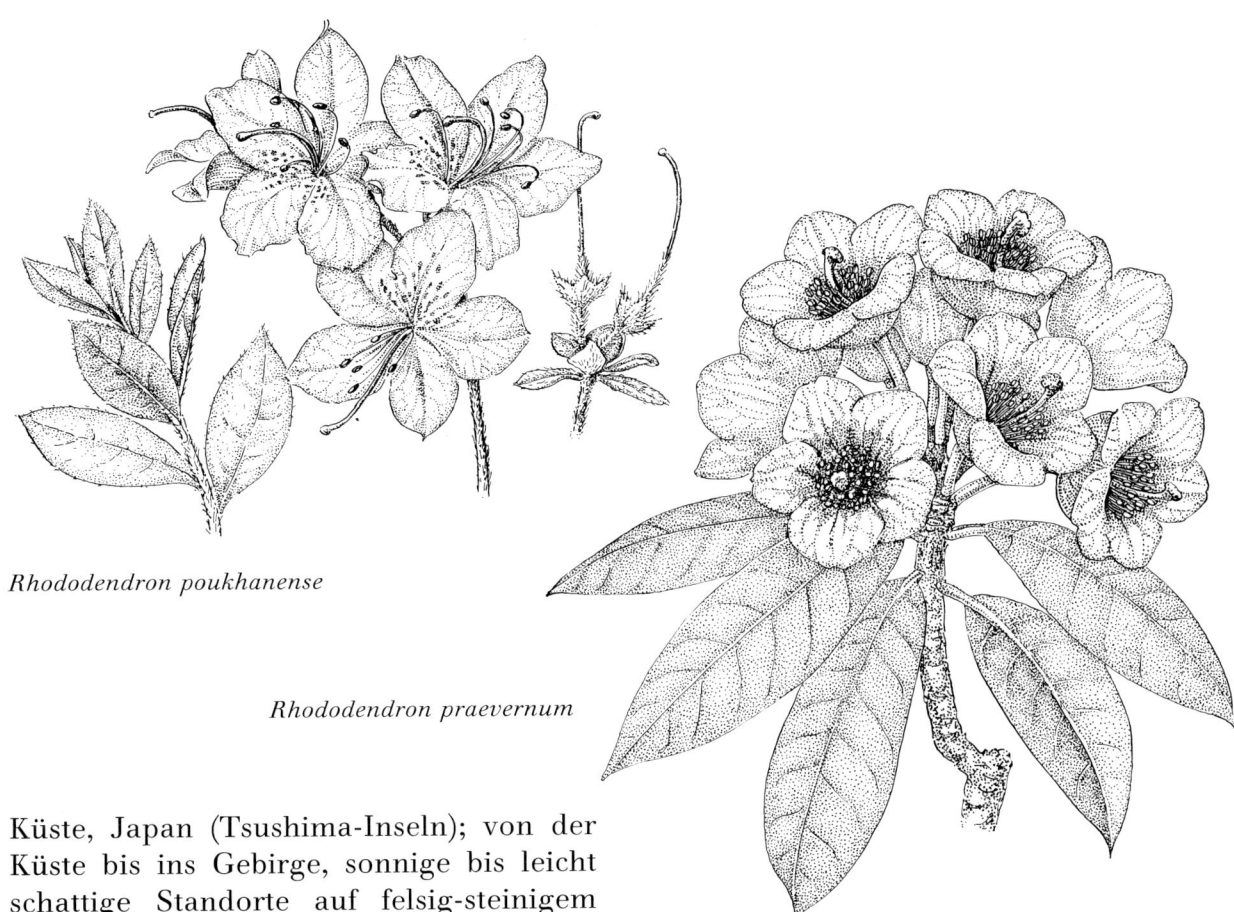

Rhododendron poukhanense

Rhododendron praevernum

Küste, Japan (Tsushima-Inseln); von der
Küste bis ins Gebirge, sonnige bis leicht
schattige Standorte auf felsig-steinigem
Boden. Harte dankbare Art, die für kleinere Gärten geeignet ist. 1913 eingeführt.

'Yedoense' ('Yodogawa')
Gefüllt, purpurlila, dunkler gefleckt, ohne Staubblätter. 1884 aus Japan eingeführt, schon 1692 als
japanische Gartenpflanze beschrieben. Sehr winterhart.

R. praevernum HUTCH.
Sektion *Ponticum*
Subsektion *Fortunea*

Immergrün, 1 bis 2 m hoch, oft kompakt
wachsend. Blätter elliptisch bis länglich-
lanzettlich, 10 bis 18 cm lang, 2,5 bis 6 cm
breit, spitz, Basis breit keilförmig, unterseits hellgrün, völlig kahl; Stiel 1,5 bis
2,5 cm lang, kahl. 10blütig. Krone 5zipflig,
glockig, weiß, mitunter rosa getönt, gefleckt, auffallend purpurfarbener Basalfleck, 5 bis 6 cm lang, außen kahl. Blüten-

stiele 1 bis 1,5 cm lang, kahl. 10 Staubblätter, Staubfäden flaumhaarig. Fruchtknoten und Griffel kahl; Narbe kopfig. Blütezeit März bis April. Fruchtkapsel etwa
3 cm lang, breit zylindrisch. China (SO-Si-
chuan, Hubei). Ausgesprochen winterharte Art, verträgt sonnige, freie Lage.

R. primuliflorum BUR. et. FRANCH.
Sektion *Pogonanthum*

Immergrün, locker bis kompakt wachsend, 30 bis 80 cm hoch. Knospenschuppen bald abfallend. Blätter länglich-elliptisch, 1 bis 3 cm lang, 0,5 bis 1 cm breit,
Basis und Spitze rundlich, oberseits glänzend dunkelgrün, unten braun, dicht mit
sich überlappenden Schuppen besetzt,
Blüten in dichten Doldentrauben, Blütenstiele kurz. 5 Staubblätter. Kelchzipfel
länglich, 3 bis 5 mm lang, meist be-

215

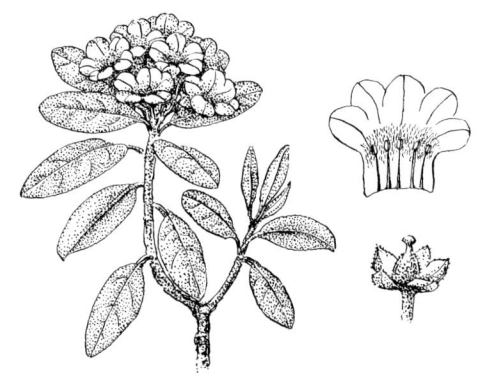

Rhododendron primuliflorum

schuppt. Krone röhrenförmig, ca. 1 cm lang, weiß, selten rosa, außen kahl. Blütezeit Ende April bis Mai. Fruchtkapsel ca. 1 cm lang, schuppig. China (N- und NW-Yunnan, S- und SO-Xizang); trockene alpine Matten, Felsen, Geröll, Moosbänke, mitunter auf Kalkstein; 3350 bis 4600 m. Sehr variabel, mehrere geographische Varietäten. Winterhart, für Alpinum. 1917 eingeführt.

R. principis Bur. et. Franch.
(*R. vellereum* Hutch.)
Sektion *Ponticum*
Subsektion *Taliensia*

Immergrün, 1 bis 2 m hoch, in der Heimat bis 6 m hoher Baum, rundlich-buschig, meist gleichmäßig wachsend. Blätter länglich bis eiförmig-lanzettlich, 6 bis 12 cm lang, 2 bis 5 cm breit, spitz, Basis rundlich bis herzförmig, unterseits weiß- bis hellbraun-filzig-wollig; Stiele 1 bis 2 cm lang, anfangs filzig, später meist kahl. Blütenstand 10- bis 20blütig, Blütenstiele 1,5 bis 2 cm lang, kahl, schwach. Krone glockig, weiß bis rosa, mit purpurnen Flecken, 2,5 bis 3,5 cm lang. Fruchtknoten und Griffel kahl. Kelch 1 mm lang, Zipfel rundlich, bewimpert. Blütezeit Ende März bis April. Fruchtkapsel kurz, zylindrisch. China (O-Xizang); Flußbänke, lichte Nadelwälder an trockenen Stellen, Strauchvegetation, Kalkfelsen; 2900 bis 4600 m. Winterhart,

auch für freien Stand unter ungünstigen Bedingungen geeignet, blieb selbst in Extremwintern ohne Schaden. Blüht bereits als junge Pflanze, verdient eine größere Verbreitung und sollte auch als Kreuzungspartner beachtet werden.

R. prinophyllum (Sm.) Mill.
[*R. roseum* (Lois.) Rehd.]
Sektion *Pentanthera*

Sommergrün, bis 2 m hoch, aufrecht wachsend, treibt selten Ausläufer. Zweige im Jugendstadium flaumhaarig und leicht behaart, später grau bis hellbraun. Blätter elliptisch bis länglich verkehrt-eiförmig, 3 bis 7 cm lang, spitz, Basis keilförmig, unterseits weich behaart, manchmal drüsig, blaugrün, oberseits lichtgrün; Stiele 3 bis 5 mm lang. Blüten zu 5 bis 9; Stiele 0,5 bis 1,5 cm lang, behaart und drüsig. Krone röhrig-trichterförmig, Zipfel zugespitzt, rosa, ca. 4,5 cm im Durchmesser, Duft würzig. Staubblätter etwa 2mal so lang wie Röhre. Fruchtknoten filzig und drüsig, Stempel die Staubblätter überragend. Kelch 2 mm lang, ungleich, behaart und drüsig. Blütezeit Mai, mit der Laubentfal-

Rhododendron prinophyllum

tung. Nordamerika (von S-Quebec über New England bis Virginia, westlich bis Tennessee, Zentral-Arkansas, SO-Missouri und O-Oklahoma); im Süden in höheren Lagen der Appalachen, lichte Wälder, Auwälder der Flußtäler. Ausgesprochen winterhart und robust. Sämlinge blühen bereits nach 3 bis 4 Jahren, wächst relativ stark. Etwa seit 1812 in europäischer Gartenkultur.

R. pruniflorum HUTCH.
[R. tsangpoense var. pruniflorum (HUTCH.) COW. et. DAVIDIAN]
Sektion Rhododendron
Subsektion Glauca

Immergrün, etwa 40 bis 70 cm hoch, Wuchs breit aufrecht; Rinde bräunlich, sich abschälend. Blätter verkehrt-eiförmig oder länglich-eiförmig, Spitze und Basis abgerundet, 3 bis 4 cm lang, 1,5 bis 2,5 cm breit, oberseits dunkelgrün und mehr oder weniger unbeschuppt, unterseits dicht mit sich berührenden oder überlappenden hellgelben bis milchigweißen Schuppen besetzt. 4- bis 6blütig, Blütenstiele 2 bis 3 cm lang, schuppig. Krone glockig, 1 bis 1,5 cm lang, pflaumenfarbig, außen unbeschuppt. Staubblätter fast ganz flaumhaarig. Kelchzipfel ca. 0,5 cm lang, rundlich, beschuppt. Blütezeit Mai. Fruchtkapsel eiförmig, ca. 0,5 cm lang. Indien (Arunachal Pradesh), NO-Burma; Strauchformationen in freier felsiger Lage, 3050 bis 3950 cm. Im Garten ist ein geschützter Platz erforderlich. In normalen Wintern hart, Winterschutz empfehlenswert.

R. prunifolium (SM.) MILL.
Sektion Pentanthera

Sommergrüner, rundlich aufrecht wachsender, um 2 m hoher Strauch; bildet keine Ausläufer; in der Heimat bis 6 m hoch. Zweige kahl. Blätter meist elliptisch, spitz, Basis keilförmig, oberseits dunkel oder leuchtend grün, unterseits heller, meist kahl, Blattadern behaart, 3 bis 12,5 cm lang, 2 bis 3,5 cm breit. 4- bis 5blütig; Blütenstiele 0,5 cm, behaart. Krone röhrig-trichterförmig, rot, orangerot bis gelborange, 4 bis 5 cm im Durchmesser, Röhre kahl, ohne Duft. Staubblätter fast 3mal so lang wie Röhre. Fruchtknoten behaart, aber nicht drüsig; Griffel die Staubblätter überragend. Kelch 1 mm lang, ungleich, behaart. Blütezeit Juli bis August, nach der Laubentfaltung. USA (SW-Georgia, O-Alabama); schattige Schluchten und Auwälder, aus Europa liegen noch wenige Kulturerfahrungen vor. Die Art gilt als nicht ganz so hart wie die meisten anderen amerikanischen Arten. Recht wüchsig und deshalb für größere Gärten und Parkanlagen geeignet. Der Standort sollte halbschattig und nicht zu trocken sein. Interessant ist die späte Blüte über dem dunkelgrünen Laub. Wurde erst 1903 entdeckt und 1918 in Kultur genommen.

R. przewalskii MAX.
Sektion Ponticum
Subsektion Taliensia

Immergrün, kompakt rundlich wachsend, etwa bis 1 m hoch. Blätter länglich verkehrt-eiförmig bis elliptisch, 6,5 bis 10 cm lang, 2 bis 4 cm breit, spitz, Basis rundlich, unterseits mit weißlich- bis hellbraunem filzigem Indument, löst sich teilweise später wieder ab, Stiele etwa 1 cm lang, kahl. 10- bis 16blütig, Blütenstiele 1,5 bis 2 cm lang, kahl. Krone glockig, weiß bis hellrosa, mit purpurnen Flecken, 2,5 bis 3,5 cm lang. Fruchtknoten und Griffel kahl. 10 Staubblätter. Kelch sehr klein, 0,5 mm, kahl. Blütezeit April bis Mai. Fruchtkapsel etwa 2 cm lang. China (Quinghai, Gansu, N- und Zentral-Sichuan); alpine Rasen, Kalkfelsen, Nadelwälder, häufig an NO-Hängen; 3050 bis 4250 m. Eine der härtesten und selbst in

Rhododendron przewalskii

extremen Lagen unbeschadet wachsende Art. Da langsam wachsend, gut für kleinere Gärten und Alpinum. Blattaustrieb und Belaubung von hohem Zierwert, leider blühfaul.

R. pseudochrysanthum HAYATA
Sektion *Ponticum*
Subsektion *Maculifera*

Immergrün, 0,5 bis 1,5 cm hoch, langsam und kompakt wachsend. Jungtriebe grau- bis rotbraunfilzig. Blätter eiförmig bis elliptisch, 4 bis 8 cm lang, 2,5 bis 5 cm breit, lang zugespitzt, Basis rundlich, oberseits kahl, unterseits im Jugendstadium mit flockigem Indument, später Mittelrippe graufilzig mit Haaren und Drüsen; Stiele 0,5 bis 2 cm lang, dicht graufilzig. Blütenstand dicht, 5- bis 10blütig, Blütenstiele 2,5 bis 3 cm lang, leicht drüsig. Krone glockig, rosa mit dunkleren Linien und karminroten Flecken, 3 bis 4 cm lang. Fruchtknoten dicht drüsig, Griffel kahl. 10 Staubblätter. Kelch ca. 2 mm, Zipfel rundlich. Blütezeit April bis Anfang Mai. Fruchtkapsel etwa 1 cm lang. Taiwan; mit *R. morii* als Unterholz in Nadelwäldern; auf dem Gipfel des Mt. Morrison, mit *Juniperus* in der alpinen Zone, 30 cm hoch. Die Winterhärte der

einzelnen Herkünfte ist je nach Höhenlage unterschiedlich, Winterschutz ratsam. Reich und willig blühende Art für freie Lage. 1918 eingeführt.

R. pumilum HOOK.
Sektion *Rhododendron*
Subsektion *Uniflora*

Immergrüner kompakter Zwergstrauch, bis 15 cm hoch. Jungtriebe beschuppt und flaumhaarig. Blätter elliptisch, spitz oder rundlich, Basis keilförmig, 1 bis 2 cm lang, 0,5 bis 1 cm breit, oberseits dunkelgrün, meist unbeschuppt, unterseits hell graugrün mit einzeln stehenden goldgelben Schuppen. 1- bis 3blütig, Blütenstiele 1 bis 2 cm lang, Fruchtstiele 4 bis 6 cm lang. Krone röhrig-glockig, rosa oder purpurn, dicht flaumhaarig. 10 Staubblätter, an der Basis behaart. Fruchtknoten dicht schuppig, Stempel kürzer als Staubblätter. Kelch rötlich, tief gelappt, Zipfel länglich-oval, 2 bis 3 mm lang, beschuppt. Blütezeit April bis Mai. Fruchtkapsel ca. 1 cm lang, schuppig. Nepal, Indien (Sikkim, Arunachal Pradesh), Bhutan, NO-Burma, China (S- und SO-Xizang); in Geröll und auf Felsen, grasige Stellen mit *Cyananthus*, *Primula* und *Cassiope*, an feuchten moosigen Stellen und Wasserfällen; 3500 bis 4250 m. An vor Wintersonne geschützten Platz in Alpinum pflanzen. Bei fehlender

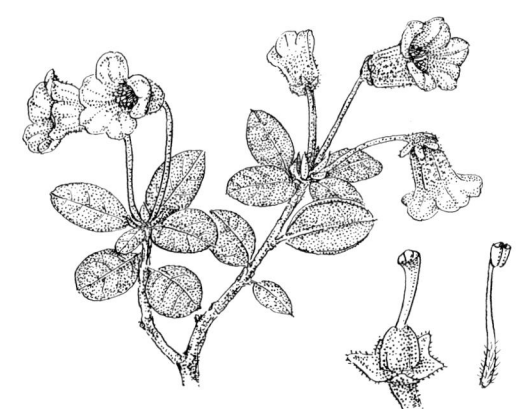
Rhododendron pumilum

218

Schneedecke Reisigschutz empfehlenswert. Eine der kleinsten Arten, für Trogbepflanzung geeignet. 1924 eingeführt.

R. purdomii REHD. et. WILS.
Sektion Ponticum
Subsektion Taliensia

Immergrün, robust, kompakt, dichttriebig, bis 1 m hoch. Jungtriebe behaart. Blätter länglich-lanzettlich bis elliptisch, beiderseits kahl, Stiele 1 cm lang. 10- bis 12blütig, Blütenstiele 1 bis 1,5 cm lang, dicht haarig-filzig. Krone glockig, 2,5 bis 3 cm lang, 5zipflig, weiß bis rosa. Fruchtknoten weiß behaart; Griffel kahl. Kelch ca. 1 mm lang, Zipfel dünn behaart. China (Shensi). Eine der härtesten Arten, leidet in keinem Winter Schaden, selbst für extreme Standorte geeignet. Zumindest in der Jugend blühfaul. 1914 eingeführt, aber in Kultur selten.

R. racemosum FRANCH.
Sektion Rhododendron
Subsektion Scabrifolia

Immergrün, mit langen peitschenartigen Trieben, Wuchs kompakt bis locker, 0,2 bis 1,5 m hoch. Triebe rot, fein bereift. Blätter breit verkehrt-eiförmig bis länglich-elliptisch, 1,5 bis 5 cm lang, 1 bis 3 cm breit, beiderseits kahl, unterseits bläulich-weiß, dicht mit randlosen Schuppen besetzt. Blütenstände 2- bis 3blütig, blattachselständig. Krone offen-trichterförmig, 1 bis 2 cm lang, weiß bis dunkelrosa, meist flaumhaarig. Fruchtknoten dicht beschuppt. 10 Staubblätter. Blütenstiele bis 1,5 cm lang, beschuppt. Blütezeit April bis Mai. Fruchtkapsel schuppig, ca. 1 cm lang. China (Yunnan, SW-Sichuan); häufig, bildet oft dichte Bestände, die der Landschaft ein charakteristisches Gepräge geben, trockene Kalkhügel und -felsen, in rotem Lehmboden, auf alpinen Matten, in Kiefernwäldern, 2750 bis 4300 m. Extrem variable Art. Zwergformen besonders für Alpinum geeignet.

'Rock Rose' (R 59578),
höherwachsender Klon, sehr reichblühend, hellrosa, frühblühend.

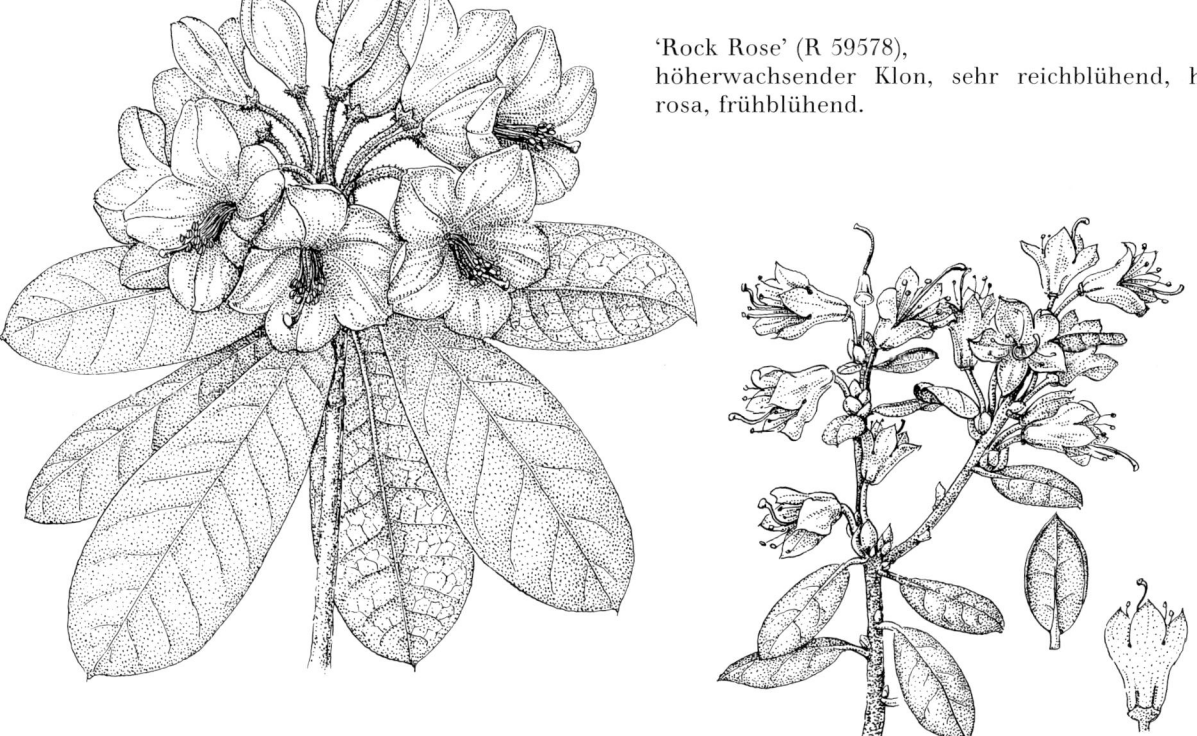

Rhododendron purdomii

Rhododendron racemosum

Rhododendron racemosum

'Fittianum',
von FORREST gefundene Naturhybride (Nr. 10278)

'Fittra'
('Fittianum' × *R. racemosum* Hilliers, GB, 1958),
große dunkelrosa Blüten in dichten Ständen, blüht
Ende April bis Anfang Mai; Wuchs schmal aufrecht.

R. reticulatum D. DON ex G. DON
Sektion *Brachycalyx*

Sommergrün, locker aufrecht bis mehr
breit wachsend, 1 bis 2 m, am Wildstandort bis 6 m hoch. Junge Zweige behaart,
später kahl und graubraun. Blätter breit-
eiförmig bis lanzettlich, spitz, Basis breit-
keilförmig, 4 bis 6 cm lang, 2,5 bis 5,5 cm
breit, junge Blätter zuerst behaart, bald
oberseits kahl, unterseits an den Adern behaart; Stiele 3 bis 6 mm lang, geflügelt.

1 bis 2, selten bis 4 Blüten; Blütenstiele 4 bis
8 mm lang, flaumig behaart. Krone rund-
lich-trichterförmig, lavendelfarben, purpurn bis violett, selten weiß, meist ohne
Zeichnung, 2,5 bis 5 cm im Durchmesser.
Meist 10 Staubblätter, Staubbeutel purpurn. Fruchtknoten meist behaart; untere
Hälfte des Griffels drüsig, Kelch klein gezähnt. Blütezeit April bis Mai, vor dem
Laubaustrieb. Extrem variable Art (Anzahl
der Staubblätter, Form, Größe und Behaarung der Blätter). Japan (von Yakushima
bis NO-Honshu); Strauchvegetation, lichte
Wälder, auf Felsen, bildet von 1200 bis
1500 m Dickichte, oft an trockenen Standorten; 15 bis 1800 m. Kälte- und hitzeresi-
stente Art, ohne besondere Ansprüche.
Sämlinge in den ersten Jahren etwas frost-
empfindlich.

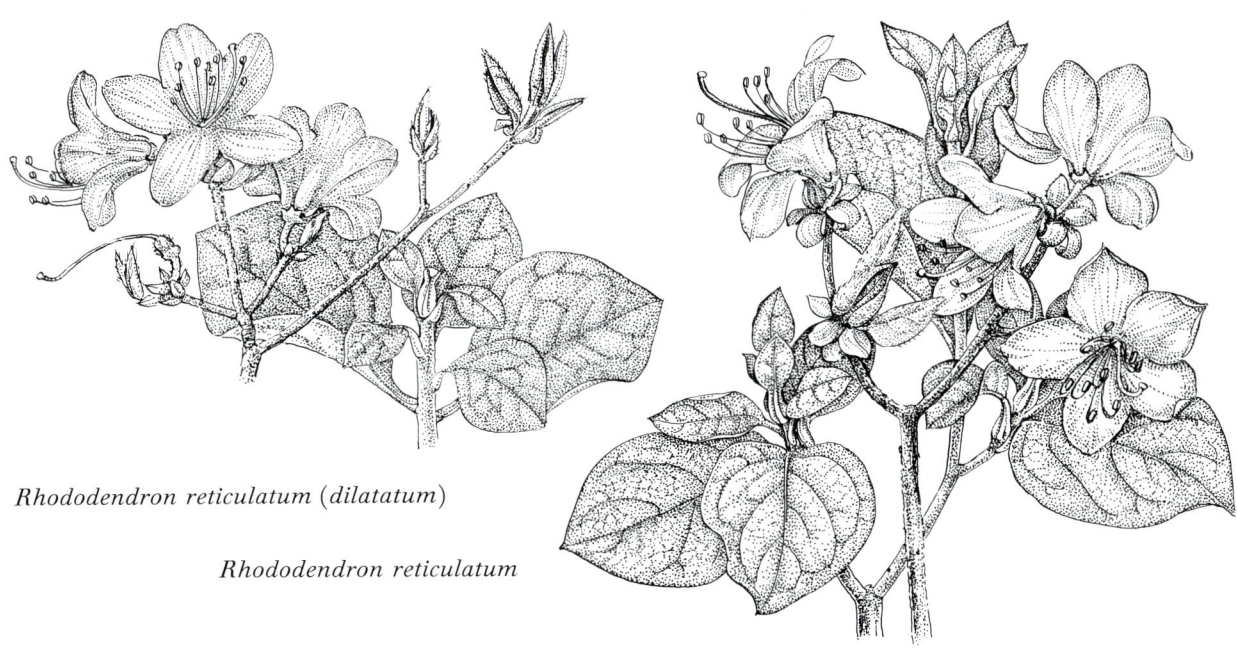

Rhododendron reticulatum (*dilatatum*)

Rhododendron reticulatum

Die Formen kommen meist auf eng begrenzten Territorien vor und werden, besonders von japanischen Autoren, als eigene Arten beschrieben, dazu gehören: *R. decandrum* Mak., *R. dilatatum* Miq. (5 Staubblätter, Fruchtknoten kahl), *R. gracilescens*, *R. kiyosumense*, *R. lagopus* Nak., *R. nagasakianum* Nak., *R. nudipes* Nak., *R. pentandrum* Wils., *R. rhombicum* Miq., *R. wadanum* Mak.

Niedrigere Formen (z. B. *R. dilatatum*) für kleinere Gärten besonders geeignet. 1865 nach Europa eingeführt.

R. rex Lev.

Sektion *Ponticum*
Subsektion *Falconera*

Rhododendron reticulatum, Herbstlaub

Immergrün, 1 bis 2 m, in der Heimat bis 12 m hoch. Jungtriebe grauweißfilzig, Rinde graubraun. Blätter verkehrt-eiförmig bis lanzettlich, 12 bis 37 cm lang, 5,5 bis 13,5 cm breit, Spitze rundlich bis spitz, Basis herzförmig bis keilförmig, oberseits kahl, teilweise warzig, unterseits mit einem dichten hell- bis rotbraunen Indument; Blattstiele 2 bis 3 cm lang, dicht hell-filzig. 12- bis 20blütig; Blütenstiele 1,5 bis 3 cm lang, locker braunfilzig. Krone glokkig, fleischig, 7- bis 8zipflig, weiß oder hellgelb bis rosa, mit einem karmesinroten Basalfleck und anderen kleinen Flecken im Schlund, 3 bis 4,5 cm lang. 14 bis 16 Staubblätter. Fruchtknoten dicht braunfilzig. Blütezeit April bis Mai. Kelch 1 bis 2 mm, mehr oder weniger filzig. Frucht-

221

kapsel 2,5 bis 3,5 cm lang, gebogen. 3 Unterarten:

1 Krone hellgelb; Blätter 1,5- bis 2mal so lang wie breit
ssp. *arizelum* (Balf. f. et. Forr.) Chamberl. (*R. arizelum* Balf. f. et. FORR.)
China (W-Yunnan), NO-Burma; lichte Nadelwälder, Rhododendronwälder, teilweise bestandsbildend, Bambuswälder; 3000 bis 4000 m.

1+ Krone weiß, rosa getönt, Blätter 2,5- bis 4mal so lang wie breit   2

2 Blätter 2,5- bis 3mal so lang wie breit, Indument hellbraun   ssp. *rex*
China (S-Sichuan, NO-Yunnan); Nadelwälder, auch in reinen Beständen; bei 3500 m.

2+ Blätter 2,5- bis 4mal so lang wie breit, Indument braun bis rotbraun
ssp. *fictolacteum* (Balf. f.) Chamberl. (*R. fictolacteum* Balf. f.)
China (W-Yunnan, SO-Xizang), NO-Burma; Wälder, Rhododendron-Dickichte; 3000 bis 4000 m. In der Jugend empfindlich, als größere Pflanze härter, geschützter Standort ratsam. Dekorative Blattpflanze, die erst in höherem Alter blüht. Unterart mit der geringsten Winterhärte. In Mitteleuropa besser die Kultur als Kübelpflanze. Blüht erst als alte Pflanze.

R. rirei Hemsl. et. Wils.
Sektion *Ponticum*
Subsektion *Argyrophylla*

Immergrün, 1 bis 3 m hoch, buschig, in der Jugend sehr kompakt, in der Heimat baumartig, bis 16 m. Rinde rauh, braunschwarz; Jungtriebe weißfilzig. Blätter elliptisch bis länglich, dick, ledrig, 9,5 bis 17 cm lang, 3 bis 5 cm breit, spitz, oberseits kahl und matt, frischgrün, unterseits silbrigweiß bis graugrün mit filzigem Indument, Stiele 1,5 bis 2 cm lang, anfangs filzig, später meist kahl. Blütenstand locker, 4- bis 10blütig, Blütenstiele 0,5 bis 1 cm lang, filzig. Krone glockig, purpurn bis violett, mit dunkleren Nektargruben, 5- bis 7zipflig, 4 bis 5 cm lang, Fruchtknoten dicht graufilzig, Griffel kahl. 10 Staubblätter, kahl. Kelch 1 bis 2 mm, weiß-mehlig, Zipfel dreieckig. Blütezeit März. Fruchtkapsel 2,5 cm lang. China (Sichuan, Mt. Omei); Wälder, Dickichte, Felsen; 1200 bis 2200 m. In vor Wintersonne geschützter Lage ziemlich winterhart, halbschattiger

Rhododendron rirei

222

Rhododendron roxianum

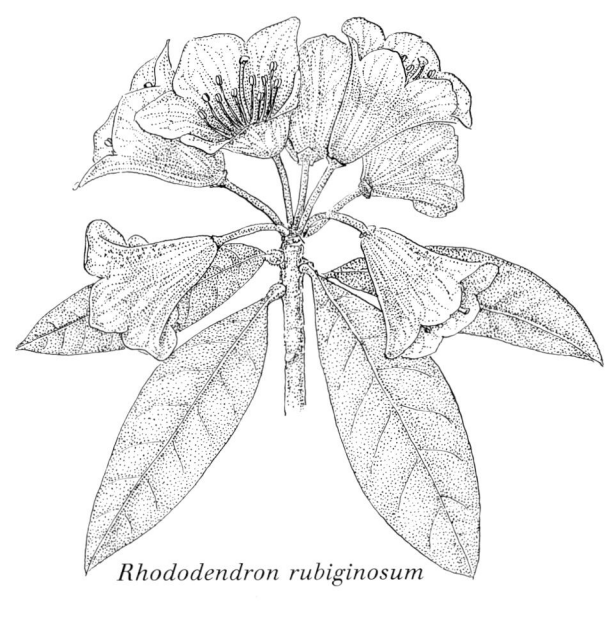

Rhododendron rubiginosum

Standort empfehlenswert, frühe Blüte ist frostgefährdet. 1904 eingeführt.

R. roxieanum FORR.
Sektion *Ponticum*
Subsektion *Taliensia*

Immergrün, meist niedrig, dicht und kompakt wachsend, 0,4 bis 1 m hoch. Blätter länglich bis elliptisch, 5 bis 12 cm lang, 0,5 bis 4 cm breit, spitz bis kappenartig, Basis keilförmig bis rundlich, Rand eingerollt, oberseits dunkelgrün, glänzend, runzlig, unterseits rotbraunwollig-filzig, Sticl 0,5 bis 1 cm lang, anfangs filzig, später meist kahl. Blütenstand 6- bis 15blütig, Blütenstiele 1 bis 1,5 cm lang, filzig und drüsig. Krone trichterförmig-glockig, weiß, seltener gelblich, teils mit rosa Anflug, purpurn gefleckt, 2 bis 4 cm lang. Fruchtknoten dicht rotbraunfilzig und drüsig. Kelch 1 bis 2 mm lang, filzig und drüsig. Blütezeit Ende April bis Mai. Fruchtkapsel 1 bis 1,5 cm lang. China. Wälder, alpine Matten; 3050 bis 4250 m. Wegen gedrungenen Wuchses und schöner Belaubung interes-

sant für kleinere Gärten. Winterhärte je nach Herkunft unterschiedlich. In strengen, schneelosen Wintern kann es zu Laubschäden kommen.

2 Varietäten:

1 Blätter mehr als 4mal so lang wie breit
var. *roxieanum* (*R. recurcum* BALF. f. et. FORR.)
SO-Xizang, NW-Yunnan, SW-Sichuan

1[+] Blätter 2- bis 4mal so lang wie breit
var. *cucullatum* (HAND.-MAZZ.) CHAMB. (*R. cucullatum* HAND.-MAZZ.)

R. rubiginosum FRANCH.
(R. desquamatum
BALF. f. et. FORR.)
Sektion *Rhododendron*
Subsektion *Heliolepida*

Immergrün, straff aufrecht wachsend, 2 bis 5 m, in der Heimat Baum bis 10 m hoch. Jungtriebe rötlich und stark schuppig. Blätter elliptisch oder fast lanzettlich, 6 bis 11 cm lang, 2 bis 4,5 cm breit, an der Basis keilförmig, am anderen Ende spitz, oberseits mit einigen Schuppen oder kahl, unterseits dicht mit rotbraunen sich überlagernden Schuppen besetzt, Stiel etwa 1 cm, dicht schuppig. Bis zu 10 Blüten pro

Stutz, Blütenstiele 1,5 bis 2,5 cm, dicht beschuppt. Krone offen trichterförmig, 2 bis 3 cm lang, rosa oder seltener weiß mit rosafarbenem Anflug, außen beschuppt. 10 Staubblätter, Staubfäden an der Basis etwas flaumhaarig. Fruchtknoten dicht beschuppt, Griffel kahl, länger als Staubblätter. Kelch sehr klein, gewellt. Blütezeit April bis Mai. Fruchtkapsel zylindrisch, beschuppt, 1 bis 1,5 cm lang. China (Yunnan, SW-Sichuan, SO-Xizang), NO-Burma; weit verbreitet, in Wäldern, unter Bambus, in Strauchvegetation, oft relativ trockene Standorte über Granit und Kalkstein; 2500 bis 3500 m. Sehr variabel. Verlangt geschützten Platz, sonst erfrieren leicht die Blütenknospen. Die Art ist relativ kalktolerant, wächst noch auf Boden, der zum alkalischen Bereich tendiert. Meist sehr reichblühend, aber erst als größere Pflanze. 1889 eingeführt.

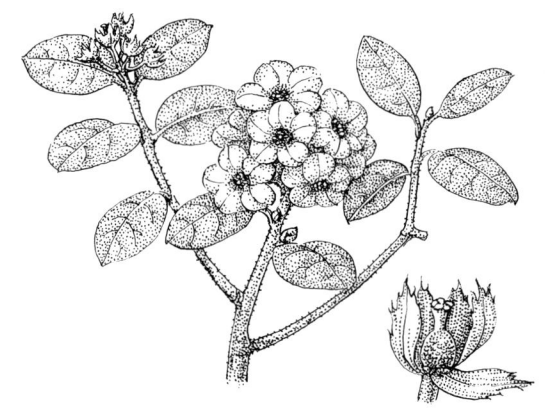

Rhododendron rufescens

R. rufescens Franch.
Sektion *Pogonanthum*

Immergrün, 30 bis 50 cm hoch. Blattschuppen dauerhaft. Blätter länglich-elliptisch, 1 bis 2 cm lang, 0,5 bis 1 cm breit, oberseits dunkelgrün, unterseits dicht mit überlagernden dunkelbraunen Schuppen besetzt. 1- bis 12blütig, Stiele kurz. Krone weiß. 5 Staubblätter. Fruchtknoten schuppig. Kelchzipfel länglich, 3 bis 4 mm, bewimpert. Blütezeit März bis April. Heimat China (Zentral-Sichuan); steinig-felsige alpine Lagen; 3900 bis 4600 m. Winterhart, sollte im Alpinum absonnig und kühlfeucht stehen.

R. rupicola W. W. Smith
Sektion *Rhododendron*
Subsektion *Lapponica*

Immergrün, mehrtriebig, buschig, meist kompakt, bis etwa 0,5 m hoch. Triebe dicht schuppig. Blätter länglich-elliptisch

bis oval, vorn abgerundet, mit Stachelspitze, Basis breit keilförmig, 0,5 bis 2 cm lang, 0,3 bis 1 cm breit, beiderseits beschuppt, unterseits dicht mit braunen und goldgelben Schuppen besetzt. 3- bis 6blütig. Krone breit trichterförmig, meist kräftig purpurn oder gelb, seltener karminrot, sehr selten weiß, 1 bis 1,5 cm lang, innen und meist auch außen flaumhaarig, außen schuppig. 5 bis 10 Staubgefäße. Griffel 1 bis 2 cm lang, in der Regel am Grunde behaart. Kelchzipfel ca. 5 mm lang, länglich oval, abgestumpft, bewimpert. Blütezeit April bis Mai. Fruchtkapsel breit-eiförmig, ca. 0,5 cm lang, behaart und mit Schuppen besetzt. Für freie Lage im Alpinum auf feucht-kühlem Standort, gute Drainage. Winterhart. Stecklinge bewurzeln sich oft schwer. 3 Varietäten;

1 Krone gelb   2

1+ Krone purpurn bis karmesinrot, selten weiß
    var. *rupicola* (*R. achroanthum* Balf. f. et. W. W. Smith)
    NW-Burma, China (Yunnan, SW-Sichuan, SO-Xizang); 3000 bis 4500 m; moorige Matten, auf felsigem Untergrund; 1910 eingeführt.

2 Kelchzipfelränder mit einzelnen Haaren
    var. *chryseum* (Balf. f. et. Kingd. Ward.) Phil. et Phil. (*R. chryseum* Balf. f. et. Kingd. Ward)
    NO-Burma, China (NW-Yunnan, SO-Xizang); Ränder von Nadelwäldern, moorige, feuchte Matten; 3000 bis 4750 m.

Rhododendron russatum

Rhododendron russatum

2⁺ Ränder der Kelchzipfel mit Haaren und Schuppen besetzt
var. *muliense* (BALF. f. et. FORR.) PHIL. et. PHIL. (*R. muliense* BALF. f. et. FORR.)
China (SW-Sichuan); lichte Nadelwälder, alpine Matten; 3050 bis 4875 m. Selten in Kultur.

Besonders var. *chryseum* wurde zur Züchtung verwendet.

'Chikor'
(*rupicola* var. *chryseum* × *R. ludlowii*); Züchter P. Cox, 1962.
Kompakter rundlicher Wuchs, bis 30 cm, Laub im Winter bronzefarbig. Blüten zu 3 bis 6, gelb mit dunkleren Flecken. Guter Winterschutz erforderlich.

R. russatum BALF. f. et. FORR.
(*R. cantabile* BALF. f. ex HUTCH.)
Sektion *Rhododendron*
Subsektion *Lapponica*

Kompakt, aufrecht wachsend, immergrün, etwa 0,5 bis 1 m hoch. Triebe dicht beschuppt. Blätter länglich bis breit-elliptisch, Spitze stumpf oder rundlich, Basis keilförmig, 1,5 bis 4 cm lang, 0,5 bis 1,5 cm breit, beiderseits dicht mit rotbraunen Schuppen besetzt, unterseits sich berührend; Stiel 8 mm lang, beschuppt. Blütenstand aus 4 bis 6 Blüten. Krone breit trichterförmig, tief indigoblau, purpurn oder rosa, 1 bis 2 cm lang, innen und oft auch außen flaumhaarig, beschuppt. 10 Staubblätter, an der Basis behaart, rot. Frucht-

knoten beschuppt, Griffel 1,5 bis 2 cm lang. Kelchzipfel etwa 0,5 cm lang, länglich elliptisch, Ränder bewimpert. Blütezeit April bis Mai. Fruchtkapsel eiförmig, etwa 0,5 cm lang, schuppig. China (N- und NW-Yunnan, SW-Sichuan); Ränder von Kiefernwäldern, alpine Matten und Zwergstrauchheiden; 3400 bis 4300 m. Winterhart. Gedeiht gut im Garten und blüht sicher. Wuchs und Blütenfarbe sehr variabel. Eine Reihe guter, robuster Klone. Wurde für Kreuzungen verwendet.

R. saluenense FRANCH.
Sektion *Rhododendron*
Subsektion *Saluenensia*

Immergrün, gedrungen wachsend, niederliegend oder aufrecht, 10 bis 50 cm hoch. Jungtriebe behaart. Blätter rundlich oder länglich bis elliptisch, 1 bis 3 cm lang, 0,5 bis 1,5 cm breit, oberseits glänzend, unbeschuppt oder mit wenig Schuppen besetzt, unterseits dicht beschuppt. Mittelrippe borstig behaart. 1- bis 3blütig; Blütenstiel 1 bis 2 cm lang, beschuppt und borstig. Krone breit trichterförmig, 1,5 bis 3 cm lang, purpurn mit dunklerer Zeichnung, außen flaumhaarig und beschuppt. 10 Staubblätter. Fruchtknoten schuppig, flaumhaarig. Kelchzipfel länglich oder rundlich, variabel in Beschuppung und Behaarung. Blütezeit April bis Mai. Frucht-

Rhododendron saluenense 'Prof. Hu'

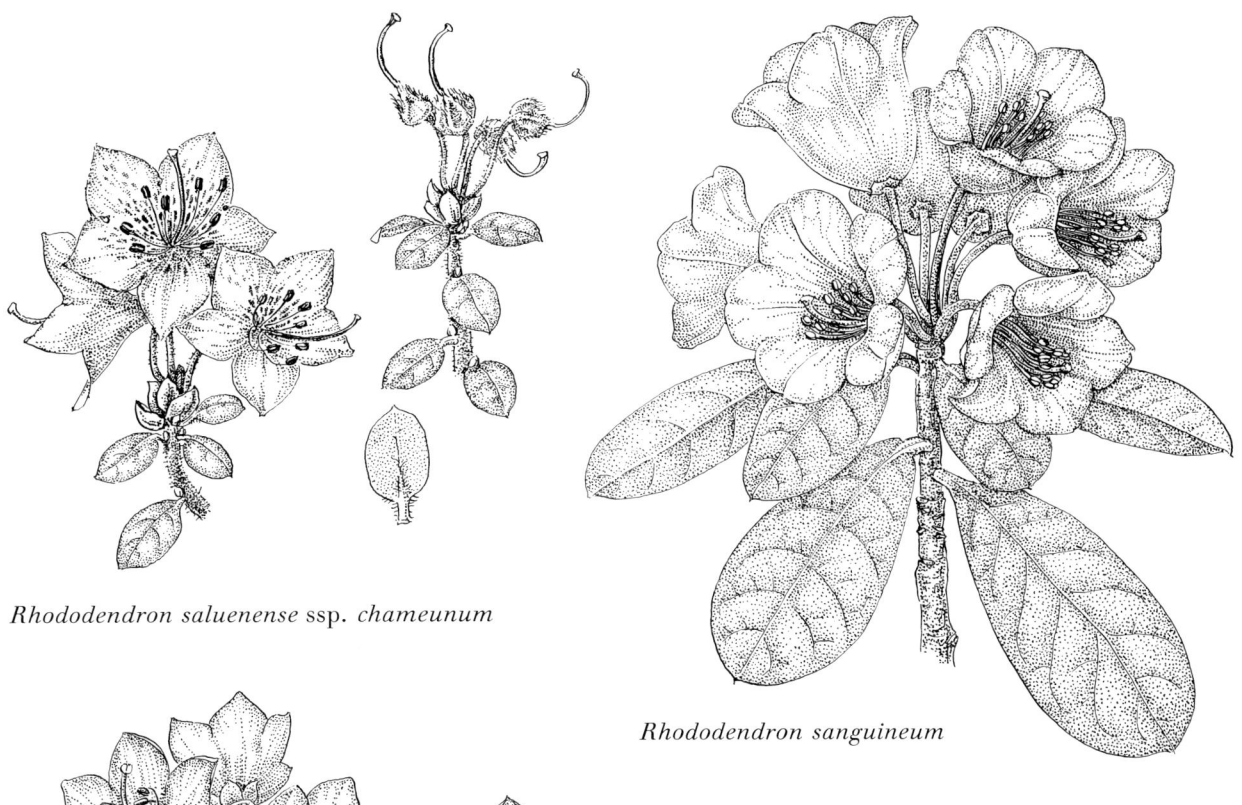

Rhododendron saluenense ssp. *chameunum*

Rhododendron sanguineum

Rhododendron saluenense 'Prof. Hu'

kapsel 0,5 bis 1 cm lang, schuppig. China, NO-Burma; 3300 bis 4500 m; steinige Standorte, Waldränder, Zwergstrauchheiden, Matten.

Die Pflanzen sollten im Garten frei stehen. Winterhart. Meist reich und willig blühend, mit einer gelegentlichen Nachblüte im Herbst. Prächtige Herbstfärbung, bevor die alten Blätter abgestoßen werden. Bildet dichte Teppiche.

1 Wuchs aufrecht. Blätter oberseits mehr oder weniger schuppig, meist borstig   ssp. *saluenense* NO-Burma, China (NW-Yunnan, SO-Xizang). 1914 eingeführt.

1[+] Wuchs niederliegend, Blätter glänzend, meist unbeschuppt.
ssp. *chameunum* (BALF. f. et. FORR.) CULLEN (*R. chameunum* BALF. f. et FORR., *R. prostratum* W. W. SMITH)
China (N- und NW-Yunnan, SO-Xizang, SW-Sichuan), NO-Burma. 1910 eingeführt.

R. sanguineum FRANCH.
Sektion *Ponticum*
Subsektion *Neriiflora*

Immergrün, 0,3 bis 1 m hoch, kompakt wachsend; Triebe dünn und kurz. Jungtriebe dünn weißflockig, seltener borstig. Knospenschuppen fallen ab oder bleiben; Blätter elliptisch bis verkehrt-eiförmig, 3 bis 8 cm lang, 1,5 bis 3 cm breit, spitz, Basis keilförmig bis rundlich, oberseits kahl, unterseits mit dichtem faltigem zinnoberrotem bis braunem Indument; Stiele bis 1 cm, kahl. 3- bis 6blütig, Blütenstiele 1 bis 2,5 cm lang, drüsig. Krone kurzröhrigglockig, fleischig, gelb bis hellrosa oder tiefkarmin bis schwarzrot, selten weiß, 2,5 bis 3,5 cm lang. Fruchtknoten filzig bis

227

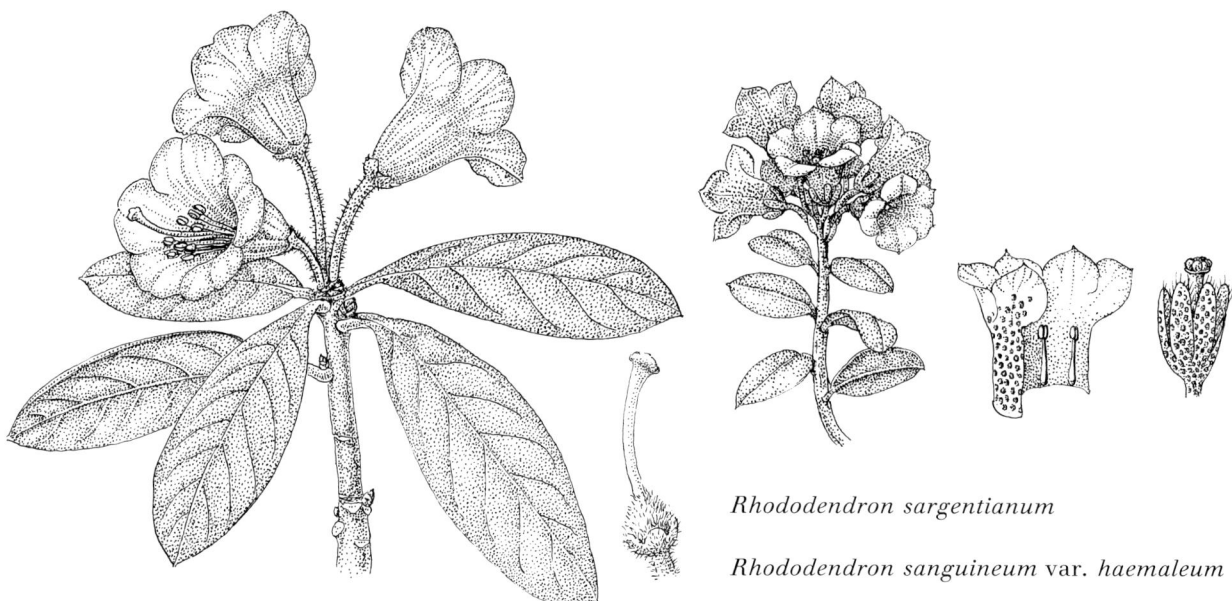

Rhododendron sargentianum

Rhododendron sanguineum var. *haemaleum*

drüsig. Kelch 3 bis 10 mm lang, farbig, Zipfel rundlich, drüsig, bewimpert. Blütezeit April bis Mai. Fruchtkapsel 1 bis 1,5 cm lang, 0,5 cm dick. China (SO-Xizang, NW-Yunnan); steinige Standorte, Waldränder, feuchte Matten; 3000 bis 4500 m. Sehr variable Art.

Empfehlenswert ist ein geschützter Standort oder Winterschutz mit Reisigdecke. Ideal für kleine Gärten oder Steingärten.

1 Fruchtknoten borstig, ohne Drüsen; Knospenschuppen meist abfallend   2

1+ Fruchtknoten drüsig; Knospenschuppen meist dauerhaft   5

2 Krone karminrot   3

2+ Krone gelb bis rosa, selten weiß   4

3 Krone leuchtend karminrot
var. *sanguineum* (*R. sanguineum* Fr. ssp. *sanguinioides* Cowan)

3+ Krone schwärzlich-karminrot
var. *haemaleum* (Balf. f. et. Forr.) Chamb. [*R. haemaleum* Balf. f. et. Forr., ssp. *haemaleum* (Balf. f. et. Forr.) Cowan]

4 Krone gelb
var. *himertum* (Balf. f. et. Forr.) Chamb. [*R. himertum* Balf. f. et. Forr., ssp. *himertum* (Balf. f. et. Forr.) Cowan]

4+ Krone weiß oder gelb mit rosa Tönung bis rosa
var. *cloiophorum* (Balf. f. et. Forr.) Chamb. [*R. cloiophorum* Balf. f. et. Forr., ssp. *cloiophorum* (Balf. f. et. Forr.) Cowan]

5 Krone gelb mit rosa bis rosa
var. *didymoides* Tagg et Forr. [ssp. *didymoides* (Tagg et. Forr.) Cowan]

5+ Krone schwärzlich-karminrot
ssp. *didymum* (Balf. f. et Forr.) Cowan (*R. didymum* Balf. f. et. Forr.)

Manche Varietäten sind kaum verbreitet.

R. sargentianum Rehd. et. Wils. Sektion *Pogonanthum*

Immergrün, kompakt und dicht wachsend, 30 bis 50 cm hoch; aromatisch duftend. Knospenschuppen nicht abfallend. Blätter elliptisch. 1 bis 1,5 cm lang, 0,5 bis 1 cm breit, rundlich mit Stachelspitze, Basis keilförmig, oberseits dunkelgrün und unbeschuppt, unterseits braun mit dicht sich überlagernden Schuppen besetzt. Blütenstand 5- bis 12blütig, Stiele etwa 0,5 cm lang, beschuppt. Krone röhrig, etwa 1 cm lang, weißlich bis gelb, außen beschuppt und innen zottig behaart. 5 Staubblätter.

Kelchzipfel länglich, stumpf, etwa 3 mm lang, bewimpert. Blütezeit Mai bis Anfang Juni. Fruchtkapsel etwa 0,5 cm lang. China (Zentral-Sichuan); exponierte Felsen; 3000 bis 3600 m. 1903 eingeführt. Im Alpinum in freier, sonniger Lage. Winterhart, verschiedene Klone in England in Kultur.

R. schlippenbachii MAX.
Sektion *Sciadorhodion*

Sommergrün, oft dichttriebig, aufrecht wachsend, rundlich, 1 bis 3 m hoch. Triebe im ersten Jahr drüsig-haarig und hellbraun, später grau und kahl. Blätter rundlich verkehrt-eiförmig, 6 bis 10 cm lang, 4 bis 7 cm breit, Spitze rundlich, oft stumpf, Basis keilförmig, im Jugendstadium behaart, später fast kahl, Rand oft leicht gewellt; Stiele 2 bis 4 mm lang, geflügelt, behaart; Blätter in Quirlen zu 5 an den Triebenden. 3- bis 5blütig, Blütenstiel 1,5 cm lang, drüsig-haarig. Krone breit trichterförmig, zart bis kräftig rosa, selten weiß, rotbraun gesprenkelt, 4,5 cm lang, Durchmesser 5,5 bis 8,5 cm, fleischig. 10 ungleiche Staubblätter. Fruchtknoten und Griffel in der unteren Hälfte drüsig-haarig. Kelch 7 mm lang, Zipfel drüsig bewimpert. Blütezeit Mai, vor oder mit dem Laubaustrieb. Korea, Sibirien (Primorje-Gebiet, Rajon Chasanski), NO-China, Japan (soll auf 2 Bergen in N-Hokkaido vorkommen); trockene steinige Hänge, lichte Wälder, dichte Bestände bildend. Verträgt Sonne und relativ viel Trockenheit. Geringe Bodenansprüche, wächst aber am besten in leicht saurem (*p*H 6,5) bis neutralem Milieu. Absolut frosthart und hitzebeständig. In Japan eine Reihe gedrungen wachsender und schön gefärbter Klone. Schon 1692 in Japan als Kulturpflanze erwähnt. 1893 nach Europa eingeführt.

R. searsiae REHD. et. WILS.
Sektion *Rhododendron*
Subsektion *Triflora*

R. concinnum sehr ähnlich, aber Blätter länglich-elliptisch bis lanzettlich, 6 bis 9 cm lang, 1 bis 2 cm breit, zugespitzt, an der Basis keilförmig, unterseits grau oder silbrig mit deutlich unterscheidbaren

Rhododendron schlippenbachii

Rhododendron schlippenbachii

Rhododendron searsiae

Schuppenformen. Krone weiß oder hellpurpurn, oft mit grünlichen Flecken, 2 bis
2,5 cm lang, ohne Schuppen. Blütezeit
Ende April bis Anfang Mai. China (SW-Sichuan, Wa Shan); Strauchvegetation; 2 300
bis 3 000 m. Blüten spätfrostgefährdet.
Winterhart.

R. selense Franch,
Sektion *Ponticum*
Subsektion *Selensia*

Immergrün, meist dicht-kompakt wachsend, 0,5 bis 1 m hoch. Jungtriebe drüsig-
flockig. Blätter eiförmig bis elliptisch, 3,5
bis 9 cm lang, 2 bis 4 cm breit, fein zugespitzt, Basis rundlich, oberseits kahl, unterseits kahl oder mit lockerem bräunlichem

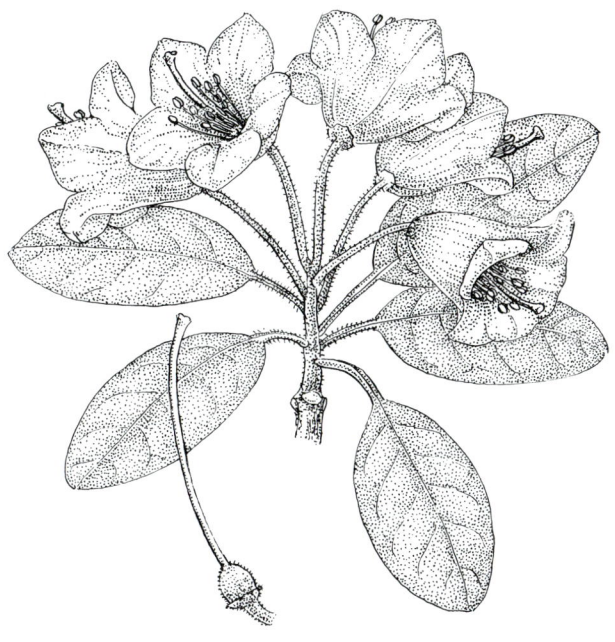
Rhododendron selense

Indument; Stiele 1 bis 1,5 cm lang. Blütenstand dicht, 3- bis 8blütig; Stiele 1,5 bis 2 cm lang, drüsig. Krone trichterförmigglockig, weiß bis dunkelrosa, mit oder ohne purpurfarbenen Flecken, 2,5 bis 4 cm lang. Fruchtknoten dicht mit Stieldrüsen besetzt. Kelch 1 bis 8 mm lang, drüsig. Blütezeit Ende April bis Mitte Mai. Fruchkapsel 1,5 bis 3,5 cm lang, gekrümmt. China (Sichuan, Yunnan, Xizang); 2700 bis 4550 m; alpine Matten, Felsen, Zwergstrauchheiden, Wälder. Sehr variabel, mehrere Varietäten und Unterarten. Interessante Blattpflanze für das Alpinum. Winterhart. Kühl-feucht pflanzen, wächst nicht immer willig.

Rhododendron searsiae

R. semibarbatum MAX.
Sektion *Mumazalea*

Sommergrün, unregelmäßig aufrecht wachsend, 0,5 bis 1,5 m hoch. Jungtriebe drüsig behaart, später gelbgrau bis dunkelbraun. Blätter in Büscheln am Ende der Kurztriebe, elliptisch bis eiförmig, 2 bis 6 cm lang, 1 bis 2,5 cm breit, spitz oder stumpf, Basis rundlich bis keilförmig, Rand fein gezähnt und teilweise bewimpert, Mittelrippe und Blattadern meist beiderseits behaart; Stiele 0,5 bis 1 cm lang, flaumhaarig-drüsig. Blüte einzeln; Blütenstiel 0,5 bis 1 cm lang, drüsig-haarig. Krone rundlich trichterförmig mit kurzer Röhre, Durchmesser etwa 2 cm, weiß bis zartrosa. 5 ungleiche Staubblätter. Fruchtknoten halbkugelig, behaart und dichtdrüsig; Griffel kahl. Knospenschuppen nicht abfallend. Blütezeit Juni. Fruchtkapsel fast rund. Japan (Kyushu, Shikoku, Honshu); offenes Gelände, Strauchvegetation des Berglandes. Ein Außenseiter der Gattung, mit relativ kleinen Blüten, interessanter Belaubung und prächtiger Herbstfärbung (gelb bis karmin). In normalen Wintern hart.

R. serrulatum (SM.) MILL.
Sektion *Pentanthera*

Sommergrün, straff aufrecht wachsend, bis 2 m, in der Heimat bis 6 m hoch. Zweige rostbraun, behaart. Blätter elliptisch bis länglich verkehrt-eiförmig, spitz, Basis keilförmig, 4 bis 8 cm lang, 1,5 bis 3,5 cm breit; Rand gesägt und bewimpert, unterseits behaart, im Jugendstadium Blätter rötlich, Stiele 1 bis 4 mm lang, behaart. 6- bis 10blütig, Stiele drüsig und behaart, grün bis rot gefärbt, duftend. Krone trichterförmig, Röhre schlank, weiß, 3,5 cm lang, außen drüsig und leicht behaart, Zipfel klein. Staubblätter 1,5mal so lang wie Röhre. Griffel viel länger als Staubblätter.

Rhododendron serrulatum

Kelch 1 mm lang, drüsig-haarig. Blütezeit Juli bis Oktober, eine der spätest blühenden Arten. USA (Mississippi, Lousiana, Florida, Georgia); feuchte Wälder und Dickichte. Nicht so hart wie das ähnliche *R. viscosum*. Oft reifen die Triebe nicht ganz aus und frieren dann zurück, treibt jedoch auch nach harten Wintern wieder willig aus. 1830 entdeckt, 1919 in Kultur genommen.

R. setosum D. DON
Sektion *Rhododendron*
Subsektion *Lapponica*

Immergrün, meist locker wachsender Zwergstrauch, 0,3 bis 0,5 m hoch. Jungtriebe dicht beschuppt und borstig behaart. Blätter elliptisch, länglich- oder verkehrt-eiförmig, 1 bis 1,5 cm lang, 0,6 bis 0,8 cm breit, vorn stumpf oder rundlich mit Stachelspitze, Basis rundlich, oberseits dunkelgrün, mit dauerhaften goldgelben Schuppen, oft Oberseite und Rand bewimpert; unterseits hellgrün, warzig, mit ver-

232

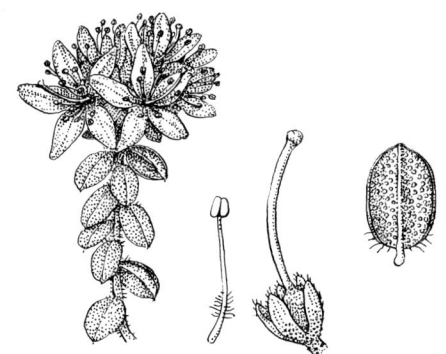

Rhododendron setosum

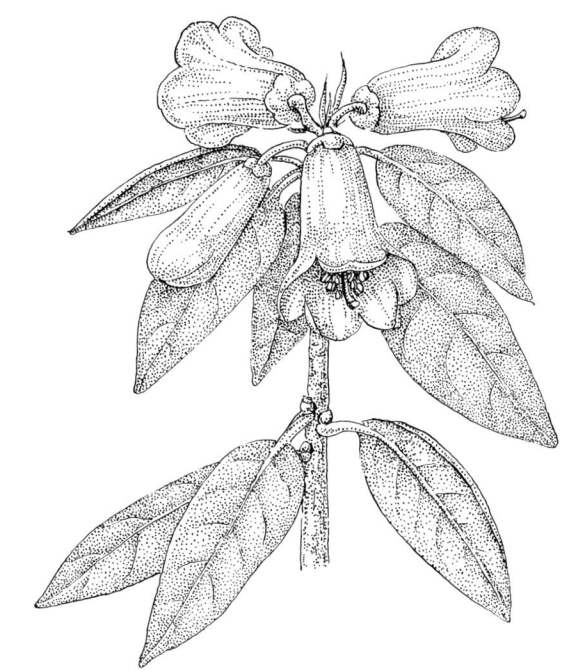

Rhododendron sherriffii

schieden geformten gelben und braunen Schuppen dicht besetzt. 1- bis 3blütig, Blütenstiel beschuppt und bewimpert, 0,5 bis 1 cm lang. Krone offen-trichterförmig, purpurn oder rosa, 1,5 bis 2 cm lang, innen weichhaarig, außen kahl. 10 Staubgefäße, an der Basis flaumhaarig. Fruchtknoten schuppig und borstig, Griffel die Staubgefäße überragend. Kelchzipfel 0,5 bis 1 cm lang, länglich oder rundlich, stumpf, schuppig, mitunter bewimpert. Blütezeit Mai, oft Nachblüte im Herbst. Fruchtkapsel schuppig, länglich zylindrisch, bis 0,5 cm lang. Nepal, Indien (Sikkim, West-Bengalen), Bhutan, China (S-Xizang, im Chumbi-Tal); 3650 bis 4550 m; Felsen und Matten. Winterhart, nicht alle Herkünfte wachsen willig. Nicht in trockene Südlage!

R. sherriffii COWAN
Sektion *Ponticum*
Subsektion *Fulgensia*

Immergrün, buschig aufrecht wachsend, bis 3 m hoch, in der Heimat auch bis 6 m hoher Baum. Jungtriebe mehlig-filzig; Blätter verkehrt-eiförmig, 4,5 bis 7,5 cm lang, 2,5 bis 4 cm breit, ausgereift oberseits dunkel glänzend, unterseits dicht-filzig, schokoladenbraun, stumpf bis kurz zugespitzt, Basis rundlich, Stiele etwa 1,5 cm lang, kahl, oberseits rötlich; Blüte trichterförmig-glockig, dunkelkarminrot mit

dunkleren Nektargruben, 3- bis 5blütig, Stiele 1 bis 2 cm lang, rötlich, kahl; Fruchtknoten kahl. Griffel kahl, karmin, Stempel rot. Kelch 3 bis 5 mm lang, kahl, Zipfel breit und rundlich, Blütezeit Ende März bis April. China (S-Xizang); 3500 bis 4000 m, Rhododendronwälder, Geröll von Fichten- und Lärchenwäldern. Selbst in England noch selten kultiviert. An geschützten Platz pflanzen; wächst kompakt und langsam. Sehr frühe Blüte frostgefährdet.

R. shweliense BALF. f. et. FORR.
Sektion *Rhododendron*
Subsektion *Glauca*

R. charitopes sehr ähnlich, aber Blätter länglich-elliptisch bis länglich verkehrt-eiförmig, 3 bis 4 cm lang, ca. 1,5 cm breit. Krone etwa 1 cm lang, gelb, rosa getönt. Griffel in der ganzen Länge flaumhaarig. China (SW-Yunnan); Felsen oder Matten, 3050 bis 3350 m. Vor Wintersonne und scharfen Winden schützen. 1924 eingeführt.

Rhododendron shweliense

R. *smirnowii* TRAUTV.
Sektion *Ponticum*
Subsektion *Pontica*

Immergrün, 1 bis 3 m hoch, kompakt bis
locker wachsend. Rinde rauh und rissig,
braun. Austrieb weißfilzig; Blätter länglich, lanzettlich bis elliptisch, 7,5 bis
11,5 cm lang, 2,5 bis 3 cm breit, oberseits
später kahl, unterseits dicht weiß- bis
später auch braunfilzig. Blattstiele 1 bis
1,5 cm lang, weißfilzig. Blütenstand 7- bis
15blütig, Blütenaustrieb 3 bis 3,5 cm lang,
flockig-drüsig. Krone trichterförmig-glok-
kig, purpurrosa bis hellkarmin mit gelblichen Flecken, Rand gewellt, 3,5 bis 4 cm
lang. Fruchtknoten weißfilzig. 10 Staubblätter, am Grund flaumhaarig. Kelch 2
bis 3 mm lang, Zipfel dreieckig. Blütezeit
Mai bis Juni. Fruchtkapsel etwa 1,5 cm
lang. Georgien, Adsharien, NO-Türkei;
lichte Kiefern- und Buchenwälder, Fels-
hänge, 1050 bis 2300 m. Eine der winterhärtesten Arten. Austrieb sehr zierend, ge-

Rhododendron smirnowii

234

Rhododendron smirnowii

ringe Standortansprüche, auch für sonnige Lage geeignet. Wegen seiner Winterhärte von SEIDEL oft als Kreuzungspartner verwendet. 1886 eingeführt.

R. souliei FRANCH
(R. *cordatum* LEV.)
Sektion *Ponticum*
Subsektion *Campylocarpa*

Immergrün, 1 bis 3 m hoch, breit und lokker aufrecht wachsend. Jungtriebe kahl oder drüsig. Blätter breit eiförmig, zuge-

spitzt, Basis rundlich bis herzförmig, 5,5 bis 8 cm lang, 3,5 bis 4 cm breit, beiderseits kahl, Stiele 1,5 bis 2,5 cm lang, kahl oder mit wenigen Drüsen besetzt. 3- bis 5blütig, Blütenstiele 1,5 bis 2,5 cm lang. Krone becherförmig-glockig, hell purpurrosa, 2,5 bis 4 cm lang. 10 Staubblätter. Fruchtknoten dicht drüsig, Griffel kahl. Kelch 3 bis 8 mm lang, Zipfel rundlich, drüsig und bewimpert. Blütezeit Mai. Fruchtkapsel ca. 2 cm lang, leicht gebo-

235

gen. China (Sichuan); Eichen- und Tannenwälder; 2700 bis 4500 m. Winterhart. Laubschäden selten in extremen Wintern. Blaugrüner Austrieb sehr zierend. Blüht bereits als jüngere Pflanze. 1905 eingeführt.

R. strigillosum FRANCH.
Sektion *Ponticum*
Subsektion *Maculifera*

Immergrün, 1 bis 2 m hoch, rundlich-buschig wachsend. Jungtriebe dicht borstig behaart; Blätter elliptisch bis länglich-lanzettlich, 7,5 bis 14 cm lang, 2 bis 4 cm breit, zugespitzt, Basis keilförmig, oberseits in ausgereiftem Zustand kahl, Mittelrippe unterseits drüsig-filzig; Blattstiele 1 bis 2 cm lang, drüsenhaarig. 8- bis 12blütig; Blütenstiele 1 bis 2 cm lang, drüsig behaart. Krone röhrig-glockig, dunkelrot, 4 bis 6 cm lang, mit flachen Nektargruben; Fruchtknoten dicht behaart, Griffel kahl, Kelch 1 mm lang. Blütezeit Ende März bis

Ende April. Fruchtkapsel zylindrisch, 1,5 bis 2 cm lang. China (Sichuan, NO-Yunnan); Strauchvegetation, Wälder, oft über Felsen; 2100 bis 3400 m. Besonders als Jungpflanze schutzbedürftig, als größere Pflanze in normalen Wintern hart; Austrieb und Blüte frostgefährdet. Halbschattig pflanzen. 1904 eingeführt.

R. sutchuenense FRANCH.
Sektion *Ponticum*
Subsektion *Fortunea*

Immergrün, 1 bis 3 m hoch. Jungtriebe dick, grauweißfilzig, später kahl. Blätter

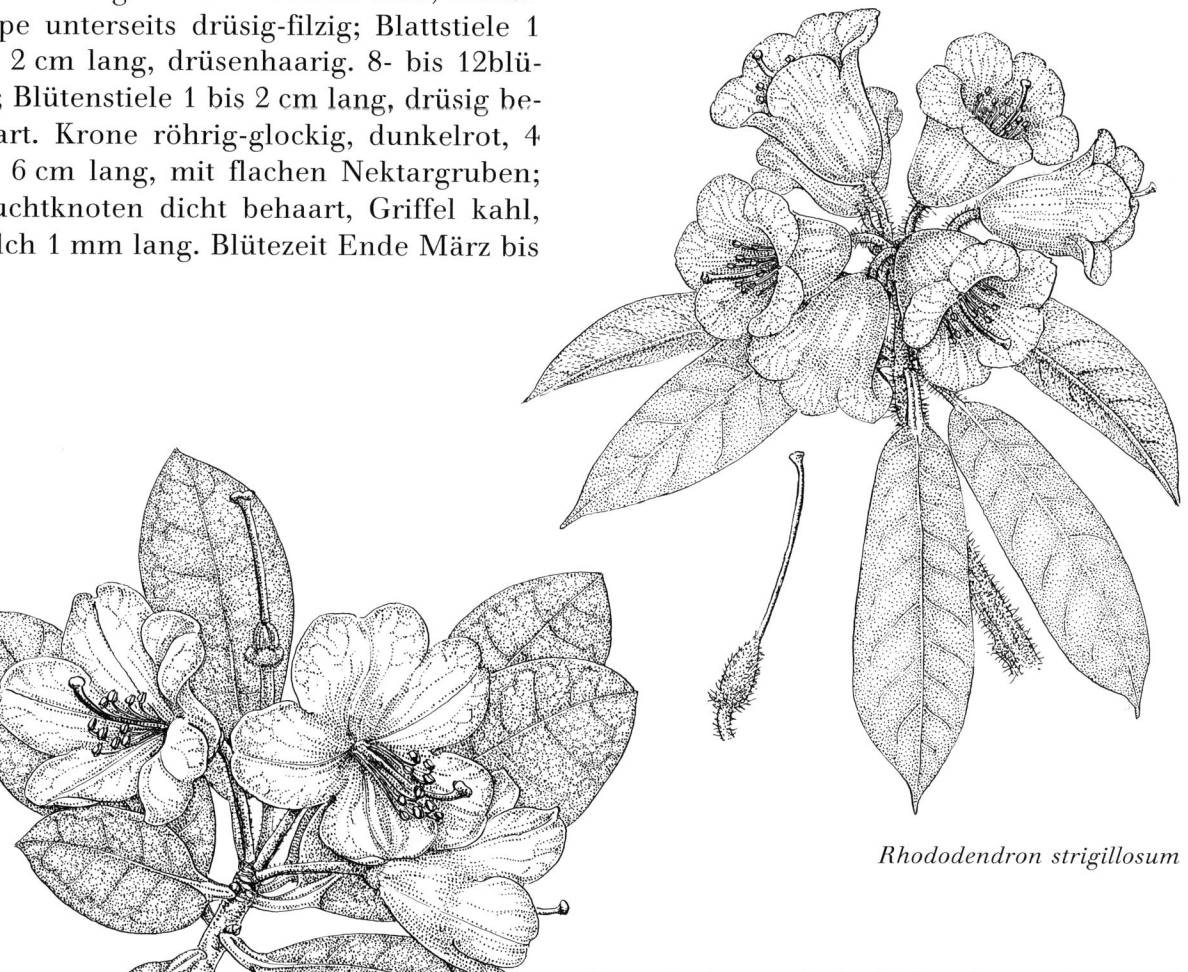

Rhododendron souliei

Rhododendron strigillosum

länglich-lanzettlich, 11 bis 25 cm lang, 3,5 bis 5 cm breit, lang zugespitzt, Basis breit keilförmig, oberseits kahl, Mittelrippe unterseits wollig; Blattstiel 2 bis 2,5 cm lang,

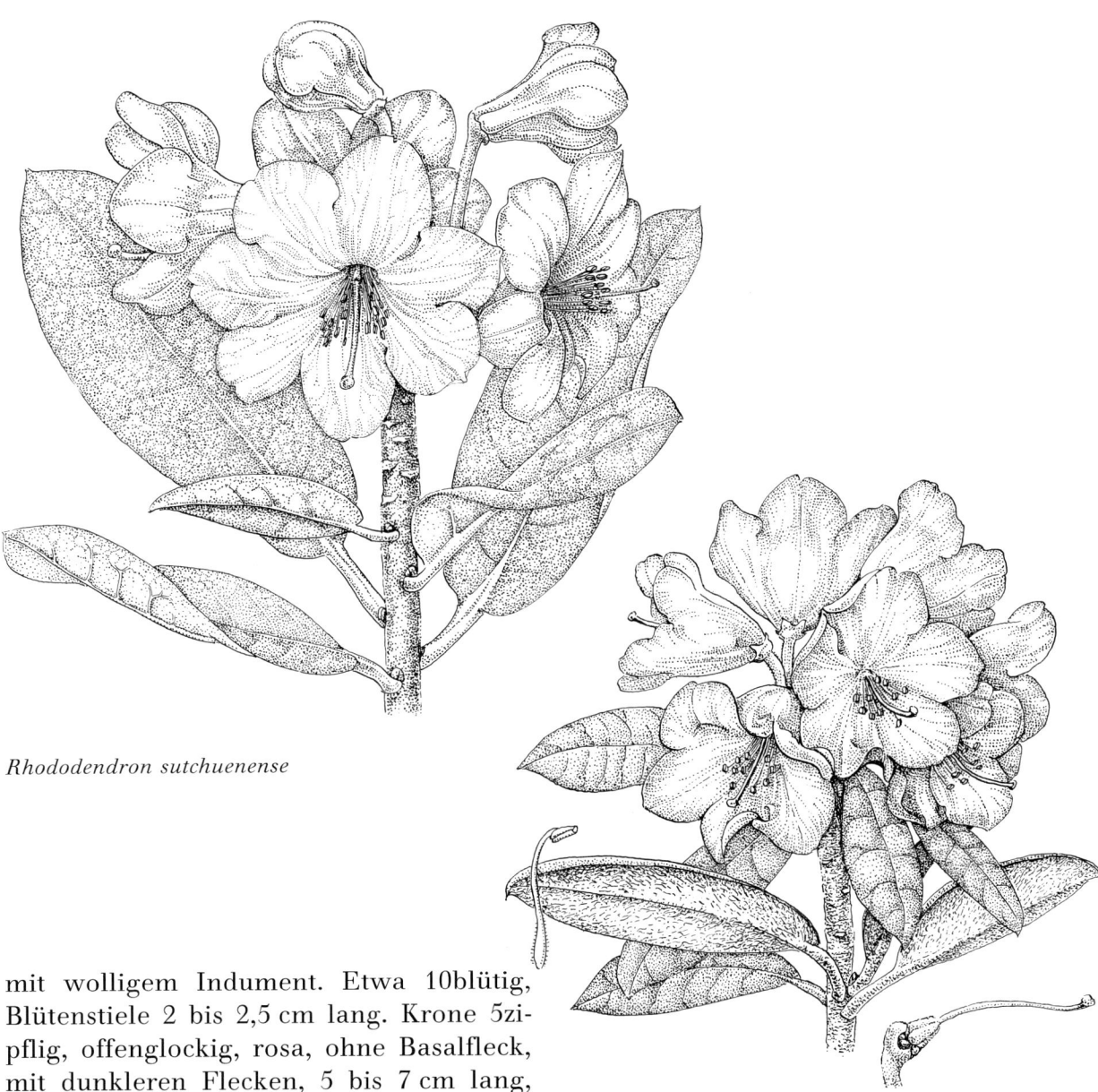

Rhododendron sutchuenense

Rhododendron taliense

mit wolligem Indument. Etwa 10blütig, Blütenstiele 2 bis 2,5 cm lang. Krone 5zipflig, offenglockig, rosa, ohne Basalfleck, mit dunkleren Flecken, 5 bis 7 cm lang, außen kahl, innen dicht flaumhaarig. 12 bis 15 Staubblätter, an der Basis flaumhaarig. Fruchtknoten und Griffel kahl. Kelch 1 bis 2 mm, kahl. Blütezeit März bis April. Fruchtkapsel 4,5 bis 5 cm lang, schwach gebogen. China (N-Sichuan, Shaanxi, Hubei, Guizhou, Guangxi); Wälder, unter immergrünen Eichen oder Bambus; 1 500 bis 2400 m. Winterhart. Bei freiem Stand in der Jugend kompakt wachsend. Kann sonnig und halbschattig stehen, Blüte frostgefährdet. 1901 eingeführt.

var. *geraldii* HUTCH.: jetzt *R.* × *geraldii* HUTCH.) IVENS = *R. sutchuenense* × *praevernum*, im Aussehen zwischen beiden Arten stehend.

R. taliense FRANCH.

Sektion *Ponticum*
Subsektion *Taliensia*

Immergrün, 1 bis 2 m hoch, buschig aufrecht wachsend, meist niedrig und kompakt. Blätter länglich-eiförmig bis breitlanzettlich, 5 bis 11 cm lang, 2 bis 4 cm breit, spitz, Basis rundlich bis keilförmig, unterseits dicht hell- bis rotbraunfilzig. Stiele 0,5 bis 1 cm lang, filzig. 10- bis 20blütig, Blütenstiele 1 bis 2 cm lang, filzig

Rhododendron taliense, Laubaustrieb

und drüsig. Krone trichterförmig-glockig, weiß, selten gelblich, manchmal mit rosa Anflug, mit karminroten Flecken, 3 bis 3,5 cm lang. Fruchtknoten und Griffel kahl. Kelch 1 bis 2 cm lang, kahl. Blütezeit Ende April bis Mitte Mai. Fruchtkapsel 2 bis 2,5 cm lang. China (W-Yunnan); Felsen, Matten, Dickichte; 3050 bis 3650 m. Winterhart und anspruchslos, in der Jugend blühfaul, relativ langsam wachsend, deshalb für kleinere Gärten geeignet. Interessante Blattpflanze.

R. tapetiforme
BALF. f. et. KINGD. WARD
Sektion *Rhododendron*
Subsektion *Lapponica*

Immergrün, mattenförmig oder rundlich wachsend, dicht verzweigt, niederliegend, selten bis 0,5 m hoch. Jungtriebe schuppig. Blätter breitelliptisch bis rundlich, Spitze stumpf oder rundlich, Basis breit keilförmig, unterseits dicht mit rotbraunen Schuppen besetzt. 1- bis 3blütig; Blüten-

Rhododendron tapetiforme

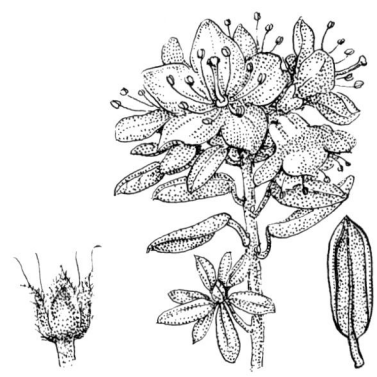

Rhododendron tapetiforme

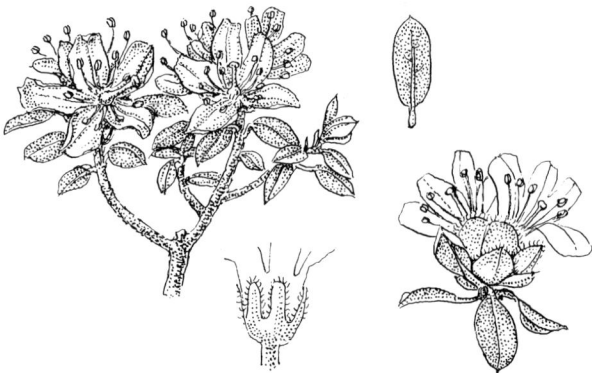

Rhododendron telmateium

stiele 1,5 bis 3 mm lang, schuppig. Krone breit trichterförmig, 1 bis 1,5 cm lang, purpurn oder purpurblau, mitunter violett oder rosa, sehr selten gelb; innen und manchmal auch außen flaumhaarig. Meist 10 Staubgefäße, selten 5 bis 6, Staubfäden an der Basis behaart. Narbe schuppig. Kelch klein mit rundlichen oder dreieckigen Zipfeln. Blütezeit Mai. Fruchtkapsel eiförmig, etwa 0,5 cm, beschuppt. NO-Burma, China (NW-Yunnan, SO-Xizang); alpine Zwergstrauchheiden, Geröllhalden, 3500 bis 4000 m. Winterhart. Typischer Wuchs nur in freier Lage. 1913 von K. Ward entdeckt.

R. telmateium
Balf. f. et. W. W. Smith
(*R. drumonium*
Balf. f. et. W. W. Smith)
Sektion *Rhododendron*
Subsektion *Lapponica*

Immergrüner, mattenartig niederliegender Zwergstrauch, bis 30 cm hoch. Triebe dicht beschuppt. Blätter länglich-elliptisch, lanzettlich bis breit-elliptisch oder rund, 3 bis 12 mm lang, 2 bis 6 mm breit, vorn stumpf mit kräftiger Stachelspitze, Basis keilförmig, unterseits dicht mit goldgelben bis rötlichbraunen, sich überdeckenden Schuppen besetzt. Blütenstand 1- bis 3blütig, etwa 1 mm lange schuppige Stiele.

Krone breit-trichterförmig, lavendelfarben oder rosa bis purpurn, etwa 1 cm lang, innen und oft auch außen flaumhaarig. 10 Staubgefäße unterschiedlicher Länge, meist etwa so lang wie die Krone. Fruchtknoten schuppig, Stempel 3 bis 17 mm lang, so lang oder länger als die Staubblätter. Kelch etwa 1 bis 3 mm lang, Zipfel rund oder dreieckig, oft unterschiedlich, beschuppt. Blütezeit Ende April bis Mitte Mai. Fruchtkapsel eiförmig, etwa 3 mm lang, schuppig. China (N-, NW- und Zentral-Yunnan, SW-Sichuan); Kiefern- und Eichenwälder, felsige Standorte, bis alpine Stufe; 2900 bis 5000 m. Sehr harte Art, die nicht immer willig wächst. Günstig sind etwas absonnige, nicht zu trockene Standorte.

R. tephropeplum Balf. f. et. Farrer
Sektion *Rhododendron*
Subsektion *Tephropepla*

Immergrün, buschig bis aufrecht und locker wachsend, 0,5 bis 1 m hoch. Borke braun, schuppig. Blätter lanzettlich bis länglich-elliptisch, Spitze abgerundet, Basis keilförmig, 5 bis 7,5 cm lang, 1,5 bis 3 cm breit, oberseits dunkelgrün, unten braungrau, warzig, mit ungleichen Schuppen besetzt, ausgereift Schuppen dunkelbraun oder schwarz. 3- bis 9blütig, Stiele dicht beschuppt, 1,5 bis 2 cm lang. Krone

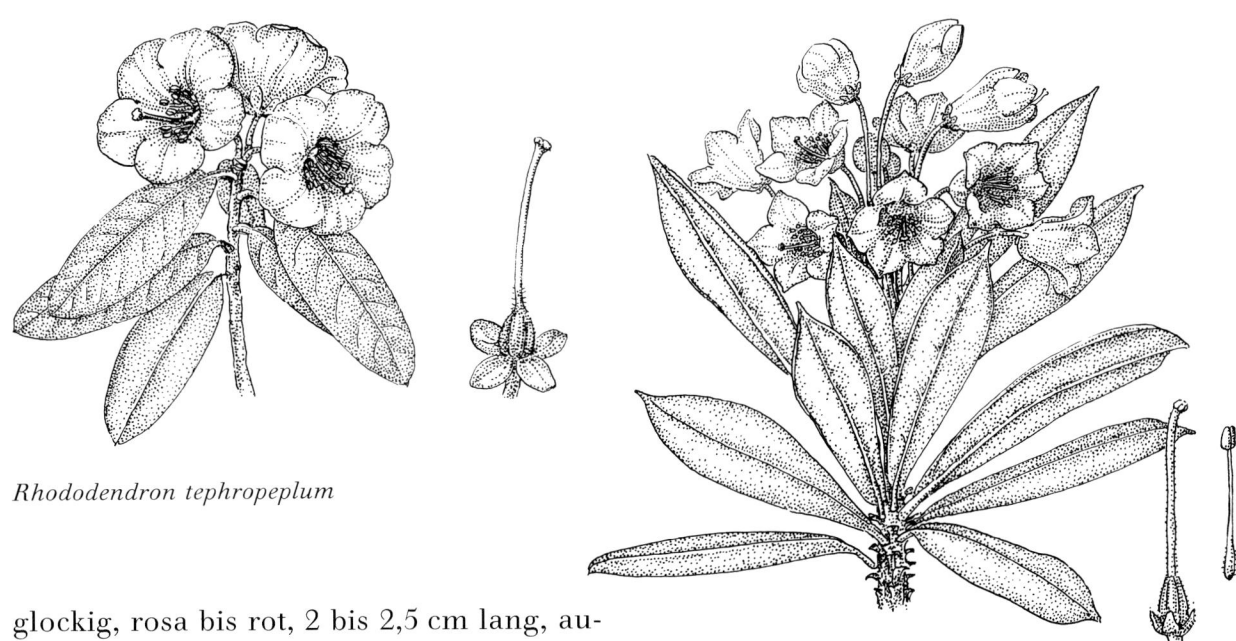

Rhododendron tephropeplum

Rhododendron thayerianum

glockig, rosa bis rot, 2 bis 2,5 cm lang, außen Beschuppung variabel, innen kahl. Fruchtknoten schuppig; Griffel untere Hälfte behaart. Kelchzipfel abstehend, rundlich, beschuppt. Blütezeit Ende April bis Anfang Mai. Fruchtkapsel eiförmig-zylindrisch, etwa 1 cm lang. Indien (Arunachal Pradesh), NO-Burma, China (NW-Yunnan, SO-Xizang); Felsen, Moränen, alpine Matten; 2400 bis 4300 m. Sehr variabel mit vielen Gartenklonen. Winterhärte je nach Herkunft sehr unterschiedlich, Winterschutz empfehlenswert. Nicht zu schattig pflanzen, sonst Wuchs sehr lokker. 1921 eingeführt.

R. thayerianum REHD. et. WILS.
Sektion *Ponticum*
Subsektion *Argyrophylla*

Immergrün, 2 bis 3 m hoch, buschig wachsend. Dicktriebig. Knospenschuppen bleibend. Steife Belaubung. Blätter an Triebenden, länglich-lanzettlich, 8 bis 13 cm lang, 1,5 bis 3 cm breit, zugespitzt, Basis keilförmig, oberseits kahl, unterseits mit dichtem hellbraunem einschichtigem Indument; Blattstiel 1 bis 2 cm lang, anfangs weißflockig-filzig, später kahl. Blütenstand 10- bis 20blütig, kompakt bis locker. Krone trichterförmig, weiß, rosa getönt, mit oder

ohne purpurnen Flecken, 2,5 bis 3 cm lang. Fruchtknoten drüsig-filzig, Stempel drüsig; Kelch 2 bis 5 mm lang, Zipfel rundlich, länglich, drüsig. Blütezeit Juni bis Juli. Fruchtkapsel zylindrisch, 2 cm lang, 0,5 cm breit. China (Sichuan), Wälder; 2700 bis 3000 m. Jungpflanzen empfindlich, ältere ziemlich winterhart. Halbschattig pflanzen. Späte und variable Blüte. 1910 eingeführt.

R. thomsonii HOOK f.
Sektion *Ponticum*
Subsektion *Thomsonia*

Immergrün 0,5 bis 2 m hoch, buschig aufrecht wachsend. Borke abfasernd; Jungtriebe kahl. Blätter rundlich bis verkehrt-eiförmig oder elliptisch, 3 bis 7,5 cm lang, 2 bis 5,5 cm breit, Spitze rund, mit kurzer Stachelspitze, Basis rund bis herzförmig, beiderseits kahl, unterseits blaugrün warzig; Stiele 0,5 bis 2,5 cm lang, kahl. Blütenstand dicht, 3- bis 10blütig, Blütenstiele 1 bis 2,5 cm lang, kahl. Krone glockig, fleischig, tief karminrot, 3,5 bis 5 cm lang.

241

Fruchtknoten kahl oder drüsig, Griffel kahl. Kelch 2 bis 20 mm lang, ungleichmäßig bis becherförmig, oft farbig, meist kahl. Blütezeit April bis Mai. Fruchtkapsel zylindrisch-eiförmig 1,5 bis 2,5 cm lang, 0,5 bis 1 cm breit. O-Nepal, N-Indien (Sikkim, Arunachal Pradesh), Bhutan, China (SO-Xizang); dichte Rhododendron- und Nadelwälder, Strauchvegetation, mit anderen Rhododendronarten; 2400 bis 4300 m.

Bei var. *pallidum* Cowan und ssp. *candelabrum* (Hook. f.) Chamb. handelt es sich um Hybriden mit *R. campylocarpum*.

Winterhärte je nach Herkunft verschieden, es gibt sehr harte, meist kleinlaubige und niedrige Typen; oft sehr reichblühend. Austrieb interessant. Besonders für großblättrigere Typen, geschützter Standort. 1849 eingeführt. Oft für Kreuzungen verwendet.

R. *traillianum* Forr. et. W. W. Sm.
Sektion *Ponticum*
Subsektion *Taliensia*

Immergrün, 0,6 bis 2 m hoch, straff aufrecht wachsend, in der Heimat auch bis 8 m hoher Baum. Rinde rauh, grau bis graubraun. Nach Harz duftend. Blätter verkehrt-eiförmig bis elliptisch, 7 bis 13 cm lang, 3 bis 6,5 cm breit, spitz, Basis rundlich, unterseits mit dichtem pulvrigem Indument, aus rostroten geraden Haaren, Stiele 1 bis 2,5 cm lang, beflockt. 6- bis 15blütig, Blütenstiele 1 bis 1,5 cm lang, filzig. Krone trichterförmig-glockig, weiß, auch zartrosa, mit karminroten Flecken, 2,5 bis 4,5 cm lang. Fruchtknoten kahl oder leicht rotbraunfilzig, Griffel kahl. Kelch 1 mm lang, kahl. Blütezeit April bis Mai. Fruchtkapsel 1,5 bis 2,5 cm lang, gerade oder leicht gebogen. China (W-Yunnan, SW-Sichuan); lichte Nadelwälder, Rhododendron-Dickichte, Kalkfelsen; 3350 bis 4550 m. In Kultur meist die Nominatform, die etwas großblütigere var. *dictyotum* (Tagg.) Chamb. ist schwierig und sehr selten. Gut winterhart, erst als ältere Pflanze blühend. Interessante Blattpflanze, auch für kleinere Gärten.

Rhododendron thomsonii

Rhododendron traillianum

R. trichocladum Franch.
Sektion *Rhododendron*
Subsektion *Trichoclada*

Sommergrün, etwa 0,5 bis 1 m hoch, locker aufrecht wachsend. Jungtriebe beschuppt und behaart. Blätter verkehrt-eiförmig, elliptisch, 2,5 bis 4 cm lang, 1 bis 2 cm breit, Spitze rundlich, Basis keilförmig, Blattstiel und Unterseite mit haarigem Indument, mit großen goldgelben Schuppen, die sich nicht berühren; oberseits borstig-haarig, mitunter schuppig. 1- bis 3blütig, Blütenstiele schuppig und borstig behaart, etwa 1 cm lang. Krone trichterförmig-glockig, gelb oder grünlich-gelb, gelegentlich nach orange, 2 bis 2,5 cm lang, außen schuppig und unterschiedlich borstig behaart. 10 Staubblätter. Griffel meist an der Basis flaumhaarig. Kelchzipfel 2 bis 5 mm lang, beschuppt und bewimpert. Blütezeit April bis Mai. Fruchtkapsel zylindrisch, etwa 1 cm lang, beschuppt, mitunter borstig behaart. N-Burma, China (Zentral- und SW-Sichuan); offenes felsiges Gelände, Geröll, moorige Rasen, an Rändern von Strauchvegetation; 2450 bis 3350 m. Schutz vor Wintersonne. Im Schatten schlechter Blütenansatz. Nicht alle Herkünfte sind winterhart. 1910 eingeführt.

R. trichostomum Franch.
Sektion *Pogonanthum*

Immergrün, dicht verzweigt, rundlich, 0,3 bis 1 m hoch. Knospenschuppen meist abfallend. Blätter linear oder länglich, 1 bis 3 cm lang, etwa 0,5 cm breit, spitz bis rundlich, oberseits grün, unterseits hellbraun, dicht mit Schuppen besetzt, Blattstiele kurz, schuppig. Blütenstand vielblütig-rundlich; Blütenstiele kurz. Krone röhrig, 1 cm lang, weiß oder rosa, außen kahl. 5 Staubblätter. Fruchtknoten schuppig. Kelchzipfel länglich, 1 bis 2 mm lang, schuppig und borstig behaart. Blütezeit Mai bis Juni. Fruchtkapsel 2 bis 4 mm lang, schuppig. China (N- und NW-Yunnan, SW- und Zentral-Sichuan); Eichen- und Kiefernwälder, Strauchvegetation, Matten; 3400 bis 4600 m. Sehr variabel in Laub und Blütengröße. Winterhärte je nach Herkunft unterschiedlich, Winterschutz ratsam.

R. triflorum Hook.
Sektion *Rhododendron*
Subsektion *Triflora*

Immergrün, mitunter wintergrün, locker aufrechtwachsend, dünntriebig, 1 bis 2 m hoch, rötlichbraune Rinde löst sich ab.

Rhododendron trichocladum

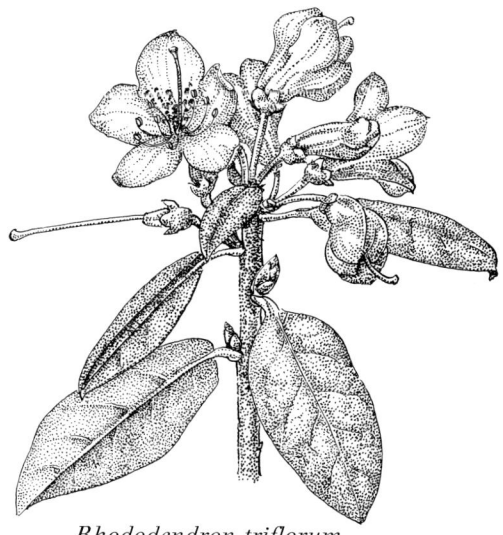

Rhododendron triflorum

243

Rhododendron triflorum var. *triflorum*

Blätter eiförmig bis lanzettlich, stumpf oder spitz, Basis rundlich bis herzförmig, 4,5 bis 6 cm lang, 2 bis 3 cm breit, oberseits dunkelgrün, unbeschuppt, unterseits mit sehr kleinen graubraunen Schuppen, Stiel 0,5 bis 1 cm lang. 2- bis 3blütig. Krone breit trichterförmig, variabel in Form und Blütenfarbe, Grundfarbe gelblich mit roten Flecken (auch lachsrosa oder orange getönte Formen, var. *mahogany* Hutch.), 2 bis 3 cm lang, außen dicht schuppig und flaumhaarig. 10 Staubgefäße, Staubfäden an der Basis flaumhaarig. Fruchtknoten schuppig. Kelch klein, schuppig. Blütezeit Mai bis Juni, duftend. Frucht schuppig, zylindrisch, 1 cm lang. Variabel und weitverbreitet. Nur winterharte Typen sind anbauwürdig. Sehr reichblühend; paßt gut zu wintergrünen Azaleen, lockert durch aufrechten Wuchs das Bild auf.

1 Krone weit trichterförmig   var. *triflorum*
Nepal, Indien (Sikkim, W-Bengalen, Arunachal Pradesh), Bhutan, NO-Burma, China (S-Xizang); Unterholz in lichten Wäldern, Ufer von Flüssen, Felsen, Bambusdickicht, in voller Sonne oder im Schatten; 2300 bis 3600 m. Die rötliche var. *mahogany* in China.

1+ Krone sehr offen trichterförmig bis flach, grünlich bis reingelb
var. *bauhiniiflorum* (Watt ex Hutchins.) Cullen
(R. *bauhiniiflorum* Watt. ex Hutchins.)
Indien (Manipur); Buschformationen an Berghängen; 2450 bis 2750. Verlangt sehr geschützten Gartenplatz, besser Überwinterung im Kalthaus.

R. tschonoskii Max.
Sektion *Tsutsutsi*

Sommer- bis wintergrün, dicht verzweigt, 0,5 bis 1,5 m hoch. Triebe dicht flaumhaarig. Blätter an den Tiebenden gehäuft, schmal- bis eiförmig-lanzettlich, 0,5 bis 2,5 cm lang, 0,5 bis 1 cm breit, flaumhaarig. 3- bis 6blütig. Krone röhrig, weiß, 4- bis 5zipflig, abstehend, bis 1 cm lang. 4 bis 5 Staubblätter, länger als Krone, am Grunde behaart. Blütezeit Mai. Japan (von Zentral-Hokkaido, Honshu, Shikoku bis Kyushu), S-Korea, Ostsibirien (Kurilen, Kunaschir); Gebirge an Hängen mit *Pinus-pumila*, lichte Wälder; subalpine bis alpine Stufe. Eine der härtesten wintergrünen Arten. Belaubung interessant, Blüte unscheinbar. Anspruchslos. 1878 eingeführt.

R. ungernii Trautv.
Sektion *Ponticum*
Subsektion *Pontica*

Immergrün, 1 bis 2 m, in der Heimat bis 7 m hoch, locker wachsend. Jungtriebe weißfilzig; Rinde braun, sich ablösend. Blätter länglich-lanzettlich bis verkehrt-eiförmig, 11,5 bis 21 cm lang, 3,5 bis 6 cm breit, spitz, Basis keilförmig bis rundlich, oberseits kahl, unterseits dicht weißlich- bis hellbraunfilzig; Stiele 1,5 bis 2,5 cm lang, anfangs filzig-drüsig, später kahl. Blütenstand dicht, 12- bis 25blütig, Blütenstiele 2,5 bis 3,5 cm lang, Fruchtstiele bis 6 cm lang. Krone trichterförmig-glockig,

Rhododendron tschonoskii

Rhododendron uniflorum

weiß, meist mit rosa Anflug, mit grünlichen Flecken, 3,5 cm lang. Fruchtknoten bräunlichdrüsig. Kelch 0,5 bis 1 cm lang, Zipfel lanzettlich, spitz, drüsig. Blütezeit Juli. Fruchtkapsel 1 bis 1,5 cm lang. NO-Türkei, Georgien, Adsharien; schattige, feuchte Waldschluchten, Buchen- und Fichtenwälder bis in subalpine Stufe, oft mit *R. ponticum* oder *R. smirnowii,* bildet mit diesen Hybriden. 600 bis 1900 m. Gut winterhart, neigt auch in Kultur sehr zur Hybridbildung, Sämlinge aus Kultursamen fallen selten echt. Die späte Blüte wird meist durch den sehr zierenden Austrieb verdeckt. Halbschattig pflanzen. 1866 eingeführt.

R. uniflorum KINGD. WARD
Sektion *Rhododendron*
Subsektion *Uniflora*

Immergrüner Zwergstrauch, flach wachsend, Triebenden aufrecht. Jungtriebe schuppig. Blätter länglich-elliptisch, zugespitzt oder rundlich, Basis keilförmig, 1,5 bis 2,5 cm lang, 0,5 bis 1 cm breit, oberseits meist ohne Schuppen, unterseits mit kleinen, goldgelben, später dunkelbraunen Schuppen. 1- bis 2blütig; Blütenstiele beschuppt, etwa 1 cm lang, Fruchtstiele 2,5 cm lang. Krone breit trichterförmig, purpurn, außen dicht weichhaarig, 2 bis

2,5 cm lang. 10 Staubblätter, an der Basis behaart. Fruchtknoten schuppig, Griffel länger als Staubblätter, kahl und unbeschuppt. Kelchzipfel etwa 2 mm lang, länglich, stumpf, schuppig. Blütezeit April bis Mai. Fruchtkapsel etwa 1 cm lang, schuppig. Vor Wintersonne geschützter Platz im Alpinum, bei Kahlfrösten mit Reisigdecke schützen.

1   Blattspitze rundlich   var. *uniflorum*
    China (SO-Xizang, Doshong-La-Pass); grasige
    Steilhänge und Moränen; 3350 bis 3650 m.

1⁺ Blätter spitz
    var. *imperator* (KINGD. WARD) CULLEN (*R. imperator* KINGD. WARD)
    NO-Burma (Seinghku-Tal); Granitfelsen in flachen Matten; 3050 bis 3350 m.

R. uvarifolium DIELS
Sektion *Ponticum*
Subsektion *Fulva*

Immergrüner, 2 bis 3 m hoher, buschig-aufrechter Strauch, in der Heimat auch 5 bis 8 m hoher Baum. Rinde rauh, graubraun; Jungtriebe dünn weißfilzig. Blätter länglich-lanzettlich bis elliptisch, 9 bis 22 cm lang, 2,5 bis 6,5 cm breit, spitz oder stumpf, Basis keilförmig, ledrig; oberseits

Rhododendron vaseyi

Rhododendron uvarifolium

dunkelgrün, kahl, unterseits mit dünnem silbrig-weißem Indument, besonders an der Mittelrippe, 13 bis 16 Venen auf jeder Seite; Blattstiele 1 bis 1,5 cm lang, anfangs weißfilzig. 10- bis 18blütig; Blütenstiele 2 bis 2,5 cm lang, dünn filzig. Krone glockig, weiß bis hellrot, mit karmesinrotem Basalfleck und roter Fleckenzeichnung, 5zipflig, 3 bis 3,5 cm lang. 10 Staubblätter, ungleich lang. Fruchtknoten leicht behaart oder kahl; Stempel kahl, 2,5 cm lang. Kelch klein, gewellt, kahl. Blütezeit Ende März bis April. China (NW-Yunnan, SO-Xizang, SW-Sichuan), Berghänge, Täler, Eichen-, Fichten-, Rhododendronwälder, z. T. bestandsbildend; 2500 bis 3600 m. Je nach Herkunft Winterhärte unterschiedlich, geschützter halbschattiger Standort empfehlenswert.

R. vaseyi A. GRAY
Sektion *Rhodora*

Sommergrün, bis 3 m hoch, aufrecht wachsend, unregelmäßig verzweigt. Jungtriebe behaart, später kahl. Blätter elliptisch bis länglich, lang zugespitzt, Basis keilförmig, 5 bis 12,5 cm lang, 2 bis 5 cm breit, Rand meist gewellt, dunkelgrün und kahl, Stiele 3 bis 8 mm lang. Krone breit trichterförmig bis rundlich-glockig, 2lippig, rosa oder selten weiß, 2,5 bis 3 cm lang, mit roten, rosafarbenen oder grünen Flecken. Meist 7 Staubblätter. Fruchtknoten drüsig behaart. Kelch grün, drüsig behaart. Blütezeit April bis Mai, kurz vor der Laubentfaltung. USA (N-Carolina); auf 4 westlichen Gebirgszügen; 1000 bis 1500 m. Sehr hart und robust, frühe Blüte leidet in manchen Jahren unter Spätfrösten. Sehr geringe Standortansprüche. Es gibt einige gute Klone, z. B.:

'White Find', weiße Form, am Wildstandort gefunden.

'Suva', kräftig rosa. 1874 von G. VASEY gefunden und 1880 in Gartenkultur eingeführt.

R. vernicosum FRANCH.
(R. rhantum BALF. f. et W. W. SMITH, R. adoxum BALF. f. et FORR.)
Sektion *Ponticum*
Subsektion *Fortunea*

Immergrüner, rundlicher, 1,5 bis 3 m hoher Strauch, in der Heimat auch Baum, bis 8 m hoch. Blätter elliptisch bis eiförmig, 7 bis 10 cm lang, 2,5 bis 5 cm breit, Spitze rundlich mit Stachelspitze, Basis rundlich, unterseits mit einzelnen Haaren; Stiele 2 bis 3 cm lang, kahl. 6- bis 10blütig, Blütenstiele 1,5 bis 3 cm lang. Krone 6- bis 7lappig, breit röhrig-glockig, hellrosa bis purpurrosa, mit karminroten Flecken, 3,5 bis 5 cm lang, kahl. Meist 14 Staubblätter, kahl. Fruchtknoten und Griffel mit roten Drüsen. Kelch 2 mm lang, Zipfel rundlich. Blütezeit April bis Mai. Fruchtkapsel 1,5 bis 3 cm lang, gebogen. China (N-Yunnan, SW-Sichuan); Dickichte, Ränder von Wäldern, auf Felsen, steinige Matten, an Flüssen; 2600 bis 3650 m. In normalen Wintern winterhart. Die Winterhärte ist je nach Herkunft unterschiedlich. Blüte spätfrostgefährdet. 1924 eingeführt.

Rhododendron vaseyi

Rhododendron vernicosum

Rhododendron vernicosum, Austrieb

Rhododendron viscosum

Rhododendron wallichii

R. viscosum (L.) TORR.
Sektion Pentanthera

Sommergrün, 1 bis 3 m hoch, aufrecht wachsend, bildet Ausläufer. Zweige flaumhaarig und borstig. Blätter eiförmig bis eiförmig-lanzettlich, 2 bis 3,5 cm lang, 1 bis 2 cm breit, spitz bis abgerundet, Basis keilförmig, behaart und borstig; Stiele 1 bis 3 mm lang, behaart. 5- bis 9blütig, mit kräftigem Duft. Blütenstiele 0,5 bis 1 cm lang, behaart. Krone röhrig-trichterförmig, 3,5 cm im Durchmesser, weiß bis zartrosa, außen drüsig und behaart. Staubblätter etwas länger als die Röhre, kürzer als der Griffel; Fruchtknoten meist drüsig. Kelch 1 mm, ungleich, behaart und drüsig. Blütezeit Juni bis Juli. USA (Maine bis South Carolina, Tennessee und Georgia); feuchte Flußtäler, sumpfige Wälder, Mischwälder in höheren Gebirgslagen. Häufig Naturhybriden mit *R. arborescens* und *R. calendulaceum* (rosafarben). Mehrere in Wuchs, Belaubung und Blüte unterschiedliche Formen. Sehr winterhart und reichblühend, anspruchslos. Wurde auch häufig zur Züchtung verwendet. Schon 1690 beschrieben, 1734 nach England eingeführt.

var. *aemulans*
langsamwachsend, blüht bereits Ende April bis Anfang Mai. S-Georgia und Alabama.

var. *montanum*
Gebirgsform, niedriger Wuchs, stark Ausläufer treibend. Blue Ridge, N-Carolina.

R. coryi SH., das erst 1950 in Tyler County, Texas entdeckt wurde, ist wahrscheinlich eine Varietät von *R. viscosum*. Niedrig, mit weißen Blüten und kleinen Blättern.

R. wallichii HOOK. f.
Sektion Ponticum
Subsektion Campanulata

Immergrün, etwa 1 bis 1,5 m hoch, dicht aufrecht wachsend. Rinde rosa-braun, abfasernd; Jungtriebe weißlichfilzig, selten kahl. Blätter lederartig, elliptisch bis eiförmig, Spitze abgerundet mit Stachelspitze, Basis rundlich bis herzförmig, oberseits kahl, unterseits mit einzelnen dunkelbraunen Haarbüscheln, Stiele 1 bis 2 cm lang, flockig-filzig. Blütenstand locker, 5- bis 8blütig, Blütenstiele 1 bis 1,5 cm lang, kahl oder leicht behaart. Krone trichterförmig-glockig, weißlich bis malvenfarbig oder lila, mit oder ohne Flecken, 2,5 bis 4 cm lang. Fruchtknoten kahl. Kelch ungleich, dünnfilzig oder kahl, Zipfel 1 bis 3 mm. Blütezeit April bis Mai. Fruchtkapsel 1,5 bis 3 cm lang. O-Nepal, Bhutan, N-Indien (Sikkim, Bengalen), China (S-Xizang). Mischwälder, Rhododendron-Strauch-Vegetation. 3000 bis 4000 m. Winterhärte je nach Herkunft unterschiedlich. Die besten Typen sind ganz hart. In der Jugend blühfaul. 1849 durch HOOKER eingeführt.

R. *wardii* W. W. Sm.
Sektion *Ponticum*
Subsektion *Fortunea*

Immergrün, 1 bis 3 m hoch, aufrecht wachsend, in der Heimat bis 8 m hoher Baum. Rinde rauh, graubraun; Jungtriebe oft bläulich, drüsig bis kahl. Blätter länglich verkehrt-eiförmig bis breit-oval, 6 bis 11 cm lang, 2,5 bis 6 cm breit, lang zugespitzt, Basis herzförmig, beiderseits kahl, unterseits meist blaugrün, Blattstiele 1 bis 3,5 cm lang, kahl oder drüsig. 5- bis 10blütig; Blütenstiele 1,5 bis 5 cm lang. Krone becherförmig-glockig, weiß bis schwefelgelb, mit oder ohne purpurfarbenem Basalfleck, 2,5 bis 4 cm lang. Fruchtknoten mit Stieldrüsen, Griffel drüsig. Kelch 0,5 bis 1,5 cm lang, Zipfel rundlich, drüsig

Rhododendron wardii

und bewimpert. Blütezeit Mai. Fruchtkapsel 2 bis 2,5 cm lang, gerade oder gebogen. China (SO-Xizang, NW-Yunnan, SW-Sichuan). Rhododendron-Dickichte, Misch-, Kiefern- oder Eichenwälder, unter Bambus. 3000 bis 4300 m. In normalen Wintern hart, friert in extremen Wintern oft zurück, treibt aber meist willig wieder aus. Halbschattiger Standort in geschützter Lage ist zu empfehlen.

Var. *wardii* ist eine der besten gelben Wildarten. Es gibt einige gute Klone. Sehr häufig als Kreuzungspartner verwendet.

1 Krone gelb
var. *wardii* (*R. astrocalyx* BALF. f. et. FORR., *R. croceum* BALF. f. et. W. W. SM., *R. litiense* BALF. f. et FORR.)

1+ Krone weiß
var. *puralbum* (BALF. f. et. W. W. SM.) CHAMB. (*R. puralbum* BALF. f. et W. W. SM.)

R. *weyrichii* MAX.
Sektion *Brachycalyx*

Sommergrün, 1 bis 2 m hoch. Jungtriebe anliegend behaart. Blätter ei- bis rautenförmig, 3 bis 8 cm lang, 2,5 bis 5 cm breit, meist zu dritt an den Triebenden. 2 bis 4 Blüten an den Triebenden. Krone offen trichterförmig, ziegelrot oder weiß, purpurn gefleckt. Meist 10 Staubblätter. Fruchtknoten rötlich behaart. Blütezeit Mai. Japan (Shikoku, Kyushu), Korea (Quelpaert). Ausgesprochen winterhart und anspruchslos. In Europa noch selten. Wurde 1914 in die USA von WILSON eingeführt und kam von dort nach Europa.

R. *wightii* HOOK. f.
Sektion *Ponticum*
Subsektion *Taliensia*

Immergrün, 1,5 bis 2 m hoch, locker und sparrig wachsend. Jungtriebe grau-weißflockig. Blätter breit-elliptisch bis ver-

Rhododendron wightii

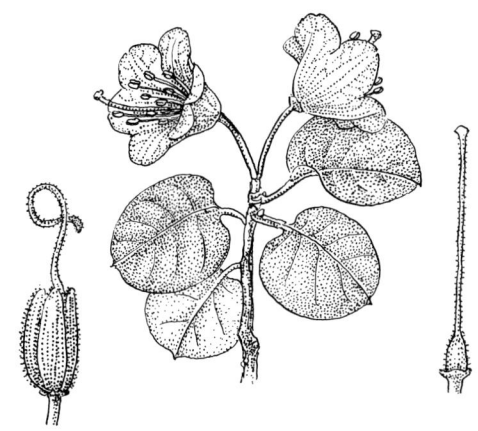

Rhododendron williamsianum

kehrt-eiförmig, 5 bis 14 cm lang, 3,5 bis 6,5 cm breit, spitz, Basis keilförmig bis rundlich; Unterseite mit dicht rostbraunem Indument; Stiel 1 bis 2,5 cm lang, dünnfilzig oder kahl. 10- bis 20blütig, Blütenstiele 1,5 bis 3 cm lang, filzig. Krone flockig, 5-, selten 7zipflig, hell- bis zitronengelb, mit braunen oder purpurfarbenen Flecken, 3,5 bis 4,5 cm lang. Fruchtknoten dicht rotbraunfilzig, Griffel kahl. Kelch etwa 0,5 mm, kahl. Blütezeit Ende April bis Mitte Mai. Fruchtkapsel 2 bis 3 cm lang, gerade oder leicht gebogen. Nepal, NO-Indien (Sikkim, Arunachal Pradesh), Bhutan, China (S-Xizang); bildet besonders oberhalb der Baumgrenze dichtes Gebüsch, in Tälern auf steinigem Grund, 3350 bis 4550 m. Winterhärte je nach Herkunft verschieden. In Extremwintern kann es zu Schäden kommen, bei einigen Typen sogar zu Totalausfällen, deshalb an geschütztem halbschattigem Standort pflanzen. 1851 von HOOKER eingeführt.

R. williamsianum REHD. et WILS.
Sektion *Ponticum*
Subsektion *Williamsiana*

Immergrün, dichtverzweigt, breitkugelig wachsend, 0,5 bis 1 m hoch. Jungtriebe drüsig-haarig. Austrieb bronzefarbig. Blätter herzförmig-rundlich, kahl, 2 bis 4,5 cm lang, 1,5 bis 3,5 cm breit, Spitze rund mit kurzer Stachelspitze, Basis herzförmig, unterseits blaugrün mit einigen roten Drüsen; Stiele 1 cm lang, kahl bis drüsig. Krone glockig, mit glänzenden Nektargruben, hellrosa mit dunkleren Flecken, 3 bis 4 cm lang. Fruchtknoten und Griffel drüsig. Staubblätter kahl. Blütezeit Ende April bis Mai. Fruchtkapsel 1,5 bis 2 cm lang. China (Zentral-Sichuan). Felsen in den Wa-shan-Mountains in etwa 2800 m. Winterhart, der frühe Austrieb ist frostgefährdet. Oft blühfaul. Gedeiht an sonnigen bis halbschattigen Standorten. In der Vergangenheit viel zu Kreuzungen verwendet. 1908 eingeführt.

R. yakushimanum NAK.
Sektion *Ponticum*
Subsektion *Pontica*

Immergrün, 0,5 bis 2 m hoch, meist rundlich kompakt wachsend. Jungtriebe flockig-filzig. Blätter schmal- bis breit-ellip-

Rhododendron williamsianum

tisch oder lanzettlich, 6 bis 11 cm lang, 1 bis 3 cm breit, Spitze rundlich bis spitz, Basis rundlich bis keilförmig; oberseits kahl oder zur Basis mit flockigem, unterseits mit dickem weiß- bis gelbbraunem filzigem Indument; Blattränder eingerollt; Stiele 1 bis 1,5 cm lang, zuerst filzig, später meist kahl. Blütenstand dicht, 5- bis 10blütig; Blütenstiele 1,5 bis 2,5 cm lang, dichtfilzig. Krone trichterförmig-glockig, hellrosa bis weiß, mit oder ohne Flecken, 5zipflig, 3 bis 4 cm lang. Fruchtknoten dicht weiß- bis braunfilzig. Kelch 2 bis 5 mm lang, dicht filzig. Blütezeit Mai bis Juni. Japan; in Gebirgen in freier Lage. 200 bis 2 000 m. Einige Herkünfte selbst in extremen Wintern hart. Sollte in voller Sonne stehen, dann wächst er gedrungen und setzt reiche Blüten an. Wächst langsam, deshalb auch für kleinere Gärten. In den letzten Jahren häufig zur Züchtung verwendet. 1937 eingeführt.

Rhododendron yakushimanum 'Caroline Ahlbrock' ▷

Rhododendron yakushimanum ssp. *yakushimanum*

Rhododendron yakushimanum ssp. *makinoi*

1 Blätter 2,5- bis 6mal so lang wie breit, Knospenschuppen abfallend   ssp. *yakushimanum*

1⁺ Blätter 7,5- bis 10mal so lang wie breit, Knospenschuppen bleibend
    ssp. *makinoi* (TAGG) CHAMB. (*R. makinoi* TAGG)
Zentral-Honshu.

'Koichiro Wada',
um 1930 von ROTHSCHILD, EXBURY nach England eingeführt.
Gedrungen kompakter Wuchs, sehr winterhart,
weiße Blüte, dichter Blütenstand. Gilt als beste
Form.

R. yungningense BALF. f.
(*R. glomerulatum* HUTCH.)
Sektion *Rhododendron*
Subsektion *Lapponica*

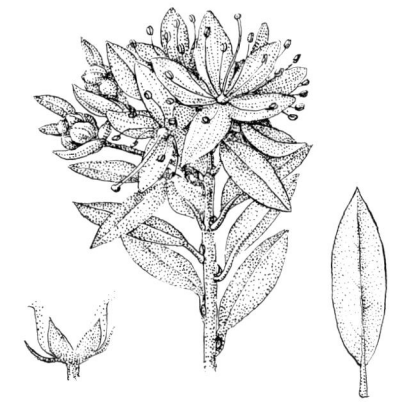

Rhododendron yungningense

Immergrüne Sträucher, aufrecht wachsend, aber nur 0,5 bis 0,8 m Höhe erreichend. Blätter elliptisch bis verkehrt-eiförmig, spitz oder stumpf endend. Basis keilförmig, 1 bis 2 cm lang, etwa 5 mm breit;
Unterseite hell- bis rostbraun, Schuppen
sich berührend. 3- bis 5blütig. Krone breit
trichterförmig, dunkelpurpurblau, rosa, selten weiß; 1 bis 1,5 cm lang; Schlund flaumhaarig. 10 Staubblätter, an der Basis behaart. Fruchtknoten beschuppt, Griffel
kahl. Fruchtkapsel eiförmig, etwa 0,5 cm
lang, schuppig. Blütezeit Ende April bis
Anfang Mai. China (N- und NW-Yunnan,
SW-Sichuan). Alpine, steinige Matten;
3200 bis 4300 m. Winterhart, im Habitus
einem schmallaubigen *R. hippophaeoides*
ähnlich.

254

R. yunnanense FRANCH.
(*R. aechmophyllum* BALF. f. et FORR.),
R. chartophyllum FRANCH.,
R. hormophorum BALF. f. et FORR.,
R. suberosum BALF. f. et FORR.)
Sektion *Rhododendron*
Subsektion *Triflora*

Immergrün, mitunter wintergrün, selten über 2 m hoch, buschig locker wachsend. Jungtriebe schwarzdrüsig und locker borstig. Blätter elliptisch, 3,5 bis 7 cm lang, 1 bis 2 cm breit, zugespitzt, Basis keilförmig, oberseits meist kahl, unterseits mit Schuppen, besonders im Jugendstadium Rand und Mittelrippe oberseits flaumhaarig; Stiel 1 cm lang. 3 bis 6 endständige oder blattachselständige Blüten. Krone breit trichterförmig, weiß, rosa, lavendelblau, purpurn, gelb oder rosa gefleckt, 1,5 bis 3 cm lang, kahl. Fruchtknoten schuppig. Kelch klein, beschuppt und behaart. Blütezeit Mai. Fruchtkapsel etwa 1,5 cm lang. NO-Burma, China (N- und W-Yunnan, SW- und NW-Sichuan, Guizhou); bildet Dickichte in Wäldern, seltener auf Felsen, 2 100 bis 3 950 m. Sehr variabel. Nicht alle Herkünfte sind ausreichend winterhart. Benötigt im Garten einen vor Wintersonne geschützten Standort.

Rhododendron yunnanense

Rhododendron zaleucum

R. zaleucum BALF. et W. W. SM.
Sektion *Rhododendron*
Subsektion *Triflora*

Immergrün, kompakt bis locker aufwärts strebend, bis etwa 1,5 m, in der Heimat bis 10 m hoch. Blätter lanzettlich, seltener elliptisch, zugespitzt; Basis keilförmig-rundlich; 4 bis 6 cm lang, 2 bis 2,5 cm breit, oberseits meist kahl, dunkelgrün, unterseits bläulich-weißlich, mit weißen Warzen und großen goldgelben Schuppen. 1 bis 4 endständige oder blattachselständige Blüten. Krone trichterförmig, 3 bis 4 cm lang, Farbe sehr variabel, weiß, rosa, lavendel; außen mit wenigen Schuppen, die 5 Kronzipfel abstehend. Kelch sehr klein. Blütezeit April bis Mai. Fruchtkapsel schuppig, zylindrisch, über 1 cm lang. N-Burma, China (W-Yunnan); bildet Dickichte, Ränder von Nadel- und Laubwäldern, in Rhododendronwäldern, 1 800 bis 3 000 m, vereinzelt bis 4 000 m. Verlangt geschützten Standort. Herkünfte aus hohen Lagen in Mitteleuropa winterhart. An *Pieris* erinnernder Austrieb, auffallend bläuliche Blattunterseite. Die hellgelb blühende, empfindliche var. *flaviflorum* DAVIDIAN stammt aus Burma.

Hybridengruppen der Rhododendren

Nach der Zugehörigkeit zu Hybridgruppen können von einer Sorte bestimmte Eigenschaften in Wuchs, Winterhärte, Blütenfarbe, Blütenform usw. erwartet werden. Je weiter sich jedoch bei der Züchtung die Hybride in ihren Eigenschaften von den Wildarten entfernt, desto schwieriger wird es, sie einer bestimmten Gruppe zuzuordnen. Viele Sorten können heute nur noch als »großblumige immergrüne Hybriden« bezeichnet werden.

Sortengruppen werden auch nach dem Züchter (z. B. Vuykianum-Hybriden) oder nach der Baumschule (z. B. Knap-Hill-Hybriden) benannt. Auch der Entstehungsort wird für die Bezeichnung herangezogen, z. B. Genter Hybriden.

Immergrüne großlaubige, großblumige Hybriden

Arboreum-Hybriden

Für unsere Breiten nur noch von historischem Interesse. Leider vererbte das prächtig rotblühende *R. arboreum*, wenn es bei Kreuzungen als Samenträger verwendet wurde, seine geringe Frosthärte an die Hybriden. Weitere Nachteile sind der starke »langbeinige« Wuchs und die frühe Blüte. Erst ältere Pflanzen blühen reich.

Brachycarpum-(Fauriei-)Hybriden

R. fauriei wird heute als Unterart von *R. brachycarpum* angesehen, deshalb müssen die Nachkommen als Brachycarpum-Hybriden bezeichnet werden. Die Wildart hat sich als »eisenhart« und unempfindlich gegen Wind erwiesen. Sie wächst auch noch auf trockenen Mineralböden. Die Blüte ist relativ klein und gefleckt.

◁ Brachycarpum-Hybride 'Flautando'

Die Blüten der Hybriden sind häufig mehrfarbig und gut winterhart. Reine, klare Farben fehlen, die Fernwirkung ist gering, aus der Nähe betrachtet, sehr reizvoll. Blütezeit Ende Mai bis Mitte Juni.

'Flautando'
(H. Hachmann, 1967/1986)
orangerosa, innen cremegelb; Blüten hängend; Wuchs dicht-kompakt; mittelstark (Abb. S. 256)

'Marimba'
hell-lachsrosa mit gelbgrüner Zeichnung, Saum leicht gewellt

'Memoir'
(A. Waterer, Großbritannien, 1911)
reinweiß, zartlila erblühend, mit gelbgrünem Fleck; Wuchs breit-aufrecht

Catawbiense-Hybriden

In den vergangenen Jahrzehnten bei uns »Die« Rhododendren. Ihre Winterhärte und Anspruchslosigkeit und die oft massenhafte Vermehrung in den Baumschulen haben für ihre große Verbreitung gesorgt. Besonders die Sorten 'Grandiflorum' und 'Boursault' gehören heute in den größeren Gärten und Parkanlagen zum festen Bestand. Bei einigen als Catawbiense-Hybriden geführten Sorten handelt es sich wahrscheinlich um Wildselektionen.

Die Züchtungsarbeit begann um das Jahr 1820 in England. Man kreuzte *R. catawbiense* mit *R. ponticum* und erhielt die Sorte 'Morelianum'. Aus der Kreuzung *R. catawbiense* × *R. maximum* entstand 'Wellesleyanum'. Deutliche Verbesserungen der Blütenfarbe brachte erst die Kombination mit *R. arboreum*. Durch Rückkreuzung mit *R. catawbiense* gelang es auch, die Winterhärte zu verbessern. Leider »verblauen« viele Sorten; d. h., das Rot wird durch Blautöne überschattet. Durch Einkreuzen der weißen Form 'Album Glass', auch 'Catalgla' genannt, gelingt es, die Winterhärte und Robustheit ohne Blauton weiter zu vererben.

Besondere Verdienste bei der Züchtung dieser Hybriden hatte Herrmann Seidel in

Grüngräbchen. Nachdem sehr harte Winter die Kombinationen mit *R. ponticum* zerstört hatten, verwandte er *R. catawbiense*. Er kreuzte die Art mit anderen, teilweise bei uns nicht harten Hybriden aus England und mit Wildarten und erzielte für Mitteleuropa zuverlässig winterharte Sorten, die auch heute noch ihren Platz im Baumschulsortiment behaupten können. Sie sind reichblühend, haben einen kompakten Blütenstutz, eine gesunde Belaubung und meist einen straffen Wuchs.

Rote Sorten

'Bibber'
(T. J. R. SEIDEL, 1900)
rubinrot mit schwacher dunkelbrauner Zeichnung, schwach gekräuselt; Blütenstutz rundlich; Blütezeit Mitte Mai bis Anfang Juni; Wuchs breit aufrecht, blühwillig; winterhart
   aus gleicher Kreuzung:
   'Erich' karminrot mit ockerfarbener Zeichnung
   'Plüsch' rubinrot mit hellerem Schlund und brauner Fleckenzeichnung

'Caractacus'
(A. WATERER, England, vor 1865)
purpurrot, Mitte heller, schwach rotbraun gezeichnet, beim Verblühen leicht blaustichig, Rand leicht gekräuselt; Blütenstand rundlich kompakt; Blütezeit Ende Mai bis Mitte Juni; Wuchs breit aufrecht; winterhart und widerstandsfähig

'Everestianum'
(A. WATERER, England, vor 1850)
hellpurpurn mit gelbgrüner oder rotbrauner Zeichnung, trichterförmig, Rand gekräuselt; Blütenstand rund kompakt; Wuchs mittelstark, aufrecht; Blütezeit Ende Mai bis Mitte Juni; blühwillig; winterhart

'Nova Zembla'
(M. KOSTER, Niederlande, 1902)
leuchtend dunkelrubinrot mit dunkler Zeichnung; Blütenstand rundlich geschlossen; Blütezeit Ende Mai bis Mitte Juni; Belaubung mattgrün; Wuchs mittelstark, aufrecht; winterhart

'Oldewig'
(T. J. R. SEIDEL, 1912)
rubinrot mit rotbrauner Zeichnung, Staubfäden weiß; Blütenstand geschlossen; Blütezeit Ende Mai bis Mitte Juni; blühwillig; Wuchs kräftig, aufrecht; Belaubung dicht, dunkelgrün; winterhart

'Old Port'
(A. WATERER, England, 1865)
purpurviolett mit dunkelbrauner Zeichnung; Blü-

tenstand rundlich kompakt; Blütezeit Mitte Mai bis Anfang Juni; Wuchs mittelstark, im Jugendstadium kompakt, im Alter locker; winterhart

'Queen Mary'
(FELIX & DIJKHUIS, Niederlande, vor 1948/1950)
hellrot mit schwacher dunkelroter Zeichnung, Saum leicht gewellt; Blütenstand groß, geschlossen; stark wachsend, breit aufrecht; Belaubung glänzend dunkelgrün; in der Jugend etwas blühfaul; Blütezeit Mitte Mai bis Anfang Juni; winterhart

'Raphael'
(T. J. R. SEIDEL, 1915)
dunkelrubinrot mit schwarzbrauner Zeichnung; Blütenstand geschlossen; blühwillig; Blütezeit Mitte Mai bis Anfang Juni; Belaubung dunkelgrün, Blätter länglich; Wuchs breit aufrecht, etwas sperrig; winterhart

'Renata'
(T. J. R. SEIDEL, 1915)
dunkelpurpurrot mit schwacher brauner Zeichnung; Blütezeit Mitte Mai bis Anfang Juni; Wuchs mittelstark, aufrecht; winterhart

Lilafarbene Sorten

'Alfred'
(T. J. R. SEIDEL, 1891/1899)
lila mit grüngelber Zeichnung; Rand gekräuselt; Blütenstutz pyramidal; Blütezeit Ende Mai bis Anfang Juni; Wuchs gedrungen aufrecht; winterhart; reichblühend
   aus gleicher Kreuzung:
   'Carola' reinrosa mit gelber Zeichnung

'Blutopia'
(H. HACHMANN, 1976/1988)
hellviolett mit großem olivgrünem Fleck; Saum gekräuselt; Blütenstand etwas locker; Blütezeit Mitte Mai bis Anfang Juni; Wuchs breit aufrecht, stark wachsend; ausgesprochen winterhart

'Effner'
(T. J. R. SEIDEL, 1895/1903)
lila mit gelbrüner bis gelbbrauner Zeichnung; Saum gekräuselt; Blütenstand rundlich, geschlossen; Blütezeit Ende Mai bis Mitte Juni; Wuchs breit kompakt, mittelhoch; winterhart

'Fastuosum Flore Pleno'
(*R. catawbiense × R. ponticum*, Gebr. FRANCOISI, Belgien, vor 1846)
lila, purpurn getönt, mit grüngelber Zeichnung, gefüllt; Blütenstand locker; Blütezeit Ende Mai bis Mitte Juni; Wuchs kräftig aufrecht, kompakt; winterhart (Abb. S. 259)

'Gisela'
(T. J. R. SEIDEL, 1905)
hell purpurviolett mit braunroter bis grüngelber

Catawbiense-Hybride
'Fastuosum Flore Pleno'

Catawbiense-Hybride 'Holger'

Zeichnung, Mitte heller; Blütezeit Anfang bis Ende Mai; widerstandsfähig und winterhart

'Holger'
(T. J. R. SEIDEL, 1916)
hell-lila mit gelber oder rotbrauner Zeichnung; Blütenstand pyramidal, geschlossen; Blütezeit Ende Mai bis Mitte Juni; winterhart (Abb. S. 259)

'Hymen'
(T. J. R. SEIDEL, 1906)
hellviolett mit gelbbrauner Zeichnung; Blütezeit Mitte Mai bis Anfang Juni; niedrig, Wuchs gedrungen, breit, blühwillig; winterhart

'Lee's Dark Purple'
(W. LEE, England, vor 1851)
dunkel purpurviolett mit gelbbrauner Zeichnung; Blütenstand locker; Blütezeit Ende Mai bis Mitte Juni; Wuchs mittelstark, breit, dichte dunkelgrüne Belaubung; winterhart; ähnlich in der Färbung, aber von besserem Wuchs, ist 'Lee's Best Purple'

'von Oheimb-Woislowitz'
(T. J. R. SEIDEL, 1896/1906)
hell purpurlila mit gelbgrüner Zeichnung; Blütenstand rundlich kompakt; Blütezeit Anfang bis Ende Juni; Wuchs breit, mittelstark; Belaubung dicht, dunkelgrün, glänzend; eine der winterhärtesten Sorten

Rosafarbene Sorten

'Catharine van Tol'
(J. C. van TOL, Niederlande, vor 1913)
reinrosa mit gelbgrüner Zeichnung; Blütenstand rundlich kompakt; Blütezeit Ende Mai bis Mitte Juni; Wuchs breit aufrecht, gedrungen; winterhart

'Cynthia'
(= 'Lord Palmerston', Abkunft unbekannt, STANDISH & NOBLE, GB, vor 1856)
rosa mit schwacher dunkelbrauner Zeichnung; Blütenstand pyramidal; Blütezeit Mitte Mai bis Anfang Juni; Sorte gilt als sonnen- und hitzeresistent; winterhart

'Parson's Gloriosum'
(A. WATERER, England, um 1860 durch PARSON, USA, eingeführt)
hell lilarosa mit gelbgrüner Zeichnung; Blütenstand locker pyramidal; Blütezeit von Ende Mai bis Mitte Juni

'Roseum Elegans'
(A. WATERER, England, vor 1851)
purpurrosa mit schwacher gelblichgrüner bis rotbrauner Zeichnung; Blütenstand locker; Blütezeit Ende Mai bis Mitte Juni; starkwachsend, geschlossen; winterhart; dichte dunkelgrüne Belaubung, Laub etwas hängend

Weiße Sorten

'Genoveva'
(T. J. R. SEIDEL, 1905)
weiß, schwach purpurn getönt, mit grüngelber Zeichnung; Blütezeit Ende Mai bis Mitte Juni; starker aufrechter Wuchs; Sorte ist blühwillig; winterhart

'Mad. Carvalho'
(J. WATERER, England, 1867)
weiß mit gelbgrüner Zeichnung, im Erblühen mit lila Tönung; Blütenstand pyramidal, geschlossen, Blütezeit Ende Mai bis Anfang Juni; als ältere Pflanze etwas locker und verkahlend; winterhart

Catawbiense-Hybride 'Humboldt'

'Ursula Seidel'

Campylocarpum-Hybride 'Maharani'

Zweifarbige Sorte

'Humboldt'
(T. J. R. Seidel, wahrscheinlich 1906)
hell purpurviolett mit intensiv schwarzrotem Fleck;
Blütenstand rund, geschlossen; Blütezeit Ende Mai
bis Mitte Juni; Wuchs mittelstark, im Alter etwas
locker; winterhart (Abb. S. 260)

Campylocarpum-Hybriden

Obwohl *R. campylocarpum* nicht sehr winterhart ist, reizte die hellgelbe Farbe die
Züchter. Besonders in England und in
Holland begann die Züchtung nach 1920.
Die noch heute verbreitete Sorte 'Goldsworth Yellow' wurde 1925 von der englischen Baumschule Slocock in den Handel
gebracht. In den letzten Jahren gelang es
Hans Hachmann in Barmstedt, Sorten zu
entwickeln, die in Blütenfarbe und Winterhärte sehr vielversprechend sind.

'Adrian Koster'
(M. Koster u. S., 1920 eingeführt)
cremegelb, rot gesprenkelt; Blütenstand kompakt;
Blütezeit Mitte Mai bis Anfang Juni; Wuchs breit
kompakt; Winterschutz, empfehlenswert die Selektion von Bruns

'Goldsworth Yellow'
(*R. campylocarpum* × *R. caucasicum*, W. C. SLO-COCK, England, 1925)
hellgelb, Rippen mit rosa Tönung, rotbraune Zeichnung; leicht gekräuselt; Blütenstand locker pyramidal; Wuchs locker, aufrecht, mittelstark; Winterschutz oder geschützter Standort empfehlenswert

'Maharani'
(H. HACHMANN, 1964/1978)
hell cremegelb mit rotbrauner Zeichnung; Blütezeit Mai; Wuchs stark, breit aufrecht; in normalen Wintern ausreichend hart, in Extremwintern Schutz angebracht (Abb. S. 261)
    aus gleicher Kreuzung:
    'Simona' hell cremegelb mit dunkelroter Zeichnung; Saum rosalila

'Viscy'
(D. G. HOBBIE, 1950/1980)
kupfergelb, im Erblühen orangefarben, dunkelbraune Zeichnung, außen lachsrosa gestreift; Blütezeit Mai; Wuchs breit buschig; geschützter Standort

Caucasicum-Hybriden

Niedriger und häufig kleinere Blätter als Catawbiense-Hybriden, meist zarte Farbtöne (zartrosa, zartlila, weiß, hellgelb). Sie blühen sehr früh im Jahr. Eine der ersten Kreuzungen, *R. arboreum* × *R. caucasicum*, entstand 1835 und ist noch heute bei Liebhabern zu finden. Leider ist die Winterhärte dieser Sorte für Mitteleuropa nicht ausreichend. Die Kreuzung *R. caucasicum* × 'Nobleanum' erbrachte die zartrosa blühende harte Sorte 'Jacksonii'.

Der kompakte, niedrige Wuchs macht sie, wie andere Hybriden dieser Gruppe, für kleinere Gärten besonders geeignet. Die größte Verbreitung erlangte 'Cunninghams White'. Sie befriedigt in Winterhärte und Wuchs, stellt geringe Ansprüche an den Standort. Selbst basische Böden werden wie wohl von kaum einer anderen Sorte toleriert, auch verträgt sie eine gewisse Sommertrockenheit und läßt sich leicht durch Stecklinge vermehren.

Diese Eigenschaften und die gute Verträglichkeit mit Pfropfreisern macht sie zu der am meisten verwendeten Veredlungsunterlage für andere großblumige Hybri-

den. Die Firma Seidel, der in einem strengen Winter die Ponticum-Unterlagen erfroren, führte die Sorte für diesen Zweck mit Erfolg ein. Nach 1900 wurde besonders mit gelben Formen von *R. caucasicum* gekreuzt.

'Boule de Neige'
(OUDIEU, etwa 1878)
reinweiß mit gelber Zeichnung, lilarosa erblühend; Blütenstand rundlich kompakt; Blütezeit Mitte Mai bis Anfang Juni; bei trocken-sonnigem Stand anfällig für Rhododendron-Wanze; Wuchs breit, rund und kompakt; nur mittelhoch; winterhart

'Cunningham's White'
(*R. caucasicum* × *R. ponticum album*, J. CUNNINGHAM, Schottland, um 1830)
weiß mit gelber Zeichnung, zartrosa erblühend; Blütenstutz rundlich locker; Blütezeit Ende April bis Mitte Mai; Wuchs breit aufrecht, kompakt; guter Blütenansatz; robuster gesunder Wuchs; winterhart

'Jacksonii'
(W. HERBERT, England, 1835)
hellrosa mit gelber Zeichnung, Rippen dunkler, Blütenstand rund, geschlossen; Wuchs niedrig, breit, kompakt; blühwillig; winterhart

'Jackson's Crimson'
(Herkunft unbekannt)
purpurrot mit schwarzroter Zeichnung, leicht gekräuselt; Blütenstand kugelig, kompakt, Blütezeit Mitte April bis Anfang Mai; Wuchs breit, niedrig, kompakt; Laub gelblichgrün; winterhart

'Nobleanum'
(*R. caucasicum* × *R. arboreum*, W. NORBITON, 1829; M. WATERER, 1835, England)
weiß bis dunkelrosa, sehr variable Blütenfarbe, da die Kreuzungen mehrmals mit verschiedenen Formen durchgeführt wurden; Grex-Sorte; manche Klone blühen bei mildem Wetter schon im November/Dezember, sonst März bis April; Belaubung mittelgrün; bei freiem Stand kompakter Wuchs; früheste Hybride

'Progrés'
(= 'Le Progres'; vor 1838 gezüchtet)
hellrosa mit dunkelpurpurner Zeichnung, Saum gekräuselt; Blütenstand kompakt; Blütezeit Anfang bis Ende Mai; Laub dunkelgrün, glänzend; Wuchs kompakt; winterhart

'Seidel Nr. 100'
(Sämling von 'Cunningham's White', T. J. H. SEIDEL, 1942)
cremegelb mit grünlicher Zeichnung; Wuchs und Eigenschaften ähnlich der Stammsorte; winterhart (Abb. S. 263)

Caucasicum-Hybriden:
'Seidel Nr. 100' (hinten), 'Baysful' (vorn)

Discolor-Hybriden

Um Sorten mit einer späten Blütezeit zu erzielen, nahmen Züchter *R. discolor* als Kreuzungspartner. Die Art hat einen schönen Laubaustrieb, dekorative Blätter und vererbt ihre großen Blüten. Der Wuchs ist mittelstark. Die meisten Hybriden haben einen straffen aufrechten Wuchs. Besonders in den USA wurden viele gute Sorten erzielt. In Deutschland begann D. HOBBIE in Linswege, mit dieser Art zu züchten. Wenn auch die Blütengröße beeindruckend ist, so sind doch die meisten Hybriden in Mitteleuropa nicht immer zuverlässig winterhart.

'Inamorata'
(*R. discolor* × *R. wardii* G. SHERRIFF 5679; D. G. HOBBIE, 1948)
hellgelb bis cremegelb, dunkelroter Schlundfleck; Blütenstand locker; Blütezeit Mitte Juni bis Anfang Juli; Wuchs breit aufrecht; geschützter Standort empfehlenswert; Grex-Sorte
Die gleiche Kombination, mit anderen Herkünften, erzielte vorher schon L. de ROTHSCHILD. Die HOBBIE-Kreuzung hat sich jedoch als winterhärter erwiesen.

Decorum-Hybriden

R. decorum ist eine der wenigen immergrünen Wildarten mit einem wahrnehmbaren angenehmen Duft. Bei Kreuzungen wird diese Eigenschaft weitervererbt. Großblumige Sorten mit Duft sind relativ selten. B. KAVKA, Pruhonice, züchtete ansprechende Sorten, im Jahre 1958 'Violetta', 1961 'Saba', 1962 'Marka'.

'Alena'
(J. KYNDL, Pruhonice, CSFR, 1970)
weiß mit zitronengelber Zeichnung; Blütenstutz kompakt, duftend; Blütezeit Anfang bis Ende Mai; breit aufrechter Wuchs; winterhart; als Jungpflanze blühfaul

'Arnost Silva Tarouca'
(= 'Ernst Graf Silva Tarouca'; B. KAVKA, CSFR, 1958)
hell purpurrosa mit purpurroter Zeichnung; Blütenstand kugelig-pyramidal; Blütezeit Mai; Wuchs breit aufrecht, kompakt; winterhart; Vermehrung durch Veredlung
   aus gleicher Kreuzung:
   'Marie Oliva Schlickova' (1958) zart purpurrosa, Schlund heller
   'Marka' (1962) dunkelrosa
   'Motyl' (1958) purpurrosa
   'Panenka' (1958) zartrosa
   'Rose Marie' (1965) hellrosa mit ausdrucksvoller Zeichnung
   'Saba' (1961) purpurrosa mit ausdrucksvoller Zeichnung

'Dagmar'
(*R. decorum* × 'Pink Pearl', B. KAVKA, CSFR, 1965)
zart purpurrosa mit gelbgrüner Zeichnung; Blütenstand kugelig, mit 11 bis 16 Blüten je Stutz; Blütezeit Mitte bis Ende Mai; Wuchs breit aufrecht, kompakt; wurzelecht vermehrbar, gut winterhart

Dichroanthum-Hybriden (Scyphocalyx-Hybriden)

Um Sorten mit orangefarbenen Blüten zu züchten, wurde *R. dichroanthum* mit ssp. *scyphocalyx* als Kreuzungspartner verwendet. Besonders D. HOBBIE in Linswege und H. HACHMANN in Barmstedt gelang es, Sorten herauszubringen, die den kompakten Wuchs der Stammart und deren Farbe haben.

Rhododendron–Dichroanthum-Hybride

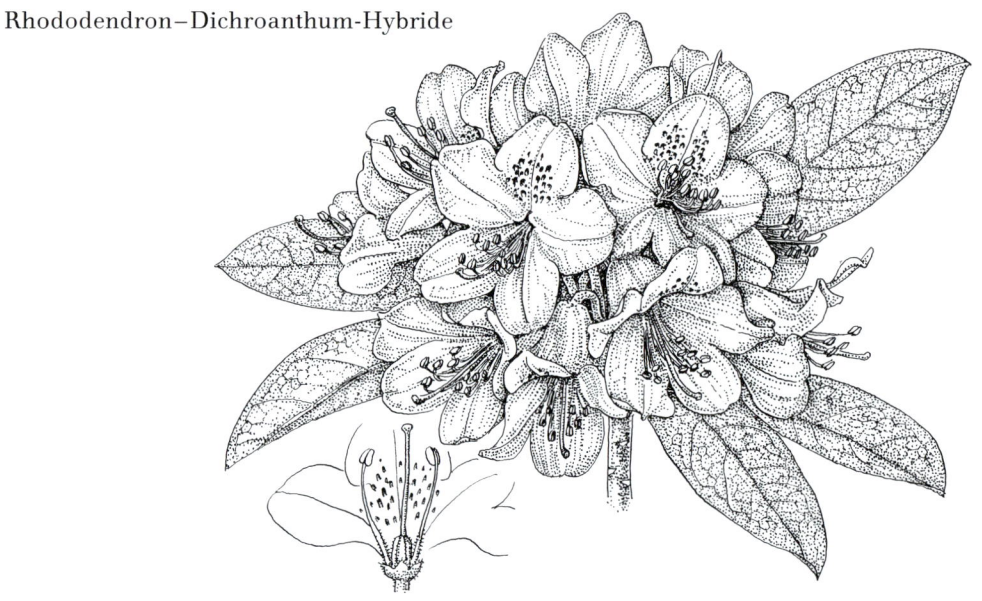

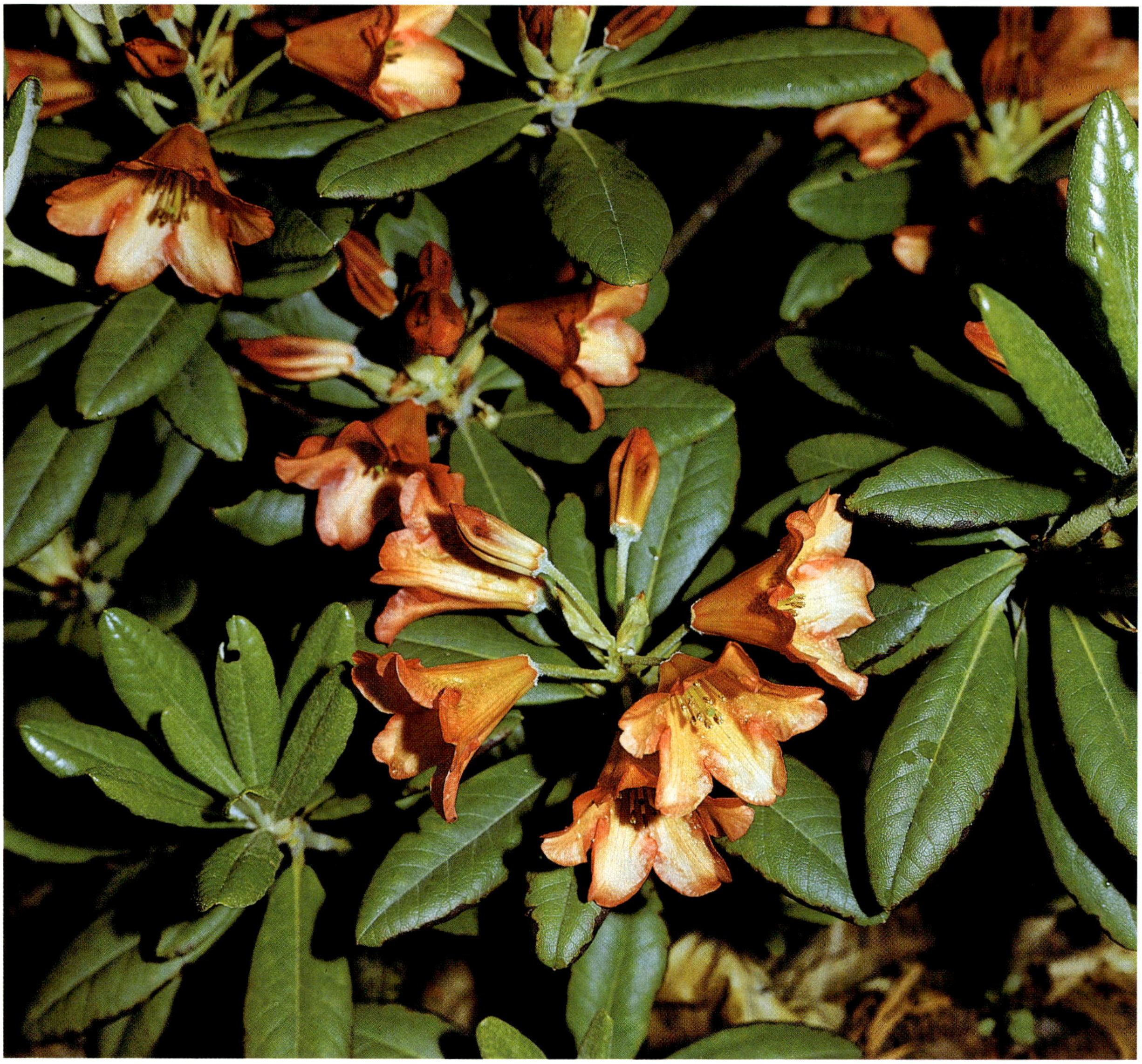

Rhododendron scyphocalyx 'Novy Dvur'

'Abendsonne'
(= 'Vorwerk Abendsonne', D. G. Hobbie, 1952, Albertzard, 1976)
hellrot, Schlund orangerot mit schwacher braungelber Zeichnung, Saum gekräuselt; Blütenstand locker; Wuchs kompakt; winterhart; sortenrechtlich geschützt!

'Goldsworth Orange'
(R. dichroanthum ssp. dichroanthum × R. fortunei ssp. discolor, W. Slocock, eingeführt 1938)
lachsrosa-orange, braun gefleckt; Blütenstand flach, locker; Wuchs aufrecht kompakt; halbschattiger geschützter Standort empfehlenswert

'Moravanka'
(J. Dvorak, CSFR, 1978)
lachsrosa mit hellbraun-gelblicher Zeichnung; Blütenstand länglich kugelig; Blütezeit Ende Mai bis Mitte Juni; Blätter länglich, matt hellgrün; Wuchs flach kompakt; winterhart

Fortunei-Hybriden

R. fortunei ist im Habitus R. discolor ähnlich. Besonders in den USA (Dexter) und in England wurde viel mit R. fortunei gezüchtet. Bei imposanter Größe der Einzelblüten und des Stutzes ist leider die Winterhärte in Mitteleuropa nicht immer befriedigend. Ausreichend winterhart sind z. B. die cremegelbe 'Goldfort' und die reinrosafarbene 'Scintillation'.

'Ben Moseley'
(J. Tyler Arboretum, USA, 1980/81)
hell purpurrosa, gekräuselt; Blütenstand dicht rundlich; Blütezeit Mitte Mai bis Anfang Juni; Belaubung dunkelgrün, im Herbst und Winter herabhängend; Wuchs kompakt; winterhart

'Goldfort'
(W. C. Slocock, England, 1937)
cremegelb mit gelblicher Zeichnung, im Erblühen zartrosa; Blütenstand locker; Wuchs mittelstark, aufrecht; schwach duftend; Blütenfarbe konstant; winterhart

'Scintillation'
(C. O. Dexter, USA, vor 1943, eingeführt 1958)
hellrosa mit gelbgrüner Zeichnung; Blütenstand rund, kompakt; Blütezeit Mitte Mai bis Anfang Juni; Wuchs breit aufrecht, geschlossen; winterhart

'Susan'
(R. campanulatum × R. fortunei, C. Williams, England, vor 1930)
hellblaulila, Schlund fast weiß; Saum leicht gewellt;

Blütenstand kompakt; Blütezeit Anfang bis Ende Mai; breiter, relativ niedriger Wuchs; Belaubung gesund und dekorativ, mit hellbraunem Indumentum; winterhart

Griffithianum-Hybriden

R. griffithianum hat sehr großglockige, weiße bis rosafarbene Blüten. Leider ist die Art in Mitteleuropa nicht genügend hart. Deshalb begannen die Züchter, durch Einkreuzen von harten Arten und Sorten, z. B. von R. catawbiense, die Winterhärte zu verbessern. Die alte, noch heute in manchen Parkanlagen (z. B. Tannenfeld) zu findende 'Pink Pearl' war ein Ergebnis dieser Bemühungen. In der Züchtung wurde oft mit dieser Hybride weiter gearbeitet. Sorten sind meist großblumig, doch oft nicht ausreichend winterhart.

'Britannia'
(C. B. van Nes u. S., Niederlande, 1921)
leuchtend scharlach- bis karminrot mit schwacher brauner Zeichnung, Rand gewellt; Blütenstand locker, breit pyramidal; Blütezeit Mitte Mai bis Anfang Juni; Wuchs breit kompakt; Blätter hellgrün; Winterschutz bzw. geschützter Platz ratsam

Insigne-Hybriden

Die Art ist schön belaubt, dunkelgrün mit silbrigem Indumentum auf der Unterseite, und in der Jugend von kompaktem Wuchs. Doch wer bei Sämlingen auf eine Blüte wartet, braucht Geduld. H. Hachmann, Barmstedt, gelang es, durch Einkreuzen anderer Sorten blühwillige junge Pflanzen zu züchten und den Wert der Art zu steigern.

'Ariane'
(W. Bruns, 1958/1987)
leuchtend rot mit weißer Mitte, dunkelrote Zeichnung; Blütenstand kompakt; Blütezeit Ende Mai bis Mitte Juni; Belaubung dunkelgrün; Wuchs breit aufrecht, mittelstark; winterhart

'Berliner Liebe'
(= 'Cleopatra'; W. Bruns, 1961/1985)
leuchtend rot mit dunkelroter Zeichnung; Blütenstand kompakt; Saum gewellt; Blütezeit Mitte Mai

bis Anfang Juni; Blätter länglich elliptisch, dunkelgrün; Wuchs breit aufrecht, mittelstark; winterhart

'Brigitte'
(H. Hachmann, 1965/1980)
zartrosa, innen weißer Schlund, mit kräftiger gelbgrüner Zeichnung; Blütezeit Ende Mai bis Mitte Juni; schon als Jungpflanze blühwillig; Belaubung dunkelgrün, glänzend; Wuchs breit aufrecht, mittelstark; winterhart (Abb. S. 267)

'Hachmann's Rosarka'
(H. Hachmann, 1963/1983)
hellkarminrot mit kleiner dunkelroter Zeichnung; Blütezeit Mitte Mai bis Anfang Juni; Wuchs niedrig, breit kompakt; geschützter Standort empfehlenswert
    aus gleicher Kreuzung:
      'Hachmann's Roselyn' rubinrot

'Seestadt Bremerhaven'
(N. Nosbüsch, 1958; Fa. Bruns, 1983)
zartrosa mit gelbgrüner Zeichnung; Blütezeit Ende Mai bis Mitte Juni; Belaubung hellgrün; Wuchs breit kompakt; winterhart

Maximum-Hybriden

R. maximum ist eine der spätest-blühenden Arten. Die Blüten im Juli werden jedoch leider vom Laub teilweise verdeckt und sind relativ klein. Neben den meist blaßrosa bis weiß blühenden gibt es in den USA gute dunkelrote Wildklone ('Red Max', 'Mt. Mitchell'). Auch Kreuzungen wurden in großer Zahl vorgenommen.

'Lady Annette de Traffort'
(Waterer, England, vor 1871)
hellrosa mit schwarzroter Zeichnung; Blütenstand geschlossen; Blütezeit Anfang bis Ende Juni; breit und hoch wachsend, etwas sparrig; winterhart

Metternichii-Hybriden

Korrekt müßten sie jetzt Japonicum-Hybriden heißen. Der alte Name wurde beibehalten, weil der sommergrüne R. japonicum Suringar (jetzt R. glabrius) ebenfalls viel zur Züchtung verwendet wurde und es dadurch leicht zu Verwechslungen kommen kann. Bei Seidel, Grüngräbchen, entstanden einige schöne, allgemein verbreitete Hybriden. Teilweise ist noch an den jungen Blättern das silbrige Indument der Stammart erkennbar.

'Erika'
(T. J. R. Seidel, 1903)
rosarot mit brauner Zeichnung; Blütezeit Mitte Mai bis Anfang Juni; Wuchs mittelhoch, ungleichmäßig; winterhart

'Eidam'
(T. J. R. Seidel, 1903)
weiß mit rosa Tönung und gelbbrauner Zeichnung; Blütenstand pyramidal, locker; Blütezeit Mitte Mai bis Anfang Juni; Wuchs gedrungen kompakt; winterhart

Oreodoxa-Hybriden

R. oreodoxa ist eine geeignete Ausgangsart für die Züchtung frühblühender Sorten, wächst jedoch im Alter sehr sparrig und hoch. Für kleinere Gärten ist das ungünstig. Arends in Ronsdorf befaßte sich mit dieser Art, um buschig wachsende Hybriden zu erzielen. Er kreuzte 1915 mit der dunkelroten 'Doncaster'. Die Blütezeit lag zwar etwa zwei bis drei Wochen später als bei der Art, aber der Wuchs war besser und die Winterhärte gut. Die Grex-Sorte in Rosa bis Rot wurde als 'Ronsdorfer Frühblühende' ab 1932 verbreitet. 1968 wurden durch die Baumschule Böhlje zwei Klone davon in den Handel gebracht: 'Rombergpark' und 'Westfalenpark'.

Ponticum-Hybriden

R. ponticum war im 19. Jahrhundert noch eine häufig kultivierte Art, die besonders in England zum Forstunkraut verwilderte. Im kontinental beeinflußten Mitteleuropa war sie in strengen Wintern oft zu wenig frosthart. Sie wurde als Veredlungsunterlage und als Kreuzungspartner häufig verwendet. Heute sind nur noch wenige Sorten bekannt. In alten Parkanlagen finden sich häufig namenlose Ponticum-Hybriden in weißen bis lilarosafarbenen Blütenfarben.

Insigne-Hybride 'Brigitte'

Ponticum-Hybride 'Blue Peter'

Ponticum-Hybride 'Multimaculatum'

'Blue Peter'
(WATERER, England, vor 1933)
hell lavendelblau mit schwarzrotem Fleck; Rand gekräuselt; Blütenstand pyramidal kompakt; Blütezeit
Mitte Mai bis Anfang Juni; Wuchs breit aufrecht;
winterhart (Abb. S. 268)

'Mrs. J. G. Millais'
(A. WATERER, England, vor 1917)
weiß mit großem gelbem bis gelbgrünem Fleck;
Knospe lila Tönung; Blütenstand geschlossen, pyramidal; Blütezeit Mitte Mai bis Anfang Juni; Wuchs
locker, aufrecht, mittelstark; Winterschutz empfehlenswert

'Multimaculatum'
(= 'Tondelayo'; J. WATERER, England. vor 1860)
weiß mit rotgelber Tüpfelung; Blütenstand locker,
Einzelblüten langstielig; Blütezeit Ende Mai bis
Mitte Juni; Wuchs breit aufrecht; stark wachsend

268

Smirnowii-Hybriden

R. smirnowii ist eine der härtesten Arten für winterkalte Gebiete. Weiterhin sind der straffe aufrechte Wuchs, die intensiv rosa Blütenfarbe und das weißbefilzte, oberseits dunkelgrüne Laub für die Züchter interessant.

Smirnowii-Hybriden sollen besser als andere Hybriden auf schweren, mineralischen Böden gedeihen, wachsen jedoch nur schwer aus Stecklingen heran.

'Aurora'
(J. SCHOLZ, CSFR, 1961)
hellpurpurrosa mit schwacher Zeichnung; Blütenstand kugelförmig; Blütezeit Mitte bis Ende Mai; Blätter länglich-elliptisch, mattglänzend; Wuchs aufrecht buschig, kompakt; ausgesprochen winterhart
aus gleicher Kreuzung:
'Lajka' (1966) hell purpurviolett mit markanter gelbgrüner Zeichnung, Blütezeit Mai; wurzelecht vermehrbar
'Lunik' (1961) hell purpurrosa mit schwacher gelbgrüner Zeichnung, ausgesprochen winterhart; wurzelecht vermehrbar

'Dietrich'
(T. J. R. SEIDEL, 1902)
hellpurpurrot mit schwacher gelbbrauner Zeichnung; Blütenstand pyramidal; Blütezeit Ende Mai bis Mitte Juni; blühwillig; widerstandsfähig und winterhart
aus gleicher Kombination:
'Darius' purpurrot
'Ella' karminrot
'Erna' karmin

'Donar'
(T. J. R. SEIDEL, 1902)
hellkarminrot mit hellerem Schlund und dunklerer Zeichnung

'Prof. Jelinek'
(B. KAVKA, CSFR, 1966)
rosarot mit schwacher dunklerer Zeichnung; Blütezeit 2. Maihälfte; Wuchs breit aufrecht; winterhart, nur durch Veredlung vermehrbar
aus gleicher Kreuzung:
'Antonin Dvořak' (1969) dunkelpurpurrot, Zeichnung kräftiger; ausgesprochen winterhart; aus Stecklingen vermehrbar

Wardii-Hybriden

In dem Bestreben, eine gelbe Rhododendronsorte zu züchten, wurde *R. wardii* als Kreuzungspartner gewählt. Die Winterhärte ist nicht bei allen Herkünften für mitteleuropäische Verhältnisse ausreichend, aber größer als bei den Campylocarpum-Hybriden.

'Belkanto'
(H. HACHMANN 1977/78)
gelb mit Orange-Ton, olivgrüne Zeichnung; offenglockig, im Erblühen goldgelb; lange Blütezeit (Mitte Mai bis Anfang Juni); Belaubung mittelgrün, leicht gewölbt; Wuchs breit kompakt; winterhart auch in Extremwintern; Sortenschutz!

'Breslau'
(D. G. HOBBIE 1955/1980)
cremefarben mit dunkelroter Zeichnung; Wuchs breit aufrecht, kompakt; Belaubung glänzend dunkelgrün; ein etwas geschützter Standort empfehlenswert

'Blueshine Girl'
(D. G. HOBBIE, etwa 1965 bis 1970/WÜSTEMEYER, 1980)
cremegelb mit rosa Saum, roter Schlundfleck; Blütenstand locker; Blütezeit Mitte bis Ende Mai; Austrieb, Knospen und Blattstiele blauschimmernd, deshalb auch im Winter sehr zierend; Wuchs breit aufrecht, rundlich, mittelstark; winterhart

'Hachmann's Brasilia'
(H. HACHMANN, 1969/1982)
orangerosa, Schlund gelbrot; Blütezeit Mitte Mai bis Anfang Juni; Wuchs breit aufrecht, mittelstark; winterhart (Abb. S. 270)
aus gleicher Kreuzung:
'Goldrausch' hellgelb mit schwacher roter Zeichnung
'Sandra' lachsrosa erblühend, mit gelbgrüner Zeichnung

'Ehrengold'
(Zufallshybride; D. G. HOBBIE, 1950/1982)
hellgelb mit lachsrosa Tönung; Blütezeit Anfang bis Ende Mai; Belaubung glänzend; Wuchs rundlich kompakt, mittelstark; winterhart
andere Zufallshybriden von HOBBIE:
'Lachsgold' rosa getönt mit hellgelber Mitte; Blütezeit Mitte Mai bis Anfang Juni

'Stadt Westerstede'
(BÖHLJE, 1966/1982)
hellgelb mit schwacher grünlichgelber Zeichnung; Wuchs breit aufrecht; winterhart

Wardii-Hybride 'Hachmanns Brasilia'

Wardii-Hybride 'Goldbukett'

'Goldflimmer'

Wardii-Hybride 'Schneespiegel'

'Hachmann's Felicitas'
(H. HACHMANN, 1977/1988)
hellgelb, organerosa getönt, mit gelben Flecken und schwarzroter Zeichnung; Wuchs dicht kompakt; Blütezeit Mitte Mai bis Anfang Juni; blühwillig; winterhart

'Goldbukett'
(H. HACHMANN, 1966/1980)
cremegelb mit rotbrauner Zeichnung; im Erblühen kupfrig; Blütezeit Mitte bis Ende Mai; Wuchs breit kompakt, dicht; Laub dekorativ; winterhart (Abb.)

'Goldika'
(D. G. HOBBIE, 1955/1980)
reingelb mit kleinem rotem Fleck; locker; Blütezeit Ende Mai bis Mitte Juni; Wuchs niedrig, breit kompakt; winterhart

'Goldkrone'
(H. HACHMANN, 1969/1981)
reingelb mit hellerer Mitte, mit kleiner brauner Zeichnung; offenglockig; Blütenstand rundlich kompakt; Blütezeit Mitte bis Ende Mai; Belaubung dicht; Wuchs niedrig, breit kompakt; winterhart; Sortenschutz!
   aus gleicher Kreuzung:
   'Graf Lennart' hellgoldgelb; Blütezeit etwas früher als 'Goldkrone'

'Nippon'
(D. G. HOBBIE, 1960/1979)
hellgelb mit oder ohne roten Schlundfleck; Blütenstand kompakt; Blütezeit Mitte Mai bis Anfang Juni; Wuchs aufrecht, geschlossen; Belaubung dunkelgrün; Grex-Sorte und Klon; in der Jugend blühfaul

'Schneespiegel'
(H. HACHMANN, 1977/1988)
weiß mit rotem Schlundfleck, Saum gekräuselt; Blütezeit Mitte bis Ende Mai; Belaubung dunkelgrün, glänzend; Wuchs breit kompakt, langsam wachsend; winterhart; Sortenschutz! (Abb. S. 270)

Großblumige immergrüne Sorten, die sich keiner bestimmten Hybridengruppe zuordnen lassen

Weiße Sorten

'Album Novum' (L. van HOUTTE, Belgien)
weiß mit gelbgrüner Zeichnung, im Aufblühen hellpurpurn bis zartlila, kompakter Blütenstutz; Blütezeit Ende Mai bis Mitte Juni; Wuchs stark, aufrecht; winterhart

'Baroness Henry Schöder' (WATERER, England, vor 1896)
weiß mit dunkelroter Zeichnung, lilarosa aufblühend; Blütenstutz rundlich kompakt; Blütezeit Mitte

Mai bis Mitte Juni; Wuchs locker, breit aufrecht; winterhart

'Doberluger Weiße' (E. HERRMANN, 1964)
weiß, im Erblühen zartlila, gelbgrün gefleckt; Blütenstand kompakt; Blütezeit Ende Mai bis Mitte Juni; Wuchs breit aufrecht; sehr winterhart
   aus gleicher Kreuzung:
   'Elstertal' weiß, lila getönt, mit schwarzrotem Fleck

'Schneebukett' (H. HACHMANN, 1965/1979)
weiß mit purpurvioletter Zeichnung; im Erblühen zartlila Tönung; Blütezeit Ende Mai bis Mitte Juni; Wuchs breit aufrecht; im Jugendstadium etwas locker; ausgesprochen winterhart

Gelbe Sorten

'Bernstein' (H. HACHMANN, 1965/1978)
hell bernsteingelb mit kupferbrauner Zeichnung; Saum gekräuselt, offenglockig; Blütenstutz locker, reichblühend; Blütezeit Mitte Mai bis Anfang Juni; Blätter lanzettlich, hellgrün; Wuchs breit kompakt; in normalen Wintern ausreichend hart

'Gloria' (W. BRUNS, 1952, seit 1980 im Handel)
hell cremegelb mit rosa Tönung, kräftige orangegelbe bis gelbgrüne Zeichnung; Blütenstutz rundlich locker; Blütezeit Ende Mai bis Mitte Juni; Wuchs breit aufrecht, geschlossen, mittelstark; winterhart

Lilafarbene Sorten

'Azurro' (H. HACHMANN, 1976/1986)
dunkelviolett mit großen schwarzen Flecken; Blütezeit Ende Mai bis Mitte Juni; dunkelgrüne Belaubung; Wuchs breit aufrecht; winterhart (Abb. S. 273)
   aus gleicher Kreuzung:
   'Rasputin' hell violettblau mit großem dunkelviolettem Fleck, ausgesprochen winterhart

'Goldflimmer' (D. G. HOBBIE, gefunden um 1955, eingeführt von H. HACHMANN, 1983)
lila mit gelber Zeichnung; Blüte wenig auffallend und relativ klein; Blütezeit Anfang bis Mitte Juni; Wuchs dicht kompakt, niedrig; sehr dekoratives Laub (gelbbunte unregelmäßige Fleckenzeichnung, Blattrand stets grün); winterhart (Abb. S. 270)

Rosafarbene Sorten

'Böhlje's Sämling' (G. D. BÖHLJE, vor 1937)
reinrosa mit kräftig dunkelroter Zeichnung; Blütenstand locker; Blütezeit Mitte bis Ende Mai; Wuchs flach kompakt; langsamwüchsig; winterhart, besonders für kleine Gärten geeignet

'Cornelia Schröder' (T. J. H. SEIDEL, 1938/1964)
leuchtendrosa mit dunkelroter Zeichnung; Blütenstand geschlossen; Wuchs breit aufrecht, mittelstark; winterhart

aus gleicher Kreuzung:
'Christian Schröder' purpurrosa mit gelbgrüner Zeichnung
'Frau Martha Lentschke' purpurrosa mit hellerem Schlund, Zeichnung braunorange
'Georg Meier' hellrosa mit kräftiger dunkelroter Zeichnung
'Ludwig Schröder' purpurrosa, kräftig dunkelrote Zeichnung
'Obergärtner Karl Baumann' lilarosa, dunkelrote Zeichnung

'Furnivall's Daughter' (Sämling von 'Mrs. Furnivall', Knap Hill Nursery, England, vor 1948)
hellrosa mit großem dunkelrotem Fleck; Blütenstand kompakt pyramidal, Blütezeit Mitte Mai bis Anfang Juni; Wuchs breit aufrecht, stark wachsend; Winterschutz oder geschützter Standort erforderlich (Ał

'Germania' (D. G. HOBBIE, 1955/1983)
leuchtendrosa, Schlund heller mit orangeroter Zeichnung; Saum dunkler, gekräuselt; Sortenschutz!

'Hachmann's Constanze' (H. HACHMANN, 1959/1975)
dunkelrosa mit kräftiger weinroter Zeichnung; Blütenstand kompakt; Blütezeit Mitte Mai bis Anfang Juni; dichtbelaubt; Wuchs mittelhoch, rundlich kompakt; ab 60 cm Höhe sehr blühwillig; winterhart

'Hachmann's Diadem' (H. HACHMANN, 1969/1983)
hellrubinrosa mit weinrotem kräftigem Fleck, Saum gekräuselt; Blütezeit Ende Mai bis Mitte Juni; dunkelgrüne glänzende Belaubung; Wuchs breit kompakt, flach; halbschattiger Stand empfehlenswert; winterhart (Abb. S. 273)

'Janet Blair' (D. LEACH, USA 1962)
zartrosa mit orangegrüner bis rotbrauner Zeichnung, Saum etwas gekräuselt; Blütezeit Ende Mai bis Mitte Juni; Wuchs breit rund; winterhart

'Kokardia' (H. HACHMANN, (1957/1978)
rubinrosa mit großem schwarzrotem Fleck; Blütezeit Ende Mai bis Mitte Juni; Wuchs kompakt, breit rund; winterhart
aus gleicher Kreuzung:
'Hachmann's Ornament' großblütiger

'Lausitz' (E. HERRMANN, 1964)
auffallend zweifarbig; rosa mit weißem Schlund und orangegelber Zeichnung; Saum gekräuselt; Blütenstand pyramidal, kompakt; Wuchs breit aufrecht; winterhart
aus gleicher Kreuzung:
'Rakete' Saum purpurrosa mit weißem Schlund, gelbe Zeichnung

'Rosa Wunder' (W. BRUNS, 1958)
reinrosa mit schwacher roter Zeichnung; offenglokkig, flach; Blütenstand locker; Blütezeit Anfang bis Mitte Mai; Wuchs mittelhoch, breit kompakt; verlangt geschützten Standort

Rote Sorten

'Blinklicht' (H. HACHMANN, 1960/1982)
leuchtend reinrot, nicht verblauend; im Erblühen dunkelrot; mit dunkelbrauner Zeichnung; blühwillig; Blütezeit Mitte Mai bis Mitte Juni; Wuchs breit kompakt, mittelstark; winterhart

'Don Juan' (B. KAVKA, CSFR, 1965)
leuchtendrot mit schwacher rotbrauner Zeichnung; Blütenstand rundlich kompakt; Blütezeit Mai; Blätter mattgrün; Wuchs aufrecht kompakt; wurzelechte Vermehrung möglich
aus gleicher Kreuzung: 'Eva' (1978) hellpurpurrot mit kräftiger dunklerer Zeichnung

'Dr. hc. Dresselhuys' (H. den OUDEN & Z., Niederlande, 1920)
purpurrot mit grüngelber Zeichnung; Blütenstand geschlossen; Blütezeit Ende Mai bis Mitte Juni; mittelmäßig blühwillig; Wuchs hoch aufrecht; winterhart

'Erato' (H. HACHMANN, 1976/1988
dunkelblutrot, nicht verblauend, mit schwarzroter Zeichnung, Saum gekräuselt, weitglockig; Blütenstutz dicht; Blütezeit Ende Mai bis Mitte Juni; blühwillig; Blätter leicht gewellt; Wuchs breit kompakt; ausgesprochen winterhart; Sortenschutz!

'Hachmann's Feuerschein' (H. HACHMANN, 1960/1978)
leuchtend reinrot, dunkelrot erblühend; reichblühend; Blütezeit Ende Mai bis Mitte Juni; Wuchs breit kompakt, aufrecht; winterhart; Sortenschutz!

'Hachmann's Junifeuer' (H. HACHMANN, 1968/1983)
leuchtend blutrot, innen hellrosa mit gelbbrauner Zeichnung; Blütezeit Juni; Austrieb rot; Belaubung dunkelgrün; Wuchs breit aufrecht; winterhart

'Mrs. P. den Ouden' (H. den OUDEN, Niederlande, 1912/1925
dunkelrubinrot mit hellgrüner bis brauner Zeichnung; Blütenstand locker; Blütezeit Mitte Mai bis Anfang Juni; Wuchs breit kompakt, mittelhoch; winterhart

'Sammetglut' (H. HACHMANN, 1959/1979)
dunkelblutrot, samtartig, weiße Staubgefäße; Blütezeit Ende Mai bis Mitte Juni; Belaubung dunkelgrün; Wuchs aufrecht, locker; winterhart (Abb.)

'Tarantella' (H. HACHMANN, 1976/1988)
dunkelrot mit schwarzroter Zeichnung, farbkonstant; Saum gekräuselt; Blütezeit Ende Mai bis Mitte Juni; Belaubung mittelgrün, etwas gewellt; Wuchs breit kompakt; ausgesprochen winterhart; Sortenschutz!

'Azurro'

'Furnivall's Daughter'

'Hachmanns Diadem'

'Sammetglut'

Immergrüne kleinblättrige Hybriden

Diese Hybriden eignen sich vorzüglich für kleinere Gärten und verdienen demzufolge eine weit größere Verbreitung, als sie bisher gefunden haben. Bei der Vielzahl der Arten- und Sortenkombinationen ist es sehr schwierig, die Sorten einer bestimmten Hybridgruppe zuzuordnen. Viele Gartensorten sind anspruchsloser als die höheren großblumigen Hybriden, reichblühend, und der Blütezeitraum reicht vom zeitigen Frühjahr bis zum Frühsommer.

Dauricum-Hybriden

'Praecox' (*R. dauricum* × *R. ciliatum*) wurde 1860 erstmals ausgestellt und ist bis heute eine sehr beliebte Sorte geblieben. Die frühe Blütezeit im April ist jedoch ein Risikofaktor. *R. dauricum* wurde auch mit Arten des Formenkreises von *R. cinnabarinum* gekreuzt. Die Kreuzungen mit *R. minus* var. *minus* 'Carolinianum' haben im Winter bronzefarbiges Laub und sind ausgesprochen winterhart. Die Blütenfarbe ist purpurrosa oder weiß. Die Blüten, nach 'Praecox', sind weniger spätfrostgefährdet.

274

Rhododendron 'Praecox'

Impeditum-Hybriden

Diese Gruppe stellt die meisten Sorten der Farben Lila bis Blau. Es sind größtenteils ausgesprochen winterharte niedrige Blütenkissen, ein Erbgut von *R. impeditum*.

'Amethyst'
(G. Arends, um 1960 eingeführt)
hellila; Blütezeit Ende April bis Anfang Mai; Wuchs rundlich kompakt; winterhart

'Azurika'
(*R. russatum* × *R. impeditum*, H. Hachmann, 1963/1979)
leuchtend dunkellila; reichblühend; Wuchs dicht kompakt; winterhart; Blütezeit Anfang bis Mitte Mai

'Blue Tit'
(*R. impeditum* × *R. augustinii* ssp. *augustinii*, J. Williams, GB. 1933)
graublau; Blütenfarbe jedoch variabel, da Grex-Sorte; Blütezeit Ende April bis Anfang Mai beginnend; Wuchs kompakt aufrecht, bis 0,5 m hoch
'Blue Tit Hobbie' großblütig, leuchtend himmelblau, winterhart, 1967 eingeführt
'Blue Tit Magor' großblütig, großlaubig, winterhart

'Impeditum Hybridum'
(Arends, 1952)
hellila; Blütezeit Anfang bis Mitte Mai; 30 bis 50 cm hoch; Belaubung graugrün; winterhart

'Moerheim'
(J. Ruys, 1966)
hellviolett, zartrosa gestreift; Blütezeit Ende April bis Mitte Mai; Wuchs flach kompakt; winterhart

'Sapphire'
(Knap Hill Nursery, GB, 1931)
hell purpurblau; Blütezeit Ende April bis Mitte Mai; Belaubung graugrün, stark beschuppt; Wuchs locker, unregelmäßig; winterhart; Grex-Sorte mit einigen Klonen

Repens-Hybriden

Das leuchtende Rot, seltener Rosa, bei kompaktem Wuchs und glänzender dunkelgrüner Belaubung führten zur großen Beliebtheit dieser Sorten. Nach 1900 begann man in England *R. repens* (jetzt *R. forrestii* var. *forrestii*) züchterisch zu bearbeiten.

Es ging den Züchtern besonders darum, die Blühwilligkeit zu verbessern. Ab 1937 begann D. Hobbie, die Art mit großblumigen Sorten zu kreuzen. Seine Züchtungen kamen ab den 50er Jahren in den Handel. Es waren größtenteils Selektionen aus 10000 Sämlingen einer Kreuzung mit 'Essex Scarlet'. Die Züchtungen hatten größere Blätter, einen kräftigeren Wuchs, aber auch größere Winterhärte als die englischen Sorten. Bereits 1934 kreuzte in Pruhonice B. Kavka 'Cunningham's White' mit *R. repens*. Bemerkenswert ist ihre intensive rosa Blütenfarbe. Sie wurden auch als *R. × pruhonicianum* Kavka beschrieben, sind aber den Repens-Hybriden zuzuordnen.

'Bad Eilsen'
(D. G. Hobbie, 1965 benannt)
leuchtend scharlachrot; Saum gewellt; Blütenstand locker; kugelig; Blütezeit Anfang bis Mitte Mai; Wuchs niedrig, breit rund; Blütenknospen rotbraun; winterhart (Abb.)
    aus gleicher Kreuzung:
    'Baden Baden' (1956) mit dunkelbrauner Zeichnung; Blütezeit ab Ende April; Blatt gedreht
    'Elisabeth Hobbie' (1945) Blütezeit ab Ende April

'Beatrice'
(B. Kavka, CSFR, 1962)
kräftig rosa, ohne Zeichnung; Blütezeit Ende April bis Anfang Mai; Blätter elliptisch; Wuchs flach, niederliegend, dicht, bis 50 cm hoch und 80 cm breit; winterhart
    aus gleicher Kreuzung und sehr ähnlich:
    'Ma Vlast' und 'Largo'

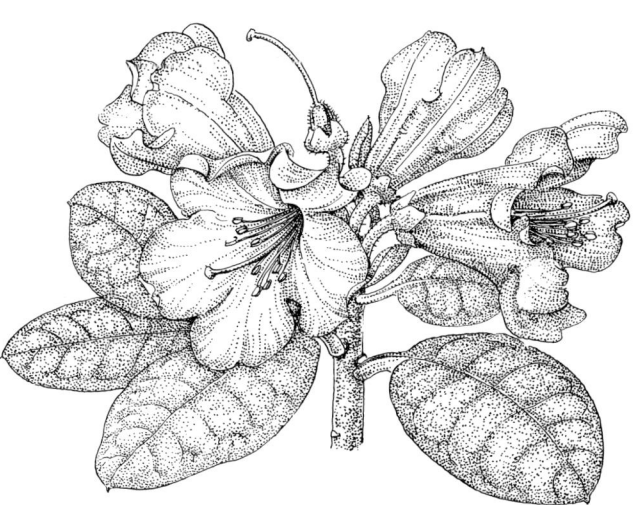

Repens-Hybride 'Bad Eilsen'

Russatum-Hybride 'Hachmann's Violetta'

'Carmen'
(*R. forrestii* var. *forrestii* × *R. sanguineum* ssp. *didymum*, ROTHSCHILD, vor 1935)
schwarzrot, wachsartig, weiße Staubblätter; Blütezeit Anfang bis Mitte Mai; Blätter eiförmig-elliptisch, dunkelgrün; Wuchs flach kompakt; Winterschutz ratsam

'Dr. Ernst Schäle'
(D. G. HOBBIE, 1946/1966)
hell scharlachrot; Saum gewellt; reichblühend; Blütezeit Anfang bis Mitte Mai; dichtbelaubt; flach rund, kompakt wachsend, etwa 40 cm hoch; winterhart

   aus gleicher Kreuzung:
   'Frühlingszauber' (1962 durch Fa. BRUNS eingeführt) scharlachrot mit schwacher dunkelbrauner Zeichnung; Blütezeit Anfang bis Mitte Mai

'Mannheim'
(1975 benannt)
dunkelrot mit schwacher dunkelbrauner Zeichnung; Blütezeit Mitte bis Ende Mai

'Red Carpet'
(D. G. HOBBIE, 1945/1967)
leuchtendrot ohne Zeichnung; Blütenstand locker; Blütezeit Ende April bis Mitte Mai; blühwillig; Blütenknospen rotbraun; Wuchs flach kriechend; winterhart

'Satin'
(D. G. HOBBIE, 1948/1974)
rosarot ohne Zeichnung; Saum leicht gewellt; Blütenstand locker; Blütezeit Mitte April bis Anfang Mai; Wuchs niedrig, breit rund kompakt; winterhart

Repens-Hybride 'Satin'

'Scarlet Wonder'
(1960 eingeführt)
Blütezeit Mai; rotbraune Knospe; Blätter glänzend dunkelgrün

Russatum-Hybriden

Kreuzungen von *R. russatum* mit verschiedenen Arten brachten neue Farben, größere Blüten und einen gedrungenen geschlossenen Wuchs.

'Azurwolke'
(H. HACHMANN, 1961/1977)
tief dunkelblau; Blütezeit Anfang bis Mitte Mai; Laub dunkelgrün; Wuchs breit rund, ca. 80 cm hoch; winterhart

'Blue Wonder'
(*R. russatum* x *R. augustinii*, HOBBIE, 1967)
dunkelblau

'Gristede'
(BRUNS, von 1961)
violett bis lilablau; Blätter dunkelgrün, glänzend, aromatisch; 0,5 bis 1 m hoch; Wuchs breit kompakt; geschützter Standort oder leichter Winterschutz empfehlenswert

'Gletschernacht'
(H. HACHMANN, 1961/1976)
blauviolett; offenglockig; Blütezeit Ende April bis Mitte Mai; Belaubung dunkelgrün, schuppig; Wuchs straff aufrecht, bis 1 m hoch; winterhart

'Lavendula'
(*R. russatum* x *R. saluenense* x *R. rubiginosum*, D. G. HOBBIE, 1952/1969)
lavendel mit rotbrauner Zeichnung, Saum gewellt, Blütezeit Mitte Mai bis Anfang Juni; großblütig, Laub aromatisch duftend, im Winter bronzefarben; winterhart; Wuchs gedrungen, buschig, 60 bis 80 cm hoch

'Purple Pillow'
(aus Holland, 1963 benannt)
dunkelviolett; Wuchs flach rund, kompakt; winterhart

Williamsianum-Hybriden

Etwa seit 1920 hatte man in Exbury, England, begonnen, *R. williamsianum* mit großblütigen Gartenhybriden zu kreuzen. Es gelang dabei, sowohl die Blühwilligkeit, als auch Größe und Anzahl der Blü-

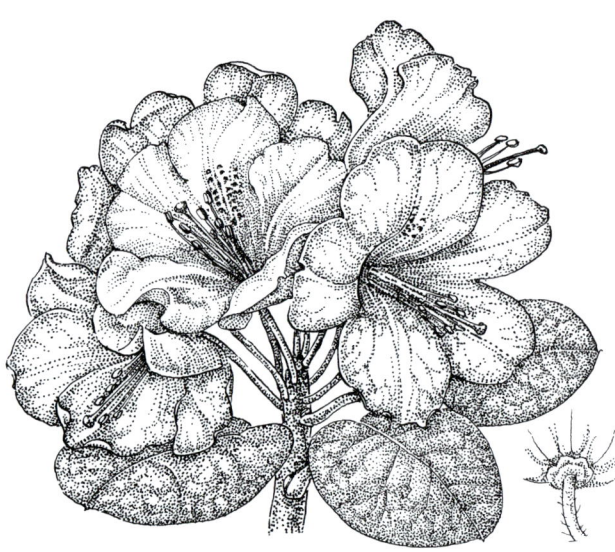

Williamsianum-Hybride 'April Glow'

ten zu verbessern. Die Sorten blühten bereits als kleine Pflanzen. Die Farbpalette von weiß über rosa bis zu rot erweitert. HOBBIE begann in den 40er Jahren mit der Züchtung. Etwa zur gleichen Zeit begann V. von MARTIN in Rothenburg, Neiße, ebenfalls Kreuzungen mit dieser Art.

Frühe Blüte und zeitiger, häufig sehr zierender Austrieb fallen leider in ungünstigen Jahren den Spätfrösten zum Opfer.

In den Hybriden wurde die Blühfaulheit der Wildart überwunden

'August Lamken'
(D. G. HOBBIE, etwa 1943/1971)
purpurrosa mit dunkelroter Zeichnung; Blütenstand locker; Blütezeit Mitte bis Ende Mai; Wuchs breit aufrecht, mittelhoch

'Bremen'
(D. G. HOBBIE, um 1942, eingeführt durch Fa. BRUNS, 1962)
leuchtend hellrot mit schwacher dunkelroter Zeichnung, Saum gewellt, offenglockig; Blütezeit Mitte April bis Anfang Mai; geschützter Standort empfehlenswert

'Gartendirektor Glocker'
(D. G. HOBBIE, etwa 1942–1944)
rosa, im Erblühen rötlich, mit dunkelroter Zeichnung; Saum gewellt; Blütenstand rundlich, locker; Blütezeit Anfang bis Mitte Mai; Wuchs niedrig, breit kompakt; Austrieb bronzebraun; winterhart

'Gartendirektor Rieger'
(D. G. HOBBIE, um 1947/1971)
cremeweiß mit kräftiger dunkelroter Zeichnung und rotem Schlundfleck; im Erblühen rosa getönt; Blütenstand locker; Blütezeit Ende April bis Mitte Mai; großblütigste aller Williamsianum Hybriden; Belaubung dunkelgrün, breit oval; Wuchs breit aufrecht, relativ dicht, mittelhoch; winterhart

'Görlitz'
(V. von MARTIN, 1944; eingeführt 1964 durch Fa. BRUNS)
dunkelrosa mit hellerem Schlund; Blütenstand rundlich, locker; Blütezeit Anfang bis Mitte Mai; Wuchs rundlich kompakt, niedrig; winterhart

'Irmelies'
(H. HACHMANN, 1962/1987)
rubinrosa, offenglockig, mit rötlicher Zeichnung; Blütezeit Anfang bis Mitte Mai; Knospen rotbraun; blühwillig; Wuchs breit aufrecht, schwach; winterhart

'Jackwill'
(D. G. HOBBIE, um 1942/1977)
zartrosa, im Abblühen verblassend; schwache rote Zeichnung; Blütenstand sehr locker; sehr blühwillig; Blütezeit Ende April bis Mitte Mai; Wuchs niedrig, breit kompakt; winterhart

'Lissabon'
(V. von MARTIN, 1964 durch Fa. BRUNS eingeführt)
rosarot mit hellerem Schlund und dunkelroter Zeichnung; Blütenstand rundlich, locker; Wuchs aufrecht kompakt, mittelhoch; Laub kräftig dunkelgrün; Austrieb bronzefarbig; winterhart

'Oudijk's Sensation'
(D. G. HOBBIE, um 1942, 1961 durch Fa. Le FEBER u. Co., Niederlande, eingeführt)
dunkelrosa; Blütenstand relativ geschlossen; Blüte-

zeit Anfang bis Mitte Mai; Wuchs breit aufrecht, kompakt, mittelhoch; winterhart

'Pink Brightness'
(D. G. HOBBIE, um 1942, 1964 von der Fa. Le FEBER u. Co., Niederlande, eingeführt)
hellrosa; blühwillig; Blütezeit Ende April bis Mitte Mai; Belaubung hellgrün; Wuchs rundlich kompakt

'Rödhätte'
(*R. didymum* x *R. williamsianum*, D. G. HOBBIE, 1970 eingeführt)
blutrot; Blütenstand locker; Blüten hängend; Blütezeit Mitte bis Ende Mai; Wuchs flach kompakt, schwach wachsend; winterhart

'Rothenburg'
(V. von MARTIN, 1944, 1968 durch Fa. BRUNS eingeführt)
hellcremegelb mit dunkelroter Schlundzeichnung, Blütenstand locker; Blütezeit Ende April bis Mitte Mai; Blütenknospen rotbraun; glänzende, breitovale Belaubung; Wuchs mittelstark, breit aufrecht; benötigt einen geschützten Standort, geringe Winterhärte

'Stadt Essen'
(D. G. HOBBIE, um 1947/1978)
außen rosa, Schlund weiß, mit schwacher dunkelroter Zeichnung; Blütenknospen rotbraun; Wuchs rundlich kompakt; winterhart

'Tibet'
(D. G. HOBBIE, 1966 eingeführt)
reinweiß, im Erblühen mit leichter rosa Tönung; Blütenstand sehr locker; Blütezeit Ende April bis Mitte Mai; Blütenknospen dekorativ dunkelbraun; Wuchs rundlich kompakt, niedrig; Winterschutz oder geschützter Standort erforderlich

'Vater Böhlje'
(*R. catawbiense* 'Compactum' x *R. williamsianum*, D. G. HOBBIE, 1970 eingeführt)
zart lilarosa; Blütenstand locker; Rand leicht gekräuselt; Blütezeit Anfang bis Ende Mai; Wuchs rundlich kompakt, niedrig; gilt als winterhärteste Williamsianum-Hybride

Yakushimanum-Hybriden

Diese Hybrid-Gruppe hat in den letzten beiden Jahrzehnten die Gärten der Rhododendronfreunde erobert. Die Art selbst wurde erst 1937 von der japanischen Insel Yakushima eingeführt. Sie ist besonders in der Jugend recht kompakt und wächst langsam. Durch ihre befilzte Blattunterseite, den weißen Austrieb und die weiße Blüte, die sich aus einer rosa Knospe entfaltet ist sie von großem Gartenwert. Die Sorten wachsen auch an sonnigen Standorten und sind meist winterhart.

Der niedrige, gedrungene und geschlossene Wuchs macht sie zu Idealpflanzen für den kleinen Garten. Mit der Züchtungsarbeit wurde nach 1960 in den USA und in England begonnen. Doch die Sorten befriedigten in Winterhärte bzw. Farben nicht immer. Große Fortschritte brachte die Züchtungsarbeit von H. HACHMANN. Es gelang ihm, kräftige Farben in das Sortiment zu bringen, bei ausgezeichneter Winterhärte. Selbst zweifarbige Sorten sind entstanden, z. B. 'Schneespiegel'. Da weltweit mit der Art gezüchtet wurde, ist die Zahl der Hybriden kaum noch überschaubar.

'Ann Lindsay'
(H. HACHMANN, 1969/1985)
Außenseite und Saum tiefrot, innen reinweiß; dichter Blütenstand; Blütezeit Mitte bis Ende Mai; dicht kompakter Wuchs; winterhart (Abb. S. 281)

'Anuschka'
(H. HACHMANN, 1968/1982)
dunkelrosa, innen hellrosa mit rotbrauner Zeichnung; Blütenstand kompakt; Blütezeit Mitte Mai bis Anfang Juni; schon als Jungpflanze reichblühend; Wuchs flach rund; winterhart
   aus gleicher Kreuzung:
   'Anilin' außen hellrosa, Schlund zartrosa
   'Barmstedt' ähnlich, mit rötlicher Zeichnung

'Bad Zwischenahn'
(W. BRUNS, 1960/1981)
hellrosa mit hellerem Schlund, dunkelrote Zeichnung; Blütenstand kompakt; Blütezeit Mitte bis Ende Mai; Wuchs flach rund, kompakt, gedrungen; winterhart
   aus gleicher Kreuzung:
   'Rosa Wolke' (1983) ähnlich, mit gelbgrüner Zeichnung, Blütezeit bis Anfang Juni

'Blurettia'
(H. HACHMANN, 1968/1982)
violettrosa, innen heller, Saum rotviolett, gekräuselt; Blütezeit Mitte Mai bis Anfang Juni; Belaubung dunkelgrün; Wuchs breit rund; winterhart

'Daniela'
(H. HACHMANN, 1969/1984)
lachsrot mit rötlichem Saum; innen lachsrosa mit weißem Fleck; Blütenstutz dicht; Blütezeit Ende Mai bis Mitte Juni; Belaubung hellgrün; dichter,

flach kompakter Wuchs; winterhart
    aus gleicher Kreuzung:
      'Tatjana' (1983) karminrosa, innen rubinrosa, farbkonstant, Saum gekräuselt

'Eggert Rohwer'
(H. HACHMANN, 1968/1988)
leuchtend hellrot, innen rosa; Saum gekräuselt; Blütezeit Mitte bis Ende Mai; Laub mittelgrün; Austrieb weißfilzig; Wuchs dicht kompakt; ausgesprochen winterhart

'Fantastica'
(H. HACHMANN, 1968/1983)
leuchtend rosarot, innen zartrosa, im Verblühen lachsrosa, großblütig; Belaubung dunkelgrün; Wuchs dicht kompakt; Blütezeit Mitte Mai bis Anfang Juni; ausgesprochen winterhart
    aus gleicher Kreuzung:
      'Emanuela' (1985) hellrosa mit dunkelrosa Rand, gewellt, schwache gelbgrüne Zeichnung
      'Marlis' (1985) hellrosa, Mitte heller, Rand kräftiger gefärbt

'Flava'
(– 'Volker'; *R. wardii* G. SHERRIFF 5679 x *R. yakushimanum* 'Koichiro Wada', D. G. HOBBIE, etwa 1952/1979)
hellgelb, meist mit rotem Schlundfleck; Blütenstand locker; Blütezeit Mitte Mai bis Anfang Juni; Grex-Sorte mit verschiedenen Klonen, z. B. 'Lackblatt' mit bester Belaubung; 'Flava Rosa' gelblichrosa; Wuchs mehr aufrecht; 'Babette' (selektiert von HACHMANN 1987), Wuchs breit rund kompakt, niedrig, dicht; cremegelb mit rosa Tönung, roter Schlundfleck; winterhart (Abb. S. 281)

'Hachmanns Polaris'
(H. HACHMANN, 1963/1978)
rubinrosa, im Schlund heller; gelblichgrüne Zeichnung; Saum leicht gekräuselt; sehr blühwillig; Blütezeit Ende Mai bis Anfang Juni; dunkelgrüne Belaubung; Wuchs dicht breit kompakt; eine der winterhärtesten Yakushimanum-Hybriden

'Kalinka'
(H. HACHMANN, 1969/1983)
hellrot, innen rosa mit gelbgrüner Zeichnung; Saum leicht gekräuselt; Blütezeit Mitte Mai bis Anfang Juni; reichblühend; Belaubung dunkelgrün; Wuchs gleichmäßig rund kompakt; winterhart

'Manuela'
(H. HACHMANN, 1969/1985)
rubinrosa, Saum gekräuselt; Blütezeit Mitte Mai bis Anfang Juni; sehr blühwillig; Wuchs rund kompakt; winterhart

'Morgenrot'
(H. HACHMANN, 1963/1978)
außen rot, innen rosa mit zartrosa Schlund, rotbraune Zeichnung; Blütezeit Mitte bis Ende Mai; Belaubung dicht, dunkelgrün, unterseits mit brau-

nem Indument; Wuchs breit kompakt; winterhart; sehr blühwillig

'Silberwolke'
(H. HACHMANN, 1963/1978)
zartrosa erblühend, später reinweiß mit gelblichgrüner Zeichnung; Blütenstutz rundlich kompakt; Blütezeit Mitte Mai bis Anfang Juni; Wuchs breit, kompakt aufrecht, in der Jugend etwas raschwüchsiger; winterhart

Sommergrüne Hybriden

Diese Rhododendren überwintern ohne Laub. Sie benötigen deshalb keinen besonderen Schutz vor Wintersonne und können sonniger stehen. Erfahrungsgemäß blühen jedoch Exemplare im Streuschatten bis zu einer Woche länger. Weil die Triebe bis zu den stärkeren Frösten normalerweise verholzen, sind die Sorten dieser Hybridgruppen im allgemeinen winterhart. Im Herbst zeigen sie eine prächtige Laubfärbung.

Genter Hybriden

Sie sind das Ergebnis der ersten Rhododendronkreuzungen, die in Europa überhaupt durchgeführt wurden. Mit ihnen machten die Belgier den Engländern ihr „Rhododendron-Monopol" streitig. Ab 1820 begann P. MORTIER in Gent Kreuzungen mit den Arten *R. calendulaceum*, *R. luteum*, *R. molle*, *R. periclymenoides* und *R. viscosum*. Die Blüten dieser Hybriden sind verhältnismäßig klein, haben jedoch eine breite Farbskala von Hellgelb bis Dunkelkarminrot, sie sind winterhart und blühwillig. Die wüchsigen Sorten erreichen im Alter bei straff aufrechtem Wuchs eine Höhe von 2 bis 3 m. Die Blütezeit liegt etwa zwischen Mitte und Ende Mai. Die Blüte selbst ist meist einfach, doch gibt es auch gefüllte Sorten.

'Unique'
(Züchter unbekannt, vor 1875)
gelborange, rosa getönt, mit orangefarbener Zeichnung; Blütezeit letztes Mai- bis erstes Junidrittel; Wuchs schmal aufrecht

Yakushimanum-Hybride 'Ann Lindsay'

Yakushimanum-Hybride 'Blurettia'

Yakushimanum-Hybride 'Fantastica'

Yakushimanum-Hybride 'Babette'

Gandavense-Hybride 'Wilhelmine'

'Bouquet de Flore'
(A. VERSCHAFFELT, Belgien, vor 1869)
karminrot mit gelbem Fleck; Blütezeit Mitte Juni;
kräftiger aufrechter Wuchs

'Coccinea Speciosa'
(L. SENECLANDE, vor 1846)
leuchtend orange, Staubblätter weit herausragend,
sehr reichblühend; Blütezeit Anfang bis Mitte Juni;
schwachwüchsig, breit wachsend, Äste horizontal

'Corneille'
(C. VUYLSTEKE, Belgien)
hellrosa, rosettenartig gefüllt; Blütenstand locker;
Wuchs breit aufrecht

'Goldlack'
(D. HESSE, 1900)
orangegelb, rosa getönt; Blütezeit letztes Mai- bis erstes Junidrittel

'Nancy Waterer'
(A. WATERER, England, vor 1876)
goldgelb mit orangegelbem Fleck, großblumig; Blütenstand kompakt; Blütezeit letztes Mai- bis erstes
Junidrittel; aufrechter Wuchs

'Narcissiflora'
(van HOUTTE, vor 1871)
hellgelb, halbgefüllt, sternartig, duftend, 10zipflig;
Blütezeit Ende Mai bis Mitte Juni

'Pallas'
(Züchter unbekannt, vor 1875)
hell gelblichrosa mit orangefarbenem Fleck; Blütezeit Mitte bis Ende Mai; Wuchs aufrecht, hoch

'Pucella'
(= 'Fanny'; Züchter unbekannt)
dunkelrosa mit orangefarbenem Fleck; Blütenstand
kompakt; Blütezeit letztes Mai- bis erstes Junidrittel;
sehr reichblühend, Wuchs aufrecht

Knap-Hill-Hybriden

Die Züchtung begann um 1870 in den
KNAP-HILL-NURSERIES in Surrey/England
durch A. WATERER. Ausgangsarten sind *R.
arborescens, R. calendulaceum, R. molle, R.
occidentale* und die heute kaum noch bekannten Albicans-Hybriden (*R. occidentale*
× *R. molle*). Die Beteiligung des tetraploi-
den *R. calendulaceum* wird heute ange-
zweifelt. Kennzeichnend ist ihr gesunder,
kräftiger, meist aufrechter Wuchs, selbst
auf weniger geeignet erscheinenden Böden. Sie sind auch in Mitteleuropa ausreichend winterhart. Die Blütenstände bestehen aus jeweils 18 bis 30 Einzelblüten, die
locker, dicht oder ballförmig angeordnet
sind. Ihr Farbenspiel reicht von Weiß über
Gelb, Rosa, Orange bis Rot. Viele Sorten
haben einen prächtigen bronzefarbigen
Austrieb und eine leuchtend rote Herbstfärbung. Sie sind resistent gegen Weichhautmilben und 'Rote Spinne'. Gegenwärtig sind etwa 200 Sorten bekannt.

Rosafarbene Sorten

'Berryrose'
(ROTHSCHILD)
rosa, gelber Fleck, duftend; Wuchs breit, locker

'Cecile'
(ROTHSCHILD, 1947)
lachsrosa, dunkelrosa geflammt, mit goldgelbem
Fleck, meist 6zipflig; Wuchs locker aufrecht

'Hachmann's Juanita'
(HACHMANN, 1963/1979)
dunkellachsrosa mit kräftig orangegelbem Fleck,
Saum gewellt; Herbstfärbung orange; Wuchs breit
rund, kompakt (Abb. S. 283)
    aus gleicher Kreuzung:
    'Sarina' Blütenfarbe etwas heller

'Homebush'
(WATERER, GB, 1925)
karminrosa, 10zipflig, sternartig; Blütenstutz ballförmig; Wuchs locker aufrecht

Knap-Hill-Hybride 'Hachmanns Juanita'

'Pink Delight'
(ROTHSCHILD, 1947)
reinrosa, innen heller, mit goldgelbem Schlundfleck; Wuchs locker aufrecht

'Silver Slipper'
(ROTHSCHILD, 1948)
weißlichrosa mit kräftig-gelbem Fleck, großblumig;
Wuchs locker

'Sylphides'
(KNAP-HILL-NURSERY, 1950)
lachsrosa erblühend, dann heller werdend, mit gelbem Schlundfleck; duftend, reichblühend; Blütezeit
Anfang bis Mitte Mai; Wuchs locker aufrecht

'Wilhelm Röntgen'
(C. FLEISCHMANN, vor 1971)
lachsrosa mit orangegelbem Fleck, Saum gewellt;
Blütenstand rundlich kompakt, sehr großblumig;
Wuchs dicht buschig

Rote Sorten

'Feuerwerk'
(HACHMANN, 1963/1977)
leuchtend orangerot, goldorange geflammt,
schwach duftend, Saum gewellt; Austrieb und
Herbstfärbung tiefbronzefarbig; stark wachsend,
breit aufrecht

'Fireball'
(ROTHSCHILD, 1951)
dunkel orangerot, Saum gewellt und gedreht;
Wuchs kräftig, aufrecht; Blätter glänzend dunkelgrün, Austrieb bronzefarbig; Wuchs stark, aufrecht

'Gibraltar'
(ROTHSCHILD, 1947)
leuchtend orangerot, Saum gekräuselt, dichter Blütenstutz; schon als Jungpflanze reichblühend;
Wuchs kompakt

'Hotspur'
(ROTHSCHILD, vor 1934)
orangerot, Rand gefranst, Belaubung frischgrün;
Wuchs breit, locker
    vom gleichen Züchter:
    'Hotspur Orange' rötlich orange
    'Hotspur Red' orangerot
    'Hotspur Yellow' (1947) gelb mit orangefarbenem
    Schlundfleck

'Nabucco'
(H. HACHMANN, 1972/1987)
dunkelrot, orangefarben getönt; farbbeständig auch
in der Sonne

'Parkfeuer'
(= 'Glutkrone'; H. HACHMANN, 1969/1983)
rot mit orangerotem Ton, Staubblätter weiß, farbbeständig, 6- bis 7zipflig; starkwüchsig, aufrecht

Knap-Hill-Hybride 'Tunis'

'Robert Koch'
(C. FLEISCHMANN, vor 1971)
leuchtend scharlachrot mit ockergelbem Fleck;
Wuchs breit, kompakt

'Royal Command'
(ROTHSCHILD)
rot, reichblühend; kräftige Belaubung; Wuchs lokker aufrecht

'Tunis'
(ROTHSCHILD, 1926)
dunkelrot mit orangefarbenem Fleck, duftend;
Wuchs locker aufrecht (Abb.)

Gelbe Sorten

'Gemini'
(C. FLEISCHMANN, vor 1971)
orange mit ockergelber Zeichnung, großblumig;
schwachwüchsig, breitbuschig

'Golden Eagle'
(R. calendulaceum × ?; KNAP-HILL-NURSERY, 1949)
hellorange mit rötlichorangefarbenem Fleck, reichblühend; Wuchs locker aufrecht

'Golden Sunset'
(ROTHSCHILD, 1948)
reingelb mit großem goldgelbem Fleck, offen trichterförmig, Staubblätter weit herausragend; Wuchs
aufrecht, etwas locker

284

'Goldflamme'
(HACHMANN, 1963/1979)
goldorange, orangerötlich geflammt, Saum gewellt; sehr blühwillig; Wuchs aufrecht, etwas locker

'Goldpracht'
(HACHMANN, 1971/1983)
goldgelb mit kräftig orangegelbem Fleck, leicht duftend; reichblühend; Belaubung frischgrün; bronzerote Herbstfärbung; Wuchs dicht kompakt
    aus gleicher Kreuzung:
      'Goldtopas' Blütenstand lockerer, überhängend, Einzelblüten größer

'Harvest Moon'
(SLOCOCK, 1938)
leuchtend hellgelb, Wuchs locker

'Klondyke'
(ROTHSCHILD, 1947)
goldgelb, orangerot geflammt, 5- bis 6zipflig; bronzefarbiger Austrieb; Wuchs breit aufrecht

'Paul Ehrlich'
(C. FLEISCHMANN, vor 1971)
lachsrosa mit orangegelbem Fleck, Saum gewellt

'Sun Chariot'
(ROTHSCHILD)
dunkelgelb mit orangefarbener Zeichnung, Blütezeit Ende Mai bis Anfang Juni, großblumig

Knap-Hill-Hybride 'Raimunde'

Weiße Sorten

'Möwe'
(D. G. Hobbie, ca. 1973, aus USA-Saatgut)
weiß, außen rosa getönt, mit orangegelbem Fleck,
leicht duftend; Wuchs breit aufrecht

'Persil'
(Slocock)
weiß mit großem goldgelbem Fleck, duftend; Belaubung frischgrün; Wuchs locker aufrecht

'Schneegold'
(Hachmann, 1967/1983)
reinweiß mit großem goldgelbem Fleck, Saum zartrosa, gewellt; sehr blühwillig; Wuchs dicht aufrecht

'White Swan'
(Rothschild, 1960)
rahmweiß mit gelbem Fleck, im Verblühen rosa getönt, Krone 6- bis 8zipflig, reichblühend, duftend;
kräftige Belaubung; Wuchs straff aufrecht

Mollis-Hybriden

(Kosterianum-Hybriden, Japonicum-Hybriden, Mollis × Sinensis-Hybriden)
Ihr Name wurde nach der hauptsächlich
beteiligten *Azalea mollis*, dem späteren *R.
japonicum* und heutigen *R. glabrius* gewählt. Es handelt sich um Kreuzungen
verschiedener Varietäten untereinander
und teilweise mit *R. molle*, der früheren
Azalea sinensis. Vermutlich wurden auch

Genter Hybriden oder *R. viscosum* mit eingekreuzt. Die Züchtung begann etwa zwischen 1870 und 1880 in England (Tillery,
Waterer), Belgien (Groenwegen) und in
den Niederlanden (Koster). Die Ge-
schichte der Züchtung ist etwas verworren
und wird unterschiedlich dargestellt. Besonders Koster brachte recht großblumige, wüchsige F_1-Hybriden in verschiedenen Farben heraus ('Koster's Brillant').

Die Blüten sind glockig bis trichterförmig in leuchtenden Farben von gelb,
orange und rot. Die Blütezeit liegt meist
zwischen Ende Mai und Anfang Juni. Sie
sind anfällig gegenüber Milben. Im Alter
werden sie etwa bis 1,5 m hoch.

'Adrian Koster'
(M. Koster & Sons, 1901)
reingelb mit orangefarbenem Fleck, großblumig

'Apple Blossom'
(K. Wezelenburg & Sohn)
lachsrosa mit goldgelber Zeichnung, reichblühend;
Wuchs kompakt aufrecht

'Directeur Moerlands'
(P. L. Binken, Boskoop)
goldgelb mit dunklerer Zeichnung

'Hortulanus H. Witte'
(M. Koster & Sons, 1892)
gelb, orangegetönt, rötlich geflammt; Wuchs
schwach

286

'Kosters Brillant Red'
(M. KOSTER & SONS, 1918 bis 1920)
rötlichorange mit hellroter Zeichnung

'Kosters Yellow'
(M. KOSTER & SONS, 1920)
dunkelgoldgelb, großblütig

'Polly Claessens'
(M. KOSTER & SONS, 1954)
orange mit rötlicher Tönung; 7 bis 9 Einzelblüten;
schwachwüchsig

'Saturnus'
(Proefstation Boskoop)
orangerot; schnellwüchsig

'Winston Churchill'
(FELIX & DIJKHUIS, 1949)
rötlichorange mit rotem Fleck

Occidentale-Hybriden

Die charakteristischen Merkmale von *R.
occidentale*, der gelbe Fleck und der starke
Duft, blieben bei den Hybriden erhalten.
Etwa zwischen 1895 und 1900 entstanden
sie gleichzeitig in England (WATERER) und
in den Niederlanden (KOSTER) aus der
Kreuzung von Mollis-Sorten mit *R. occidentale*. Sie sind starkwüchsig (bis 2,5 m
hoch), spätblühend (Juni) und großblumig.
Die Einzelblüten haben einen Durchmesser von 5 bis 10 cm. Alle Sorten haben eine
gute Winterhärte. Das Farbspiel reicht von
Weiß bis Hellrosa.

'Exquisita' weiß, rosa getönt
'Irene Koster' weiß mit rosa Tönung
'Magnifica' gelblichweiß, hellrosa verblühend
'Pink Cloud' rosa, großblumig

Rustica-Hybriden (Mixtum-Hybriden)

Wichtigstes Merkmal sind die gefüllten
Blüten. Etwa um 1890 wurden von Ch. VU-
STEKE in Belgien die ersten Sorten in den
Handel gebracht. Sie entstammen wahrscheinlich Kreuzungen von gefüllten Gen-
ter-Hybriden mit Mollis-Hybriden oder *R.
glabrius* (= *R. japonicum*). Ähnliche Ba-
starde soll WATERER in Woking/England

Rustica-Hybride

durch Einkreuzen von *R. occidentale* in
Genter Hybriden erhalten haben. Das
Farbspektrum entspricht dem der Genter
Hybriden. Die Winterhärte ist gut, der
Wuchs gedrungener, das macht sie für
kleinere Gärten geeignet. Blütezeit Mitte
bis Ende Mai.

'Aida' rosa, lila getönt
'Freya' gelb, rosa getönt (Abb. S. 288)
'Norma' rosarot
'Phebe' dunkelgelb, rosa getönt
'Velasquez' rosa erblühend, im Verblühen weißlich

287

Rustica-Hybride 'Freya'

Viscosum-Hybriden

1938 kreuzte B. B. FELIX in Boskoop, Niederlande, *R. viscosum* mit Mollis-Hybriden. Herausgegeben wurden sie später von der Fa. FELIX und DIJKHUIS und der Proefstation Boskoop. Sie haben kleine Blüten, die in großer Anzahl erscheinen und einen angenehmen Duft verbreiten. Ihre Blütezeit beginnt Ende Mai und währt bis Mitte Juni.

'Daviesii'
(*R. molle* × *R. viscosum;* DAVIES/England, vor 1870) weiß mit gelbem Fleck, Blütenstand locker; Blütezeit letztes Mai- bis erstes Junidrittel; duftend; Wuchs breit aufrecht; Blätter unterseits blau bereift; leicht aus Stecklingen vermehrbar

weitere Sorten:
'Antilope' rosa, lachsfarben getönt, mit gelbem Fleck
'Arpege' (1969), dunkelgelb, Röhre lachsrosa getönt
'Chanel' gelb, rosa getönt
'Diorama' (Proefstation Boskoop), orangerot
'Rosata' (1967), dunkelrosa; Wuchs breit aufrecht
'Soir de Paris' (1964), hellrosa, dunkelrosa gestreift, mit gelbem Fleck; Wuchs breit aufrecht

288

Wintergrüne Rhododendron-Hybriden ('Japanische Azaleen')

Der Sammelbegriff 'Japanische Azaleen' ist weder botanisch noch geographisch korrekt, dennoch wird er im deutschen Sprachgebiet häufig für diese Sortengruppen verwendet. Wahrscheinlich geht die Bezeichnung auf die japanischen Kurume-Hybriden zurück, die von WILSON 1919 nach den USA eingeführt und später auch in Europa verbreitet wurden. In der Folgezeit wurden aber auch andere Arten der Sektion *Tsutsutsi* (früher Subserie *Obtusum*), die nicht in Japan beheimatet sind, beispielsweise Sorten der 'Indischen Azalee' *R. simsii*, eingekreuzt.

In dieser Hybridengruppe sind die ältesten Rhododendronzüchtungen zu finden. Von den Satsuki- und Kurume-Hybriden waren bereits vor 400 Jahren in Japan Hunderte Sorten in Kultur.

Die Winterhärte der einzelnen Sorten ist sehr unterschiedlich. Im Alter nimmt die Frosthärte meist zu. Junge Pflanzen bedürfen eines Winterschutzes.

Die Blätter sind relativ klein, die Winterblätter kleiner als die Sommerblätter (Blattdimorphineum), die nach den ersten stärkeren Herbstfrösten oft in prächtiger Herbstfärbung abfallen.

Ein weiteres gemeinsames Merkmal ist der mehr breite als hohe, oft schirmartige Wuchs. Die meisten Sorten erreichen eine Wuchshöhe von 50 cm, wenige im Alter die Höhe von 1 m. Das macht sie zu idealen Blütengehölzen für kleinere Gärten.

Sie benötigen im Winter Schutz vor Sonne und vor eisigen Winden. Heiße, trockene Südseiten von Gebäuden sind ungeeignet. Da die Wurzeln sehr oberflächennah wachsen, muß dem Mulchen besondere Beachtung geschenkt werden.

In der Farbenvielfalt der Blüten fehlte bisher das Gelb. Verschiedene Kreuzungskombinationen in den USA führten indessen bereits zu ersten Erfolgen. Die Farbpalette der dort sehr beliebten 'Robinhill-Azaleen', deren Winterhärte auch für Mitteleuropa ausreichen dürfte, wurde durch die hellgelbe 'Olga Niblett' komplettiert.

Aronense- oder Geisha-Hybriden

Diese Hybriden wurden von Werner ARENDS gezüchtet. Sie wachsen breiter und flacher als die Arendsii-Hybriden und sind noch reichblühender.

In den fünfziger Jahren unseres Jahrhunderts kreuzte ARENDS den Findling *R.* 'Multiflorum' mit Arendsii-Sorten sowie der *R. simsii*-Sorte 'Hexe'. 1961 kamen sie mit japanischem Namen in den Handel. Später wurden sie in 'Geisha-Azaleen' umbenannt.

'Geisha Dunkellachsrot' (= 'Michiko') rosa
'Geisha Dunkellila' (= 'Haruko') doppelkronig, lila mit schwacher rötlicher Zeichnung
'Geisha Karmin halbgefüllt' (= 'Noriko') karmin, halbgefüllt
'Geisha Karminrot' (= 'Kazuko') karminrot, kleinblütig
'Geisha Lachskarmin' (= 'Kumiko') leuchtend rosarot
'Geisha Lilarosa' (= 'Hanako') doppelkronig
'Geisha Lilarosa' (= 'Takako') hellila, rötliche Zeichnung
'Geisha Orangerot' (= 'Satshiko') orangerot, Blüte ∅ 4 cm, 1971 eingeführt, sehr dicht wachsend
'Geisha Purpurrosa' (= 'Hiroko') hellila, Saum leicht gewellt, kleinblütig
'Geisha Rosa' (= 'Mamoko') hellrosa
'Geisha Weiß' (= 'Hisako') reinweiß

Arendsii-Hybriden

Georg ARENDS kreuzte um 1910 den Mucronatum-Klon 'Noordtianum' mit den Kurume-Sorten 'Benigiri', 'Hatsugiri' und 'Hinodegiri' sowie *R.* 'Obtusum Amoenum' und *R. kaempferi*. Die Sämlinge wurden einigen strengen Wintern bei wenig Pflege und ohne Abdeckung überlassen. Im Jahre 1926 wurden sie unter Nummern in den Handel gebracht und ab 1950 nach Flüssen des Bergischen Landes benannt. Sie zeichnen sich durch gute Winterhärte, große Blüten und reine Farben aus.

Arendsii-Hybride ‘Diemel’

Arendsii-Hybride ‘Multiflorum’

‘Agger’ zartlila mit schwacher rötlicher Zeichnung
‘Bever’ hellila mit grünlichbrauner Zeichnung, Blüten zu 1 bis 3, Blütendurchmesser 4 bis 6 cm,
‘Bigge’ hellila mit schwacher rötlicher Zeichnung, großblumig
‘Dhünn’ weiß mit gelbem Fleck, 1972 benannt
‘Diemel’ lachsrosa mit rötlichbrauner Zeichnung, Blütendurchmesser 4 bis 5 cm, Blüten einzeln oder zu zweit
‘Eder’ leuchtend rosa, schwache dunkelrote Zeichnung
‘Lister’ kräftig rot mit schwacher dunkler Zeichnung
‘Multiflorum’ Findling! rosa, besonders dichter Wuchs und üppige Blüte

'Neye' karminrot
'Oester' hell lilarosa mit rötlicher Zeichnung
'Sorpe' lila mit schwacher dunkelroter Zeichnung
'Uelfe' lila
'Volme' hell lilarosa mit rötlicher Zeichnung
'Wipper' zartlila, rötliche Zeichnung, Blütendurchmesser 5,5 bis 7 cm
'Kermesina' Ursprung unbekannt, wahrscheinlich von ARENDS, rubinrosa bis hellrot, dicht blühend, Wuchs sehr dicht
'Kermesina Alba' Mutation, gefunden durch A. WEMKEN, 1978/1982, weiß
'Kermesina Rose' (= 'Kermesina Weißbunte Mutation') gefunden von A. WEMKEN, 1973, mit weißem Saum und hellroter Mitte

Diamant-Hybriden

Der Wuchs ist niedrig und geschlossen, sie haben eine gute Winterhärte. Die Blüten sind klein, erscheinen aber in großer Menge und sind regen- und sonnenfest. Die Blütezeit liegt zwischen Ende Mai und Anfang Juni. Carl FLEISCHMANN züchtete sie in Wiesmoor in den Jahren 1956 bis 1959. Er verwendete als Mutterpflanze *R.* 'Multiflorum' und bestäubte mit einer lachsfarbenen Form von *R. kiusianum*. Die Nachkommen wurden harten Wintern zur Auslese überlassen. 1969 kamen sie als reine Farben in den Handel: 'Enzianblau' (dunkellila), 'Himmelblau' (hellila), 'Lachs', 'Lachsviolett', 'Purpur', 'Rosa', 'Rot'. 1971 erzielte A. STÖCKMANN den noch fehlenden weißen Farbton. 'Diamant

Diamantazalee

Weiß' soll aus einer Zufallskreuzung von 'Kermesina' mit *R. prinophyllum* hervorgegangen sein. Seit 1979 im Handel. Für alle Diamant-Sorten besteht Nachbauverbot.

Gable-Hybriden

Joseph B. GABLE in Stewartstown, Pennsylvania (USA), dienten als Ausgangsarten besonders *R. kaempferi* und *R. poukhanense* sowie 'Macrantha', 'Mucronatum', Kurume-Hybriden und andere wintergrüne Formen. Teilweise wurden die neuen Hybriden wieder in die Züchtung mit einbezogen. Ab 1927 kamen die ersten Sorten in den Handel. Sie sind in Wuchs und Blüten sehr unterschiedlich. Teils wurden von *R. poukhanense* die dunklen Flecken vererbt, teils von 'Hexe' die doppelkronigen Blüten. Sie gelten in den USA als die härtesten wintergrünen Rhododendren. Wegen ihrer Winterhärte konnten sich einige Sorten auch in Europa durchsetzen.

'Herbert' (1931/1941) karminrot, 5zipflig, Kelch grün; ausgesprochen winterhart
'Rose Bud' (1938/1948) rosa, halbgefüllt
'Stewartstoniana' (1952/1957) rot, Blütendurchmesser 6 cm; glänzende Belaubung

Glenn-Dale-Hybriden

Diese Klasse entstand aus Kreuzungen zahlreicher Arten und Sorten, die seit 1935 B. Y. MORRISON durchführte. Verwendet wurden unter anderem *R. indicum*, *R. kaempferi*, *R. poukhanense*, *R. simsii* und deren Kultivare, besonders 'Vittata Fortunei', Kurume- und Satsuki-Hybriden, 'Malvatica' und 'Mucronatum'. Aus 70 000 Sämlingen selektierte von 1947 bis 1949 das US-Department of Argriculture Division, Plant Exploration and Introduction Glenn-Dale-Garden in Maryland 440 Sorten und brachte sie in den Handel. Die verschiedenen Kombinationen sind sehr vielfältig in Wuchs, Höhe, Blütenform (einfach, hose-in-hose, halbgefüllt) und Farbe (von Weiß über Rosa bis Rot und Purpur). Häufig sind auch mehrfarbige Blüten. Die Blütezeit dieser Sorten umfaßt nahezu den Zeitraum eines Vierteljahres. Sie sind besonders in den USA sehr beliebt. In Europa konnten sich bisher nur wenige Sorten durchsetzen. Einige Züchtungen sind auch für mitteleuropäische Verhältnisse ausreichend winterhart.

Hachmann-Hybriden

Hans HACHMANN, Barmstedt, wandte besonders die Kombinationszüchtung mit verschiedenen Sorten an. Züchtungsziele waren leuchtende Blütenfarben bei kompaktem Wuchs und guter Winterhärte. Seit 1974 wurde eine Reihe von Sorten nach jahrelangen kritischen Prüfungen in den Handel gebracht. Die Blüte liegt meist in der zweiten Maihälfte und Anfang Juni.

Rosa bis Rot

'Brunella' (1968/1981) glühend rot, farbbeständig; Wuchs breit kompakt; ausgesprochen winterhart

'Allotria' (1968/1981) rosarot, reichblühend; Belaubung glänzend dunkelgrün; Wuchs breit kompakt

'Canzonetta' (1974/1987) karminrot, gefüllt wirkend, Wuchs flach kompakt; aus gleicher Kreuzung die ähnlichen 'Estrella' und die reichblühende schwachwüchsige 'Fridoline'

'Granada' (1967/1982) rubinrosa, leicht gefüllt; dunkelgrüne Belaubung; kissenförmiger Wuchs

'Hachmann's Gabriele' (1959/1979) leuchtend hellrubinrot, farbkonstant; Wuchs breit aufrecht, kompakt, aus gleicher Kreuzung die ähnlichen Sorten 'Rubinetta' und 'Rubinstern'

'Maruschka' (1976/1988) hell karminrot, leicht gefüllt; Belaubung dunkelgrün; aus gleicher Kreuzung die beiden ähnlichen Sorten 'Rokoko' und 'Tornella'

'Nordlicht' (1963/1977) orangerot; Wuchs breit kompakt; Winterschutz empfehlenswert

'Signalglühen' (1964/1979) rötlichorange; Wuchs flach kompakt

Weiß

'Schneeglanz' (1961/1978) weiß mit grüngelber Zeichnung; Belaubung im Winter oft fast völlig abfallend; Wuchs locker, breit aufrecht

'Schneewittchen' (1960/1980) weiß mit schwacher grüngelber Zeichnung; Belaubung hellgrün; Wuchs kissenförmig

Indicum-Hybriden ('Satsuki'-Azaleen)

Als Ausgangsarten dienten *R. indicum* (nicht zu verwechseln mit *R. simsii*, der früheren *Azalea indica*) und *R. tamurae* (*R. eriocarpum*). Schon vor über 300 Jahren teilten die Japaner diese Klasse in zwei Gruppen ein:
1. Tsutsuji, die Mil-Satsuki, die auf *R. indicum* zurückgehen. Sie blühen zuerst im Frühling. *R. indicum* kommt wild im Südjapan (Shikoku, Kyushu, Yakushima) vor. Die Blüten variieren zwischen Rosa und Rot.
2. Maruba-Satsuki, sie stammen von *R. tamurae* ab und blühen etwa einen Monat später. *R. tamurae* kommt auf Yakushima und anderen südjapanischen Inseln vor. Die Blütenfarbe ist Rot bis Purpur

Es sind in Japan sehr beliebte Garten- und Bonsai-Pflanzen. Einige Sorte sollen 400 bis 500 Jahre alte Kultivare sein (z. B. 'Shikoku Nishiki'). Erst 1938/39 gelangten die ersten Pflanzen nach den USA, wo sie heute eine gewisse Verbreitung gefunden haben. Ihre Winterhärte ist gering. In Mitteleuropa benötigen sie einen guten Winterschutz. Sie blühen Ende Mai bis Mitte Juni. Hervorzuheben ist ihr gedrungener Wuchs und die großen, teilweise gestreiften Blüten.

In diese Gruppe gehören auch die 'Gumpo-Azaleen'. Aus der weißen Grundform sind eine ganze Anzahl Sports selektiert, besonders mit rosaroten und zweifarbigen Blüten. Nach eigenen Erfahrungen halten sie in mitteleuropäischen Wintern relativ gut aus.

Jelinek-Hybriden (»Jelinkovy azalky«)

Jan JELINEK und später B. KAVKA kreuzten in Pruhonice, ČSFR, *R. obtusum* 'Amoenum' mit *R. poukhanense*. Die Hybriden haben einen kompakten flachen Wuchs. Die relativ kleinen Blüten erscheinen in großer Zahl in der ersten Maihälfte. Sie sind winterhart. Sie wurden meist nach Flüssen der ČSFR benannt. Besonders wegen ihrer Winterhärte verdienen sie eine größere Verbreitung. Die ersten Sorten wurden 1962 in den Handel gegeben.

'Labe' (B. KAVKA, 1970) zartrosa
'Orlice' (B. KAVKA, 1970) hellpurpurviolett mit dunkler Zeichnung
'Oslava' (JELINEK, 1969) hellpurpurrosa mit dunklerer Zeichnung
'Otava' (JELINEK, 1962) hellviolett mit kräftiger purpur-brauner Zeichnung
'Sazava' (B. KAVKA, 1970) hellviolett-purpurrot
'Vltava' (JELINEK, 1962) hellrosa
'Ledicanense' (*R. poukhanense × R. mucronatum*, B. KAVKA, M. OPATRNA, 1945) hellpurpurviolett mit kräftiger rotbrauner Zeichnung, großblütig (bis 6 cm Durchmesser); Wuchs breit aufrecht, etwas locker; absolut winterhart

Kaempferi-Hybriden

Merkmale dieser Gruppe sind der höhere, aufstrebende Wuchs und die einzeln stehenden, relativ großen Blüten. Im Herbst haben diese Hybriden eine prächtige Laubfärbung. Sie überwintern nur mit wenigen kleinen Blättern an den Triebspitzen. Gekreuzt wurde *R. kaempferi* zunächst mit der Sorte 'Malvatica'. Deshalb werden sie auch als »Kaempferi × Malvatica«-Hybriden bezeichnet.

Die Züchtungsarbeit begann 1918 in Holland. PUSCH in Werder verwendete neben *R. kaempferi* auch Kurume-Hybriden und 'Obtusum Amoenum' als Kreuzungspartner. Die PUSCH-Sorten haben eine gute Winterhärte. Das Farbenspiel reicht von rosa bis rot und lachsfarben.

'Favorite' (C. B. van NES, 1920) tiefrosa mit schwacher rotbrauner Zeichnung; Blütensaum gekräuselt; Blütezeit erste Maihälfte; Blütendurchmesser 6 cm

'Fedora' (C. B. van NES, 1922): leuchtend karminrosa; Blütezeit Mitte Mai

'John Cairns' (KOSTER, 1922) scharlachrot mit schwacher dunkler Zeichnung; Blütendurchmesser 7,5 cm; Farbe lichtbeständig; Blütezeit Mitte Mai; kompakter Wuchs; winterhart

'Orange Beauty' (C. B. van NES, 1920) rotorange; Blütezeit erste Maihälfte; breitwachsend; Winterschutz empfehlenswert

'Willy' (C. B. van NES) hellrot mit schwacher brauner Zeichnung; Blütezeit Mitte Mai; Blütendurchmesser 7 cm; breitwachsend; winterhart

'Hellachs' (PUSCH) (= 'Wenke') amarantrosa; Blütendurchmesser 3 bis 4,5 cm; Blütezeit Ende Mai bis Anfang Juni; mit wenig Laub überwinternd; Wuchs breit ausladend; ca. 1 m Höhe erreichend; winterhart

'Dunkellachs' (PUSCH) stark amarantrot; Blütendurchmesser 3 bis 4,5 cm; Blütezeit Ende Mai bis Anfang Juni; breitwachsend; ca. 60 cm hoch; winterhart

'Mittelrot' (Klon 105, PUSCH) mittelrot; Blütendurchmesser 3,5 bis 5 cm; Mitte bis Ende Mai; Wuchs breit aufrecht; dicht verzweigt; winterhart

Kiusianum-Hybriden

R. kiusianum aus den Bergen Kyushus hat eine gute Winterhärte. Für mitteleuropäische Verhältnisse ist sie deshalb ein geeigneter Kreuzungspartner. Außerdem sind die große Farbenvielfalt, von Weiß über Rosa bis Lilarosa, und der gedrungene, flache Wuchs für Züchter interessant. Neben anderen bemühte sich besonders W. DÄNHARDT, Pillnitz, um die Züchtung. Die Sorten sind in Wuchs und Blütenform sehr unterschiedlich. Es gibt einfachblühende und doppelkronige Sorten. Die Blütezeit beginnt Mitte Mai. Alle Sorten eignen sich zum Verfrühen, sind jedoch nicht treibfähig. Die Winterhärte ist unterschiedlich.

'PAC-Falkenstein' (1984) rosa, kleinblütig, doppelkronig, sehr blühwillig; Wuchs breit kompakt, dicht verzweigt

'PAC-Lilienstein' (1978) lila-violett mit bräunlicher Zeichnung, großblumig, Wuchs breit ausladend, buschig, etwas sparrig; etwas flacher wächst die sonst sehr ähnliche Sorte 'PAC-Königstein' (Abb.)

'Macrantha', ein Klon von *R. indicum*, wurde häufig
zur Züchtung verwendet

'PAC-Rauschenstein' (1978) leuchtend reinrosa, kleinblumig; schwachwüchsig, zierlich; geschützter Standort empfehlenswert (Abb.)

'PAC-Rotstein' (1986) ziegelrot, farbkonstant; Belaubung dunkelgrün; Wuchs dicht kompakt

'PAC-Schrammstein' (1982) dunkelviolett mit schwacher rötlicher Zeichnung, doppelkronig, lange Blühdauer, Belaubung dunkelgrün; Wuchs rundlich kompakt (Abb.)

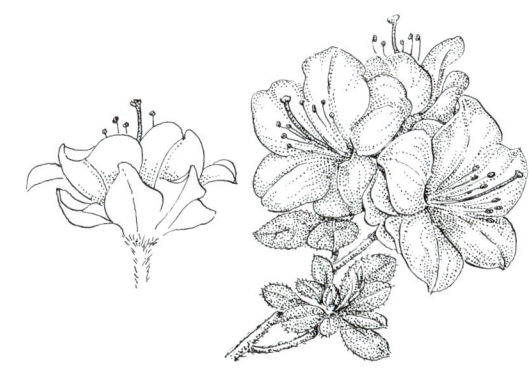

Kiusianum-Hybride 'Schrammstein'

Kiusianum-Hybriden: vorn (Knospen) 'Rauschenstein', Mitte links 'Wildenstein' (rot), Mitte rechts 'Königstein' (hellpurpurfarben), hinten 'Lilienstein' (dunkelpurpur)

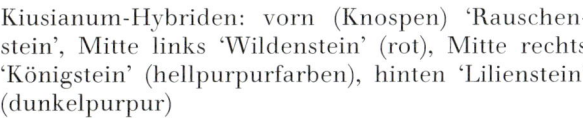

'PAC-Weesenstein' (1982) leuchtend karminrot, doppelkronig; Belaubung dunkelgrün; Wuchs flach kompakt

'PAC-Wildenstein' ziegellachsrosa, in der Sonne nicht farbkonstant; Wuchs dicht kompakt; Winterschutz empfehlenswert (Abb. S. 295)

'PAC-Winterstein' (1986) weiß, kleinblumig; hellgrüne Belaubung, im Winter fast kahl; Wuchs kompakt aufrecht

Kurume-Hybriden

Diese Hybriden haben in Japan eine sehr lange Kulturgeschichte. Besonders R. 'Obtusum' und R. kiusianum bildeten das Ausgangsmaterial für eine Fülle von Sorten. Beide variieren schon in der freien Natur sehr stark, so daß einige Sorten sicher Selektionen von Wildklonen sind. 1681 wurden in Japan 147 und 1710 sogar 332 Sorten kultiviert. Gegen Ende des 17. Jahrhunderts gab der Gärtner Ito Ihei ein illustriertes Buch mit 450 Formen von 'Obtusum' heraus.

Im 18. Jahrhundert entwickelte sich besonders der Ort Kurume, unweit von Nagasaki, zum Anbauzentrum. Die ersten Sorten gelangten durch Robert Fortune nach Europa. Auch die Firma van Nes in Boskoop erhielt 1910 Pflanzen der Sorte 'Hinomayo' aus Tokio.

E. Wilson besuchte um 1917 Kurume, wählte von den dort kultivierten 250 Sorten 50 aus und schickte sie an das Arnold-Arboretum in den USA (»Wilson Fifty«).

1925 soll auch die Firma Seidel, Grüngräbchen, Pflanzenmaterial aus dem Arnold-Arboretum erhalten haben. Einige Sorten sind noch heute verbreitet, z. B. 'Hatsugiri', 'Hinodegiri', 'Hinomayo'. In den Niederlanden und in Deutschland wurden ebenfalls Kreuzungen durchgeführt, besonders der Sorten untereinander, sowie mit R. kaempferi und R. mucronatum. Hier ist besonders E. Pusch, Werder, zu erwähnen.

Die meisten Kurume-Sorten sind zwar relativ kleinblütig, blühen aber bei kom-

paktem Wuchs überaus reich. Die Blütenfarbe variiert von hellrosa über rot zu violett. Es gibt einfach- und gefülltblühende Sorten.

'Amoenum' (= 'Kockonomai') 1850 durch Fortune als erste 'Japanische Azalee' nach England eingeführt; stammt aus Kurume; purpurlila; relativ winterhart

'Anne Frank' (W. Nagel, 1965) dunkelrosa, reichblühend, kleinblumig; Blütezeit Ende Mai bis Anfang Juni; Wuchs dicht kompakt; winterhart; aus gleicher Kreuzung 'Sophie Scholl'; rosa

'Blue Danube' (= 'Blaue Donau', B. van Hecke, 1964/1970) dunkelviolett, Saum gewellt; Wuchs breit aufrecht; braucht geschützten Standort

'Georg Arends' (Schumacher, 1966/1971) rosarot mit kräftiger brauner Zeichnung, großblumig; Wuchs etwas locker

'Hatsugiri' (aus Japan eingeführt) purpurn (Abb.)

'Hinodegiri' ('Wilson's Fifty Nr. 42') karminrot

'Hinomayo' (eingeführt durch C. van Nes, 1910) rosa

'John Cairns' (Koster et Co., 1922/1924) rot, großblumig; Wuchs rundlich kompakt; winterhart

'Lilazwerg' (Pusch) lila, kleinblumig, kleinblättrig; dunkelgrün; Wuchs niedrig; breit kompakt; winterhart

Kurume-Hybride 'Hatsugiri'

296

'Mad. Albert van Hecke' (B. van HECKE, 1960) karminrot, Blütendurchmesser 5 cm

'Mittelrot' (Klon 105, PUSCH) mittelrot, Blütendurchmesser 3 bis 3,5 cm; Wuchs breit aufrecht, kompakt; Winterschutz empfehlenswert

'Orangerot' (Klon 23, PUSCH) orangerot, reichblühend; Wuchs rundlich kompakt, dicht verzweigt

'Rosalila' (Klon 4, PUSCH) purpurn, Belaubung klein, hellgrün, Wuchs breit kompakt, dicht; gut winterhart

'Semiplena' (Klon 107, PUSCH) dunkellila, doppelkronig; kleinblättrig, dunkelgrün; Wuchs flach kompakt; winterhart

'Silberlila' (Klon 1, PUSCH) hell-lila; Belaubung dunkelgrün, spitz oval; Wuchs breit kompakt, dicht, ausgesprochen winterhart

'Silbersee' (SCHUMACHER, 1951/1965) reinweiß, kleinblumig; Wuchs kissenartig, dicht verzweigt; winterhart

'Stierblut' (Klon 17, PUSCH) dunkelrot, Belaubung kleinblättrig, glänzend dunkelgrün; Wuchs aufrecht kompakt, ausgesprochen winterhart

Mittendorf-Hybriden

Seit 1960 arbeitet Gerhard MITTENDORF in Burg bei Magdeburg an der Züchtung harter Hybriden. 1975 erhielten die ersten Klone Namen. Sie konnten sich bisher gut im Sortiment bewähren.

'Buzi' (1965/1975) erikarosa, flachwachsend; Blütendurchmesser 2,5 bis 4 cm

'Fiener' (1977) leuchtend rosarot, farbkonstant, wetterfest

'Mizi' (1975) leuchtend rosa mit schwacher rötlicher Zeichnung; Winterschutz erforderlich

'Popzi' (1975) cyclamrot, doppelkronig, Blüten einzeln oder zu 2 bis 3

'Fläri' (1960/1977) hell-lachsrosa mit Zeichnung, Saum gewellt

'Lavenda' (1960/1977) lavendelblau, Rückseite dunkler

Mucronatum-Hybride

'Luzi' reinweiß, Blütendurchmesser 5 bis 6 cm, Blüten einzeln oder zu 2 bis 3

'Rotfuchs' (1970/1979) hellrot mit schwacher dunklerer Zeichnung, 2- bis 4blütig; Blütendurchmesser 4 bis 5 cm

Mucronatum-Hybriden

Mit großer Wahrscheinlichkeit ist *R. mucronatum* als Sorte zu betrachten. Sie ist in Japan und China seit etwa 300 Jahren als Gartenpflanze bekannt und nirgends wild gefunden worden. Wegen ihrer Winterhärte und der großen reinweißen Blüten wurde sie auch in Europa sehr beliebt. Die heutigen Sorten sind meist nur Auslesen von Sämlingen. Teilweise wurden auch unterschiedliche Formen miteinander gekreuzt. Die weitverbreitete Sorte 'Van Noordt' ('Noordtiana') ist ein Zufallssämling, der 1904 in den Niederlanden aus Samen von Importpflanzen entstand. Sie hat besonders große reinweiße Blüten und hat eine gute Winterhärte. Härter sind jedoch die Sorten, von PUSCH, Werder. Er kreuzte mit Kurume-Sorten. Zwei Klone davon sind noch in Vermehrung. Sie haben zwar kleinere Blüten, überstehen aber mitteleuropäische Winter besser.

297

Azaleodendron 'Fragrans'

Vuykiana-Hybriden

Ab 1921 begann A. VUYK in Boskoop/Niederlande Kreuzungen zwischen 'J. C. van Tol' (Mollis-Hybride), 'Mucronata' (*R. mucronatum*), 'Maxwelli' und 'Rose' (Kurume-Hybride). 1935 kamen die ersten 9 Sorten mit Namen großer Komponisten in den Handel. Später wurden, um die Blütenfarbe und -größe zu verbessern, auch *R. indicum* mit eingekreuzt, z. B. in 'Vuyk's Scarlet' und 'Vuyk's Rosyred'. Insgesamt sind die Farben besser als bei den Arendsii-Hybriden, denen sie im Habitus ähneln. Die Winterhärte ist aber leider nicht so gut wie bei diesen. In kontinental beeinflußtem Klima ist Winterschutz erforderlich:

'Beethoven' (1921) purpurrosa, Blütenrand gewellt, Blütendurchmesser etwa 8,5 cm; Blütezeit Mitte Mai

'Joseph Haydn' (1921) hellila mit dunkler Zeichnung, Blütendurchmesser 9 cm; Blüte in der ersten Maihälfte; Wuchs aufrecht

'Palestrina' (1927) weiß mit grünen Flecken, Blütendurchmesser 7 cm; Blütezeit Mitte Mai; Wuchs aufrecht

'Schubert' (1931) leuchtend karminrot, Blütendurchmesser 7 cm; Blütezeit Mitte Mai; breitwachsend

'Vuyk's Rosyred' (1954) leuchtend rosarot; Blütendurchmesser 8,5 cm; breitwachsend

'Vuyk's Scarlet' (1954) leuchtend dunkelrot; Blütendurchmesser 8 cm; Blütezeit Mitte Mai; breitwachsend

'Azaleodendron'

Bereits Anfang des 19. Jahrhunderts wurden sommergrüne Rhododendronarten, früher noch als eigenständige Gattung Azalea bezeichnet, mit immergrünen gekreuzt. Obwohl viele dieser Züchtungen im Laufe der Zeit verlorengingen, haben sich einige bis heute erhalten. Sie blühen meist relativ spät, duften, haben zwar kleine Blütenstände, sind jedoch recht blühwillig.

'Fragrans'
(*R. catawbiense* × *R. viscosum*, grex, PAXTON, CHANDLER & s., GB, eingeführt 1843) hellpurpurlila mit weißem Schlund, duftend; Blütezeit Mitte Juni, mit nur wenigen Blättern überwinternd; benötigt sauren Boden mit gutem Nährstoffangebot, neigt sonst zu Chlorose; geschützter Standort empfehlenswert

Hybriden mit anderen Ericaceen

In den letzten Jahren ist bei Rhododendronliebhabern in Mitteleuropa eine Pflanze im Umlauf als *R. trichostomum* 'ledoides'. Die Belaubung weicht sehr stark von *R. trichostomum* ab, es fehlen die dichten Schuppen auf der Blattunterseite. Es handelt sich um einen Bastard zwischen *R. trichostomum* und *Ledum glandulosum* (oder *L. columbianum*) und muß × *Ledodendron* geschrieben werden. Die Pflanze stammt von Larson in Tacoma (USA). Besonders verbreitet ist der Klon 'Arctic Tern'. Die Blüten sind weiß, dem Porst *(Ledum)* ähnlich. Der Wuchs ist kompakt rundlich. Schon kleine Pflanzen blühen reich. Der Gattungsbastard ist winterhart und leicht durch Stecklinge vermehrbar.

'Brillant' ('Elisabeth' × *Ledum glandulosum*) ist eine hellrote Sorte. Das Laub ist bronzefarbig. Kalktoleranz und Hitzebeständigkeit sind weitere gute Eigenschaften.

Um 1950 entstand bei H. LEM in den USA eine Hybride zwischen *Kalmia latifolia* und *R. williamsianum*. Wuchs und Belaubung der Sorte entspricht dem Rhododendronelternteil, die Blütenform liegt zwischen Kalmia und Rhododendron.

Die Blüten sind weiß oder zartrosa, langglockig und langstielig.

Schäden an Rhododendren

Rhododendren werden von Krankheiten und Schädlingen weit seltener befallen als andere Kulturpflanzen, und nur in Ausnahmefällen so stark, daß sie daran zugrundegehen. In den meisten Fällen ist die Ursache für Schäden in Kulturfehlern oder ungünstigem Standort zu suchen. Ein extremer Witterungsverlauf kann in manchen Jahren bestimmte Krankheiten und Schädlinge begünstigen, die sonst kaum in Erscheinung treten.

Bei der Gesunderhaltung der Pflanzen spielt ein stabiles ökologisches Gleichgewicht die entscheidende Rolle. Alle schädigenden Insekten haben natürliche Gegenspieler (z. B. Marienkäfer, Florfliegen, Schlupfwespen, Raubmilben usw.). Durch den Einsatz von Insektiziden werden Schädlinge und Nützlinge gleichermaßen vernichtet. Unser Augenmerk sollte auch dem Schutz der Singvögel und dem leider immer seltener werdenden Igel gelten.

Ein Einsatz von Pflanzenschutzmitteln kann nur bei starkem Befall gerechtfertigt sein und sollte selbst dann nur gezielt und überlegt durchgeführt werden. Keinesfalls sind Routinespritzungen durchzuführen. Bei der Anwendung müssen die Anweisungen des Herstellers genau beachtet werden, um eine optimale Wirkung zu erzielen und dabei die Umwelt so gering wie möglich zu belasten.

Schäden an Blättern

Schadbild: Blätter verfärben sich braun, vom Rand und von der Mittelrippe ausgehend, und vertrocknen. Besonders gefährdet sind großlaubige und sommergrüne Arten und Sorten.
Ursache: Trockenschäden oder Verbrennungen. Wassermangel. Häufig verstärkt Windeinwirkung den Wassermangel. Die Schäden treten in trockenen Sommern und nach starken Frösten im Winter auf. Das nach dem Austrieb noch weiche Laub kann durch starke Sonneneinstrahlung geschädigt werden.

Solche Verbrennungen sind auch zu beobachten, wenn nach einer kühlfeuchten Witterungsperiode plötzlich heißes trockenes Wetter einsetzt.
Gegenmaßnahmen: Halbschatten und windgeschützte Lage, für ausreichende Bewässerung sorgen.

Schadbild: Die Blattoberseite verfärbt sich stumpf graugrün. Vor dem Austrieb erfolgt plötzlicher Blattfall. Nur wenige obere Blätter verbleiben. Der Neuaustrieb sieht welk aus. Die Wurzeln haben keine weißen Spitzen und der Wurzelballen zerfällt.
Ursache: Stagnierende Nässe. Überangebot von Wasser bei schlechter Boden-

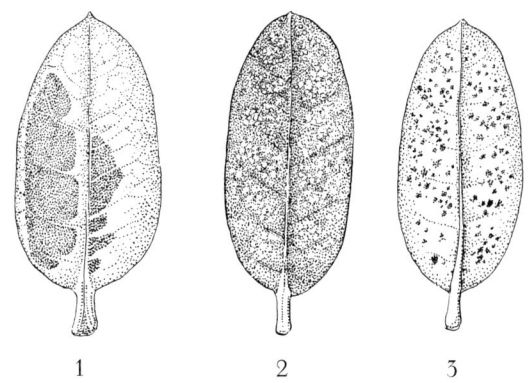

Blattschäden: 1 Ballentrockenheit;
2, 3 Saugschäden der Rhododendronwanze (Blattoberseite und Blattunterseite)

300

durchlüftung. Tritt besonders auf schweren Böden oder bei zu hohem Grundwasserstand auf.

Gegenmaßnahmen: Für guten Wasserabzug sorgen (Drainage). Durch Einarbeiten von Humusstoffen für genügend Bodenluft sorgen. Nur nach Bedarf gießen.

Schadbild: Das Gewebe zwischen den Blattnerven verfärbt sich gelblich, die Adern bleiben noch grün. Im fortgeschrittenen Stadium kann der Austrieb gelb bis gelblichweiß aussehen. Im Sommer kommt es leicht zu Verbrennungen. Bei manchen Sorten besonders ausgeprägt (z. B. 'Fragrans').

Ursache: Chlorose. Durch pH-Werte unter 4 oder über 6 ist die Aufnahme von Mikronährstoffen (Eisen, Magnesium, Kupfer, Mangan) gestört.

Gegenmaßnahmen: Den pH-Wert auf etwa 4,5 anheben bzw. 5,5 absenken. Sehr saure Böden mit kohlensaurem Kalk oder Holzasche anreichern. In den meisten Fällen hat der Boden einen zu hohen pH-Wert.

Kalkchlorose beginnt in den jungen Blättern und dem Austrieb. Spritzungen mit Eisenchelaten sind besser als Gaben im Gießwasser. Ausstreuen von Schwefelblüte senkt den pH-Wert.

Magnesium-Chlorose äußert sich zuerst in einem Verfärben der älteren Blätter. Ein Ausstreuen von Bittersalz ($MgSO_4 \cdot 7\,H_2O$) erleichtert die Magnesiumaufnahme.

Schadbild: Das ganze Blatt, einschließlich der Nerven, ist gelblichgrün gefärbt. Der Neutrieb ist schwach und die neuen Blätter sind klein. Im August verfärben sich die unteren Blätter gelb und fallen ab. Die Pflanze ist gering belaubt.

Ursache: Stickstoffmangel. Gegenmaßnahme: Regelmäßige und optimale Stickstoff-Düngung.

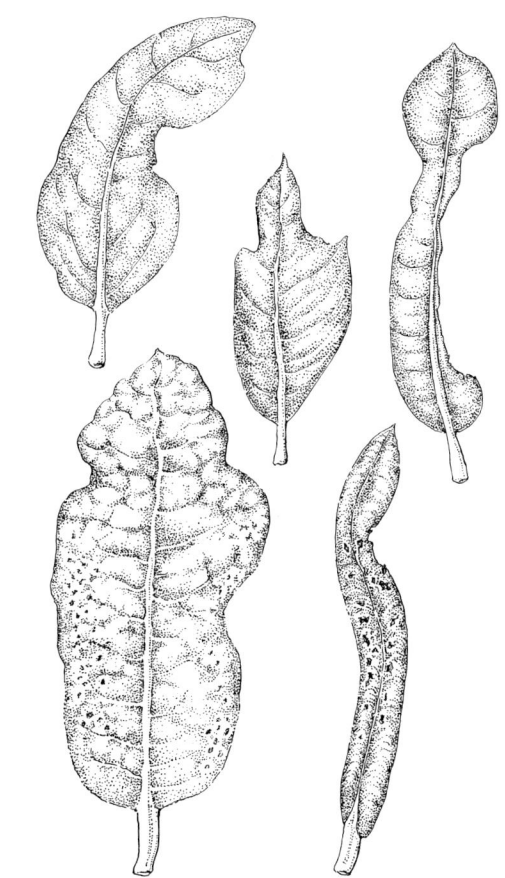

Frostschäden an Rhododendronblättern

Schadbild: Junge Blätter haben einen gekrümmten oder gedrehten Wuchs. Die Blattform ist unsymmetrisch. Die Ränder sind unregelmäßig eingebuchtet oder verkrüppelt.

Ursache: Spätfröste während der Laubentfaltung

Gegenmaßnahmen: Schutz gegen Spätfröste durch Frostschutzmatten, Reisigdecken nicht zu früh abnehmen, eventuell Frostschutzberegnung.

Schadbild: Vom Blattrand oder der Blattspitze ausgehend verfärben sich die Blätter rotbraun bis aschgrau. Meist sind die verfärbten Blatteile gegen grünen Blatteil durch einen dunkelbraunen Rand scharf abgegrenzt.

Ursache: Phyllosticta-Blattfleckenkrankheit (*Phyllosticta maxima*)

301

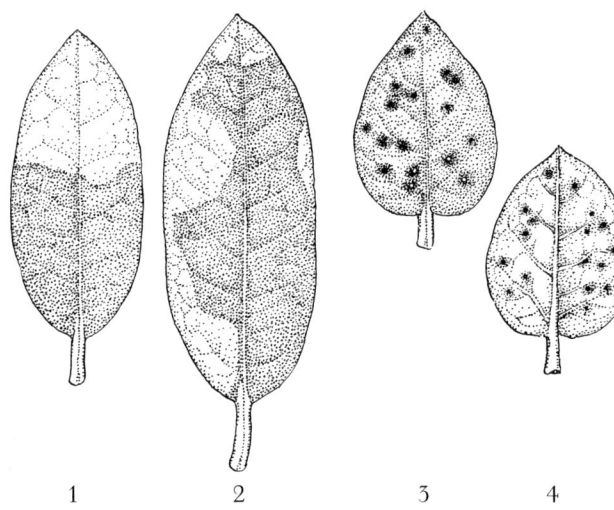

Blattschäden: 1, 2 *Phyllosticta* (Blattoberseite);
3, 4 *Cercospora* (Blattoberseite und Blattunterseite)

Gegenmaßnahmen: Erkrankte Blätter sammeln und vernichten. Um eine Neuinfektion der jungen Blätter zu vermeiden, kann mit organischen Fungiziden oder Kupferpräparaten vorbeugend gespritzt werden. Besonders in feuchten Witterungsperioden ist eine Ausbreitung zu befürchten und Spritzungen im Abstand von 7 bis 10 Tagen zu empfehlen.

Schadbild: Die Blätter haben große hellbraune bis aschgraue Flecken, oft mit dunklem Rand auf ihrer Oberseite.
Ursache: Pestalozzia-Blattfleckenkrankheit (*Pestalozzia*)
Gegenmaßnahmen: wie bei Phyllosticta-Blattfleckenkrankheit

Schadbild: Zahlreiche kleinere unregelmäßige Flecke von dunkelbrauner bis schwarzer Färbung mit einem rötlichen Rand auf der Blattoberseite.
Ursache: Cercospora-Blattfleckenkrankheit (*Cercospora rhododendri*).
Gegenmaßnahmen: wie bei Phyllostica-Blattfleckenkrankheit

Schadbild: An den Blättern von *R. ferrugineum, R. hirsutum, R. dauricum* und

R. ‘Praecox’ sowie halbimmergrünen Rhododendren im September an der Blattunterseite gelbbraune Pusteln. Bei starkem Auftreten kann das zu vorzeitigem Blattfall führen.
Ursache: Alpenrosen-Rost (*Chrysomyxa rhododendri*)
Gegenmaßnahmen: Sommer-Spritzung mit Kupfermitteln. Kranke abgefallene Blätter vernichten.

Schadbild: Einzelne junge Blätter sind stark verdickt, gekräuselt und von gelblichweißer Farbe. Tritt besonders bei *R. ferrugineum, R. hirsutum* und halbimmergrünen Arten auf.

Exobasidium-Wucherungen (Ohrläppchen-Krankheit) an Rhododendronblättern

Ursache: Ohrläppchen-Krankheit (*Exobasidium rhododendri* und *E. japonicum*)
Gegenmaßnahmen: In der Regel genügt es, die erkrankten Blätter zu entfernen und zu vernichten. Bei häufigem Auftreten können Kupferspritzmittel oder organische Fungizide eingesetzt werden.

Schadbild: Auf den Blättern befindet sich ein rußartiger klebriger Belag. Tritt nur unter Baumkronen, besonders von Obstbäumen, auf.
Ursache: Rußtau (*Apiosporium*)
Gegenmaßnahmen: Dieser Belag kann zwar die Assimilation behindern, ist aber für die Rhododendren nicht direkt schädlich. Rußtau kann nur durch Bekämpfung der Primär-Schädlinge in den Baumkronen, die mit ihren Ausscheidungen die Er-

nährungsbasis der Pilze produzieren, verhindert werden. Er kann von den Blättern abgewaschen werden.

Schadbild: Die Blätter haben eine fahlgrüne Farbe und sind gelblich gesprenkelt. Auf der Unterseite sind kleine dunkelbraune Kottröpfchen zu finden. Häufig sind auch 3,5 bis 4 mm lange Wanzen und deren 1 bis 2 mm lange, gelblichbraune Larven zu entdecken.

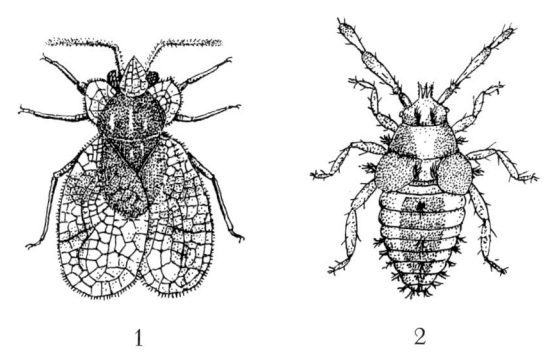

Rhododendron-Hautwanze (*Stephanitis rhododendri*)
(5 mm lang):
1 Imago, 2 Larve

Ursache: Rhododendron-Hautwanze (*Stephanitis rhododendri*). Die Eiablage erfolgt von Juli bis Oktober auf der Blattunterseite entlang der Mittelrippe. Nicht alle Arten und Sorten werden gleichmäßig befallen. Besonders auf einigen Campylocarpum-, Catawbiense- und Ponticum-Hybriden. Begünstigt wird das Auftreten durch trockene sonnige Standorte, z. B. an Hauswänden.
Gegenmaßnahmen: Mit einschlägigen Spritzmitteln besonders die Blattunterseiten behandeln.

Schadbild: Die Blätter sind auf der Oberseite gelblich gesprenkelt. Auf den klebrigen Ausscheidungen siedeln sich Rußtaupilze an. Bewegt man die Zweige, so fliegen ab Juli etwa 2 mm lange weiße Insekten auf. Häufig sind auf der Blattunterseite

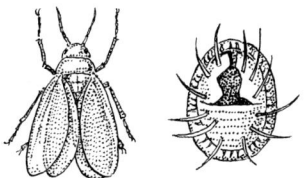

Mottenschildlaus *Dialeurodes chittendeni* (2 mm lang): 1 Imago, 2 Puparium nach Ausschlüpfen

die gelblichen schildlausähnlich geformten Larven zu finden.
Ursache: Saugschäden durch Mottenschildläuse (*Dialeurodes chittendeni*)
Gegenmaßnahmen: Diese nur auf Rhododendren vorkommende Art der 'Weißen Fliege' bringt nur eine Generation im Jahr hervor. Die Larven überwintern im zweiten Puppenstadium. Eine Bekämpfung ist deshalb nur bei sehr starkem Befall erforderlich.

Dazu können Schlupfwespen (*Encarsia formosa*) eingesetzt werden. Die Nützlinge können im Puppenstadium, auf Kartonstreifen geklebt, von Firmen bezogen werden. Je nach Größe werden für die Pflanze 20 bis 40 Puppen benötigt. Die Streifen werden dazu so in die Pflanzen gehängt, daß sie vor Sonne und Gießwasser geschützt sind.

Schadbild: Die Blätter sind vom Rand her buchtenförmig ausgefressen. Bei jungen Pflanzen sind auch Fraßschäden an der Rinde und den Wurzeln, besonders am Wurzelhals, zu beobachten. Das kann zum Welken und Absterben führen. In älteren Beständen sind fast immer leichte Fraßschäden festzustellen, häufig an den Bodentrieben. Starker Befall ist meist nur an kümmerlichen oder trockenstehenden Exemplaren zu beobachten.
Ursache: Gefurchter Dickmaulrüßler (*Otiorrhinchus sulcatus*), ein ca. 1 cm langer schwarzer flugunfähiger Käfer. Weitaus gefräßiger und gefährlicher sind seine etwa 1,2 cm langen Larven, die wie der

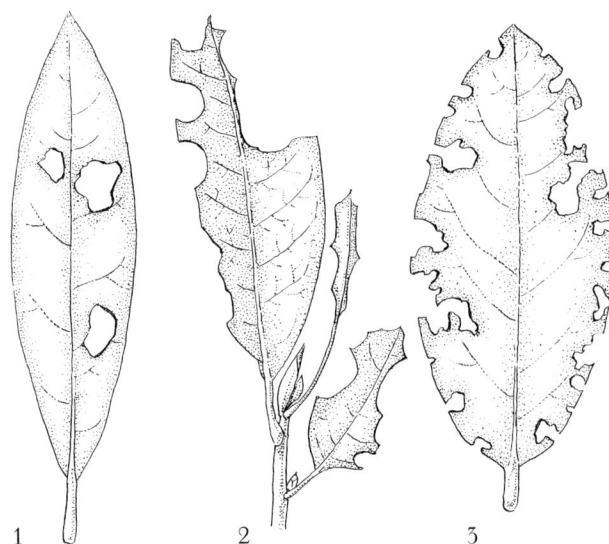

Blattschäden: 1, 2 Rauschbeerspanner;
3 Dickmaulrüßler

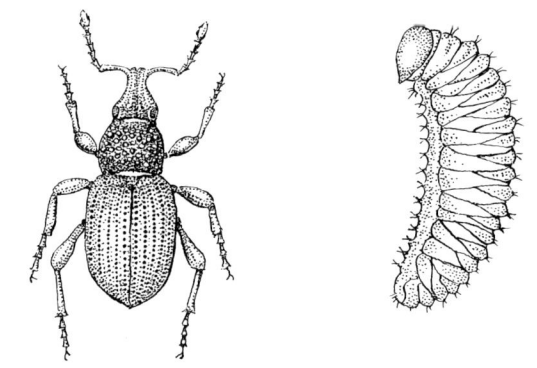

Dickmaulrüßler (*Otiorrhynchus sulcatus*)
(1 cm lang)

Käfer ein verborgenes Leben im Boden führen und die Wurzeln schädigen. Die geschlüpften Käfer fressen an den Blättern und sind nachtaktiv.
Gegenmaßnahmen: Eine wirkungsvolle Bekämpfung ist wegen der verborgenen Lebensweise schwierig. Der Schädling wird mit dem Substrat oder den Pflanzen eingeschleppt. Erfolgversprechend ist ein Absammeln der Käfer im Mai/Juni mit der Taschenlampe. Gegen die Larven sind auch Gießbehandlungen mit Insektiziden möglich, sollten jedoch wegen der damit verbundenen Umweltbelastung nur bei sehr starkem Befall angewendet werden.

Nach Erfahrungen von HACHMANN bringt auch ein Ausstreuen von geperltem Kalkstickstoff, 20 bis 30 g/m², unter die Sträucher im Februar bis März den gewünschten Erfolg. Die bei der Auflösung des Düngers entstehende Gasphase wirkt auf den Schädling toxisch.

Zukunftweisend ist die biologische Schädlingsbekämpfung. Die insektenparasitische Nematode *Heterorhabditis heliothidis* befällt die Larven des Käfers. In mehreren Ländern wird sie schon mit Erfolg eingesetzt. In Spezialbetrieben werden diese Nematoden auf einem künstlichen Substrat gezüchtet und am Einsatzort mit dem Gießwasser ausgebracht. Der gleiche Erfolg wird mit dem insektentötenden Pilz *Metarrhizium anisopliae* erreicht. Doch dieses Verfahren ist für die Praxis noch nicht ganz ausgereift.

Schadbild: Die Blätter sind teilweise bis zur Mittelrippe abgefressen. Auch Löcher in der Blattspreite sind typisch. Vor allem großblättrige immergrüne Rhododendren werden im Mai/Juni geschädigt.
Ursache: Raupen des Rauschbeerspanners (*Arichanna melanaria*). Die auffallend bunte Raupe lebt vorrangig auf anderen Ericaceen in moorigen Gebieten.
Gegenmaßnahmen: In Stadtgebieten ist kaum mit einem Massenauftreten zu rechnen. Nur in einem solchen Falle wären Spritzungen zu rechtfertigen.

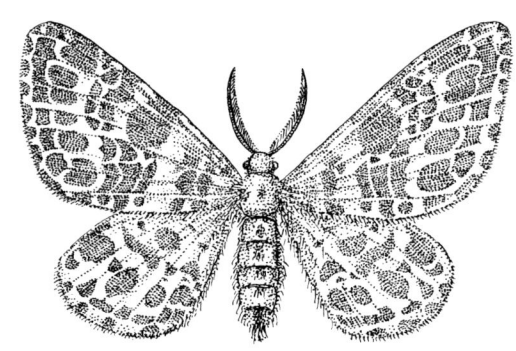

Rauschbeerspanner (*Arichanna melanaria*)
(2 cm Spannweite)

Schadbild: Während des Austriebes werden junge Blätter in trockenen und heißen Witterungsperioden von Blattläusen befallen. Starker Befall kann zur Deformierung der Blätter führen.

Gegenmaßnahmen: Im allgemeinen nicht erforderlich. Ein leichter Befall regelt sich durch natürliche Feinde (Florfliegen, Marienkäfer) von selbst.

Schadbild: Das Laub sommergrüner Rhododendren ist von fahl- bis gelblichgrüner Farbe. Die Blätter sind bei starkem Befall gekräuselt.

Ursache: Rote Spinne (*Tetranychus* sp.) oder Weichhautmilben (*Tarsonemus* sp.). Deutlich sind die weniger als 1 mm großen Schädlinge auf der Blattunterseite meist nur mit der Lupe sichtbar.

Gegenmaßnahmen: Trockene warme Standorte vermeiden. Bei starkem Befall kann ein Spritzen mit einem Akarizid erforderlich werden. Dabei ist besonders die Blattunterseite zu benetzen.

Eine biologische Bekämpfung ist mit Raubmilben möglich. Voraussetzung für deren Entwicklung sind Temperaturen von 18 bis 20°C und mindestens 60% Relative Luftfeuchte. Bei trockener Witterung deshalb mehrmals täglich übersprühen.

Schäden an der Rinde

Schadbild: Risse in der Rinde, besonders bei halbimmergrünen Rhododendren. Die Rinde löst sich teilweise.

Ursache: Starke Fröste zu Beginn der Vegetationszeit im Frühjahr.

Gegenmaßnahmen: Alles vermeiden, was vorzeitiges Wachstum begünstigt (kein Winterschutz mit Folie!). Schutz vor Wintersonne, um starke Temperaturgegensätze zwischen Tag und Nacht zu mindern. Eventuell Rinde bei geplatzten Stämmen mit Bast umwickeln.

Schäden an Knospen und Zweigen

Schadbild: Knospen sterben ab und werden braun. Es entwickelt sich bei feuchtem Wetter ein dunkler Pilzrasen darauf. Da die abgestorbenen Knospen nicht abfallen, können 3 bis 4 Knospengenerationen auf einem Strauch zu finden sein.

Ursache: Pilz *Pychostysanus azaleae*.

Die Übertragung der Krankheit erfolgt bei der Eiablage der aus Nordamerika stammenden Zikade *Graphocephala coccinea* in den Knospenschuppen. Das auffallend bunt gefärbte Insekt ist von Juli bis November auf Rhododendren zu beobachten. Es saugt an den Blättern, ohne sichtbare Schäden zu hinterlassen. Pilz und Insekt sind nur im Zusammenwirken schädlich. Erstmals 1926 in England beobachtet. Die Krankheit ist jedoch auch an den großlaubigen Wildarten Nordamerikas an ihren natürlichen Standorten zu finden.

Gegenmaßnahmen: Abgestorbene Knospen ausbrechen und vernichten. Die Bekämpfung des Insekts ist ausgesprochen schwierig. Für optimale Standortbedingungen sorgen, geschwächte Pflanzen werden besonders leicht befallen. Die Anfälligkeit ist nach Art und Sorte unterschiedlich stark, da die Zikade bei der Auswahl der Wirtspflanzen ausgesprochen selektiv vorgeht. Mittelgroße und klebrige Knospen sollen bevorzugt werden.

Schadbild: Die Endknospen treiben nicht aus. Die Blätter hängen welk an den Zweigen oder bekommen große braune Flecken. Das Kambium der Zweige wird braun und stirbt ab. Die Wurzeln haben keine weißen Spitzen mehr. Es kann zum völligen Absterben der Pflanzen kommen. Besonders gefährdet sind frostgeschädigte Pflanzen, z. B. Pflanzen mit Rindenrissen.

Ursache: *Phytophthora cinnamoni* und *P. cactorum*. Tritt oft als Folge von Nässe und schlechter Durchlüftung des Bodens auf.

Gegenmaßnahmen: Die kranken Pflanzenteile müssen herausgeschnitten und verbrannt werden. Vorbeugend für guten Wasserabzug und optimalen pH-Wert sorgen. Während des Neuaustriebs kann in feuchten Witterungsperioden mit organischen Fungiziden oder Kupferpräparaten in 14tägigem Abstand gespritzt werden.

Verzeichnis der Synonyma

aberrans TAGG et FORR. — *traillianum* var. *traillianum*

achroanthum BALF. f. et. W. W. SMITH — *rupicola* var. *rupicola*

acraium BALF. f. et. W. W. SMITH — *primuliflorum*

adenophorum BALF. f. et. W. W. SMITH — *adenogynum*

adoxum BALF. f. et FORR. — *vernicosum*

aechmophyllum BALF. f. et FORR. — *yunnanense*

aerogynosum HOOK. f. — *campanulatum* ssp. *aerogynosum*

agetum BALF. f. et FORR. — *neriiflorum* ssp. *agetum*

agglutinatum BALF. f. et FORR. — *phaeochrysum* var. *agglutinatum*

aiolopeplum BALF. f. et FORR. — *phaeochrysum* var. *levistratum*

aishropeplum BALF. f. et FORR. — *roxieanum* var. *roxieanum*

algarvense PAGE — *ponticum*

alpicola REHD. et WILS. — *nivale* ssp. *boreale*

amaurophyllum BALF. f. et FORR. — *saluenense* ssp. *saluenense*

anwheiense WILS. — *maculiferum* ssp. *anwheiense*

apiculatum REHD. et WILS. — *concinnum*

apodectum BALF. f. et. W. W. SMITH — *dichroanthum* ssp. *apodectum*

araliiforme BALF. f. et FORR. — *vernicosum*

artosquameum BALF. f. et. FORR. — *oreotrephes*

ashleyi COKER — *maximum*

asmenistum BALF. f. et FORR. — *sanguineum* ssp. *sanguineum* var. *cloiophorum*

astrocalyx BALF. f. et FORR. — *wardii* var. *wardii*

augustinii HEMSL. f. grandifolia FRANCH. — *augustinii* ssp. *chasmanthum*

augustinii f. subglabra FRANCH. — *augustinii* ssp. *chasmanthum*

augustinii var. yui FANG — *augustinii* ssp. *augustinii*

axium BALF. f. et FORR. — *selense* ssp. *selense*

baeticum BOISS. et REUT. — *ponticum*

batangense BALF. f. — *nivale* ssp. *boreale*

bauhiniiflorum (WATT ex) HUTCH. — *triflorum* var. *bauhiniiflorum*

benthamianum HEMSL. — *concinnum*

bergii DAVID. — *augustinii* ssp. *rubrum*

bicolor PURSH. — *canescens*

blandfordiiflorum W: J. HOOK. — *cinnabarinum* ssp. *cinnabarinum*

blandulum BALF. f. et W. W. SMITH — *selense* ssp. *jucundum*

blephyrocalyx FRANCH. — *intricatum*

blinii LEV. — *lutescens*

brevistylum FRANCH. — *heliolepis* var. *brevistylum*

caeruleo-glaucum BALF. f. et FORR. — *campylogynum*

calciphilum HUTCH. et KINGD. WARD — *calostrotum* ssp. *riparium*

californicum HOOK. f. — *macrophyllum*

caloxanthum BALF. f. et FARRER — *campylocarpum* ssp. *caloxanthum*

cantabile (BALF. f. ex) HUTCHINS — *russatum*

capitatum sensu FRANCH. — *fastigiatum*

cardiobasis SL. — *orbiculare* ssp. *cardiobasis*

cardoeoides BALF. f. et FORR. — *oreotrephes*

carolinianum REHD. — *minus* var. *minus*

catapastum BALF. f. et FORR. — *rubiginosum*

cephalanthoides BALF. f. et W. W. SMITH — *primuliflorum*

cerasiflorum K. WARD — *campylogynum*

chaetomallum BALF. f. et FORR. — *haematodes*

chamaetortum BALF. f. et K. WARD — *cephalanthum* ssp. *cephalanthum*

chalarocladum BALF. f. et FORR. — *selense* ssp. *selense*

chameunum BALF. f. et FORR. — *saluenense* ssp. *chameunum*

chapmanii A. GRAY. — *minus* var. *chapmanii*

charidotes BALF. f. et FARR. — *saluenense*

charitostreptum BALF. f. et K. WARD — *brachyanthum* ssp. *hypolepidotum*

charopoeum BALF. f. et FORR. — *campylogynum*

chartophyllum FRANCH. — *yunnanense*

chasmanthoides BALF. f. et FORR. — *augustinii* ssp. *chasmanthum*

307

chasmanthum (DIELS) DAVID. — *augustinii* ssp. *chasmanthum*
cheilanthum BALF. et FORR. — *cuneatum*
chengshienianum FANG — *ambiguum*
chionophyllum DIELS — *argyrophyllum* ssp. *argyrophyllum*
chlanidotum BALF. f. et FORR. — *citriniflorum* var. *citriniflorum*
chloranthum BALF. f. et FORR. — *melinanthum* var. *melinanthum*
chrysanthum PALL. — *aureum*
chryseum BALF. f. et K. WARD — *rupicola* var. *chryseum*
cilium BALF. f. et FORR. — *callimorphum* var. *callimorphum*
cinereum BALF. f. — *cuneatum*
clivicolum BALF. f. et W. W. SMITH — *primuliflorum*
cloiophorum BALF. f. et FORR. — *sanguineum* ssp. *sanguineum* var. *cloiophorum*
coccinopeplum BALF. f. et FORR. — *roxieanum* var. *cucullatum*
compactum HUTCHINS. — *polycladum*
concatenans HUTCHINS. — *cinnabarinum* ssp. *xanthocodon*
confertissimum NAK. — *lapponicum*
coombense HEMSL. — *concinnum*
cosmetum BALF. f. et FORR. — *saluenense* ssp. *chameunum*
costulatum FRANCH. — *lutescens*
crebreflorum HUTCHINS. et K. WARD — *cephalanthum* ssp. *cephalanthum*
cremastum BALF. f. et FORR. — *campylogynum*
cremnastens BALF. f. et FORR. — *lepidotum*
cremnophilum BALF. f. et W. W. SMITH — *primuliflorum*
croceum BALF. f. et W. W. SMITH — *wardii* ssp. *wardii*
cruentum LEV. — *bureavii*
cucullatum (HAND.-MAZZ.) CHAMBERL. — *roxieanum* var. *cucullatum*
cumberlandense E. L. BAUM — *bakeri*
cuprescens NITZ. — *phaeochrysum* ssp. *phaeochrysum*
curvistylum K. WARD — *charitopes* ssp. *tsangpoense*
cuthbertii SMALL — *minus* var. *minus*
dabashanense FANG et WANG — *przewalskii*
damascenum BALF. f. et FORR. — *campylogynum*
daphniflorum DIELS — *rufescens*
dasycladum BALF. f. et W. W. SMITH — *selense* ssp. *dasycladum*
deflexum GRIFF. — *triflorum* var. *triflorum*

degronianum CARR. — *japonicum* var. *pentamerum*
deleiense HUTCHINS. et K. WARD — *tephropeplum*
dendritrichum BALF. f. et FORR. — *uvarifolium*
depile BALF. f. et FORR. — *oreotrephes*
desquamatum BALF. f. et FORR. — *rubiginosum*
diacritum BALF. f. et W. W. SMITH — *telmateum*
diachropeplum BALF. f. et FORR. — *phaeochrysum* var. *levistratum*
dictyotum TAGG — *traillianum* var. *dictyotum*
didymum BALF. f. et FORR. — *sanguineum* ssp. *sanguineum* var. *didymum*
dilatatum MIQ. — *reticulatum*
discolor FRANCH. — *fortunei* ssp. *discolor*
drumonium BALF. f. et W. W. SMITH — telmateum
dryophyllum BALF. f. et FORR. — *phaeochrysum* var. *phaeochrysum*
dryophyllum sensu Cowan et DAVID. — *phaeochrysum* var. *levistratum*
dumulosum BALF. f. et FORR. — *phaeochrysum* var. *agglutinatum*
elaeagnoides HOOK. — *lepidotum*
erileucum BALF. f. et FORR — *zaleucum*
enanthum BALF. f. et W. W. SMITH — *vernicosum*
euchaites BALF. f. et FORR. — *neriiflorum* ssp. *neriiflorum*
exquisitum HUTCHINS. — *oreotrephes*
fargesii FRANCH. — *oreodoxa* var. *fargesii*
fictolacteum BALF. f. — *rex* ssp. *fictolacteum*
fimbriatum HUTCHINS. — *hippophaeoides* var. *hippophaeoides*
flavum (HOFFMGG.) G. DON — *luteum*
fragrans sensu FRANCH. — *trichostomum*
franchetianum LEV. — *decorum*
fumidum BALF. f. et W. W. SMITH — *heliolepis* var. *heliolepis*
girandissii LEV. — *decorum*
glauco-aureum BALF. f. et FORR. — *campylogynum*
glaucum HOOK. — *glaucophyllum* var. *glaucophyllum*
globigerum BALF. f. et FORR. — *alutaceum* var. *alutaceum*
gloeblastum BALF. f. et FORR. — *wardii* var. *wardii*
glomerulatum HUTCHINS. — *youngningense*
gnaphalocarpus HAY. — *mariesii*
gracilipes FRANCH. — *argyrophyllum* ssp. *hypoglaucum*

gratum T. L. Ming	*basilicum*
gymnomiscum Balf. f. et K. Ward	*primuliflorum*
haemaleum Balf. f. et Forr.	*sanguineum* ssp. *sanguineum* var. *haemaleum*
haematocheilum Craib	*oreodoxa* ssp. oreodoxa
haemonium Balf. f. et Cooper	*anthopogon* ssp. *anthopogon*
hardyi David.	*augustinii* ssp. *hardyi*
harrovianum Hemsl.	*polylepis* Franch.
hedythamnum Balf. f. et Forr.	*callimorphum* var. *callimorphum*
helvolum Balf. f. et Forr.	*phaeochrysum* var. *levistratum*
herpesticum Balf. f. et K. Ward	*dichroanthum* ssp. *scyphocalyx*
hexamerum Hand.-Mazz.	*vernicosum*
himertum Balf. f. et Forr.	*sanguineum* ssp. *sanguineum* var. *himertum*
hirsuticostatum Hand.-Mazz.	*augustinii* ssp. *chasmanthum*
houlstonii Hemsl. et Wils.	*fortunei* ssp. *discolor*
horaeum Balf. f. et Forr.	*citriniflorum* var. *horaeum*
hormophorum Balf. f. et Forr.	*yunnanense*
hypenanthum Balf. f.	*anthopogon* ssp. *hypenanthum*
hypoglaucum Hemsl.	*argyrophyllum* ssp. *hypoglaucum*
hypolepidotum Balf. f. et Forr.	*brachyanthum* ssp. *hypolepidotum*
hypopytis Pojark.	*aureum* var. *hypopytis*
idoneum Balf. f. et W. W. Smith	*telmateium*
igneum Cowan	*keysii*
imperator K. Ward	*uniflorum* var. *imperator*
intortum Balf. f. et Forr.	*phaeochrysum* var. *levistratum*
iochanense Lev.	*racemosum*
iodes Balf. f. et Forr.	*alutaceum* var. *iodes*
jangtzowense Balf. f. et Forr.	*dichroanthum* ssp. *apodectum*
japonicum Sur.	*glabrius*
jucundum Balf. f. et W. W. Smith	*selense* ssp. *jucundum*
keleticum Balf. f. et Forr.	*calostrotum* ssp. *keleticum*
kialense Franch.	*przewalskii*
kingdonii Mer.	*calostrotum* ssp. *riparium*
kirkii Mill.	*fortunei* ssp. *discolor*
kotschyi Simonk.	*myrtifolium*
kwangfuense Chun et Fang.	*fortunei* ssp. *discolor*
laetevirens (Balf. f. ex) Hutchins.	*concinnum*
lancifolium Moench	*ponticum*
laticostum Ingr.	*keiskei*
leclerei Lev.	*rubiginosum*
ledebourii Poj.	*dauricum* ssp. *ledebourii*
ledifolium (Hook.) G. Don	*mucronatum*
ledoides Balf. f. et W. W. Smith	*trichostomum*
lemeei Lev.	*lutescens*
lepidanthum Balf. f. et W. W. Smith	*primuliflorum*
leprosum Balf. f.	*rubiginosum*
leucopetalum Balf. f. et Forr.	*sanguineum* ssp. *sanguineum* var. *cloiophorum*
levistratum Balf. f. et Forr.	*phaeochrysum* var. *levistratum*
limprichtii Diels	*oreodoxa* ssp. *oreodoxa*
linearifolium Sieb. et Zucc.	*macrosepalum* var. *linearifolium*
liratum Balf. f. et Forr.	*dichroanthum* ssp. *apodectum*
litangense (Balf. f.) Hutch.	*impeditum*
litiense Balf. f. et Forr.	*wardii* var. *wardii*
lophophorum Balf. f. et Forr.	*phaeochrysum* var. *agglutinatum*
lopsangianum Cowan	*thomsonii* ssp. *lopsangianum*
lucidum Franch.	*vernicosum*
mairei Lev.	*lacteum*
makinoi Tagg.	*yakushimanum* ssp. *makinoi*
mandarinorum Diels	*fortunei* ssp. *discolor*
mannophorum Balf. f. et Forr.	*sanguineum* ssp. *sanguineum* var. *didymoides*
megaphyllum Balf. f. et Forr.	*basilicum*
melinanthum Balf. f. et K. Ward	*mekongense* var. *melinanthum*
metrium Balf. f. et Forr.	*selense* ssp. *selense*
microleucum Hutch.	*orthocladum*
mombeigii Rehd. et Wils.	*uvarifolium*
monosematum Hutch.	*pachytrichum*
motsouense Lev.	*racemosum*
muliense Balf. f. et Forr.	*rupicola* var. *muliense*
myiagrum Balf. f. et Forr.	*callimorphum* var. *myiagrum*
myrtilloides Balf. f. et Forr.	*campylogynum*
nakaii Kom.	*japonicum* var. *pentamerum*
nanothamnum Balf. f. et Forr.	*selense* ssp. *selense*
nanum Lev.	*fastigiatum*

nebrites Balf. f. et
  Forr. — *sanguineum* ssp. *sanguineum* var. *himertum*

nigropunctatum
  Franch. — *nivale* ssp. *boreale*

niphargum Balf. f. et
  K. Ward — *uvarifolium*

nitens Hutch. — *calostrotum* ssp. *riparium*

nmaiense Hutchins. et
  K. Ward — *cephalanthum* ssp. *cephalanthum*

nudiflorum (L.) Torr. — *periclymenoides*

obovatum Hook. — *lepidotum*

officinale Salisb. — *aureum*

oporinum Balf. f. et
  K. Ward — *heliolepis* var. *heliolepis*

oreinum Balf. f. — *nivale* ssp. *boreale*

oresbium Balf. f. et
  K. Ward — *nivale* ssp. *boreale*

oresterum Balf. f. et
  Forr. — *wardii* var. *wardii*

osmerum Balf. f. et
  Forr. — *russatum*

pagophilum Balf. f. et
  K. Ward — *selense* ssp. *selense*

paludosum Hutch. et
  K. Ward — *nivale* ssp. *nivale*

palustre Turcz. — *lapponicum*

parviflorum Dum. et
  Cours. — *ponticum*

parviflorum Schmidt — *lapponicum*

parvifolium Adams — *lapponicum*

patulum K. Ward — *pemakoense*

pentamerum (Max.)
  Mats. — *japonicum* var. *pentamerum*

peramabile Hutch. — *intricatum*

phaechlorum Balf. f. et
  Forr. — *oreotrephes*

phaedropum Balf. f. et
  Farr. — *neriiflorum* ssp. *phaedropum*

phoenicodum Balf. f. et
  Farr. — *neriiflorum* ssp. *neriiflorum*

pholidotum Balf. f. et
  W. W. Smith — *heliolepis* var. *brevistylum*

platyphyllum Franch.
  ex Balf. f. et W. W.
  Smith — *cephalanthum* ssp. *platyphyllum*

plebeium Balf. f. et
  W. W. Smith — *heliolepis* var. *heliolepis*

poecilodermum Balf. f.
  et Forr. — *roxieanum* var. *roxieanum*

poliopeplum Balf. f. et
  Forr. — *sanguineum* ssp. *sanguineum* var. *himertum*

porphyroblastum Balf.
  f. et Forr. — *roxieanum* var. *cucullatum*

porrosquameum Balf.
  f. et Forr. — *heliolepis* var. *brevistylum*

prasinocalyx Balf. f. et
  Forr. — *wardii* var. *wardii*

primulinum Hemsl. — *flavidum* var. *flavidum*

pritzelianum Diels — *micranthum*

probum Balf. f. et
  Forr. — *selense* ssp. *selense*

procerum Salisb. — *ponticum*

propinguum Tagg — *rupicola* var. *rupicola*

prostratum W. W.
  Smith — *saluenense* ssp. *chameunum*

pseudoyanthinum
  (Balf. f. ex) Hutch. — *concinnum*

psilostylum (Rehd. et
  Wils.) Balf. f. — *flavidum* var. *psilostylum*

pubigerum Balf. f. et
  Forr. — *oreotrephes*

punctatum Andr. — *minus* var. *minus*

puralbum Balf. f. et
  W. W. Smith — *wardii* var. *puralbum*

purpureum (Pursh.)
  G. Don — *maximum*

purshii G. Don — *maximum*

pycnocladum Balf. f. et
  W. W. Smith — *telmateium*

radicans Balf. f. et
  Forr. — *calostrotum* ssp. *keleticum*

radinum Balf. f. et
  W. W. Smith — *trichostomum*

ramosissimum Franch. — *nivale* ssp. *boreale*

rarile Balf. f. et. W. W.
  Smith — *diaprepes*

rarum Balf. f. et W. W.
  Smith — *cuneatum*

recurvum Balf. f. et
  Forr. — *roxieanum* var. *roxieanum*

regale Balf. f. et
  K. Ward — *basilicum*

reginaldii Balf. f. — *oreodoxa* ssp. *oreodoxa*

repens Balf. f. et Forr. — *forrestii* ssp. *forrestii*

rhaibocarpum Balf. f.
  et W. W. Smith — *selense* ssp. *selense*

rhantum Balf. f. et
  W. W. Smith — *vernicosum*

rhombicum Miq. — *reticulatum*

riparium K. Ward — *calostrotum* ssp. *riparium*

rivulare K. Ward — *calostrotum* ssp. *riparium*

roseotinctum Balf. f. et
  Forr. — *sanguineum* ssp. *sanguineum*

roseum (Lois.) Rehd. — *prinophyllum*

rosthornii Diels — *micranthum*

roylei Hook. — *cinnabarinum* ssp *cinnabarinum*

rubriflorum K. Ward — *campylogynum*

rubrolineatum Balf. f.
  et.Forr. — *mekongense* var. *rubrolineatum*

rubroluteum David. — *mekongense* var. *mekongense*

russotinctum Balf. f. et
  Forr. — *sanguineum* ssp. *sanguineum* var. *didymoides*

salignum Hook. — *lepidotum*

scintillans Balf. f. et
  W. W. Smith — *polycladum*

sclerocladum Balf. f. et
  Forr. — *cuneatum*

scyphocalyx BALF. f. et FORR. — *dichroanthum* ssp. *scyphocalyx*

semanteum BALF. f. — *impeditum*

semilunatum BALF. f. et FORR. — *mekongense* var. *melinanthum*

setiferum BALF. f. et FORR. — *selense* ssp. *setiferum*

sheltonii HEMSL. et WILS. — *vernicosum*

shikokianum MAK. — *weyrichii*

shojoense HAY. — *mariesii*

sichotense POJ. — *dauricum* ssp. *sichotense*

sigillatum BALF. f. et FORR. — *phaeochrysum* var. *levistratum*

sinense (LODD.) SWEET — *molle*

sinense MAXIM. — *glabrius*

sinolepidotum BALF. f. — *lepidotum*

sorditum HUTCHINS — *pruniflorum*

speciosum SALISB. — *ponticum*

speciosum (WILD.) SW. — *flammeum*

spedopeplum BALF. f. et FARR. — *tephropeplum*

sphaeranthum BALF. f. et W. W. SMITH — *trichostomum*

spooneri HEMSL. et WILS. — *decorum*

squarrosum BALF. f. — *rubiginosum*

stenophyllum MAK. — *yakushimanum* ssp. *makinoi*

stenoplastum BALF. f. et FORR. — *rubiginosum*

stictophyllum BALF. f. — *nivale* ssp. *boreale*

syncollum BALF. f. et FORR. — *agglutinatum* var. *agglutinatum*

tamaense DAVID. — *cinnabarinum* ssp. *tamaense*

taquetii LEV. — *mucronulatum*

telopeum BALF. f. et FORR. — *campylocarpum* ssp. *caloxanthum*

theiophyllum BALF. f. et FORR. — *phaeochrysum* var. *levistratum*

timeteum BALF. f. et FORR. — *oreotrephes*

torquatum BALF. f. et FARR. — *dichroanthum* ssp. *scyphocalyx*

trichocalyx INGR. — *keiskei*

trichopodum BALF. f. et FORR. — *oreotrephes*

trifolium BALF. f. et FORR. — *alutaceum* var. *russotinctum*

triplonaevium BALF. f. et FORR. — *alutaceum* var. *russotinctum*

tsangpoense K. WARD — *charitopes* ssp. *tsangpoense*

tsarongense BALF. f. et FORR. — *primuliflorum*

vellereum HUTCHINS. — *principis*

vestitum TAGG et FORR. — *selense* ssp. *setiferum*

vicarium BALF. f. — *nivale* ssp. *boreale*

vicinum BALF. f. et FORR. — *phaeochrysum* var. *levistratum*

vilmorinianum BALF. f. — *augustinii* ssp. *augustinii*

violaceum REHD. et WILS. — *nivale* ssp. *boreale*

viridescens HUTCHINS. — *mekongense* var. *mekongense*

wadanum MIQ. — *reticulatum*

xanthocodon HUTCH. — *cinnabarinum* ssp. *xanthocodon*

yanthinum BUR. et FRANCH. — *concinnum*

yaragougense BALF. f. — *nivale* ssp. *boreale*

yedoense MAX. var. poukhanense (LEVL.) NAK. — *poukhanense*

youngae FANG — *adenopodum*

Literaturhinweise

Azaleas in Kurume (1989), Kurume

BAHNSON, R. (1988); White catawbas–a recounting, new Forms; ARS Vol. 42/2

BÄRTELS, A. (1988): Sommergrüne Rhododendron-Hybriden; Gartenpraxis 14/6

BATTA, J. (1980): Bestimmungsschlüssel für Rhododendron; DRG

BATTA, J. (1972); Rhododendron-Nomenklatur und -Taxonomie; DRG

BERG, J.; HEFT, L. (1979): Rhododendron und immergrüne Laubgehölze; Stuttgart; 2. Aufl.

BERG, J.; HEFT, L.; v. WEIHE, K. (1966): Kulturtechnische Untersuchungen zur Frage der autogenen Bewurzelung von Rhododendron-Triebstecklingen; DRG

BERG, J.; KRÜSSMANN, G. (1951): Freilandrhododendren; Stuttgart/Ludwigsburg

BINFORD, T. (1980): Rhododendrons of China; Portland

BLAKE, F. (1980): Fascinatic bigenerics!; ARS Vol. 44/2

BLAKE, F. (1990): The challenging R. Ludlowii; ARS Vol. 44/3

BOGE, D. (1986, 1987): The Ross-Boge R. macrophyllum Expedition; ARS Vol. 41/2, 42/3

BOSSDORF, S. (1985): Die Entwicklung und Charakterisierung der Hybridgruppen bei den Japanischen Azaleen; DRG

BURGHAUSE, F. (1990): Mottenschildläuse im Freiland; Gärtnerbörse-Gartenwelt 90/14

CHAMBERLAIN, D. F. (1982): A Revision of Rhododendron, II. Subgenus Hymenanthes, Notes R.B.G. Edinburgh

COLDEA, G. (1985): Phytozönologische Studien der Krummholzgebüsche in den Südostkarpaten; Feddes Rep., Bd. 96, Heft 5–6, Berlin

COX, P. A. (1988): A trip to western China; ARS Vol. 42/1

COX, P. A. (1973): Dwarf Rhododendrons; London

COX, P. A. (1990): Rhododendron-Exploration in Bhutan 1988; ARS Vol. 44/2

COX, P. A. (1979): The larger species of Rhododendron; London

COX, P. A. and K. (1988): Encyclopedia of Rhododendron-Hybrids; London

COX, P. A. and K. (1990): Cox's guide to choosing Rhododendron; London

CULLEN, J. (1980): A Revision of Rhododendron, I. Subgenus Rhododendron; Notes R.B.G. Edinburgh

DÄNHARDT, W. (1982): Das Rhododendron-Empfehlungssortiment des Zentralen Arbeitskreises Rhododendron; Ratschläge für den Rhododendronfreund; Berlin

DÄNHARDT, W. (1985): Die Azaleen-Arten Amerikas; Beiträge zur Gehölzkunde; Berlin

DAVIDIAN, H. H. (1982): The Rhododendron species, Vol. I. Lepidotes; Portland

DAVIDIAN, H. H. (1989): The Rhododendron species, Vol. II. Elepidotes, Part I; Portland

DEUBNER, L. (1939): Alpenpflanzen und ihr Schutz; München

DOSTALKOVA, A. (1981): Rhododendrony; Praha

DÜRRE, F. W. (1973): Züchtung winterharter Rhododendron; DRG

FAIRWEATHER, C. (1989): Azaleen; Münster

FANG WENPEI (1986): Sichuan Rhododendrons of China; Beijing

FENG GUOMEI (1988): Rhododendrons of China, Vol. I., Beijing

GALLE, F. C. (1985): Azaleas; Portland

GOHEEN, D. W. (1988): Some thoughts on Rhododendron species; ARS Vol. 42/4

GREER, H. E. (1982): Greer's Guidebook to avaible Rhododendrons; Eugene

HACHMANN, H.; STÜCK, G. (1985–1990): Baumschulkataloge

HEURSEL, J. (1987): Japanse Azaleas; Deurne

HEYNERT, H. (1985): Die Pflanzenwelt Mitteleuropas; Leipzig

HIEKE, H. (1985): Ceskoslovenske slechteni rodu Rhododendron L.; Praha

HILL, P. (1989): Deep red R. maximum at Bernard's Inn Farm; ARS Vol. 43/1

HIRANO, R. (1988): Vireya Rhododendrons at Lyon Arboretum; ARS Vol. 42/3

JENKINS, B. (1988): In search of Rhododendrons in Nepal; ARS Vol. 42/2

KONDRATOVICS, R. (1981): Rhododendrony; Riga

KÖSTER, P. (1983): Zur Vorbereitung von Rhododendronpflanzungen; DRG

KRÜSSMANN, G. (1978): Handbuch der Laubgehölze, Bd. 3; Berlin, Hamburg

KRÜSSMANN, G. (1968): Rhododendron, andere immergrüne Laubgehölze und Koniferen; Hamburg, Berlin

LEACH, D. G. (1964): The Rhododendrons of the world; London

LEBER, B. (1990): Rhododendrons on limestone; ARS Vol. 44/2

MARKGRAF, K. (1970): Schädlinge und Krankheiten an Rhododendron; Deutsche Gärtnerpost 32/48

MARKGRAF, K. (1979): Rhododendron-Alpenrose, Krankheiten u. Schädlinge; Gärtnerpost 41/12, 13

MOSER, E. (1985): Die Anzucht von Rhododendron aus Samen; Beiträge zur Gehölzkunde; Berlin

MOSER, E. (1990): The Seidel Rhododendrons-Origins and types; ARS Vol. 44/3

MOSSMAN, F. D. (1977): The western Azalea on Stagecoach Hill; Pacific Horticulture Vol. 38/1; San Francisco

NITZELIUS, T. (1963): Mitteilungen über einige japanische Rhododendronarten; DRG

PHILLIPS, R. and RIX, M. (1989): Sträucher; München

PHILLIPSON, M. N. and W. R. (1986): A Revision of Rhododendron, III. Subgenera Azaleastrum, Mumeazalea and Therorhodion; Notes R. B. G. Edinburgh

ROYAL HORTICULAR SOCIETY (1980): The Rhododendron Handbook, Rhododendron species in cultivation; London

SCHMALSCHEIDT, W. (1967): Über die Entstehung und Bedeutung der R.-Repens-Hybriden; DRG

SCHMALSCHEIDT, W. (1976): Williamsianum-Hybriden für kleine Gärten; Deutsche Baumschule 28/4

SCHMALSCHEIDT, W. (1986): Rhododendron-Sorten im Sichtungsgarten der Lehr- und Versuchsanstalt für Gartenbau Bad Zwischenahn; Bad Zwischenahn

SCHMALSCHEIDT, W. (1988): Rhododendron für den kleinen Garten; Gartenpraxis 14/2

SCHMALSCHEIDT, W. (1980, 1989): Rhododendron- und Azaleenzüchtung in Deutschland; Oldenburg

SCHMICK, H. (1977): Mühsal, aber auch Triumph standen am Anfang; nach J. G. MILLAIS; DRG

SCHMIDT, P.; ALEXANDROWA, M. S. (1981): Die wildwachsenden Rhododendronarten der UdSSR; Beiträge zur Gehölzkunde; Berlin

SEITHE, A. (1987): Systematik und Nomenklatur bei Rhododendron; DRG

SLEUMER, H. (1949): Ein System der Gattung Rhododendron; Bot. Jb. 74

SPETHMANN, W. (1980): Infragenetische Gliederung der Gattung Rhododendron unter Berücksichtigung der flavonoiden und carotinoiden Blüteninhaltsstoffe und der Entstehung der Blütenfarben; Dissertation; Hamburg

STAHN, B. (1961): Azaleen und Eriken; Berlin

STARK, B. (1985): Das Rhododendron-Knospensterben; DRG

STEVENSON, J. B. (1930): The species of Rhododendron; London

STREET, J. (1969): Rhododendren; Münster

STÜCK, G. (1983): Rhododendron-Hybriden aus Holstein; DRG

VALINGORSKI, J. M. (1989): Hardy Dexter Rhododendrons; ARS Vol. 43/4

VON WEIHE, K. (1987): Blütenökologie von Rhododendron; DRG

WIETING, J. (1987): Baumschulkatalog

Verwendete Abkürzungen:
ARS: American Rhododendron Society Journal
DRG: Jahrbuch der Deutschen Rhododendron Gesellschaft

Sachregister

Verzeichnis der Arten und Sorten

(siehe auch Synonyma)

Bildnachweis

Leonore Albrecht, Berlin:
  Seiten 24, 65, 125, 143, 176, 181, 187, 200, 211, 230, 231, 234, 264

Axel Grambow, Berlin:
  Seiten 13, 52, 54, 57, 71, 75, 88, 89

Hans Hachmann, Darmstadt:
  Seiten 68, 130, 153, 154, 252, 256, 261, 267, 270/4, 273/3, 276, 281/4, 283, 285 und das Foto des Schutzumschlages

Irene Lehmann, Kippenheim:
  Seite 15

Eberhard Morell, Dreieich:
  Seiten 48, 66, 253

Erhard Moser, Chemnitz:
  Seiten 51, 133, 164, 188, 197, 225

Edward Schell, Johnson City (USA):
  Seiten 22, 33, 137

Gerhard Stück, Kronshagen:
  Seiten 43, 145, 246

Rainer Vetter, Dresden:
  Seiten 2/3, 6, 12, 21, 47, 53, 59, 62, 67, 79, 82, 85, 105, 123, 128, 136, 140, 141, 144, 149, 152, 157/2, 159, 160, 162, 165, 170, 180, 184, 191, 202, 205, 220, 221, 226, 235, 238, 239, 248, 259, 260/2, 263, 268/2, 273, 274, 277, 278, 288, 290, 294, 295, 296, 298

Dieter Weinhold, Hohenstein-Ernstthal:
  Seite 76

Dieter Zschummel, Wallendorf:
  Seite 19